NBA
光荣之路

梁猛·著

ROAD OF GLORY

新星出版社 NEW STAR PRESS

图书在版编目（CIP）数据

NBA 光荣之路/梁猛著. —2 版. —北京：新星出版社，2009.1
ISBN 978 – 7 – 80225 – 601 – 9

I. N… Ⅱ. 梁… Ⅲ. 篮球运动 – 联赛 – 概况 – 美国
Ⅳ. G841. 971. 2

中国版本图书馆 CIP 数据核字（2008）第 198012 号

NBA 光荣之路

梁 猛 著

责 任 编 辑：王 津
责 任 印 制：韦 舰
装 帧 设 计：主語設計

出 版 发 行：新星出版社
出 版 人：谢 刚
社 址：北京市东城区金宝街 67 号隆基大厦 100005
网 址：www. newstarpress. com
电 话：010-65270477
传 真：010-65270449
法 律 顾 问：北京建元律师事务所

读 者 服 务：010-65267400 service@newstarpress. com
邮 购 地 址：北京市东城区金宝街 67 号隆基大厦 100005

印 刷：河北大厂彩虹印刷有限公司
开 本：787×980 1/16
印 张：23. 25
字 数：380 千字
版 次：2009 年 1 月第二版 2009 年 1 月第一次印刷
书 号：ISBN 978 – 7 – 80225 – 601 – 9
定 价：38. 00 元

双雄对峙，张伯伦单挑拉塞尔　Ken Regan/CFP

湖人"教父"埃尔金·贝勒　Wen Roberts/CFP

乔治·麦肯——联盟第一位巨星　Melissa Majchrzak/CFP

赛季场均三双王：奥斯卡·罗伯特森　Wen Roberts/CFP

指环王：拉塞尔十一枚冠军戒指　Nathaniel S. Butler/CFP

联盟得分王湖人"天勾"贾巴尔 NBA Photos/CFP

1988 年乔丹罚球线扣篮技压群雄　Andrew D. Bernstein/CFP

1994 年经典奥拉朱旺大战尤因 Nathaniel S. Butler/CFP

挡拆的代名词：马龙和斯托克顿　Nathaniel S. Butler/CFP

绝世战友也曾是对头　Noren Trotman/CFP

巴特尔和王治郅 NBA 演绎中国德比　Sam Forencich/CFP

奥拉朱旺指点姚明　Bill　Baptist/CFP

2007 年易建联首轮第 6 顺位加盟雄鹿　Nathaniel S. Butler/CFP

中国魔术师 2007 湖人新秀孙悦　Garrett Ellwood/CFP

序一

写给《NBA光荣之路》

篮球资深评论专家　CCTV NBA解说顾问
徐济成

看了《NBA 光荣之路》，让我想起最近热销的另外一本书《明朝那些事儿》，梁猛和石悦都是年轻人，都对历史感兴趣。但是历史在他们的眼中和笔下，呈现的是一种前所未有的直观和轻松。

用 30 万字带着中国的篮球爱好者走完 NBA60 年的历程，不仅要有对篮球的挚爱，更要有对美国文化的理解，还要具有轻松驾驭中国文字的能力。能把枯燥的历史、数字化的往昔，用散文的别致和宋词的跌宕传达给读者，如《闲情偶寄》版的《资治通鉴》，真实中透着闲适，壮烈中看出怡情，这是中国年轻作者关于 NBA 写作的一次伟大突破。

梁猛不是一个人如其名的壮汉，但在《NBA 光荣之路》中，我感受到了作者对篮球的执着，用"光荣"两字作为书名，你可以想象到篮球在作者心中的光明和热烈。这种写作心态让他在运用 NBA 的历史和掌故时有如在舞动自己的肌肉和筋骨，既有对 NBA61 年历史的煌煌纵论，又有描述五个位置上众多明星时的熠熠生辉；既有 30 支球队的跌宕发展史，又有球员、教练感人的励志故事。我看到了他的刻苦和用心，看到了在纷纷扰扰的体育文字中彰显的坚定和执著，作者和他的这本书一样特别，独树一帜。

这本书不仅从竞技的角度让中国球迷全面、系统而又饶有兴味地了解 NBA 这一全世界最高水平的篮球联赛的发展历程，同时也将完全西方式的 NBA 巨人和它的历史，用中文进行一次全面的本土化演绎。NBA 的视觉酣畅和感觉雄健，第一次在中国文字中找到了与之相匹配的表达模式。这本书对正在发展中的中国篮球运动也将起到参考和借鉴作用，尤其是在俱乐部的建设以及青少年篮球人才的培养方面，大家可以得到很多启迪。

　　长江后浪推前浪，中国的篮球评论以及写作领域随着包括梁猛在内的许多人，甚至 80 年代和 90 后一代的崛起，正呈现百花齐放、百家争鸣的局面。

　　我们的生活需要新鲜的血液和激情，这本书能让我们更加真切地感受篮球运动旺盛的生命力，更加憧憬中国篮球的美好明天。

序二

靠近历史，靠近光荣

《扬子体育报》主编
颜晓华

我一向认为，历史，因为容易被忘记，所以需要被记载。

2007年，NBA曾刮起了一股老将复出的风。安芬尼·哈达威和"大鲨鱼"奥尼尔鸳梦重温，凯尔特人试图在重建王朝的路上迎回米勒时代，年轻的骑士在希望休斯顿辅佐小皇帝，我不知道这些老家伙在球场上还有多少剩余价值，但我绝对相信"便士"哈达威、历史上最好的远投手雷吉·米勒，还有曾经的中投教科书阿兰·休斯敦永远具备收藏价值。所以，我以为，热火、凯尔特人还有骑士对于几个老巨星的追逐，带有某种收藏的意味。这或许可以被理解为一种特殊的记载历史的方式。

不同的人，对不同的历史，有不同的记载和记叙方式。洞悉是一种方式，远望是一种方式，拒绝也是一种方式。对于今天的年轻人而言，他们大多会选择后一种方式，或许，新的东西已经让他们应接不暇了。

但是，这本书的作者是个例外，我没有见过梁猛，对他的全部了解仅限于两点，一是他很年轻，一是他狂热地喜欢NBA，后者是导致我俩在网上经常交流的全部原因。

我断断续续读了他传给我的这本书的一些章节，那些似曾相识的故事把我带回了逃学翘班看NBA的岁月，也让我重新回到"魔术师"约翰逊和拉里·伯德黑白争雄的年代，那个时候，贾巴尔还不老，乔丹还是毛头小子……太多的那些时候，太多的那些事儿会随着你的阅读扑面而来。

所以我很感谢梁猛所记载的一切。尽管字里行间散发着稚气，但你能在其中读到勇气和冲动，就好像今天的篮球场，主角已是詹姆斯这样的后生，但你仍可以在他们身上读到历史长河里那些振聋发聩的名字背后的前尘往事。

同样，你可以在这本书所描绘的那些名人堂成员中找到今天那些年轻人的影子。

历史和现实，谁映照谁，并不重要。

重要的是，我们在记载一段光荣之路的时候，自己也在走一条光荣之路。

序三

真正写给球迷的书

新华社编辑／千万博客写手
田朝辉（小前两米一）

初识梁猛，是通过一家专业体育报纸，但真正了解他却是通过网络。我"触网"很晚，当我还是个菜鸟，"何足道哉"已是各大体育论坛响当当的人物。有意思的是，这样一位网络江湖的"老前辈"，居然是我的大学师弟。天上掉下个梁师弟！世界的确很小。

闲话少说，书归正传。梁猛的心血之作《NBA光荣之路》，来得有些晚。一直以来，国内NBA球迷的书架上一直缺少这样一本够分量的"史书"。随着NBA日益中国化，国内的NBA球迷也正以几何级数增长，与之对应，像《NBA光荣之路》这样全方位、多角度反映NBA历史的大部头著作，却迟迟没有出现。梁猛潜心写作两年，终于完成这一鸿篇巨制，无论对他个人还是对于广大NBA球迷而言，都是一个不小的奇迹。

这绝对是一本值得收藏的书。梁猛把球迷想写但不敢写，且很难写好的NBA历史，用完美的形式呈现在读者面前，从本质上讲，《NBA光荣之路》就是写给球迷的书！

阅读这本书，你会发现梁猛在尝试用不同的方式来讲述历史。第一章，使用编年体；第四章和第五章，则变成了纪传体；其他几章则成了对各个位置或王朝貌似形散实则神聚的综合论述。

而这种灵活的掌控，很符合年轻人的阅读习惯。在这里，你可以看到严谨的讲述，也可以听到痛快淋漓的戏说，甚至可以看到余秋雨式散文风格在这里洋洋洒洒地挥发。读这样的文章，你应该不会感觉到枯燥，相反，看到高兴处可能会会心大笑：哈哈，奥尔巴赫会不会和梁猛是忘年交？

　　阅读这本书，不同的人群，可以找到各自所熟悉的表达方式！

　　这里有"众鸟飞尽，休斯顿，一只黑天鹅只能顾影于自己水中的美丽……"，也有"上官金虹和荆无命，后卫组合的广陵散，孤独的摇摆"。传统读者可以随着"阮籍摇晃的木车"感受历史之深与文字之美，而网络一代则可以沿着"历史的暂停分割线"与作者产生共鸣。这是梁猛喜欢和熟悉的表达方式，更是他所熟悉的年轻球迷所推崇并期待的表达方式。

　　"南阳诸葛庐，西蜀子云亭"——来自卧龙腾飞之地的梁猛能写出这样一部令人爱不释手的著作，并不奇怪。相比他的天分与才华，相比他的刻苦与用心，这本书又"何足道哉"！

序四

走向光荣之路的闺房秘籍

国内首席美女篮球评论员
刘闻雯

有个传奇故事他的过程惊心动魄，他的结局催人泪下，他的主人公曾经在骷髅岛横行无忌，无坚不摧，当他用双手掰裂恐龙坚硬的上下颚之后，他大吼一声，捶着胸脯，向他心爱的女人展示什么是力量。吼声震撼人心，直冲云霄，那时的他勇猛有着不可触摸的尊严。虽然后来他被卡尔－丹汉用麻醉剂带向车水马龙的纽约，但面对注定的宿命，他为了保护心爱的女人，站在世界的最高处，用他的血肉之躯和一架架飞机做着殊死的搏斗，为一个王者谱写了可歌可泣的华丽篇章……

也许从某方面我们不得不把 NBA 从 1946 年来 3700 多位注册队员视做一个个金刚，也许他们有的身高并非符合金刚的标准，但他们用奇迹般的弹跳和奋勇向前的勇气展示了另一种伟岸。数十年，3700 多位巨人，纵横捭阖，有多少值得谱写的故事，我一直觉得这样的劳作非人力所能驾驭，但何足道哉（我们网络界习惯称他为老道）做到了。这本《NBA 光荣之路》里不仅包含了 NBA 这么多年的发展史，还将巨人中的近百位明星代表的神迹和人迹展现出来，唯一想让我重点再说的是：20 多万字，刀光剑影中，无处不彰显着老道一贯华丽唯美的风格，这其实也是一个伟大的奇迹。

初识老道，是有人介绍我去做 TBBA 篮球网形象代言人的时候。当时老道的名字已经如雷贯耳，我以为将见到的是个衣着的奇人，言谈的怪人，但看到老道架一副眼镜，话不多，内敛而又腼腆的表情，我笑了，笑是因为现在社会已经很少像老道这样厚道而多情的人，他善良，他温厚，在我开始为 TBBA 篮球网做形象代言人到现在，虽然他早已经去了搜狐体育，但他总不厌其烦地指导我前进，无论是在人格成长方面还是生活处世方面，他都是最佳的良师益友。

人生苦短，何当秉烛，幸有此书，堪为解忧！感谢老道，这本书将注定是我今生最宝贵的闺房秘籍，在我走向自己的光荣之路上，在每一个有月光的晚上，我都会泡一杯清茗，细细研读。

目 录

第1章　中锋、前锋和后卫的历史传承　　　　　**1**

中锋之死　英雄时代的祭奠　姚明的孤独 / 2

变态的版本　最后消失的真传　时代的潮流 / 10

上官金虹和荆无命　组合的广陵散　走向摇摆 / 17

第2章　NBA联盟的历史、规则和嬗变　　　　　**29**

按：王朝的印迹 / 30

第3章　球队球员篇　　　　　**91**

波士顿凯尔特人队 / 92

新泽西篮网队 / 97

纽约尼克斯队 / 102

费城76人队 / 109

多伦多猛龙队 / 116

芝加哥公牛队 / 120

克利夫兰骑士队 / 126

底特律活塞队 / 130

印第安纳步行者队 / 138

密尔沃基雄鹿队 / 142

迈阿密热火队 / 148

奥兰多魔术队 / 153

华盛顿奇才队 / 158

亚特兰大鹰队 / 162

夏洛特山猫队 / 166

新奥尔良黄蜂队 / 169

达拉斯小牛队 / 173

休斯敦火箭队 / 178

孟菲斯灰熊队 / 184

圣安东尼奥马刺队 / 188

丹佛掘金队 / 196

明尼苏达森林狼队 / 202

犹他爵士队 / 206

波特兰开拓者队 / 210

西雅图超音速队 / 215

萨克拉门托国王队 / 218

洛杉矶湖人队 / 223

菲尼克斯太阳队 / 229

金州勇士队 / 234

洛杉矶快船队 / 238

第4章　NBA名人堂　　　　　　　　　　　　　　　　**243**

1 比尔·拉塞尔 (Bill Russell) / 244

2 比尔·沃顿 （Bill Walton） / 246

3 戴夫·考恩斯 （Dave Cowens） / 248

4 大卫·罗宾逊 (David Robinson) / 250

5 乔治·迈肯 (George Mikan) / 252

6 哈基姆·奥拉朱旺 (Hakeem Olajuwon) / 254

7 卡里姆·阿卜杜·贾巴尔 (Kareem Abdul—Jabbar) / 257

8 摩西·马龙 (Moses Malone) / 259

9 奈特·瑟蒙德 (Nate Thumond) / 261

10 帕特里克·尤因（Patrick Ewing）／263

11 沙克·奥尼尔（Shaquille O'Neal）／265

12 罗伯特·帕里什（Robert Parish）／267

13 韦斯·昂塞尔德（Wes Unseld）／269

14 威利斯·里德（Willis Reed）／271

15 威尔特·张伯伦（Wilt Chamberlain）／273

16 鲍勃·佩蒂特（Bob Pettit）／275

17 查尔斯·巴克利（Charles Barkley）／277

18 戴夫·德布斯切尔（Dave Debusschere）／279

19 多尔夫·谢伊斯（Dolph Schayes）／281

20 埃尔金·贝勒（Elgin Baylor）／283

21 埃尔文·海耶斯（Elvin Hayes）／285

22 詹姆斯·沃西（James Worthy）／287

23 杰里·卢卡斯（Jerry Lucas）／289

24 约翰·哈夫利切克（John Havlicek）／291

25 朱利叶斯·欧文（Julius Erving）／293

26 卡尔·马龙（Karl Malone）／295

27 凯文·麦克海尔（Kevin Mchale）／297

28 拉里·伯德（Larry Bird）／299

29 保罗·阿里金（Paul Arizin）／302

30 里克·巴里（Rick Barry）／304

31 斯科特·皮蓬（Scottie Pippen）／306

32 比尔·沙尔曼（Bill Sharman）／308

33 比利·坎宁安（Billy Cunningham）／310

34 鲍勃·库西（Bob Cousy）／312

35 克莱德·德雷克斯勒（Clyde Drexler）／314

36 戴夫·宾（Dave Bing）／316

37 埃尔·门罗（Earl Monroe）／318

38 埃尔文·约翰逊（Earvin Johnson）／320

39 乔治·格文（George Gervin） / 322

40 哈尔·格瑞尔（Hal Greer） / 324

41 伊赛亚·托马斯（Isiah Thomas） / 326

42 杰里·韦斯特（Jerry West） / 328

43 约翰·斯托克顿（John Stockton） / 330

44 伦尼·威尔肯斯（Lenny Wilkens） / 332

45 奈特·阿奇博尔德（Nate Archibald） / 334

46 奥斯卡·罗伯特逊（Oscar Robertson） / 336

47 皮特·马拉维奇（Pete Maravich） / 338

48 萨姆·琼斯（Sam Jones） / 340

49 沃尔特·弗雷泽（Walter Frazier） / 342

50 迈克尔·乔丹（Michael Jordan） / 344

第5章　伟大的主帅与王朝　　　　　　　　　　**347**

"红衣主教" / 348

油头"神算" / 349

淡定"禅师" / 350

巨星迈肯遮天蔽日　第一支王朝球队诞生 / 351

"魔术师"、"天勾"聚首洛城　湖人复苏再铸辉煌 / 352

上帝下凡震撼联盟　乔丹公牛成史上最强 / 354

乔丹告别联盟　紫金军团开辟三连冠伟业 / 356

13年11冠　凯尔特人再无来者的八连冠 / 357

第 **1** 章 　中锋、前锋和后卫的历史传承

　　什么叫气贯长虹？什么叫名垂青史？什么叫中流砥柱？什么叫丰功伟绩？
在 NBA60 多年的历史中，曾出现过一批名副其实的铁血中锋，一群播扬着烈
烈扬扬战斗意志的悲情前锋和诸多普及过"成者为王，败者为寇"胜负逻辑的
诗情后卫，奈何笑傲江湖已成广陵散，黑天鹅已经收拢了它的羽翼，当朱瓦
琉房、陌巷荒漠一下子阒然无声，我们只能带着悲怆的记忆在心中默念他们
的神迹……

中锋之死 英雄时代的祭奠
姚明的孤独

1730 年前，阮籍信马由缰来到了楚汉相争最激烈的广武山。山上古迹尚存，东城是项羽的屯兵之地，西城是刘备的安营之所，中间相隔一百步，流淌着一条广武涧。面对涧水汩汩，城基废弛，天风浩荡，叶落满山，阮籍徘徊良久，长叹一声："时无英雄，使竖子成名！"

没有人确切给出阮籍这句话中英雄的真正所指，历史的漫长和年轮的翻转已使我们再也倾听不到这位落拓不羁的怪人的心语，于是只能猜测，只能追忆，在时间和空间的接近性上我们选择了苏东坡的解释："伤时无刘项也，竖子指魏晋人耳！"伤时无刘项也，在苏大师眼中，英雄是两个人——两个历史上能够对抗并留下一段壮丽的鏖战的英雄。

20 世纪 90 年代，人们习惯称之为真正的乱世，现出过一批名副其实的铁血中锋，播扬过一种烈烈扬扬的战斗意志，普及过"成者为王，败者为寇"的胜负逻辑。从此刻起，历史的脚步在此颤抖和慌乱，每个人的双眼都开始因兴奋、窥测、期待而变得炯炯有神，什么叫气贯长虹？什么叫名垂青史？什么叫中流砥柱？什么叫丰功伟绩？曾经的朱瓦琉房、陋巷荒漠一下子阒然无声，所有的地方都模模糊糊地透露着一个字眼：英雄时代！

在 NBA60 多年的历史里能称得起"时代"称号的为数不多，但我们不得不承认 1990 年代出现了"中锋时代"。我们所说的"中锋时代"必须满足数量和质量两个条件：第一，在中锋的位置上至少有两个以上的超级球星，这是数量；第二，他们必须能够形成对抗，而不是一枝独秀，这是质量。所以尽管 1980 年代的"天勾"贾巴尔给湖人建立了近十年的霸主地位，但这个时代称不上"中锋时代"，也许我们能够叫他"贾巴尔时代"。1984年，奥拉朱旺以状元秀身份加盟火箭队，翌年，尤因以同样的身份入主纽约尼克斯队，1987年大卫·罗宾逊也是状元秀，在军队服役两年后开始为圣安东尼奥马刺队效力。当奥拉朱旺的迷踪舞步，尤因的后仰中投，大卫·罗宾逊的低位进攻都具有绝对统治力的时候，NBA把我们本来就仰视的目光再次拔高了一筹，我们瞻仰的不仅是高度还是因为那种藐视天下的气魄。

历史的暂停分割线

对于1990年代，我暂时先寻找额外的路径来一步步进入，对这个年代包括我在内的很多人都只是仰视和崇拜，也许沿着历史的脚步慢慢进入才能稍稍平静。而这条路径我所能想到的就是另外一个因年代太久远而让我们关注度来不及跟上的中锋时代。

1956—1957赛季和以往的赛季相比并没有太大区别，各个球队在24秒规则和单节犯规次数的限制下，在进攻上把比分由整体的60多分向80分提高。人们依旧关注的是上个赛季夺得总冠军，拥有"能干的保罗"的圣路易斯鹰队。不过从1956年开始，NBA的历史已经将走向一个让人惊恐的极端，13年11次夺冠，直到N多年后的今天这个极端仍是一个不可逾越的神话。赛季开始前，凯尔特人主教练奥尔巴赫用两名球员从圣路易斯鹰队换来首轮第二顺位的选秀权，并用这支签摘到来自圣弗朗西斯科大学的传奇中锋比尔·拉塞尔。新秀赛季拉塞尔场均14.7分19.6个篮板，中锋时代的核心之一已经露出了水面。

拉塞尔的受伤成全了佩蒂特的辉煌，圣路易斯鹰队可一点都没有现在的窝囊相。1958—1959赛季，NBA另外一大巨星埃尔金·贝勒的入主只是先一年开始目睹拉塞尔八连冠的辉煌。我想说的是接下来的赛季，中锋时代终于宣告来临，威尔特·张伯伦——在他入主NBA的新秀赛季他就掀起了巨大的波澜，年度最佳新秀和常规赛MVP，场均37.6分和27个篮板均位居全联盟第一。在那个刚从得分普遍匮乏年代走出来的球星开始发现50分在张伯伦手中是那么轻而易举。1959年11月7日，在波士顿，中锋时代的对决第一次拉开序幕，张伯伦拿下30

分 28 个篮板，拉塞尔拿下 22 分 35 个篮板，重要的是拉塞尔赢得了比赛，而这样的场景虽然在两人一生中的 94 次对决中有 57 次出现，但这并不妨碍比赛的精彩和伟大。

1961—1962 年，两人的决战还在继续。这一年的 1962 年 3 月 2 日，张伯伦在对纽约尼克斯的一场常规赛中独得 100 分，带领勇士以 169：147 取胜。尽管当时的观众只有 4,124 名，但几十年后，声称目睹这场比赛的球迷却远远超过了这个数字。最可怕的是张伯伦在整个赛季平均每场比赛上场 48.5 分钟，这已经超过了每场比赛 48 分钟的限制，加时，再加时，无论加时还是不加时，张伯伦竟然一个赛季仅仅休息 8 分钟。拉塞尔在篮球场上和张伯伦的对决开始采取另类的方式，拉到外线和萨姆·琼斯挡拆，再在轮转时助攻琼斯上篮，场均 50.4 分，张伯伦在得分上表现得越来越非人，而拉塞尔则用智慧把防守演绎得越来越抽象。

两位英雄就这样展开着争斗，不过可惜的是圣弗朗西斯科没有耐心等着张大帅功成名就的日子，1965 年张伯伦被送到了费城。习惯了看凯尔特人和勇士对决的球迷，终于可以看到凯尔特人和其他的球队争斗，唯一不变的还是指环王和篮球皇帝的对决，对于一个中锋而言 28 岁正是黄金年龄，大帅这次把 76 人玩转得神乎其技，双方战成 3：3 平后，哈夫利切克像只苍蝇似的终结了这对中锋的血腥对决，他的抢断让凯尔特人 110：109 一分险胜。

连续的失败让张大帅终于大彻大悟，他在 1967 年第一次觉得得分对他来说并不重要，场均 24.1 分仅排名得分榜第三，但在篮板上张伯伦还以 24.2 个篮板蝉联篮板王，最重要的是张伯伦每场贡献了 7.8 次助攻，说起来很耐人寻味，当初 3.4 次助攻就能当助攻王的 NBA20 年后被大帅一个中锋提高到 7.8 次。张大帅的彻悟很轻松地让他 8 年后终于登顶，指环王第一次褪去了神话般的色彩。不过接下来的赛季，拉塞尔深厚的功底又使得他对张伯伦复仇成功。

费城的眼光比圣弗朗西斯科更短浅，仅仅过了三个春秋，还为费城夺过一次冠军的张大帅就被再次送到了湖人。我一直觉得在张伯伦和今天的奥尼尔有许多天意注定的联系，这已经是后话了。这次终于出现了最经典的也是最后一次的对决，凯尔特人本赛季常规赛仅以 48 胜 34 负排名东部第四，但他们在季后赛中先后淘汰 76 人和尼克斯。湖人却早早在西部等着拉塞尔的到来，这场伟大的对决前三场战成 3：3 平，第七场，湖人已经在主场布置好了庆祝的场面，数以万计的气球看上去缤纷夺目，但这次拉塞尔用自己的最后一个冠军宣告了自己的归隐。这个伟大的中锋时代从此终结。

1970年赛季，由里德率领的尼克斯成了联盟新贵，然而拉塞尔的离去和张伯伦的老迈，使得里德在这一年没有了敌手。接着历史进入了里德和雄鹿贾巴尔对决的时期，之所以不说他们为时代，是因为里德还没有那种恒久的霸气而贾巴尔却优雅得被抽象成梦境。1973年张伯伦宣告退役。

数据和成就

拉塞尔：11枚总冠军戒指，5次MVP称号，3次入选NBA第一阵容，职业生涯技术统计平均每场得分15.1分，篮板22.5个。

张伯伦：2枚总冠军戒指，4次MVP称号，7次入选NBA第一阵容，职业生涯技术统计平均每场30.1分，篮板22.9个。

贾巴尔：6枚总冠军戒指，19次入选全明星，2次得分王，6次荣获MVP，10次入选NBA第一阵容，5次入选NBA第一防守阵容，职业生涯平均每场得分24.6分，篮板11.2个，盖帽2.6次。

90年代的中锋对决

由拉塞尔和张大帅导演的攻防大战不可避免地成为历史陈迹，1970年代的里德和沃顿没有足够的能摆到桌面上畅谈的东西，1980年代的贾巴尔虽有"酋长"帕里什的陪衬但还是很快走向了独舞，直到两大中锋对峙20年后，NBA出现了一个精彩缤纷的中锋时代——没有哪个时代比这10年涌现的中锋更多，更伟大。"魔术师"和"大鸟"的对决掩盖了三大中锋才出道时的所有光芒，彳亍的行走始终看不到亮光，"大梦"、"猩猩"和"海军上将"生存的艰难和辛涩可想而知。其实从三大中锋进入NBA就注定是一个悲剧，"大鸟"和"魔术师"不肯轻言退出NBA的舞台，活塞的坏孩子则用最直接的方式——肮脏、血腥和恐惧攫取了许多人的眼光，就是三大中锋的鼎盛时还要被上帝垂天的双翼所遮盖。常太息以掩涕兮，哀中锋之生之多艰！

1991—1992赛季刚刚开始，NBA爆出惊天巨闻，魔术师向世人宣布自己感

染了艾滋病，并放弃了 NBA 生涯。一位五届总冠军、三届 MVP 得主就以这种方式突然告别了 NBA。而另一位与魔术师同时代的巨星伯德，也因为伤病在赛季结束后宣布退役。伯德这个赛季仅仅打了 45 场比赛，但仍有场均 20.2 分 6.8 次助攻 9.6 个篮板的惊人表现。但从此一个掩盖在中锋时代的巨大阴影终于被移去，暗自窃喜的不仅仅是这几个已经有绝对统治能力的中锋，还有一直被两人甚至是微笑刺客压制的上帝。这一年脾气一直暴躁的奥拉朱旺在一次眼睛受伤后改变了性格，在和金州勇士队比赛之后，奥拉朱旺在他的名字黑肯之前加上一个"H"，以示他对真主的忠诚。并按照伊斯兰教的规定，每天进行 5 次祈祷。东部的尤因只能看着炙手可热的乔丹轻松地将骑士和开拓者击败，开始了继凯尔特人后连续两个三连冠的历程。这一年，NBA 历史上的四届最佳防守球员迪肯贝·穆托姆博入主掘金。

没有中锋对决的日子，提起来总是乏味，尽管此时的乔丹更能让球迷着迷。尤因在 1992—1993 赛季的战绩已经超过了乔丹，可在东部决赛中还是被乔丹轻松地击败，麦迪逊花园广场此时已经成了乔丹的福地。这一赛季值得一提的是 NBA 历史上最大的巨无霸奥尼尔从路易斯安那州立大学毕业，进入 NBA，本赛季奥尼尔场均 23.4 分 13.90 个篮板 3.53 次盖帽，这位魔术当年的状元轻松地把最佳新秀握在手中。而另外一名也将在 NBA 竖起自己旗帜的球星阿朗佐·莫宁在第二顺位被黄蜂选中，他那年的数据是 21 分 10.30 个篮板 3.47 次盖帽。从一开始，奥尼尔和莫宁就在数据上为自己赢得了个满堂彩。

至此 NBA90 年代的 6 大中锋全部到位，"大梦"、"上将"、"猩猩"、"木桶伯"、"鲨鱼"、"硬汉"慢慢地为自己的事业一步步打拼。1993—1994 赛季注定要在 NBA 历史上抹上浓浓一笔，因为这一赛季的总决赛终于再现两位伟大中锋的对决。这一年的 10 月 6 日，三届常规赛 MVP 和三届总决赛 MVP 得主、七届得分王迈克尔·乔丹宣布退役，这一年乔丹刚满 30 岁。这一赛季的常规赛竞争异常激烈，共有七支球队超过了 55 胜，西雅图超音速队以 63 胜 19 负排名联盟首位，而奥拉朱旺领衔的休斯敦火箭以 58 胜 24 负排名第二。在东部，两支防守型球队纽约尼克斯和亚特兰大鹰队都取得了 57 胜。没有了乔丹的芝加哥公牛表现令人赞叹，和"海军上将"罗宾逊领衔的马刺均为 55 胜 27 负。这一赛季最先神奇的是木桶伯，他带领的年轻掘金一开始就创造了奇迹，先输两场后连赢三场实现惊天大逆转，以西部第八名的身份击败头号种子西雅图超音速队，书写了 NBA 历史上经典的黑八传奇。2 号种子休斯敦火箭则发挥正常，他们在奥拉朱旺的带领下，以 3∶1 淘汰开拓者、4∶3 击落太阳、4∶1 轻取犹他爵士，时隔 8 年重新杀回总决赛。在东部，纽约尼克斯凭借其顽强凶悍的防守，在季后赛首轮以 3∶1 淘汰新泽西网后，又和公牛大战七场，最终以 4∶3 淘汰了皮蓬领衔的公牛队。尤因咆哮道："我没打败迈克尔，但我打败了公牛"，此中压抑的郁闷可见一斑。不过这一年的奥拉朱旺已达到人生的巅峰，他一人包揽了常规赛 MVP，总决赛 MVP 和最佳防守球员，迄今为止，尚无第二人达到。NBA 又开始混乱，出现了被认为是 20 世纪 90 年代真正意义上的唯一总决赛，两个混乱制造者奥拉朱旺和尤因恶斗七场，杀得天昏地暗，日月无光。防守之严谨，进攻之艰辛，过程之曲折，场面之震撼，均达到篮球本质上的巅峰之战、经典之战的高度，奥拉朱旺在最后时刻将斯塔克斯的投篮盖出，获得总冠军。

1995 年，乔丹在赛季中段突然又宣布回归，身穿 45 号公牛战袍的乔丹这次没有走多远，这一年蛰伏了两个赛季的"鲨鱼"终于露出了凶残的本性，第二轮奥尼尔就率领魔术 4∶2 淘汰了公牛。在接着战胜了步行者后，"鲨鱼"有了直接和"大梦"对话的机会，可惜"大梦"现在已经成神成圣，4∶0 奥拉朱旺没有给奥尼尔一点机会。1996—1997 赛季，穆大叔被送到了老鹰，大叔率领鹰队在同赛区的战绩竟然仅仅落后上帝，热火队在硬汉莫宁的带领下取得了 61 胜 21 负的球会历史最佳战绩，同时稳居大西洋赛区头名。季后赛第二轮，莫宁也从"猩猩"面前夺走了和上帝对话的机会。在西部，奥拉朱旺领着巴克利和"滑翔机"第二轮战胜了超音速后就被状态颇佳的爵士斩落马下。NBA 又开始了乔丹的独舞。

被莫宁击败后，还是没有看到"大猩猩"尤因的眼泪，但猩猩面容中积淀起来的苍老和无奈一直让我们非常心痛。人生的悲剧有时候真的太残酷，在和奥拉朱旺的血战中败下阵来的尤因在 1999 年还是重复着痛苦。也许从一开始那一系列最匪夷所思堪比奇迹的辉煌只是让最终的痛苦更深入人心。又见黑八奇迹，尼克斯在尤因的带领下以东部第八的身份杀入季后赛，令人瞠目的是尼克斯开始先后淘汰了迈阿密热火、亚特兰大鹰和印第安纳步行者。这一切的辉煌最终在总决赛对马刺时被大卫·罗宾逊无情地扼杀，1∶4 的比分让纽约人最终再也无法容忍这个悲剧英雄，次年在鲨鱼登顶之后，落寞的尤因被送到了超音速。

1999—2000 赛季可以说是"鲨鱼"最辉煌的一个赛季，8 年后的首个总冠军终于让他位列尊者，而他也在这一赛季收获了除最佳防守球员外的所有荣誉。

全明星周末他和邓肯分享了MVP；总决赛4∶2战胜步行者后，"鲨鱼"的场均38.0分和16.7个篮板又让他无可争议地当选为总决赛MVP；最后在常规赛MVP的评选中，沙克更是得到121张选票中的120张，差点成为NBA历史上第一个全票当选的常规赛MVP。3个MVP就像1995—1996年的上帝一样炫目风光。如果非要让我想一个"鲨鱼"爆发的原因，我常常想起张大帅，1999年10月12日，这个一生颇具传奇色彩的名人堂中锋在他63岁那年与世长辞，冥冥中自有天意，一个中锋的辉煌在被命运带走后却被他的追随者接着释放。次年3月6日，奥尼尔在他的28岁生日时，用61分血祭了同城德比的对手快船。次年"鲨鱼"更可怕地先后横扫开拓者、国王和马刺，以11∶0的战绩挺入总决赛。总决赛中，第一场失利后，"鲨鱼"又轻松地斩掉了当时势不可当的"小鬼魂"艾弗森。奥尼尔也以场均33分15.8个篮板的表现蝉联了总决赛MVP。这年的赛季中段转会到费城的中锋穆大叔当选为最佳防守球员，并获得了肯尼迪好市民奖；阿伦·艾弗森被评为本赛季的常规赛MVP。莫宁虽然因肾病缺席了大半个赛季，但最后十三场还是重新投入战斗，直到季后赛第一轮被黄蜂以3∶0淘汰，尤因去了超音速。

再接下来"鲨鱼"还有辉煌，但已经不再是1990年代的中锋时代了！书到此，慷慨系之焉！

数据和成就：

奥拉朱旺：2枚总冠军戒指，1次MVP，2次最佳防守球员，6次入选NBA第一阵容，5次入选NBA第一防守阵容，12次入选全明星，2次盖帽王，2次篮板王。职业生涯平均单场得分21.8分，篮板11.1个，盖帽3.1个。

尤因：11次入选全明星阵容，1次NBA第一阵容，2枚奥运金牌，职业生涯平均单场得分21分，篮板9.8，盖帽2.4次。

"海军上将"罗宾逊：2枚总冠军戒指，1次常规赛MVP，2次最佳防守球员称号，1次篮板王、1次盖帽王、1次得分王，6次入选NBA第一阵容，5次入选NBA第一防守阵容，10次入选全明星阵容。职业生涯平均单场得分21.8分，篮板11.1个，盖帽3.1次。

莫宁：1次总冠军，2次最佳防守球员称号，2次盖帽王，2次入选NBA第一防守阵容，1次入选NBA第一阵容，职业生涯平均单场得分17.6分，篮板8.7

个，盖帽 2.9 个。

奥尼尔：4 枚总冠军戒指，3 次总决赛 MVP，4 次入选 NBA 第一阵容，2 次入选第二防守阵容，2 次得分王，14 次入选全明星（历史第二），职业生涯截至 2006—2007 赛季场均得分 25.9 分，篮板 12.6 个，盖帽 2.5 个。

穆托姆博：2 次篮板王，4 次最佳防守球员称号，7 次入选全明星阵容，3 次入选 NBA 第一防守阵容。职业生涯平均单场得分 10 分，篮板 10.5 个，盖帽 2.8 次。

姚明的孤独

什么叫孤独？1300 年前，阮籍总是一个人驾着木车游荡，既没有目的也没有方向。陋车，浊酒，行走。泥路高低不平，木车颠簸着，酒坛摇晃着，他的双手则抖抖索索地握着缰绳。突然马停了，他定睛一看，路走到了尽头。真的没路了？他哑着嗓子自问，眼泪已夺眶而出。终于，声声抽泣变成了号啕大哭，哭够了，持缰驱车向后转，另外找路。另外那条路走着走着也到尽头了，他又大哭。走一路哭一路，荒草野地间谁也没有听见，他只哭给自己听。所以他说出那句"时无英雄，使竖子成名"的话我一点也不觉得惊讶，一个孤独的灵魂面对一个缺少英雄的混乱时代那种发自内心的感情一下子在古迹面前流露出来。

根据蝴蝶效应，一个人能左右联盟的人并不多，20 世纪 50 年代的麦肯是一个，奥尼尔也在 90 年代的几个中锋谢幕后开创了自己的辉煌。2000 年的穆大叔曾说："奥尼尔是那么强壮，你只能用身体抗住他，然后另一只手去盗球。"那时的奥尼尔才达到辉煌，大叔只能被奥尼尔轻松地掀翻在地。奥尼尔用鼻子哼出了一句话："你就像个女人。"

仅仅 3 年后的东部决赛活塞对热火，大本就可以轻松地做到大叔说的诀窍，从那时起，奥尼尔不再是神。再一年过去，步入 NBA 第四个赛季的姚明已经全面超越。数据能说明问题，21.4 分、10.1 个篮板已让奥尼尔 19.8 分、9.14 个篮板汗颜，而姚明日益增长的统治力也非奥尼尔所能比，吉诺比利、范甘迪，甚至是美国媒体都不止一次地从理论上论证姚明超越奥尼尔已经是不争的事实。

英雄已经远去，再也找不到几双巨手来遮盖和制伏种种的力量，于是争斗也就失去了摆到台面上的价值，就是去年马刺夺冠后邓肯和吉诺比利的 MVP 之争已经将后中锋时期的混乱暴露无疑。于是壮丽的鏖战不见了，竞技的诗情不见了，代之以混乱、无序和颤抖！

传说中独孤求败离开时仍在叹息：“余纵横江湖数十年，但求一败而不可得，含恨而终。”命运弄人，姚明没有来得及在奥尼尔身上证明自己，就看着奥尼尔离去，纵观联盟众中锋，孰是敌手？

众鸟飞尽，休斯敦，一只黑天鹅只能顾影于自己水中的美丽！

变态的版本　最后消失的真传
时代的潮流

在乔治·麦肯独霸的时候幸亏还有福尔克斯和谢伊斯能让对抗不寂寞，在张伯伦和拉塞尔展示神迹的时候幸亏还有佩蒂特、能干的阿里金来搅局，就是在 20 世纪 80 年代魔术师和大鸟双雄叱咤的岁月里，还有詹姆斯·沃西和伯德单挑，A.C. 格林和凯文·麦克海尔缠斗的佳作，而在凯尔特人的绿衫遮蔽下，有过像杰里·卢卡斯这样的悲情英雄，在乔丹垂天的双翼笼罩的血红时代，有过巴克利手扶腰伤潸然泪下，卡尔·马龙不及回防茫然失神的让人心碎的场面，还记得湖人的教父埃尔金·贝勒的恐龙时期展现的空中滑翔和折叠，还记得圣地亚哥的状元海耶斯在后人顶礼膜拜的加州大学天勾面前攫取的得分和篮板，还记得哈夫利切克的抢断和朱利叶斯·欧文，蝙蝠侠皮蓬漫天飞舞的英姿。

一个前锋，无论是大前锋还是小前锋，究竟能蕴涵着多大的能量？乔帮主给了我们答案，1998 年克劳斯在没有征得帮主同意的情况下卖掉了查尔斯·奥克利，帮主龙颜大怒，因为失去了奥克利，底特律的匪徒们就胆敢犯逆鳞，朝乔丹拳脚相加。在格兰特成长成壮汉、皮蓬学会小动作、乔丹得到裁判的尊敬和禅师精通朝裁判叨咕之前，兰比尔、马洪、罗德曼等成了帮主心头挥之不去的阴影。

跳投的分界线　前锋制造　福尔克斯和阿里金

先从跳投说起吧，1946—1947 赛季是 NBA 的首个赛季，就在这个赛季中诞生了联盟历史上第一个真正的明星——费城勇士队的前锋乔·福尔克斯。来自肯塔基的福尔克斯身高 1.98 米，他在场上无所不能，本赛季中他以场均 23.2 分成为首届常规赛得分王，比排名第二的鲍勃·菲利克的场均 16.84 分高出了将近 7分。在当时大家还双脚原地站立，双手胸前投篮，命中率普遍在 30% 以下的情况下，福尔克斯的得分是个相当惊人的数字。就在这一年，联盟的新贵得分王带着达尔玛和安哥拉·姆西 4∶1 击败芝加哥人，成为联盟的首个总冠军得主。总决赛后，勇士队队员每人得到两千美元的奖金，这相当于当时大多数球员半个赛季的薪水。

30% 的命中率现在听起来很可笑，在沙尔曼、霍纳塞克的祖师爷入主绿衫军团前，这样的命中率确实无与伦比，而乔·福尔克斯的秘诀无他——跳投，在那个整场都是端尿盆的时代，福尔克斯的跳投如同天外飞仙般的洒脱和雅致。虽然乔·福尔克斯是第一个将跳投在比赛中推广的球员，但 1951—1952 赛季，被视为跳投鼻祖的球员，费城勇士来自维兰诺瓦大学的年轻前锋保罗·阿里金出现了，他因嫌场地太滑难以站立选择了每次跳投，惊奇的一幕出现了，44.8% 的投篮命中率，25.4 分超过了王者乔治·麦肯拿下得分王，"能干的保罗"一出场就泽被后世，赢得满堂喝彩。1955—1956 赛季 45 胜 27 负的勇士排名东部第一，保罗季后赛 10 场比赛拿下 289 分，带着新秀摇摆人汤姆·格拉和约翰斯顿，4∶1 淘汰活塞夺冠。

两个冠军，两个跳投的创始人和鼻祖，这算是当时最大的荣耀了，还有一点不能忘记，联盟当时的最高得分，不是麦肯的 61 分，是福尔克斯的 63 分，那是他在对印第安纳波利斯喷射机队的比赛中创造的。

十连冠之殇　佩蒂特的神迹　二次进攻鼻祖

在巨人麦肯退役的 1954—1955 赛季，鲍勃·佩蒂特从路易斯安那大学毕业进入联盟，6 英尺 9 英寸，不过 91 公斤，但佩蒂特的新秀数据是 20.4 分 13.8 个篮板。第三年，圣路易斯鹰队做了历史上第一个最愚蠢的交易，他们用自己的首轮第二顺位选秀权去和奥尔巴赫做交易，换来了凯尔特人的得分手麦考利和克里夫·哈甘，在失去两人之后绿衫军团还有库西和沙尔曼，而圣路易斯鹰队失去的则是联盟历史上后来成神成圣的指环王——拉塞尔。是年的总决赛，老鹰和凯尔特人大战七场，第七场拉塞尔砍下 19 分 32 个篮板，而当年凯尔特人选中的 6 号新秀大前锋海因索恩则贡献 37 分 23 个篮板，面对如此变态的数据，鹰队 123：125 失利的数据都显得弥足珍贵。

唯一对圣路易斯队弥补的是 1957—1958 赛季，那一年东部的凯尔特人和西部的圣路易斯鹰分别以 49 胜 23 负和 41 胜 31 负的战绩排名东西部第一，虽然凯尔特人多胜整整八场，但他们以 4：1 的相同比分击败活塞和民族队杀入总决赛时，佩蒂特爆发了，前四场平分秋色后，佩蒂特带领鹰队连下两城，淘汰了凯尔特人，就在关键的第六场，面对库西、沙尔曼、海因索恩、拉塞尔这群今后将封锁张大帅 6 年之久的怪物们，佩蒂特砍下 50 分，也许那时他并没有想到，他中断的乃是一个史上空前的王朝。如果不是鹰队的这个总冠军，那么，凯尔特人到 1966 年，将完成的就不是八连冠，而是十连冠。

对于佩蒂特的评价，用拉塞尔的话说："鲍勃创造了'二次进攻'这个词汇。他从来不忌惮和你争抢位置，在拼抢前场板的战斗中击败你，然后得分。"

前锋的怨念　卢卡斯和贝勒　马龙和巴克利

1956 年拉塞尔和海因索恩，1957 年萨姆·琼斯，1958 年 K.C. 琼斯和考纳利入主绿衫军后，凯尔特人拉开 13 年 11 冠的辉煌序幕，1959 年张伯伦横空出世已经免受 1 年凯尔特人的蹂躏，但就在 1958 年绿衫军八连冠伊始，湖人的教父贝勒爷已经步入联盟，目睹凯尔特人这个强者英武的雄姿。24.9分和15.0个篮板，以新秀身份杀入年度最佳阵容，帮助湖人多胜十四场杀回季后赛，在那个因遥远而记忆泛黄的时代，也只有佩蒂特和阿历克斯·格罗索做到过这点，不过这些都不算什么，他在对辛辛那提皇家队的比赛中得到55分，仅次于福尔克斯和麦肯，他的飞翔，已经开始为康尼·霍金斯、朱利叶斯·欧文、"天行者"汤普森和迈克尔·乔丹树立了标尺。

贝勒在1962年大帅发飙拿下100分的那年劈下38.3分，就是后来的飞人乔丹也没有能够做到，1.95米的贝勒用了14年抢了11,463个篮板球。就是后来也在湖人队打了14个赛季的著名中锋"天勾"贾巴尔，也没能在湖人队突破这一神奇的纪录。1971—1972赛季中，37岁的贝勒先后两次因为膝盖严重扭伤不得不宣布退休。但是令人哭笑不得的是，就在这位一生追求冠军的老将退休后的第一年，湖人队就夺得了他们搬到洛杉矶后的第一个总冠军。这成为贝勒篮球生涯中最大的遗憾。

贝勒生不逢时，在他威风的时代，就算身边有强如NBA LOGO代言人韦斯特这样的高手相助，他还是成了张伯伦和拉塞尔争霸下的弱势群体。和贝勒一样的前锋在那个时代还有很多，杰里·卢卡斯，美国篮球史上仅有的3位在高中、大学、奥运会和职业联赛上均获得冠军称号的选手，是NBA历史上唯一一场能抢到40个篮板球，数个赛季篮板都能过20的前锋选手，直到八连冠作古，直到10年后他才在里德、弗雷泽和"大O"罗伯特逊的提携下拿到一枚戒指。

贝勒和卢卡斯巅峰的时候要面对的是凯尔特人这样变态的王朝，而巴克利和邮差马龙，则一辈子都没有能跳出乔丹的阴影。1984年巴克利落后乔丹两位进入联盟，在76人他一待就是8个赛季，他的名气越来越大，夺得总冠军的希望却越来越小。1993年他来到太阳拿下"NBA最有价值球员"的荣誉，但总决赛他不得不手扶腰伤，看着乔丹4：2轻松地把他踩在脚下，之后帮主归隐他没有抓住机会，等他投机来到休斯敦的时候，帮主复出再也没有给他任何机会。邮差就更不用多说了，联盟历史上唯一的两个身体超级变态大前锋，他和肖恩·坎普，估计前无古人也再无来者了。但就是强如他和斯托克顿这样的挡拆配合，在帮主面前也没有丝毫的发言权，帮主的最后一次夺冠，他被盗球后来不及回防的表情和拉塞尔在帮主面前仰视的镜头一样让人心痛。

双雄对峙　沃西和大鸟　格林和麦克海尔

一切都像是宿命使然，1979—1980 赛季，"魔术师"、"大鸟"分别加入了联盟东西部最强的两支球队，就此拉开了 NBA 黑白争霸的序幕。一直以来我们都认为在这个黑白争霸的时代，"魔术师"和"大鸟"，轮番成了彼此的终结者，其实我们都忽略了另外一群人的存在，不考虑魔术师在后卫和中锋乃至偶尔在中锋上的移位，也不把大鸟的助攻能力强加在组织后卫的定义上，那么在前锋的位置上和大鸟更多对位的是詹姆斯·沃西，和麦克海尔更多对位的是 A.C. 格林。

1980 年 6 月 9 日，红衣主教又做了一次"强盗"，他用该赛季的 1 和 13 号选秀权从金州勇士换来 3 号选秀权和 4 年级中锋罗伯特·帕里什，然后就是他用勇士的 3 号选秀权钦点了明尼苏达大学的强力前锋凯文·麦克海尔。就是这两人，再加上拉里·伯德和麦克斯威尔，绿军此后 10 年将拥有一条固若金汤的黄金内线。湖人的运气也不错，1979 年湖人把丹·福特和 1980 年的首轮选秀权交换给了骑士，从对方手中得到布彻·李和 1982 年的首轮选秀权。因骑士战绩摆烂名列倒数第三，1982 年湖人顺利拿到状元签并选中沃西，而 A.C. 格林要到 1985 年才能加入 SHOW TIME 的阵容中。

伯德加盟前的赛季，哈夫利切克退役，凯尔特人 29 胜 53 负，但就在1979—1980 赛季，伯德带凯尔特人拿下 61 胜 21 负，提升 32 场，虽有考文斯、马克斯威尔、阿奇巴尔德、福德等一帮悍将的功劳，但伯德的穿针引线和 21.3 分和 10.4 个篮板和 4.5 次助攻数据绝对让人震撼，新秀赛季"大鸟"是最佳新秀而不是"魔术师"约翰逊。唯一遗憾的是东部决赛他们 1∶4 负于"J 博士"领衔的费城 76 人队。而湖人则在贾巴尔回勇，魔术师总决赛最后一场客串中锋的情况下拿下总冠军，第六场魔术师 42 分 15 个篮板 7 次助功。

1980—1981 赛季伯德和麦克海尔的双前锋组合成功的复仇，更详细的伯德事迹在同湖人的比赛中一年年地书写着，从 1983—1984 赛季起，伯德连续 3 年当选为常规赛 MVP，成为拉塞尔和张伯伦后第三人，1984—1985 赛季对老鹰单场拿下 60 分，在 1986 年他为凯尔特人拿下第十六个也是最后一个冠军时，伯德达到其职业生涯的巅峰，这一年他得到常规赛 MVP，总决赛 MVP，年度体育风云人物，美联社年度最佳男运动员。在总决赛里，伯德以场均24.0分9.7篮板9.5助攻的准三双表现再次帮助球队以4：2击败休斯敦火箭，其中关键的第6场比赛中，伯德独得29分11个篮板12次助攻，毫无疑问他第二次成为了总决赛MVP。后来直到1992年伯德的最后一个赛季对开拓者他还有49分14个篮板12次助攻以及4次抢断的非人表现。在和伯德的对位中，沃西的表现也不弱，在领着乔丹（说是领着是因为1981年拿下乔治城大学的NCAA决赛中拿下28分的沃西是MVP而非有神奇一投的乔丹）助北卡击败尤因的乔治城大学后，沃西以状元身份加盟湖人，常规赛能拿下17.6分和5.1个篮板，但到了季后赛他的平均得分和篮板就飙至21.1分、5.2个篮板，他为湖人队在1985年、1987年和1988年3次夺得总冠军作出了不可磨灭的贡献，并在1988年荣誉了总决赛的MVP。他不能完全限制伯德，但伯德对他也无可奈何，人们当时这样评价沃西：视力是比较低的，速度是非常快的，转身是防不住的。

和沃西不同，格林和麦克海尔的对决则是另外一种形式，1985年选秀大会进军NBA，格林是扎实而努力的苦力球员先驱，从来不畏强硬身体接触，打球勤奋而刻苦，脏活儿累活儿从不皱眉。他的16年职业生涯场均计数统计为9.6分7.4篮板1.1助攻，恐怖的不是得分或者篮板，而是16年职业生涯每年82场比赛，全勤应该是1,280场比赛（16个赛季中包括1998—1999赛季的缩水赛季50场），而A.C.格林的出勤率达到1278场，仅仅1986—1987赛季缺席过3场比赛，而1996—1997赛季更因为交易原因，累计打了83场比赛，也就是说，A.C.格林保持了15个赛季的全勤，这份连续性在NBA历史上无人能及。而麦克海尔他的职业生涯场均得分也不超过18分，但在防守端，麦克海尔成为坚韧的防守者，他挥舞的长臂总让在篮下的每一个进攻者无功而返，而比格林好的是，麦克海尔利用自己的长手长脚，在篮下还能拿到60.4%的投篮率和83.6%的罚球率。他成为60%+80%的第一人，史上仅有的一个，尽管职业生涯他的平均得分仅仅为17.9分。

是的，在那个时代，还有这么两对前锋在竭尽全力地厮杀，直到后来的飞猪巴克利，活塞的坏孩子军团和丹特利，以及坎普和马龙走向了历史的舞台。

变态的版本　肉搏战　奥克利和索普

　　索普 1984 年进入联盟的时候，前面是奥拉朱旺、乔丹、帕金斯和巴克利等人，后面则是威利斯和斯托克顿，那年他场均能拿下 13 分，接近 7 个篮板，命中率 60% 列联盟第三。他的形象很典型：擅长内线者应该擅长的，缺失内线者必然缺失。他在最佳新人票选中排第六位……考虑到前方的大神们，这个位置不丢人。而奥克利在索普被选中整整一年后以相同的顺位——第九位——被摘中，选中他的是骑士队，然后他立刻被踢去了芝加哥公牛。

　　1986 年索普时来运转，拿下 19 分 10 板成为数一数二的联盟大前锋，随后他去了火箭，而 1988 年已是两届篮板王的奥克利被拿去纽约换来了卡特莱特，而 1984 年和 1985 年的两年 9 号新秀，却以蓝领大前锋的身份同时辅佐着那个时代最杰出的两个中锋——很巧，火箭队的奥拉朱旺和索普、尼克斯的尤因和奥克利，都是 1962 年、1963 年出生，都是 1984 年、1985 年入行。两个中锋状元，两个大前锋 9 号秀。历史的安排可能就是为了让他们成为彼此的对立面，来为 NBA 奉献有史以来最伟大的总决赛。1994 年总决赛，后人一直评价这 7 场杀得天昏地暗，日月无光。防守之严谨，进攻之艰辛，过程之曲折，场面之震撼，均达到球涯本质上的巅峰之战、经典之战的高度。就在奥拉朱旺和尤因对位的时候，不要忘记了还有两条身高两米多的大汉彼此纠缠搂抱、手按对方腰部的亲热场面。

消失的真传　安东尼　恐龙和新时代

　　前朝英雄们的神姿转眼已成沉寂，但至今看来犹不能不兴之于怀，每念此总感慨系之焉，步入新时代，大前锋的位置日益模糊，斯塔德迈尔、邓肯和加内特让传统大前的定义日益混乱，而在小前锋的位置上又出现了越来越多的摇摆人，那些无法泯灭的记忆，那些千锤百炼久经考验的真传，渐渐地都要消弭了，唯一感到欣慰的是看到了安东尼，在他身上，你一定会想到巴克利的背身，如果说韦德肩部晃动的那份随意很有乔丹的影子，詹姆斯抓下后场篮板后助攻的那份诡异很有魔术师的英姿，那安东尼，在这个时代我们看到的有实力并是真正纯粹意义上的小前锋，将是我们见到的最后一个恐龙……

上官金虹和荆无命　组合的广陵散
走向摇摆

公元262年夏天，这是文化史上最黑暗的日子之一，居然还有太阳。

嵇康身戴木枷，被一群兵丁押送到洛阳东市的刑场。行刑前，嵇康眯着眼看了看太阳，然后对身旁的官员说："行刑的时间还没到，我弹一支曲子吧。"不等官员回答，便对在旁送行的哥哥嵇喜说："哥哥，请把我的琴取来。"

琴很快取来了，在刑场高台上安放妥当，嵇康坐在琴前，对三千名太学生和围观的民众说："请让我弹一遍《广陵散》。过去袁孝尼他们多次要学，都被我拒绝。《广陵散》于今绝矣！"刑场上一片寂静，神秘的琴声铺天盖地。

弹毕，从容赴死。

从鲍勃·库西，沙尔曼到哈夫利切克，萨姆·琼斯，从哈尔·格瑞尔，康宁汉姆到弗雷泽与门罗，从伊赛亚·托马斯和杜马斯，到斯托克顿和霍纳塞克……NBA60年间曾有无数的后场组合攫取了我们的眼光，他们各司其职，攻防俱佳，心领神会间炉火纯青到传说中的亦步亦趋，配合宛如一人的上官金虹和荆无命境界。奈何广陵散已成笑傲江湖，岁月易逝，佳人已去，空谷唯留回音，当伴随着他们的辉煌已经一去不复返，我们只能带着悲怆的记忆在心中默念他们的神迹。

拉塞尔的伟大助手库西和沙尔曼的分界线

就像谁都没有想到长着一对招风耳的乔丹最后能成为篮球场上的上帝一样，这个注定改变传统控球后卫和诠释华美篮球运动的鲍勃·库西也会成为篮球的主宰者。1950年选秀，红衣主教逡巡的目光扫过，看中了2.10米的中锋波林·格林，而在大学时候便声名在外的库西只能落入黑鹰怀中，还立刻被转手踢了芝加哥牡鹿。红衣主教嫌弃的理由不外乎两点：第一，库西"哗众取宠"的运球；第二，1.8米左右的后卫满街都是。

库西莫名其妙地在芝加哥牡鹿混了一年，芝加哥牡鹿便宣告倒闭。费城、波士顿和纽约的老板们开始在一个房间内掷硬币挑选将被遣散的队员。这次换成了老板沃尔特·布朗，想抽到得分王扎斯罗夫斯基的布朗看到手中攥着库西的名字时差点气晕在地上。没有办法，得到就将就吧，不过布朗马上就给出了苛刻的条款，把库西的工资从1万降到9千美金。就在这一年，华盛顿首都队也宣告解体，韦恩堡活塞在抽中了比尔·沙尔曼之后想也不想就交易给凯尔特人。和其他任何一对组合不同，这对革命性的后卫鲍勃·库西和比尔·沙尔曼从一开始就同步进入绿衫军团。虽然在两人的首个赛季，在红衣主教上场时间的歧视和压榨下，库西仍旧拿下场均15.6，沙尔曼10.7分，同时沙尔曼还再兼顾着他摇摆不定的5年的棒球职业生涯。

手握两块已经雕镂精致的美玉，伟大的红衣主教不可能犯更久的错误。第二年库西和沙尔曼这对传奇后场组合的上场时间均成倍增加。库西在40.6分钟时间内拿下21.7分，沙尔曼则场均得到16.2 分。让人吃惊的是在那个双手原地胸前投篮的时代，沙尔曼的命中率已经达到43.6%，而这也是他连续7个赛季罚球命中率均排名第一的第二年。库西的控制和背后传球，沙尔曼的投射和超强防守，凯尔特人开始排名东部区第二，季后赛却败给纽约。1955年联盟开始使用24秒规则。两人再次带球队杀入季后赛却被民族队横扫，但在当年的全明星赛上，沙尔曼第四节独得10分，全场15分拿下全明星MVP。1956年在指环王拉塞尔到来前的那个赛季，库西专心的每场送出8.9次助攻，而沙尔曼则将得分提升至19.9分。

1956—1957 赛季，这对黄金双枪终于得到了内线补充的给养，拉塞尔、跑不死的海因索恩、拉姆西，为凯尔特人的内线树立了绝对的尊严。那个时候左撇子拉塞尔赛前还紧张得呕吐，真正作为主力的沙尔曼场均拿下 21.1 分，而库西在拿下 7.5 次助攻的时候也能拿下 20.6 分。鲍勃·佩蒂特的圣路易斯鹰队对绿衫军团进行了顽强的狙击，直到第七场的第二个加时，凯尔特人才奠定了他们的首个总冠军。

鲍勃·佩蒂特肯定没有想到他终结的是一个多么伟大的纪录，如果没有1957—1958 赛季鹰队横插一刀的夺冠，从 1956 年到 1966 年凯尔特人将迎来一个十连冠的辉煌。尽管如此，这对传奇的后卫组合为凯尔特人夺下的荣誉已经让人瞠目结舌了。1959 年沙尔曼已经得和自己的队友萨姆·琼斯分享上场时间了，1961 年沙尔曼宣布退役，但他超凡脱俗的罚球命中率将永远载入史册。库西随后又多打了两个赛季，1963 年在他 35 岁的时候，库西宣布退役，他的最后一场常规赛也被命名为"波士顿的眼泪派对"，但直到最后一刻，这个凯尔特人矮小的绿色心脏仍在为凯尔特人做着难以想象的贡献。和湖人的总决赛第六场，112：109 时，拉鲁索、韦斯特、贝勒们满场追袭，库西俯下身体，用他令世界称羡的姿态，用奈史密斯规定过的合法运球动作，不断拍打着皮球，在硬木地板上穿梭，逃脱无数抢断的魔爪，让凯尔特人取下他们连续第五个总冠军。

数据和成就：

鲍勃·库西：场均 18.4 分 7.5 次助攻 5.2 个篮板。13 年，6 个冠军戒指，10 次第一阵容，8 次助攻王。

比尔·沙尔曼：场均 17.8 分 3.9 个篮板 3 次助攻，11 年 4 次总冠军戒指，8 次全明星阵容。

张大帅的守护神哈瑞尔和康宁汉姆的分界线

1958 年当时还是锡拉丘兹民族队的费城在第二轮选中了哈尔·格瑞尔，但身体瘦弱的格瑞尔自己都不肯定能否在 NBA 立足，赛季前训练，他连背包和行李都没有带，随时准备被赶走。但第一年他就初露锋芒，有限的替补出场场均拿下

11.1 分，这年东区决赛第七场他们以 125：130 遗憾落败，没能像二次进攻鼻祖鲍勃·佩蒂特率领的鹰队那样去延续凯尔特人的神迹。随即从 1958 年到 1966 年凯尔特人开始了前无古人后也不可能有来者的八连冠。

翌年，篮球皇帝张伯伦加盟费城，新秀赛季张大帅狂揽 37.6 分和 27.0 个篮板，但也不能影响格瑞尔的前进步伐。1962 年大帅场均劈下 50.4 分，超过第二名的贝勒 16 分，3 月 2 日对勇士的比赛大帅更是砍下 100 分，但格瑞尔的场均 22.3 分也不容忽视，也就是从这年起，格瑞尔开始杀入联盟 10 大得分高手的行列。费城的后场核心之一已崭露头角。虽然格瑞尔、张大帅率领费城掀起了一波又一波的进攻高潮，但这时的费城仍旧无法突破一个瓶颈凯尔特人的封锁，更何况他们有时候还要栽在"大 O"罗伯特逊的脚下。这一切都在向人们昭示，双子星座的费城并不牢固，费城需要像凯尔特人那样的铁三角甚至是六角。1966 年后场核心之二的康宁汉姆加盟费城。新秀年他就让哈夫利切克大吃一惊，如果没有防守好，康宁汉姆会毫不留情地拉掉凯尔特人神偷的短裤，哈夫利切克回忆道："比利不能容忍我再得分。"

对于大学时还皮包骨头、满脸雀斑、红发乱蓬、走路八字的衰人康宁汉姆来说，NBA 的他已经被球迷称为身体素质超绝的变态白人，弹跳出色的"袋鼠男孩"。1966—1967 赛季，对两个天才哈瑞尔和康宁汉姆经过一个赛季的磨合来说足够了，这年球队得到了疯狂的教练阿历克斯·汉纳姆，这位矮个子的教练来到费城的第一场训练就勒令张伯伦要减少出手，连续七届得分王的张伯伦岂会把这个俯视对象的话放在耳中，但听到大帅说"不"的时候矮小的汉纳姆当即就挽起了袖子要和张巨人单挑，张伯伦被彻底镇住了，这个赛季大帅得分降到每场 24.1，但命中率达到了 68.3%，篮板 24.2 个排名联盟第一，更让人敬服的是张大帅场均 7.8 个助攻排在第三位，1946 年场均 3.2 次就能拿下助攻王的联盟纪录被大帅这个中锋玩得不可思议。大帅数据的降低体现了费城双枪的威力，格瑞尔场均 22.1 分，康宁汉姆场均 18.5 分，费城携 68 胜 13 负常规赛的余威在东部半决赛横扫辛辛那提，东区决赛 4：1 淘汰劲敌凯尔特人，然后再以 4：2 力克联盟新任得分王里克·巴里（场均 35.6 分）率领的圣弗朗西斯科勇士。

哈尔·格瑞尔和康宁汉姆的组合到此算到了一个境界，此后格瑞尔依旧年年进入全明星，而康宁汉姆也在张伯伦离开后和格瑞尔携手在全明星亮相。费城成就依旧不俗。如果从另一个方面来衡量两人对费城的贡献可以看看 1972—1973

赛季，哈尔·格瑞尔忠诚地为费城效力 15 年后退役，康宁汉姆加入了 NBA，这年费城前半段战绩 4 胜 47 负，后半段战绩 5 胜 26 负，最终 9 胜 73 负的耻辱纪录再也没有球队能打破过。

数据和成就：

哈尔·格瑞尔 15 年场均 19.2 分，职业生涯得分为 21,586 分排列 NBA 第十四位。10 次连续入选全明星，1968 年纽约全明星上场 17 分钟 8 投全中拿下 MVP。

康宁汉姆：1965 年入选最佳新秀阵容；3 次年度最佳阵容一队；两届总冠军成员（1967，1983 年）；1986 年入选 Naismith 篮球名人堂；1996 年入选 NBA50 大巨星。

里德的左膀右臂：侠盗和黑珍珠

联盟历史上，20 世纪 50 年代有湖人第一王朝，60 年代有凯尔特人八连冠奇迹，80 年代为黑白双雄联合执政时期，90 年代属于芝加哥公牛——惟有 70 年代进入一个常年征伐的乱世，在 1970 年到 1979 年的 10 座冠军奖杯中，8 支球队成功染指，其中 6 支球队人手一座奖杯，惟有凯尔特人与尼克斯夺冠两次。而在尼克斯人的夺冠过程中，除了中锋里德的发挥外，千万不要忽视了尼克斯的超级后场，由两个 50 个成员组成的恐怖组合——"侠盗"沃尔特·弗雷泽和"黑珍珠"埃尔·门罗。

1965 年，里德被尼克斯选中，新秀赛季场均 19.5 分，14.7 个荣获最佳新秀，但这还不足以让花园广场成为今后人们传颂的圣地。1967—1968 赛季，尼克斯历史上的伟大后卫之一弗雷泽加盟纽约。这一年弗雷泽和日后的"禅师"杰克逊都入选了最佳新秀阵容。次年，弗雷泽便以场均 7.9 个助攻仅仅名列赛季三双王奥斯卡·罗伯特逊和伦尼·威尔肯斯之后。

尼克斯双枪之一的弗雷泽首先迎来了自己的辉煌。1969—1970 赛季尼克斯先后以 4：3 击败巴尔的摩子弹，4：1 淘汰密尔沃基雄鹿，晋级总决赛。而湖人也随着张伯伦的回归，在西部连闯太阳、鹰队两关，和尼克斯会师。本届总决赛

堪称经典，前 6 场比赛尼克斯三度领先，湖人三度扳平大比分，第三场和第四场比赛都是经过了加时才分出了胜负。第五场比赛里德受伤，终于把表现的机会让给了已经蠢蠢欲动的弗雷泽。第六场张伯伦拿下 45 分取胜，3 月 8 日第七场双方迎来了 NBA 历史上的经典时刻，里德在赛前还不能确定是否会复出。但比赛开始，一瘸一拐的里德还是上场比赛，他跳球赢了张伯伦，然后命中了尼克斯的第一球，整场比赛他拿下了 4 分，虽然若干年后人们凭借着记忆和尊崇把他本场的精神追加成神迹，但为尼克斯拿下比赛的是他们的后卫弗雷泽，36 分和 19 次助攻，罚球 12 罚全中，113：99 战胜湖人，你能想象这时的弗雷泽有多优秀他就有多优秀，直到 1979 年另外一个后卫"魔术师"约翰逊的 42 分，15 个篮板球，并且也在失去了主力中锋贾巴尔的表现才能与此相比。

1970—1971 赛季，尼克斯的战绩有所下滑，但赛季结束他们就得到了 70 年代的另一个超级后卫埃尔·门罗。门罗球风华丽，是一个不可思议的空球手和投球手。如果说跳投是保罗·阿里金发明，二次进攻把鲍勃·佩蒂特当鼻祖，那么门罗就是"转身运球"的祖师爷。门罗还拥有致命的手感，大学场均 41.5 分，他的得分就像满场的珍珠，因此门罗获赠绰号"埃尔珍珠"。同时门罗还是一位出神入化的控球大师，在"魔术师"约翰逊 1979 年来到 NBA 之前，NBA 中"黑色魔术师"埃尔·门罗的名声已经为天下所传颂。这个赛季门罗、弗雷泽和里德带领的球队在季后赛中轻松地击败了巴尔的摩子弹队和波士顿凯尔特人队，在总决赛中与湖人相遇。第一场，尼克斯以 114：92 获胜，但是之后连输四场未能夺得冠军。

1972—1973 赛季，这是双枪大展神威的一年，季后赛再次淘汰子弹和常规赛 68 胜 14 负排名第一的凯尔特人队。弗雷泽用超强的防守封锁后场，门罗用他穿针引线般的灵巧把球队捏合在一起，再和湖人的总决赛中，他们虽然丢掉了第一场，但随后连下四场，在关键的第五场中，门罗夺得 23 分，双枪后卫结合全队拿下了尼克斯队史上的最后一个总冠军。

数据和成就：
弗雷泽：职业生涯场均 18.9 分，5.9 篮板，6.1 助攻。
门罗：13 年场均 18.8 分。

兰比尔的凶神恶煞托马斯和杜马斯的分界线

和雍容华贵的纽约、华丽妖冶的洛杉矶相比，作为全美著名汽车城的底特律则显得野蛮和粗犷。在这里，善良是无用的别名，慈悲是弱者的呻吟，这里从不相信眼泪，也拒绝施舍和同情，慈眉善目在这里比凶神恶煞更让人疑惑，陌生人平白无故的笑容必然换来警惕的眼神，这里的球员一开始大多是工厂的工人，球风里裹挟的满是蛮横和不讲理，而球迷也大多是工人，喜欢看好勇斗狠的比赛，所以活塞队一开始的主要战术就是"双打"，恶狠狠地打球，并借打球之机痛打对手。他们崇尚力量，毫不回避粗犷和野蛮的对抗风格，胳膊肘硬拐，膝盖死顶，污言秽语频出，这种野兽派作风，往往打得对手心有余悸无所适从。

命运的转折其实就是一瞬间，就像魔兽争霸中的郡诺平原，原本无忧无虑的兽族被萨满嗜血后，一切都变得不可理喻，而活塞从韦恩堡到底特律，从血与战斗、生存与毁灭的格言中，你就知道作为坏孩子军团领军人物托马斯和杜马斯的组合将是哪个心灵世界和人格层面的组合。

1981 年，活塞用榜眼签中了印第安纳大学的伊赛亚·托马斯。这个娃娃脸杀手是 NBA 历史上速度最快的球员之一，拥有相当强悍的得分能力，他的闪电般的切入，他的外线投射，他的毫无保留的助攻，让他连续 4 个赛季都是平均 20 分和 10 次助攻以上的成绩，而最可怕的还是他一切为了胜利的极具侵略性的防守。他的加盟使当时还是烂队的活塞从难堪的 21 胜进步了 18 场，而 1983 年 12 月 31 日，在丹佛的迈克尼科尔斯球馆活塞大战西部强队掘金，比赛最后 1 秒，托马斯将比尔·兰比尔罚失的第二球补入篮筐，以 145 平进入加时。最终历经 3 个加时的肉搏战，活塞以 186∶184 力克掘金，创下 NBA 历史上单场比赛最高得分纪录。托马斯 47 分，约翰·朗 41 分，凯利·崔普卡 35 分，而掘金队的范德威奇砍下 51 分，英格里希 47 分，双方打出了 NBA 历史上最让人热血沸腾的 1 场比赛。这一战已经让托马斯足以载入史册。微笑的娃娃脸，刺客，许久后范德威奇和英格里希才从托马斯的微笑中感觉到刺骨的伤痛来。

1985 年，活塞在第一轮第十八顺位选中了后来一鸣惊人的乔·杜马斯。一年后 NBA 历史上最有名的恶人和篮板球大王丹尼斯·罗德曼才开始接受托马斯和

杜马斯的言传身教。窥罗德曼见托马斯和杜马斯全貌，你可以想象在 1991 年之前的东部，什么让乔丹无所适从，什么让联盟的各个杀手在汽车城的三分线外早早出手。兰比尔开始在鼻血泉涌中稳稳地罚球，马洪开始在篮下顶膝盖，踩脚跟，罗德曼开始耳濡目染，这些人让活塞的禁区成了联盟其他球队的噩梦，但这些蓝领的防守还需要两个人加以强化，1988 年总冠军比赛，托马斯在赛前和他最好的朋友魔术师来了个友情之吻，但当伯德在边线以一记拐子撂倒托马斯时，托马斯马上起身挥拳相向，为了胜利，托马斯绝不介意和老友追加一场拳击赛；而杜马斯为了保证托马斯不受犯规的困扰，看看他采用的四大后防绝招：推、拉、挤、抗。屡次败给活塞的乔丹最终摇头叹息："这是个难缠的人。"

这一年，作风凶猛残暴的活塞以 54 胜 28 负的战绩，再次杀入季后赛，击败了乔丹率领的公牛队后，在东部决赛中，又轻松干掉老冤家凯尔特人，并在总决赛中，3：2 领先湖人，第六场比赛，托马斯以 43 分，6 次抢断和单节 25 分的总决赛纪录被载入史册。遗憾的是第六场兰比尔的最后时刻犯规让湖人队中锋贾巴尔两罚皆中，使得湖人以 103：102 险胜，没有走出阴影的活塞 3 天后又以 108：105 失利，痛失总冠军。赛后活塞更衣室放声痛哭，这群坏孩子军团在这里完成了一次压抑多年的痛苦倾诉。1989 年，在托马斯和杜马斯率领下，活塞卷土重来，他们这次再没错失良机，击败乔丹率领的公牛，4：0 干净利落地击败缺兵少将的湖人队，获得总冠军。1990 年，他们第三次击败公牛队，并在总决赛中 4：2 力克开拓者，卫冕成功。两连冠的成功让活塞漫长的 41 年等待终于有了结果，也让活塞的这对组合如同库西和沙尔曼的组合一样，成为人们茶余饭后津津乐道的谈资。

数据和成就：

托马斯：场均 19.2 分，助攻 9.3 个，抢断 1.9 个，2 枚总冠军戒指，1 次助攻王，3 次入选 NBA 第一阵容，12 次入选全明星，2 次全明星 MVP。

杜马斯：16.1 分 4.5 次助攻 0.86 次抢断，6 次入选全明星阵容，4 次入选联盟防守第一队。

马龙的绝配斯托克顿和霍纳塞克的分界线

在 NBA 的历史上，注定有很多默默无闻的人要被我们忽略了。这群人没有华丽优雅的技术，没有引人瞩目的传奇经历，没有熠熠生辉的总冠军荣耀，但有一个人，就算他再朴实，再默默无闻，再没有戒指的陪衬和传奇的经历，但 19 年的忠贞传奇和一连串积累起来的伟大数据总会让你悠悠然想起，何况他还留下了永远都无法磨灭的代名词"挡拆配合"。

斯托克顿在 1990 年代显得越来越另类，在乔丹、德雷克斯勒、哈达威等人日益模糊了得分后卫和控球后卫，在基德、纳什等人日益走向全能战士的时候，在威廉姆斯、马布里等一批后辈日益花哨的时候，用大智若愚，大巧不工的古朴突破了种种模糊风格的经纬而直逼奈史密斯篮球运动最原始的本质。而此时，他的另一个搭档霍纳塞克也如同最原始的比尔·沙尔曼一样，跑动，投射，用极高的命中率有效地利用着斯托克顿的每次传递。

萨姆·史密斯说："斯托克顿从不做背后运球，不在大腿之间胯下运球。他的精彩镜头通常是一些基本的快速传递和上篮，尽管这似乎不合现在的潮流，但这才是篮球。他从来不练习那些不看人的传球，但是当我们不能再看他的比赛，我们才真正感觉到贫乏。"摆脱了一切无益动作的拘束，斯托克顿成功地演绎了控球后卫的本义。2003 年他从爵士退役的时候，带走了两个再难以被企及的数据——15,806 次助攻和 3,265 次抢断。而其他纪录：单赛季 1,164 次，单赛季平均 14.5 次，连续 9 年助攻王。他同样享有季后赛单场助攻纪录——24 次，平均每场 10.5 次助攻列历史第三位，常规赛单场 28 次助攻则是历史第三也永远朴实地镌刻在人们心中。"绝绝对对的，断然肯定的，再也、再也再也，不会有另一个斯托克顿。"8 年的老搭档卡尔·马龙说。

而霍纳塞克从进入 NBA 的第一天起，就和沙尔曼、格瑞尔一样，想着自己随时都会卷铺盖走人，然后从太阳到费城，再从费城到爵士，霍纳塞克在磨炼自己助攻的同时也在研究着分位的走位，从场均 6 次助攻到场均 20 分以上的杀手，霍纳塞克用极低的出手次数向人们展示得分后卫的教科书该怎样谱写。1994 年 2 月，霍纳塞克来到了盐湖城，就在他的第九个赛季，霍纳塞克最大限度地复活

了。54.2% 的投篮命中率联盟第一，场均也拿到 16.5 分 4.3 次助攻。爵士取得了 60 胜 22 负的上佳战绩。随后在 1997 年和 1998 年的夏天，在全世界面前展示了接近消亡的素质——无球跑动、快速投射，作为一个得分后卫干净利落地处理球。你如何解释斯托克顿在 1997 年和 1998 年助攻次数下降，然而爵士战绩却提升了？很简单，霍纳塞克，一个杰出的团队球员加入到了球的流动、分配和出手上来了。他帮助着斯托克顿，投出令公牛球迷哑口无言的投射。在防守端，即使身高和运动能力相差悬殊，他依然死死地纠缠着皮蓬。

约翰·斯托克顿在盐湖城退役时，他助攻的分数可以抵过张伯伦的终生得分。而那时史上助攻第二名，甚至没有到达他的三分之二。奥拉朱旺的盖帽数超过贾巴尔之后，约翰·斯托克顿，成为了史上仅有的一个，占据两个单项主要指标——助攻和抢断——历史头名的人物。他是没有冠冕的国王，平民中的智者。而斯托克顿和霍纳塞克，两个朴实的平民，最终让爵士在 90 年代后期成为上帝最忌惮的对象。

数据和成就：

斯托克顿：场均 13.1 分，10.5 次助攻。职业生涯共 15,806 次助攻和 3,265 次抢断。

霍纳塞克：场均 14.5 分，3.40 个篮板 4.9 次助攻。三分命中率 40.3%，职业生涯命中率 49.6%。

其他孤独优秀后卫的分界线

联盟中又不乏其他的优秀后卫，但值得一提的伟大的后卫组合的确鲜见了。1960—1961 赛季湖人的前锋埃尔金·贝勒场均拿下 34.8 分和 19.8 个篮板球，让新秀湖人未来的教父韦斯特并没有多大发展空间。但接下来的一年因柏林危机贝勒和伦尼·威尔肯斯不得不去服兵役，让韦斯特大显身手，场均劈 30.8 分，而这一次的神奇表现后韦斯特就再也没有委靡过。1964—1965 赛季韦斯特季后赛场均拿下 40.6 分，1968—1969 赛季在湖人和凯尔特人的第七次总决赛交手中，湖人还是没有在第七场升起早已准备好的气球，但就是这一年韦斯特成为联盟历史上唯一一个和总冠军无缘却最终荣获总决赛 MVP 的球星。1969—1970 年，年逾 30 的韦斯特在张伯伦受伤的情况下还能砍下全联盟最高的 31.2 分，而在和尼克斯的总决赛中，第三场韦斯特上演了让人瞠目结舌的奇迹，当终场哨响时刻他在 60 英尺外远投中，为湖人扳平比分，将比赛带入加时。尽管尼克斯队最终还是以 111∶108 获胜，但这奇迹般的一投却令韦斯特从此获得了"关键先生"的美名。第六场韦斯特独得 31 分 13 次助攻，张伯伦也狂砍 45 分 27 个篮板，湖人拿下比赛，但第七场湖人还是败在了弗雷泽的手下。1971 年湖人历史上的另一个得分狂后卫古德里奇加盟。湖人总算组成一对像样的后场组合。这年韦斯特场均还能拿下 9.7 次助攻，他和古德里奇每场得分都超过 25 分，这一年湖人常规赛创下 33 连胜的纪录，最终季后赛报得一剑之仇，夺得湖人加入 NBA 后的第二个冠军。但这对短命的组合在两年后便宣告终结。1975 年韦斯特退役，在他效力的 14 个赛季，每年他都带湖人杀入季后赛，并且 9 次杀入总决赛，而韦斯特总得分为 25,192 分，平均每场得 27 分，他也是湖人队史上在湖人得分最多的球员。

除了这位 NBA 的 LOGO，作为个体发挥出色的还有"大 O"罗伯特逊，这个赛季的三双王在张伯伦砍下 100 分的 1962 年，用 79 场场均 30.8 分、12.5 个篮板、11.4 个助攻的华丽数据诠释了什么叫全能。而 60 年代挤掉张伯伦和贝勒拿下联盟成立 20 多年来后卫史上第一个得分王的戴夫·宾也在活塞干得有声有色。而马刺的"冰人"乔治·格文在 1978 年和"天行者"大卫·汤普森的得分王之争中，单节就劈下 33 分，最终用整场 63 分和 27.22 分赢了汤普森的 27.15 分的故事许多人也不陌生。然后就是"手枪"皮特·马拉维奇用心脏上的一根冠状动脉在 1970—1980 年书写着百步穿杨、指哪打哪的奇迹，而强如德雷克斯勒和乔丹这样的高手，几乎都不用叙述就家喻户晓，了如指掌了。

唯一让人遗憾的是，进入本世纪以来，在后卫的位置上，因为摇摆人的能力不断增强，很难再见到配合默契的后卫搭档，个人能力突出的独裁者日益成为寂寞游弋的独狼。强如科比，强如麦迪，强如韦德，强如詹姆斯，在个人主义日渐尘嚣其上的今天，像比卢普斯、汉密尔顿这样的组合会越来越少，而又何谈有一天会出现一对和这些耳熟能详的组合比肩呢？

第2章 NBA联盟的历史、规则和嬗变

　　回首王朝之路，6年五冠麦肯王朝已不需多说；让张伯伦单场55个篮板化为泡影的绿衫王朝八连冠奇迹恐难再被超越；及至70年代战乱纷争，王朝又从何谈起，尼克斯的怨念，贾巴尔的挥斥方遒，张伯伦的奋勇及凯尔特人、勇士、开拓者、子弹、超音速纷纷登顶，混沌中曾经显赫一时的伟人纷纷谢幕，80年代是魔术师及大鸟伯德黑白争霸的时代，但很快被坏孩子军团取代；坏孩子仅猖獗了两年，NBA就进入了飞人陛下的统治时期，两次三连冠，公牛王朝让人心悦诚服，这中间夹杂的是火箭的大梦时代；待乔丹退役，NBA才有了洛杉矶泛滥的黄色和如今9年4次夺冠军，隐隐然有王朝气象的马刺……

按：王朝的印迹

　　话说天下大势，分久必合，合久必分。周末七国纷争，并入于秦。及秦灭之后，楚、汉纷争，又并入于汉；汉朝自高祖斩白蛇而起义，一统天下，后虽光武中兴，然宦官弄权，私藩格局，桓灵钝愚，及至献帝又分为三国。虽天公、地公、人公三小寇引之，十七镇诸侯坐大，魏蜀吴三足鼎立，但及司马氏稍动心机，就刘禅乐不思蜀，孙皓"设此座以待陛下"，天下一统，夫复何言……

　　前朝历史幡然已成陈迹，谈起来如古井死水，波澜不惊，兴味索然。然屈指回首截至2007赛季，9年历程4夺冠军，得州圣安东尼奥马刺隐隐然已有王者气象。

　　回首王朝之路，六年五冠麦肯的明尼阿波利斯王朝已不需多说；1956年夺冠伊始，1957年曾遭鲍勃·佩蒂特率鹰狙击，然随后就创造八连冠奇迹，1967年虽差点1：4被张大帅和格瑞尔横扫，但1968年、1969年指环王回归，13年11冠的王朝奇迹将再无后来者超越的话可盖棺定论矣，1961年张大帅和贝勒爷分别劈下38.4分和34.8分，"大O"赛季拿下30.5分10.1个篮板和9.7次助攻，湖人加上韦斯特，张大帅直面拉塞尔取下55个篮板犹不能匹敌王朝，1962年张伯伦把赛季场均上场时间提高到48.5分钟就只是一个笑话了。

　　及至70年代战乱纷争，宛如周末七国或晋末南北朝时期，王朝又何从谈起，尼克斯刚摆脱怨怼后就遭逢天勾横空出世，贾巴尔带着32岁对冠军望眼欲穿的赛季三双王"大O"成功横扫子弹登顶。无奈姜还是老的辣，年少气盛妄图挥斥方遒的贾巴尔在面对35岁的张伯伦和33岁的韦斯特时竟功亏一篑。大帅在自己的最后一年为了第二枚戒指竟然仍旧以 19.2 个篮板再度成为篮板王，以 64.9% 的投篮命中率排名全联盟第一。35 岁高龄，面对联盟的日益兴盛的新人贾巴尔、里德、卢卡斯、海耶斯和考恩斯等，还依旧不让出篮板王，很多后来人称大帅时期数据水分太大，窥此该觉愧心了。及里德和侠盗弗雷泽两年后复辟成功，欲打造尼克斯王朝时，新老搭档的凯尔特人率先说不，34 岁的哈夫利切克带着考恩斯，30 岁的里克·巴里——第一年出道就夺走张伯伦得分王宝座的变态得分机器带着克利福德、博尔德、来自 UCLA 的新秀前锋贾玛尔·威尔肯斯，以及来自加州大学的后卫查尔斯·约翰逊纷纷登顶。1976 年总决赛太阳队韦斯特法尔叫了一个非法暂停，但难阻凯尔特人拿下他们的第十三个冠军，1977 年"红胡子"比尔·沃顿导演"开拓者热"，1970 年代的最后两年则有子弹和超音速折腾。

70 年代不能涌现一个王朝的原因其实非常简单，在这个伤痛的时代中，很多曾经叱咤风云、显赫一时的人物均纷纷离去或正在上演他们的谢幕演出。38 岁的贝勒爷没有等到他的人生第一个戒指就离去了，张大帅和韦斯特在功德圆满后也终于选择了退役，巴里、"大 O"、哈夫利切克无论多能跑都有坚持不下去的时候，当伟人们一个个离去，被制伏的各种力量一下子涌到台面上来，而这些人本身又没有一呼百应让人震服的绝对实力，于是混沌、迷乱就成了这个时代的代名词。

1979—1980 赛季"魔术师"、"大鸟"加盟 NBA，拉开了整个黑白争霸的序曲。"魔术师"第一年就在贾巴尔受伤的情况下带领球队夺冠，整个 80 年代我们习惯称之为湖人的第二王朝，而拿下 3 次冠军的凯尔特人岂非照样可以被称为王朝。1981 年伯德总决赛第一场第四节投中了被很多影像资料都记录在案的 12 尺外即将出底线时的经典换手投篮，绿衫军夺冠。1984 年 7 场大战杰拉德·亨德森助凯尔特人胜出，到 1986 年凯尔特人拿下最后一个冠军，凯尔特人的最后三连冠乃是血战中取得的，如此缔造的王朝有谁能够诟病和指摘。凯尔特人的整个队史都和"6"有着千丝万缕的联系，对于湖人来说就不好算了，但 1980 年魔术师开道，1982 年莱利续写伟业，1985 年沃西复仇，1987 年、1988 年的表演时刻，紫金王朝的第二个王朝时代实在辉煌到了极致，也华美到了极致。

活塞的坏孩子们没有用肮脏和血腥攫取更持久的目光，历史在 80 年代末尾短暂逗留就交到了帮主的手中，从 1984 年入主到 1991 年，上帝已经在 NBA 虚度了 7 年的时光，尽管他能够拿下得分王，能够轻而易举地劈下 50 分或者 60 分，

但他似乎碰到了一个瓶颈。直到克劳斯把卡特莱特、阿姆斯特朗、格兰特、皮蓬和主教练"禅师"杰克逊凑齐。禅师已经不是靠嗑药来维持兴奋的球员了，虽然那时间看上去还是一个凡人，但1991年将魔术师率领的湖人剃了个光头而夺冠，1992年将敢于在联合中心禁区飞翔的德雷克斯勒好好地修理了一顿，1993年让巴克利抚着蛮腰潸然泪下，谁还敢小觑帮主，谁还敢再说自从贾巴尔在1971年率领雄鹿登顶后，还没有一位得分王能同时获得总冠军的荣誉。

随后30岁已经实现了对于篮球运动的所有目标的乔丹退役，火箭的"大梦"在和"猩猩"的决战中胜出，然后顺手把奥尼尔修理得颜面全无，对于火箭和活塞来说我们真的不知道该不该称为王朝，也许我们对王朝的定义太模糊了，但从中国人习惯的角度来看，以3个或者3个以上的冠军来衡量，火箭更能被称为奥拉朱旺王朝。

公牛的后三连冠找来了防守极佳、篮板极强的罗德曼来助阵，1996年魔术师在猛龙复出的那一年，已是帮主宣布"I AM BACK"的第二年，半半拉拉的1995赛季让乔丹无所收获，但公牛队以席卷千军之势，在1996年让整个世界为之战栗，人们难以置信地数着公牛的胜场次数，终于当常规赛落幕的时候，公牛队创造了72胜10负的这一NBA历史最佳战绩，那一年的公牛强大到了让所有人望风披靡，五体投地，心悦诚服。佩顿的超音速不过是公牛再次加冕不可或缺的小小步骤，乔丹、皮蓬、罗德曼、杰克逊又重新夺回了世界之巅！

1997年和1998年，马龙与斯托克顿成了公牛王朝需要超越的最后一座雪山，1998年的公牛在内忧外困下已不复当年之勇，那一年他们的胜率输给了爵士，第六场总决赛在三角洲中心体育馆进行，比赛还有最后10秒，爵士领先1分，此时的马龙仿佛握着十几年积累的沉甸甸的希望，然而乔丹眼疾手快地轻轻一拍，马龙感到手中一轻，球丢了，他们的希望也就从此落空。在距离梦想最近的地方被击倒，老邮差甚至忘了去回防，拦在乔丹面前的拉塞尔注定是乔丹成神成圣的见证者，是一个空前伟大的历史时刻距离最近的背景，他被乔丹的"世纪之晃"晃倒了，来不及爬起的他只能眼睁睁地看着高高跳起的乔丹像脱离了地球的引力向上升起，然后轻松地舒展双臂投出那一道宣告爵士死刑的完美弧线，"一剑光寒十四洲，待回头时已惘然"，5.2秒，乔丹留给世人一个永远无法被重复的经典，但那一刻乔丹的名字和公牛王朝的历史在岁月的扉页上已戛然而止。

公牛王朝的神迹就是多年后仍余音绕梁，荡气回肠。虽然很多人不愿意承认

OK 组合缔造的第三王朝，但做到了凯尔特人、公牛之后再也没有球队能够做到的三连冠，我不知道究竟这样的成就还能不能在江湖中拥有一个传说。也许我们都太讨厌天使之城的内乱了，那些阴气重重、劣迹斑斑难以摆到桌面上畅谈的往事，实在是让湖人第三王朝变得虚无而缥缈。

所谓气贯长虹，所谓名垂青史，所谓中流砥柱，所谓丰功伟绩，茶余饭后虽仍不免慨叹 1999 年的联盟停罢之影响，2003 年"海军上将"之奋勇，2005 年曼努和石佛一怒为 MVP，2007 年帕克之无趣上篮，但四枚熠熠生辉的冠军戒指已让所有指摘走向苍白。完美毕竟只是一种苛求，安心下来茶余饭后津津乐道一番，不亦痛快。

1946—1947 赛季：福尔克斯领衔　勇士首冠

NBA（National Basketball Association，即国家篮球协会）诞生于 1946 年 6 月 6 日，NBA 最初成立的时候叫 BAA（Basketball Association of American，即全美篮球协会），它是由 11 家冰球馆和体育馆的老板们共同发起的，目的是为了让体育馆在冰球比赛以外的时间里不至于空闲冷场。

1946—1947 赛季是 BAA 的首个赛季，在这个赛季中诞生了联盟历史上第一个真正的明星——费城勇士队的前锋乔·福尔克斯。来自肯塔基的福尔克斯身高 1.98 米，他在场上无所不能，本赛季中他以场均 23.2 分成为首届常规得分王，比排名第二的鲍勃·菲利克的场均 16.84 分高出了将近 7 分。在当时大家还双脚原地站立，双手胸前投篮，命中率普遍在 30% 以下的情况下，福尔克斯的得分是个相当惊人的数字。因命中率低下，联盟的首个助攻王普洛威顿斯压路机队的欧内斯特·卡尔弗利整个赛季的场均助攻次数仅为 3.4 次。

本赛季每支球队要打六十场常规赛，红衣主教里德·奥尔巴赫执教的华盛顿国会队虽然以 49 胜 11 负排名联盟第一，其中包括主场 29 胜 1 负的惊人战绩，但在季后赛中被扎斯罗夫斯基和中锋查克·哈勃特领衔的芝加哥公鹿以 4：2 击败。费城勇士在主教练的带领下，连克圣路易斯轰炸机队和纽约尼克斯队，最终和芝加哥公鹿在总决赛会师。总决赛中，勇士在得分王福尔克斯、达尔玛和安哥拉·姆西的带领下，4：1 击败芝加哥人，成为联盟的首个总冠军得主。

总决赛后，勇士队队员每人得到 2000 美元的奖金，这相当于当时大多数球员半个赛季的薪水。

1947—1948 赛季：华盛顿子弹加盟　夺取冠军

BAA 的初期局势并不稳定，一方面因经济的影响，一方面并没有成熟的规则来制约，一些球队总是在不断变动中在联盟进进出出。本赛季一开始，多伦多北极犬、底特律猎鹰、克利夫兰叛逆者和匹兹堡铁人就宣布退出联盟。11 支球队锐减到 7 支，打乱了原有的平衡，为解决这个问题原 ABL 联盟的巴尔的摩子弹在本赛季加入 BAA。同时为了节省旅费开支，常规赛由六十场缩减到四十八场。

不过新加盟的巴尔的摩并不仅仅满足于存在，这支 BAA 新军在总决赛中4：2击败费城勇士，粉碎了后者的卫冕梦想。子弹队主要成员包括身高 1.8 米的主教练兼队员巴蒂·吉安纳特，身高 2.03 米的中锋克莱瑞斯·海蒙森、后卫切克·里瑟、前锋保罗·霍夫曼和康尼·西蒙森。芝加哥公鹿的马克斯·扎罗夫斯基难得赛季突破 1,000 分大关，而费城勇士的乔·福尔克斯因缺席 5，以 949 分位居第二。

比赛的减少影响了球队收入，整个赛季 BAA 都在困境中挣扎。不过对于联盟来说的一个好消息是乔·雷普奇克成为纽约的新主帅，他在 ABL 的原凯尔特人队效力，随后在圣约翰大学执教多年，是一位经验丰富的篮球教练。由于 BAA 比赛规则也不够完善，球员打球相当粗野，率巴尔的摩子弹的领军人物巴蒂·吉安纳特在总决赛最后一场中嘴唇被打开了个口子，因此比赛结束后他不得不先把嘴唇缝合，然后再出去喝酒庆祝了。

1948—1949 赛季：王者麦肯　巨人时代到来

动荡的 BAA 在上个赛季失去了 4 支球队后，本赛季又迎来了 4 支 NBL 最好的球队——福特韦恩活塞、明尼亚波利斯湖人、罗切斯特皇家、印第安纳波利斯喷气机的加入。这对 BAA 的发展无疑是巨大的推动，BAA 的球队集中于大城市，拥有全美最好的比赛场馆，而 NBL 联盟的球队虽然集中于中西部的小城市，却拥有最好的球员。因此 NBL4 支球队的加入让最好的球员、最大的场馆、最多的媒体关注几大因素都被整合在了一起。

更重要的明尼亚波利斯湖人来了，也带来了伟大的乔治·麦肯，这位戴近视镜，身高 2.08 米，体重 111.2 公斤的传奇中锋是 NBA 历史上第一位大个子超级巨星。麦肯对篮球比赛的推动具有革命性的意义，他可以在内线左右开弓，轻而易举地得分，麦肯本赛季场均攻下 28.3 分，得到他的首个得分王殊荣。拥有 12 支球队的 BAA 重新将常规赛赛制定为 60 场，华盛顿国会队以 38 胜 22 负排名东部第一，罗切斯特皇家队则以 45 胜 15 负，比湖人多胜一场的优势称雄西部。不过在季后赛阶段，湖人轻松击败芝加哥公鹿和罗切斯特皇家，从西部突围进入总决赛。总决赛第一场麦肯就独揽 42 分帮助湖人取胜，随后又连胜两场。在第四场，麦肯腕关节骨折，国会队趁机偷走了 1 场胜利。麦肯在第五场打着石膏上阵并砍下 22 分，但是仍然输了球。第六场湖人队以一场 77：56 的胜利带走了 BAA 的总冠军。在季后赛的 10 里麦肯场均 30.3 分。

麦肯的到来意味良多：NBA 的球员高大化、NBL 的消亡，以及联盟首个王朝（明尼亚波利斯湖人）的出现。

1949—1950 赛季：湖人王朝　首度进行加冕

1949 年夏天，在 NBA 的首任主席莫瑞斯·波多洛夫的操作下，BAA 大刀阔斧地吞并国家篮球联盟 NBL 残存的 6 支球队。强大的 BAA 正式更名为 NBA，17 支球队被分为西部、中部、东部三个赛区，NBA 由此进入了新的发展历程。

锡拉丘兹民族队是东部赛区中唯一一支从 NBL 新加盟的球队，他们在身高 2.03 米，场均得到 16.8 分的多尔夫·海耶斯的带领下，以 51 胜 13 负排名东部第一。阿历克斯·格罗萨场均得到 23.4 分，帮助印第安纳波利斯奥林匹亚队在西部领跑。乔治·麦肯以场均 27.4 分蝉联得分王，并带领湖人以 51 胜 17 负列中部头名。

由于有三个赛区，导致本赛季的季后赛变得混乱不堪。湖人队必须击败公

鹿、活塞、包装者 3 支球队才能进入总决赛,而另一支总决赛球队锡拉丘兹民族
却只需闯过勇士和尼克斯两关。民族队中拥有多尔夫·海耶斯、保罗、西蒙这些
天才球员,却无法阻挡麦肯的内线统治。麦肯的身边还有一批实力不俗的队友,
包括吉姆·波拉德、马丁、鲍勃·哈里森和米克森,首场比赛,哈里森最后时刻
用一个 40 码的远投,让湖人队 2 分取胜。随后激烈的总决赛直到第六场才决出
胜负,湖人以 4∶2 成功卫冕。麦肯在季后赛砍下场均 31.3 分。

湖人两连冠,不过其他球队对湖人主场的特殊构造颇有微词,他们主场球馆
由于观众席离球场太近,因此要比标准球场窄几英尺,这使得麦肯和他的队友们
在防守时更具统治力。民族队后卫就抱怨说:"当麦肯、波拉德和米克森把手臂
都张开时,没有人可以通过那个狭窄的球场。"

1950—1951 赛季:打破种族冰封 黑人加入

由于上赛季的 17 支球队导致管理和赛制安排上的混乱,本赛季 NBA 又减
少到 11 支球队,重新划分为东西两个赛区,西部包括湖人、皇家、活塞、奥林
匹亚、黑鹰 5 支球队,东部则由勇士、凯尔特人、尼克斯、国会、子弹和民族队
组成。不过华盛顿国会队继上赛季失去主教练奥尔巴赫后,本赛季仅仅打到一半
就宣告退出,而他们的战绩也仅为糟糕的 10 胜 25 负。

本赛季另一个标志性的变化是黑人球员的加入。波士顿凯尔特人的查克·库
珀成为第一个通过选秀进入 NBA 的黑人;纽约尼克斯的"糖水"奈特·克里
夫顿成为第一个和 NBA 签约的黑人;华盛顿国会的埃尔·劳耶德成为第一个在
NBA 正式比赛中上场的黑人,而这要得益于国会队本赛季的揭幕战比其他球队
早一天举行。常规赛阶段,费城勇士以 40 胜 26 负排名东部第一,而明尼亚波利
斯湖人则以 44 胜 24 负称雄西部,罗切斯特皇家落后湖人 3 场位居第二。不过季
后赛的进展却是另一番景象,尼克斯在东部 2∶0 轻取凯尔特人,3∶2 击败锡拉
丘兹民族,晋级总决赛。西部的皇家队则在后场核心鲍勃·大卫斯和身高 2.06
米的中锋艾尔尼·瑞森带领下,先后淘汰活塞和湖人,取得了另一个总决赛席位。
NBA 的总决赛第一次打满 7 个回合,皇家队在最后一场以 79∶75 绝杀尼克斯,
赢得球队历史上的唯一一个总冠军。

1951—1952 赛季：三秒区加宽　难阻湖人登顶

　　麦肯等大个子球员在内线的肆无忌惮打破了比赛的平衡性和观赏性，为了限制大个子球员的统治力，罚球区从原来的 6 英尺加宽为 12 英尺。不过尽管跳投技术的发展带动了比赛的进步，但某些规则严重制约了它的发展。由于进攻没有时间限制，导致球队领先后往往会采取延时策略——针对这一缺陷而制订的进攻 24 秒规则要在 3 年后才出现。1950 年 11 月 22 日，在韦恩堡活塞和明尼阿波利斯湖人队的比赛中，双方最终的比赛结果竟然是 19：18，活塞取胜。第一节活塞 8：7 领先，第二节湖人队 13：11 反超比分，下半场开始丑陋的一幕继续上演，愤怒的观众把手中的杂物纷纷扔向场内，但为了限制麦肯的威力，活塞依旧控制节奏，比赛最后 8 分钟，两队各投中一个罚球后湖人 18：17 领先，然后计时表走了 4 分钟比分竟然没有任何变化，活塞采用的办法就是一点，控制到最后时刻投最后一球。直到比赛还剩下 10 秒时，活塞的中锋拉里·福斯特篮下晃过麦肯投中制胜一球。

　　不过幸亏比赛不都是这个样子，虽然乔·福尔克斯是第一个将跳投在比赛中推广的球员，但这个赛季出现了被视为跳投鼻祖的球员，费城勇士来自维兰诺瓦大学的年轻前锋保罗·阿里金。阿里金因嫌场地太滑难以站立选择了每次跳投，不过他却想不到发现了命中率更高的投篮方式。整个赛季阿里金以场均 25.4 分超过麦肯成为新的得分王，而他 44.8% 的投篮命中率同样在全联盟排第一。

　　本赛季也是联盟建立以来第一次，所有的 10 支球队都要打满 66 场常规赛。NBA 此时已成为大学天才球员的聚集地，麦肯、阿里金、麦考利、库西都入选了年度最佳阵容一队，剩下的那个席位则被鲍勃·大卫斯和多尔夫·海耶斯共同占有。尼克斯本赛季再度以东部第三名的身份杀入总决赛，而在西部，卷土重来的湖人 3：1 击败上届总冠军罗切斯特皇家，与尼克斯在总决赛会师。又是打满 7 场，湖人最终利用主场优势，82：65 赢得关键战役的胜利，击败尼克斯重夺总冠军。受到限制的麦肯得分遇到困难，但仍然以 23.8 分排名第二，同时他场均还抢下 13.5 个篮板。

1952—1953 赛季：王者麦肯　尼克斯的怨念

过多的犯规仍然是一个大问题，联盟为此修订了一些规则，但收效甚微，尤其是比赛的最后几分钟，不可避免地会出现频频犯规。教练们总是寄希望于对手的罚球出现一罚或者两罚全失的情况，而自己的队员则能投篮命中 2 分。本赛季平均每场比赛的犯规数上升到惊人的 58 次，而球队的平均罚球次数也创造了NBA 纪录。

上赛季得分王保罗·阿里金则因为服兵役将缺席两个赛季。在控卫鲍勃·库西和射手比尔·沙尔曼的带领下，波士顿凯尔特人正在变得成熟，但他们仍然无法通过尼克斯的门槛，后者拥有一批出色的球员，足以使他们克服整体身高不足的缺陷。有史以来第一次，东西部的两支常规赛领先者——尼克斯和湖人双双杀入 NBA 的总决赛，尼克斯赢了第一场，但湖人随后连扳四场，让尼克斯连续第三次在总决赛中空手而归。麦肯场均 20.6 分，并以 14.4 个篮板拿下他职业生涯中唯一的一次篮板王。

1953—1954 赛季：六年五冠　明尼亚波利斯王朝尾声

为了减少犯规增加比赛的刺激性，本赛季 NBA 又出台一条古怪的新规则。每位选手每节只能犯规两次，如果第三次犯规，就只能在板凳上度过本节剩余时间。这条规则使比赛的场均犯规数下降到 51 次，但比赛的最后时刻仍然不可避免成为罚球大战。

印第安纳波利斯奥林匹亚队在本赛季宣布倒闭，这使西部赛区只剩下 4 支球队，而其中有 3 支将进入季后赛。内尔·约翰斯顿以场均 24.4 分蝉联得分王，鲍勃·库西场均 19.2 分列第二，此外他还以场均 7.2 次助攻蝉联了助攻王。麦肯此时已经年届 30，为了使他保留更多精力到季后赛中对决，湖人队减少了他的常规赛上场时间，不过麦肯仍然有场均 18.1 分 14.3 个篮板的贡献。

本届季后赛采用的是循环赛，每个分区的前三名要再打个小循环来决出前两名：东部出线的是凯尔特人和民族队，西部则是湖人和皇家。锡拉丘兹民族队终止了纽约人连续三年进入总决赛的纪录，明尼亚波利斯湖人则连续三年从西部晋级总决赛。这也是明尼亚波利斯王朝的最后一个总冠军，他们和民族队打满 7 场，并在最后的决战中以 87∶80 胜出。

尽管带领湖人在六年中 5 次获得总冠军，但主教练约翰·昆德拉从来没有得到公正的评价。很多人认为拥有麦肯、吉姆·波拉德、米克森这些优秀的球员，教练只需做很少的事就可确保冠军。不过红衣主教奥尔巴赫对此表示反对，"我见过许多伟大的球队，至少从表面来说是这样的，结果他们却一无所获。昆德拉不仅拥有一支伟大的球队，他还带领这支球队取得了伟大的成就"。

1954—1955 赛季：丑陋比赛　催生进攻 24 秒

1954—1955 赛季开始前，发生了两件在 NBA 历史上意义深远的大事。麦肯，这位 NBA 的标志性人物宣布退役。而比麦肯离去更令人关注的，无疑是两条新规则——进攻 24 秒和限制球队单节犯规数的产生。锡拉丘兹民族队的老板丹尼·比亚索尼，他在 1954 年提出了泽被后世的 24 秒进攻时限，这项规则让 NBA 的比赛焕然一新，如 1950 年 11 月 22 日韦恩堡活塞与明尼阿波利斯湖人"激战" 48 分钟，各命中四球，最终比分定格在 19∶18 的"盛况"一去不复返。

本赛季的球队得分迅速提高，从原来的场均 79.5 分上涨到 93.1 分，不过个人得分并没有怎么提高，新规则使球队的得分变得更为均衡。内尔·约翰斯顿以场均 22.7 分连续第三次成为得分王，鲍勃·库西场均得到 21.2 分，服完兵役归来的保罗·阿里金以场均 21.0 分排第三。

麦肯的退役给了锡拉丘兹民族一个再好不过的夺冠机会，而这也是这座城市得到的唯一一次总冠军。在总决赛中民族队和活塞打到第七场决战，依靠乔治·金最后 12 秒时的 2 罚 1 中，以 92∶91 击败活塞登顶。

1955—1956 赛季：恐怖组合 演绎勇士归来

经过和新规则一个赛季的磨合，NBA 在本赛季迎来一个高潮。球队的场均得分达到 99 分，再创联盟的新纪录，比赛的速度和强度也是前所未有的。上赛季表现出众的密尔沃基鹰队新秀鲍勃·佩蒂特在本赛季继续着上升势头，虽然球队搬到了圣路易斯，但佩蒂特没有受到任何影响，他以场均 25.7 分成为新的得分王。

由于上赛季巴尔的摩子弹退出了 NBA，所以联盟中只剩下 8 支球队，每个赛区的第一名在季后赛首轮轮空。上赛季 33 胜 39 负的费城勇士本赛季将战绩提高到 45 胜 27 负，排名东部第一。这支球队的阵容不仅个人能力出众而且均衡，内尔·约翰斯顿坐镇篮下，乔和沃尔特·大卫斯担纲前锋，后卫线上则有超级射手保罗·阿里金和新秀摇摆人汤姆·格拉，他们在总决赛中最终以 4∶1 击败活塞夺得总冠军。

保罗·阿里金拥有非常全面的进攻技术，无论远投、底角跳投、突破上篮还是勾手都可以得心应手。两年的兵役并没有使他感到不适和慌乱，新规则使他的能力得到更充分的发挥。在本届季后赛中，阿里金 10 场比赛共得到 289 分，这一成绩仅次于已经退役的传奇巨星麦肯。由约翰斯顿坐镇内线，阿里金外线百步穿杨，这对恐怖组合初见成效。

1956—1957 赛季：雄鹰折翅 凯尔特人的首冠

本赛季成为体育史上一个伟大王朝的开始，波士顿凯尔特人在随后的 13 年中 11 次夺冠，成为 NBA 历史上前无古人后无来者的巨无霸。凯尔特人此前已经拥有鲍勃·库西、比尔·沙尔曼、埃迪·麦考利这样优秀的得分手，但篮板和防守始终无法解决，这也使他们在季后赛中总是步履艰难。不过本赛季开始前，主教练奥尔巴赫用麦考利和克里夫·哈甘从圣路易斯鹰队换来首轮第二顺位的选秀权，并用这支签摘到来自圣弗朗西斯科大学的传奇中锋比尔·拉塞尔，同时凯尔特人用自己原有的选秀权在第六顺位选中身高 2 米，得分防守俱佳的前锋汤姆·海因索恩。

有了拉塞尔和海因索恩的加盟，再加上助攻王库西、神射手沙尔曼、肌肉男卢斯卡特奥夫、弗兰克·拉姆西，凯尔特人终于成为一支内外兼修攻防兼备的超级强队，在随后许多年里他们都将是其他球队的灾难。场均 21.1 分的沙尔曼和场均 20.6 分的库西依旧在进攻端表现稳定，而拉塞尔则使凯尔特人的防守有了质的提升，他们在常规赛中以 44 胜 28 负排名全联盟第一，领先第二名的锡拉丘兹民族整整 6 场。季后赛阶段，凯尔特人以 3∶0 横扫民族队进入总决赛，他们在总决赛的对手正是拥有前凯尔特人队员麦考利和哈甘的圣路易斯鹰队。这届总决赛堪称经典，双方打满 7 场，最后 1 场比赛在波士顿举行，经过两个加时主队才以 125∶123 艰难获胜。1957 年总决赛第七场是篮球史上的经典，在多年以后仍然被球迷们津津乐道。凯尔特人的两位新秀是夺冠的关键因素——是役拉塞尔得到 19 分 32 个篮板，海因索恩则贡献 37 分 23 个篮板。这个总冠军也拉开了凯尔特人王朝的序幕。"第一个永远是最难的，也是最让人满意的，"奥尔巴赫说道，"夺冠后的那个夏天，无论我走到哪里都会告诉自己，现在我是世界冠军的教头了。"

1957—1958 赛季：佩蒂特领航　鹰队飞越巅峰

本赛季活塞从福特韦恩搬至底特律，皇家则从罗切斯特搬至辛辛那提，NBA 正在大幅扩张其地理版图。仅仅 3 年前，NBA 一半的球队所在城市人口不足百万，如今这样的球队只剩锡拉丘兹民族一支。底特律的活塞球迷们有幸目睹一位新得分王的诞生——活塞队的乔治·亚德里本赛季场均得到 27.8 分，总得分为 2,001 分。他成为 NBA 历史上第一位常规赛单赛季得分超过 2,000 分的球员。

东部的凯尔特人和西部的圣路易斯鹰无疑是联盟中最好的两支球队，他们在常规赛中分别以 49 胜 23 负和 41 胜 31 负的战绩排名东西部第一，均比排名第二的球队多胜整整 8 场。季后赛阶段，东西部决赛由原来的 5 场 3 胜制改为 7 场 4 胜制，圣路易斯鹰队和波士顿凯尔特人分别以 4∶1 的相同比分击败活塞和民族，

双双杀入总决赛。

总决赛前两场在波士顿进行，双方平分秋色，看上去似乎又将成为一届经典的拉锯大战。不过第三场比尔·拉塞尔扭伤脚踝，成全了鹰队的胜利。尽管顽强的凯尔特人在拉塞尔缺席的情况下，第四场客场取胜扳平大比分，但第五场鹰队以 102:100 两分险胜，第六场又在轰下 50 分的鲍勃·佩蒂特的带领下，以 110:109 一分险胜，终于赢得球会历史上的唯一一次总冠军。在佩蒂特辉煌的职业生涯中，这是唯一一个总冠军，不过能打破全盛时期凯尔特人王朝的垄断夺冠，无疑有着非常特殊的意义。这位身高 2.06 米、体重 97.6 公斤、来自路易斯安那州立大学的明星前锋不仅拥有无与伦比的内线火力，还拥有一颗永不知足的进取心。在佩蒂特的带领下，鹰队 4 次杀入 NBA 总决赛。当他为鹰队整整效力了 11 个赛季退役时，以 20,880 分成为 NBA 有史以来的得分王。

1958—1959 赛季：绿衫军归来　连霸的开始

本赛季 NBA 又见证了一位巨星的到来，身高 1.96 米，来自西雅图大学的前锋埃尔金·贝勒以状元秀加盟明尼亚波利斯湖人，场均贡献 24.9 分和 15.0 个篮板，帮助湖人从上赛季 19 胜 53 负的糟糕战绩回升到 33 胜 39 负，重新进入季后赛。同时贝勒也以新秀身份入选了年度最佳阵容，此前只有佩蒂特和阿历克斯·格罗索做到过这点。不过这些都仅仅是开始，因为在本赛季的季后赛阶段，贝勒还将带给人们更多的惊喜。

常规赛中，凯尔特人 52 胜 20 负，比排名东部第二的尼克斯整整多胜 12 场，而西部的鹰队也以 49 胜 23 负比排名第二的湖人多胜 16 场。每个人都相信凯尔特人和鹰队将连续第三年在总决赛中相遇。季后赛阶段，凯尔特人与锡拉丘兹民族在东部决赛火并，后者本赛季从活塞转来上届得分王乔治·亚德里，由他和另两位巨星多尔夫·海耶斯、里德·克里组成的民族队内线堪称华丽。两队打满 7 场，波士顿以 130:125 赢得最后 1 场胜利，晋级总决赛。西部决赛，鹰队开局以 2:1 领先湖人，但湖人随后连扳 3 场，出人意料地终结了鹰队连续第三年进入总决赛的美梦。尽管湖人干净利落地淘汰了卫冕冠军，但凯尔特人没有给他们任何机会，4:0，凯尔特人创造了 NBA 历史上第一个在总决赛中零封对手夺冠的纪录。

不过没有人会知道，这只是他们八连冠的开始。

即使是在 1959 年，1.96 米的身高对一名 NBA 前锋而言也是偏矮，但湖人的教父证明他比那些高大的对手们更出色。他不仅拥有同样强壮的身体，还拥有领先于同时代其他球员的得分手段。他在空中的华丽表演成为后继者们的标尺，比如康尼·霍金斯、朱利叶斯·欧文和迈克尔·乔丹。贝勒在 2 月 25 日对辛辛那提皇家队的比赛中得到 55 分，这也是 NBA 有史以来个人的单场第三高得分，前两位分别是福尔克斯的 63 分和麦肯的 61 分。

1959—1960 赛季：张伯伦横空出世　技惊联盟

1959 年，NBA 迎来了又一位顶级中锋，他就是威尔特·张伯伦。这位身高 2.16 米的黑色巨人是上帝为了向人间展示篮球魅力而降生在球场上的一位天神，他拥有令人汗颜的身体条件和无所不能的攻防技巧。在新秀赛季，张伯伦以场均 37.6 分和 27.0 个篮板均位居全联盟第一。一人囊括最佳新秀和常规赛最有价值球员两项大奖，初试啼声便令全联盟惊诧。

张伯伦本赛季得分在 50 分以上的比赛就有 7 次，在他的带领下，勇士队常规赛战绩从上赛季的 32 胜 40 负提高到 49 胜 26 负，而他们的比赛也成为全联盟上座率最高的比赛。虽然张伯伦来了，但凯尔特人仍然是联盟中最好的球队，他们在 75 场常规赛中赢了 59 场，高居全联盟首位，比排第二的勇士多胜 10 场。圣路易斯鹰则以 46 胜 29 负列西部第一，比排名第二的底特律活塞多胜了 16 场。季后赛阶段，凯尔特人以 4：2 击败张伯伦领衔的勇士，鹰队以 4：3 险胜湖人，双双进入总决赛。总决赛前 6 场双方形成拉锯平分秋色，第七场凯尔特人在独揽 22 分 35 个篮板的拉塞尔的带领下，以 122：103 大胜鹰队，蝉联总冠军。

在主帅奥尔巴赫的管理下，凯尔特人有条不紊地构建起一支超级球队：1950 年用 9000 美金引进鲍勃·库西，1951 年是比尔·沙尔曼，1954 招来拉姆西，1955 年卢斯卡特奥夫加盟，1956 年又在选秀大会上摘得海因索恩和比尔·拉塞尔。虽然凯尔特人在 1957 年夺得了第一个总冠军，但他们仍然在不断地引入优秀球员。1957 年是萨姆·琼斯，1958 年是 K.C. 琼斯和考纳利，1960 年则是汤姆·桑德斯。红衣主教拥有一双善于发现天才的眼睛，同时他也非常强调团队配合，正

是这两点造就了一个伟大的王朝。

1960—1961 赛季："大 O" 和韦斯特　双双加盟

NBA 的发展可谓日新月异，埃尔金·贝勒和张伯伦的到来都曾引起过联盟的轰动，而在本赛季，又有两位天才后卫加盟 NBA，他们在随后的 14 年中也将成为球迷们的宠儿，而他们的名字也将被永远载入史册。奥斯卡·罗伯特逊和杰里·韦斯特都是杰出的大学球员，在代表美国队夺得 1960 年奥运会男篮金牌后双双加盟 NBA。来自辛辛那提大学的"大 O"更快适应 NBA 比赛，他在本赛季场均得到 30.5 分 10.1 个篮板，同时还以场均 9.7 次助攻成为联盟的助攻王。张伯伦和贝勒场均分别得到 38.4 分和 34.8 分，这也是 NBA 历史上第一次有 3 位球员的常规赛场均得分在 30 分以上。韦斯特加盟的湖人为了开拓市场，本赛季从明尼亚波利斯搬迁至洛杉矶，他在处子赛季场均得到 17.6 分 7.7 个篮板 4.2 次助攻。

本赛季常规赛场次增加到了 79 场，凯尔特人和鹰队再次以 57 胜和 51 胜分列东西部第一。鹰队连续第二个赛季以 4：3 淘汰湖人，和 4：1 淘汰锡拉丘兹的凯尔特人在总决赛中相遇。这一次鹰队还是空手而归，他们以 1：4 不敌实力更为均衡的凯尔特人，后者实现了三连冠。

在门外汉的眼中，本赛季加盟 NBA 的杰里·韦斯特只不过是个来自西维吉尼亚大学的瘦弱男孩，但是这位身高 1.9 米的大学前锋在进入 NBA 后矢志要成为一名最优秀的后卫，而他出众的技术无疑成为他成功的保证。

1961—1962 赛季：大帅百分传奇　场均 48.5 分钟

张伯伦在新秀赛季得到的场均 37.6 分已经创造了一个令人难以置信的纪录，而他在本赛季的表现更是无与伦比。本赛季张伯伦打满所有比赛，只有 8 分钟下场休息，其常规赛场均上场时间为匪夷所思的 48.5 分钟（包括加时），场均得到 50.4 分，把他上赛季创造的纪录又提高了 12 分。1962 年 3 月 2 日，张伯伦在对纽约尼克斯的一场常规赛中独得 100 分，带领勇士以 169∶147 取胜。尽管当时的观众只有 4,124 名，但几十年后，声称目睹这场比赛的球迷却远远超过了这个数字。

本赛季一支新军芝加哥包装者队加入西部赛区，球队中锋沃尔特·贝拉米成为本赛季最佳新秀，贝拉米场均贡献 31.6 分 19.0 个篮板，分列得分榜和篮板榜的第二和第三位，而他 51.9% 的投篮命中率则排名全联盟第一。

威尔特·张伯伦在创造着前无古人后无来者的纪录，凯尔特人也在为他们的王朝霸业忙碌，他们在本赛季的 80 场常规赛中取得了 60 场胜利，创造了 NBA 的新纪录。和张伯伦怪兽级的得分形成鲜明对比，本赛季凯尔特人的队员没有一人得分跻身全联盟前十。季后赛东部决赛，凯尔特人和勇士又上演经典大战，依靠萨姆·琼斯在第七场最后 2 秒钟时的跳投命中，凯尔特人以 109∶107 绝杀勇士，晋级总决赛。西部鹰队出现严重下滑，被湖人扳平大比分，并在第七场决战中通过加时以 107∶110 不敌湖人。

两年前，凯尔特人在总决赛中 4∶3 气走圣路易斯鹰，而在本赛季的总决赛中，湖人队的弗兰克本有机会终结凯尔特人。第七场第四节最后时刻双方打平，负责看守弗兰克的鲍勃·库西去包夹韦斯特，亨德利传球给空位的弗兰克，这位 29 岁两次入选全明星的资深后卫看了篮筐一眼，8 英尺外出手投篮，球却弹筐而出，比赛进入加时，凯尔特人最终胜出。

在 1962 年，NBA 还诞生了一项传奇性的纪录，人称"大 O"的奥斯卡·罗伯特逊单季留下了场均大三元——30.8 分、12.5 个篮板和 11.4 次助攻的成绩单，NBA 历史上第一位全能大师登堂入室。

1962—1963 赛季：绿衫军四连冠　库西的眼泪派对

本赛季开始前 NBA 又发生了一些重大变动：拥有张伯伦的费城勇士搬迁至西部的圣弗朗西斯科，作为平衡，拥有奥斯卡·罗伯特逊的辛辛那提皇家被划到东部赛区；芝加哥包装者队改名为芝加哥和风队；34 岁的鲍勃·库西宣布将在本赛季结束后退役；一些天才新秀进入联盟，其中包括泽尔姆·比蒂、约翰·哈夫利切克和大卫·德布什切尔。

另一些事则仍依旧保持原样：尽管没有一位队员的场均得分超过20分，但凯尔特人仍以58胜22负排名东部第一；湖人以53胜27负连续第二年称雄西部；张伯伦继续以场均44.8分和24.3个篮板蝉联得分王和篮板王。季后赛的东西部决赛都打满7场才决出胜负，几乎就是总决赛的提前上演，最终凯尔特人以142：131击败皇家，湖人以115：100击败鹰队，双双晋级总决赛。总决赛中凯尔特人先后以2：0和3：1领先对手，并最终4：2战胜湖人，夺取了连续第五个总冠军，也为库西的职业生涯画上一个完美的句号。

1963—1964赛季：新时代　绿衫军王者依旧

本赛季联盟又出现重大变故：NBA首任总裁莫瑞斯·波多洛夫在赛季前宣布退休，接替他的是公关部主管J.沃尔特·肯尼迪；凯尔特人自50年代以来，第一次将在没有鲍勃·库西的帮助下前进；芝加哥和风队搬到巴尔的摩，更名为巴尔的摩子弹队；锡拉丘兹民族队则搬到费城，更名为费城76人队。

两位杰出的大个子新秀在本赛季加盟，他们分别是辛辛那提皇家的杰里·卢卡斯和圣弗朗西斯科勇士的纳特·瑟蒙德。阿历克斯·汉纳姆成为勇士的新教头，他为这支张伯伦领衔的球队带来全新的防守理念。勇士队在常规赛中让对手场均仅得到102.6分，48胜32负的战绩排名西部第一，季后赛他们又以4：3淘汰鲍勃·佩蒂特领衔的鹰队，闯入总决赛。但是总决赛中面对强大的凯尔特人，勇士没能再延续好运，凯尔特人4：1轻松夺得了连续第六个总冠军。

本赛季凯尔特人的连续6个总冠军也是最容易的一个，由此也引发了一个问题，波士顿王朝的连冠何时才会被终止。人们把凯尔特人的六连冠和纽约扬基（MLB，棒球）在1949—1953年期间取得的五连冠相提并论，拥有这样伟大的球队对年轻的NBA联盟无疑是一种幸运。

1964—1965赛季：大帅的交易　哈夫利切克的抢断

本赛季最令人震惊的事情就是张伯伦的转会了。全明星周末后，目光短浅的圣弗朗西斯科勇士再看到瑟蒙德的成长后，毅然把 28 岁正值巅峰期的威尔特·张伯伦送到费城 76 人队，换来 3 名球员和一笔现金。这笔交易立刻让勇士从上赛季的 48 胜 32 负跌至 17 胜 63 负，而 76 人则从上赛季的 34 胜 46 负提高到 40 胜40 负。张伯伦的加盟，使 76 人很快成为一支强队，而由于费城和凯尔特人同在东部赛区，这就意味着总决赛前张伯伦的 76 人队就必须和凯尔特人火并。

1964 年 8 月，波士顿凯尔特人的奠基者沃尔特·布朗去世，这使奥尔巴赫需要承担起球队更多的管理工作。不过凯尔特人似乎并未受到什么干扰，虽然拉姆西和卢斯卡特奥夫两员老将退役，但他们仍以 62 胜 18 负排名全联盟首位。湖人以 49 胜 31 负排名西部第一，两大核心韦斯特和贝勒场均得到 31.0 分和 27.1分，均在联盟得分榜上排名前 5 位。季后赛阶段，湖人 4：2 击败子弹，凯尔特人 4：3 击败 76 人，双双晋级总决赛。其中凯尔特人和 76 人的东部决赛堪称经典，前 6 场双方都在各自的主场取胜，最后一场凯尔特人依靠哈夫利切克最后时刻的断球成功以 110：109 一分险胜，而凯尔特人播音员在转播时激动地欢呼"哈夫利切克断球成功！"也成为广为传颂的名句，和东部决赛相比，总决赛没有多少悬念，贝勒因伤缺阵，凯尔特人以 4：1 轻取湖人成就七连冠。

1965 年的东部决赛第七场给很多人以期望，因为凯尔特人的不败神话很可能将在这一天被终结。如果费城 76 人能把握好最后的 5 秒钟，那凯尔特人王朝也许就会停止在六连冠的历史中。但是哈夫利切克断到了哈尔·格瑞尔的传球，并把球传给萨姆·琼斯，后者运球直到比赛结束，凯尔特人王朝也得以延续。在经历了这么多生死大战后，凯尔特人至今仍然屹立不倒。

1965—1966 赛季：凯尔特人八连冠 红衣主教退位

凯尔特人差点被费城终结了他们前无古人后无来者的八连冠，而费城在拥有一个遗憾的赛季后，本年的来势更为凶猛，来自北卡的新秀前锋比尔·康宁汉姆场均贡献 14.3 分，虽然不及新秀里克·巴里更加星光闪耀，但他和张伯伦、查特·沃克、卢卡斯和杰克逊组成的 76 人内线固若金汤，后卫线上则有哈尔·格瑞尔和二年级新星琼斯把关。本赛季常规赛勇士和凯尔特人 10 次交手，勇士 6次胜出，同时以 55 胜 25 负的战绩取代凯尔特人排名全联盟第一。张伯伦场均得到 33.5 分 24.6 个篮板，再次成为双料得分王和篮板王，而他的常规赛总得分也在本赛季超过佩蒂特，成为 NBA 有史以来第一人。

对于凯尔特人来说这是个艰难的赛季，不过到了季后赛，凯尔特人忽然就变得气势汹汹起来。因为季后赛前，"红衣主教"奥尔巴赫将结束自己主教练的职务而专心于球队的管理。为了用一个完美的成绩为奥尔巴赫送行，凯尔特人一下子富有斗志起来。东部半决赛，凯尔特人在 1:2 落后的情况下，连扳两场，3:2 反败为胜淘汰辛辛那提皇家，和 76 人再次在东部决赛相遇，后者已经好整以暇等待了两个星期。也许是休息的时间过长了，76 人的枪膛看起来有些生锈，这一次他们以 1:4 速败给凯尔特人。雄心万丈的 76 人如此惨败，也导致其主帅多尔夫·海耶斯黯然下课。

另一面，西部决赛中湖人和鹰队打满 7 场，方以 4:3 艰难胜出。总决赛第一场，湖人客场通过加时以 133:129 取胜；随后凯尔特人连扳 3 场，将湖人逼上悬崖；无路可退的湖人奋起反击，将总比分扳成 3:3；最后一场决战，凯尔特人以 95:93 险胜，在成就八连冠的同时，也为奥尔巴赫的执教生涯完美谢幕。总决赛中奥尔巴赫再次展示了自己作为世界上最好主教练所具备的权术，第一场失败后，他宣布比尔·拉塞尔将继承自己的帅位，成为美国主要职体联盟中的首位黑人主教练。这颗重磅炸弹达到了预期的效果：备受鼓舞的凯尔特人最终赢得史无前例的八连冠，同时也是球会过去 10 年中的第九个总冠军。

1966—1967 赛季：张伯伦压倒拉塞尔　费城登顶

去年掉以轻心的费城轻松地被淘汰，这让主教练多尔夫·海耶斯失去了主教练的位置，因此费城重新聘请了新的主教练阿历克斯·汉纳姆，这个脾气火暴的矮个子教练来到费城的第一堂训练课就勒令张伯伦要停止独干的作风，并以挝起袖子要和张伯伦单挑的气势彻底镇住了张伯伦。本赛季张伯伦场均得到 24.1 分排名得分榜第三，8 年来首次和得分王无缘，但他以场均 24.2 个篮板蝉联篮板王，并且场均还有 7.8 次助攻的额外贡献，这也让他在本年的助攻总数排名联盟第一。76 人常规赛取得 45 胜 4 负的惊人开局，并最终以 68 胜 13 负排名全联盟第一，同时也创造了 NBA 常规赛有史以来的最好战绩。

本赛季西部赛区又多了一支新军芝加哥公牛，作为平衡，巴尔的摩子弹被划归东部，这样东西两个赛区就各有 5 支球队。季后赛赛程也相应改变，每区有 4 支球队晋级，常规赛分区头名不再享受首轮轮空的待遇，而是和第三名进行淘汰赛。费城 76 人首轮 3：1 淘汰辛辛那提皇家，随后 4：1 轻松击溃比尔·拉塞尔执教的卫冕冠军凯尔特人，跻身总决赛。当东部决赛第五场 76 人主场获胜后，欣喜若狂的球迷们冲进场内庆祝，不过张伯伦和他带领的 76 人队非常清楚，他们还有更大的目标尚待完成。总决赛中 76 人面对新科得分王里克·巴里（场均 35.6 分）领衔的圣弗朗西斯科勇士，以 4：2 获胜，张伯伦终于得到了他职业生涯梦寐以求的首枚总冠军戒指。

1967—1968 赛季：指环王的回归　ABA 的诞生

本赛季 NBA 又有两支新军——西雅图超音速和圣地亚哥火箭加入西部赛区，底特律活塞则被划归东部，由于有了 12 支球队，常规赛场次也增加到史无前例的 82 场。

NBA 的繁荣也被一些局外人看在眼里，他们认为目前正是建立另一个职业篮球联盟与之竞争的最好时机。于是 ABA 联盟诞生了，11 支球队每支要打 78 场常规赛，一些没能拥有 NBA 球队的大城市如达拉斯、丹佛、休斯敦和奥克兰如今在 ABA 有了自己的职业篮球队。前 NBA 传奇巨星麦肯担任 ABA 的首任总裁，上赛季 NBA 得分王里克·巴里也从圣弗朗西斯科勇士跳槽到 ABA 的奥克兰橡木队，这些都大大增加了这个新联盟的知名度。

回到 NBA，本赛季底特律后卫戴夫·宾成为新的得分王，他也是自 1948 年以来第一个获此殊荣的后卫。更引人关注的则是波士顿王朝的回归，他们在东部决赛中曾一度以 1：3 落后，但最终连扳 3 场，4：3 淘汰宿敌 76 人队。总决赛中，凯尔特人又以 4：2 击败湖人，夺回一年前失去的总冠军奖杯，比尔·拉塞尔终于证明自己是一名优秀的教练，当然这也要归功于他作为球员在场上的奋勇表现。

1968—1969 赛季：11 冠　指环王的完美谢幕

本赛季又有两支新球队加盟，分别是西部的菲尼克斯太阳和东部的密尔沃基雄鹿。本年度最让人震撼的事情依旧和张伯伦有关，费城的决心也没有坚持多久，上个赛季的失利加上湖人的引诱让他们下定了决心要将张伯伦送出。1968年7月，费城76人用张伯伦从"天使城"洛杉矶湖人得到钱伯斯、达里尔·拉姆霍夫和阿齐·克拉克。湖人老板库克坚信在张伯伦、贝勒、韦斯特的带领下，湖人一定是总冠军的不二人选。

这一年在联盟中已经混迹了20年的另一支鱼腩球队崛起了，他们就是后来名扬天下的纽约尼克斯队，尼克斯队从1956年—1966年的10个赛季中只进过一次季后赛，不过上赛季他们用前鹰队主教练霍尔兹曼接替了主教练麦克圭尔的职务，并选中了3个不错的新秀，普林斯顿大学的罗德奖获得者比尔·布拉德利、南伊利诺斯大学的沃尔特·弗雷泽、南达科他大学的菲尔·杰克逊。在本赛季12月份达成的一笔球员交易中，尼克斯又用沃尔特·贝拉米和哈维从底特律活塞换来巨星德布什切尔。

湖人精心打造的阵容本年并没有收到想象中的效果，因为凯尔特人的传奇仍在继续。凯尔特人本赛季常规赛仅以48胜34负排名东部第四，但他们在季后赛中先后淘汰76人和尼克斯，并最终4∶3绝杀湖人，捧起了球队13年来的第十一座总冠军奖杯。总决赛最后一场在湖人的主场举行，数以千计的气球在赛前被放在球馆的天花板附近，准备庆祝湖人自10年前搬到洛杉矶后的首次登顶。然而依靠内尔森最后时刻的跳投得手，凯尔特人最终以108∶106胜出，也使湖人苦心筹划的庆典提前结束。

本赛季有两位伟大的内线新秀登陆NBA，他们是火箭的艾尔文·海耶斯和子弹的维斯·昂瑟尔德。状元秀海耶斯作为前锋拥有强壮的体魄和超群的得分能力，他以场均28.4分成为本赛季得分王，同时还有场均17.1个篮板的贡献。昂瑟尔德是本赛季榜眼，也是NBA历史上继张伯伦之后同时包揽常规赛MVP和年度最佳新秀两项殊荣的第二人。昂瑟尔德本赛季场均贡献13.8分18.2个篮板，其中篮板仅次于张伯伦列全联盟第二，在他的带领下，子弹本赛季异军突起，以

57 胜 25 负的战绩排名全联盟第一。

1969—1970 赛季：带伤上阵　里德助尼克斯登顶

凯尔特人王朝在本赛季掀起的绿色旋风终于结束，比尔·拉塞尔在上赛季夺冠后宣布退役，并辞去主教练一职，而 K.C. 琼斯则在 1966—1967 赛季后就结束了职业生涯。纽约尼克斯成为东部赛区的新霸主，他们以 60 胜 22 负排名全联盟第一，并且取得一个创纪录的 18 连胜。这支球队中拥有威利斯·里德、大卫·德布什切尔、比尔·布拉德利、沃尔特·弗雷泽、德克·巴纳特、菲尔·杰克逊、卡泽·拉塞尔等球星，虽然没有一人表现特别抢眼，却能做到配合无间，攻防兼备。东部另一支值得关注的球队是密尔沃基雄鹿，他们在进入 NBA 的第二个赛季就取得了 56 胜 26 负的佳绩，而这首先要归功于队中身高 2.18 米的新秀中锋阿卜杜拉·贾巴尔。

西部赛区，湖人队的张伯伦因为膝伤缺席了大半个赛季，直到常规赛还剩 3 场时回来。但在场均 31.2 分的得分王韦斯特的带领下，湖人依旧表现出众，以 46 胜 36 负落后鹰队两场排名西部第二。季后赛阶段，尼克斯先后以 4∶3 击败巴尔的摩子弹 4∶1 淘汰密尔沃基雄鹿，晋级总决赛。而湖人也随着张伯伦的回归，在西部连闯太阳、鹰队两关，和尼克斯会师。本届总决赛堪称经典，前 6 场比赛尼克斯三度领先，湖人三度扳平大比分，双方不得不进行最后的决战。第七场比赛，尼克斯在带伤上阵的队长威利斯·里德的鼓舞下，士气空前高涨，113∶99 击败湖人，为球队捧得 24 年来的首个总冠军。每一个目睹了 1970 年 NBA 总决赛的球迷都会将其铭记于心，威利斯·里德在这次总决赛中有着不可思议的表现，他完全限制住了对方因为受伤而状态下滑的中锋张伯伦，直到自己在第五场比赛中拉伤腿部肌肉。由于里德的缺阵，张伯伦在第六场比赛轰下 45 分，带领湖人 3∶3 追平大比分。

总决赛第七场，当尼克斯队员从更衣室中走出时，仍然没有人知道里德是否会上场，但是当跳球开始前，里德一跛一跛地从通道走到麦迪逊花园球场。球迷们沸腾了，里德跳球跳过了张伯伦，随后命中了尼克斯的第一球，虽然整场比赛里德仅仅得到 4 分，但这就足够了，受到鼓舞的队友，弗雷泽拿下 36 分和 19 次助攻堪称惊艳，最终尼克斯以 113：99 战胜湖人捧起了冠军奖杯。那年里德获得了常规赛 MVP、全明星赛 MVP 和总决赛的 MVP，弗雷泽也进了第一阵容，红衣霍尔兹曼成了年度最佳主教练。

1970—1971 赛季：新王者　贾巴尔统治联盟

新赛季 NBA 再度扩军，布法罗勇敢者、克利夫兰骑士、波特兰开拓者 3 支球队加盟，相应的 NBA 改为东西两个联盟，东部联盟包括大西洋赛区和中部赛区，西部联盟包括中西赛区和太平洋赛区。1965—1966 赛季，NBA 有 9 支球队，108 名球员，打了 360 场常规赛；5 年后，NBA 扩大到 17 支球队，204 名球员，共打了 697 场常规赛。

身高超过 7 英尺的卡里姆·阿卜杜拉·贾巴尔以不可思议的优雅统治着NBA，他的天勾成为比赛中最致命的武器，贾巴尔本赛季场均得到 31.7 分，包揽得分王和常规赛 MVP 两项殊荣。在他身边还有一批出色的队友，史密斯、鲍勃担纲前锋，卢卡斯·阿伦、麦克洛克林辅佐奥斯卡·罗伯特逊镇守后卫线。在罗伯特逊的职业生涯中，拿过助攻王、年度最佳新秀、常规赛 MVP，就是没有拿过总冠军，32 岁的"大 O"知道这一次机会来了。

雄鹿在常规赛中以 66 胜 16 负排名全联盟第一，季后赛又以两个 4：1 先后淘汰勇士和湖人，从西部晋级总决赛。东部决赛中巴尔的摩子弹队令人惊奇地以 4：3 击败卫冕冠军尼克斯，不过他们也付出沉重代价，昂瑟尔德、埃尔·马龙和约翰逊 3 员主将先后受伤。总决赛雄鹿面对筋疲力尽、伤兵满营的子弹，以 4：0 轻松取胜夺取总冠军。

1971—1972 赛季：教父退役　湖人 69 胜夺冠

在湖人教父贝勒的全盛时期，湖人始终无法在总决赛中通过凯尔特人这一关，尽管他曾 10 次入选年度最佳阵容一队，但是在本赛季仅打了 9 场比赛，37 岁的贝勒就因伤决定退役。比尔·沙尔曼，这位前凯尔特人冠军队成员，本赛季执教于湖人，同时也把他的取胜之道带给湖人。由于 35 岁的张伯伦和 33 岁的韦斯特都已走到职业生涯的晚期，沙尔曼需要其他球员站出来帮助两位老将获取胜利。前锋吉姆·麦克米兰、哈珀·哈瑞斯通，后卫吉尔·古德里奇正是沙尔曼需要的人选。在沙尔曼的指挥下，本赛季湖人从 11 月 5 日到 1 月 7 日取得了 NBA 有史以来最长的 33 连胜，并在常规赛结束后取得 69 胜 13 负的惊人战绩，不仅排名全联盟第一，也打破了此前 76 人创造的常规赛 68 胜的纪录。张伯伦以场均 19.2 个篮板再度成为篮板王，而他高达 64.9% 的投篮命中率也排名全联盟第一。场均得到 25.9 分的古德里奇和场均得到 25.8 分的韦斯特则保证了湖人的进攻火力。

季后赛中湖人 4∶0 横扫公牛，4∶2 淘汰卫冕冠军雄鹿进入总决赛，在这次张伯伦和贾巴尔新老两代天王的对决中前者胜出。东部纽约尼克斯 4∶2 击败子弹，4∶1 淘汰凯尔特人，继 1970 年首度夺冠后再次和湖人会师总决赛。但是缺少了威利斯·里德，尼克斯没有人可以在内线和湖人抗衡，最终湖人以 4∶1 轻松夺冠。

1972—1973 赛季：里德回归　大苹果城的复辟

上赛季威利斯·里德由于受伤仅仅打了 11 场常规赛，本赛季这位尼克斯的领袖重新回归。埃尔·马龙在巴尔的摩子弹时是弗雷泽的老对手，现在他们两人共同把持的尼克斯后场在联盟中堪称顶级水准。和马龙相似，杰里·卢卡斯也是通过球员交易来到纽约，他和里德共同承担中锋位置的重任。贝尔·布拉德利和德布什切尔担纲的前锋依旧值得信赖，在他们后面还有菲尔·杰克逊这样的出色替补。

不过常规赛中表现最出色的球队当属凯尔特人，这支老牌劲旅以约翰·哈夫利切克为核心，辅之以年轻新星 Jo.Jo. 怀特和戴夫·考文斯，老将保罗·塞拉斯，1969 年总冠军成员查尼、内尔森和桑德斯，开始其重建之旅。凯尔特人本赛季以惊人的 68 胜 14 负排名全联盟首位，这个战绩仅比湖人去年创造的 NBA 历史纪录差一场。与此同时，76 人队由于核心比利·康宁汉姆转投 ABA 联盟，本赛季仅取得 9 胜 73 负，创造了一个耻辱的 NBA 历史纪录。

东部季后赛，纽约尼克斯 4∶1 轻取子弹，4∶3 险胜凯尔特人，晋级总决赛。西部的湖人则先以 4∶3 险胜公牛，再以 4∶1 淘汰实力均衡的金州勇士。两支球队在过去四年中 3 次双双跻身总决赛，彼此之间没有什么秘密可言，湖人虽然赢了第一场，但尼克斯随后连扳四场，为大苹果城捧得了球队历史上的第二座总冠军奖杯。

当凯尔特人的 68 胜和尼克斯的第二个总冠军成为报纸的头版标题时，另一个故事也在吸引着球迷们的关注，它的发生地在密苏里州的堪萨斯城和内布拉斯加州的奥马哈市。上赛季结束后辛辛那提皇家把主场搬到这两座城市，尽管本赛季他们的战绩只有 36 胜 46 负，未能闯入季后赛，但队中身高仅 1.85 米的三年级后卫奈特·阿奇巴尔德仍然成为无数人关注的焦点。阿奇巴尔德来自纽约，在场上拥有非常全面的技术，他在本赛季以场均 34.0 分 11.4 次助攻包揽得分王和助攻王两项殊荣，同时他场均 46.0 分钟的上场时间也是全联盟第一。几十年过去了，没有一人可以再达到阿奇巴尔德这样的成就。

1973—1974 赛季：老将谢幕　凯尔特人演绎归来

冯唐易老，佳人难再，本赛季对于 NBA 来说是个伤痛的赛季，众多曾经叱咤风云、显赫一时的人物均纷纷离去或正在上演他们的谢幕演出。威尔特·张伯伦早退一步，上个赛季结束后就抚摸着两枚总冠军戒指离去，而威利斯·里德、戴夫·德布什切尔和杰里·卢卡斯也是最后一年为纽约尼克斯效力，杰里·韦斯特在湖人，奥斯卡·罗伯特逊也将在雄鹿度过他们的最后一个赛季。

老将退去，被制伏的各个力量一下子就再涌现出来。受益最大的当属凯尔特人，这支新老搭档的球队已经成熟。哈夫利切克场均得到 22.6 分，表现依旧稳定出众，戴夫·考文斯则有场均 15.7 个篮板的贡献，而且他在内线可以快速有效地限制对方中锋。奥尔巴赫仍在费尽心机地为球队挖掘最适合的球员。本赛季凯尔特人常规赛 56 胜，比上赛季少胜 12 场，但仍然高居东部第一。季后赛阶段，凯尔特人轻松淘汰新军布法罗勇敢者和日渐老化的纽约尼克斯，自 1969 年夺冠后首次杀回总决赛。西部贾巴尔以场均 27.0 分 14.5 个篮板的表现第三次当选常规赛 MVP，并且带领雄鹿以 59 胜 23 负排名全联盟第一。季后赛中雄鹿同样高歌猛进，他们以 4：1 轻取湖人，4：0 横扫公牛，继 1971 年夺冠后再度杀入总决赛。

总决赛中考文斯和贾巴尔的内线对决成为最大看点，两人带领各自的球队在前六场平分秋色，其中雄鹿有两场通过加时取胜。总决赛第七场，凯尔特人改变策略，使用双人甚至三人包夹贾巴尔，与此同时考文斯则可以集中精力进攻，他在这场比赛中独揽 28 分，带领凯尔特人以 102：87 大胜。

当凯尔特人进入本赛季总决赛时，哈夫利切克已经 34 岁了，但他看上去和那个在 1960 年代帮助绿军 6 夺总冠军的小伙子没有什么不同。作为库西、拉塞尔时代的延续，哈夫利切克 10 年后依然是凯尔特人不可或缺的支柱。

1974—1975 赛季：强队败退　里克·巴里带勇士夺冠

杰里·韦斯特和"大 O"的退役无疑使他们各自的主队实力大减，湖人和雄鹿本赛季均在各自赛区沉到谷底。新老更替给了西部联盟那些年轻而渴望胜利的球队以机会，其中最为饥饿的当属金州勇士。主教练阿特里斯从 1960 年起就作为球员在勇士队效力，退役后又继续留在队中执掌教鞭，他以年届 30 火力十足的前锋里克·巴里为核心，辅之以 11 位实力不俗的角色球员，组建成一个强大的阵容。其中包括用老将纳特·瑟蒙德从芝加哥换来的年轻中锋克利福德、作风勇猛的后卫博尔德、来自 UCLA 的新秀前锋贾玛尔·威尔肯斯，以及来自加州大学的后卫查尔斯·约翰逊。这支年轻的勇士在常规赛中以 48 胜 34 负排名西部第一，季后赛首轮 4：2 淘汰比尔·拉塞尔执教的西雅图超音速，西部决赛又和才华横溢的公牛苦战 7 场，最终依靠积极的拼抢和顽强的斗志 4：3 击败公牛，跻身总决赛。

东部华盛顿子弹取得全联盟最高的 60 胜，但是在季后赛首轮和得分王鲍勃·麦卡杜（场均 34.5 分）领衔的布法罗勇敢者打满七场才艰难过关。卫冕冠军凯尔特人同样取得 60 胜，他们在季后赛首轮以 4：1 轻松淘汰火箭，和子弹在东部决赛相遇。子弹依靠艾尔文、海耶斯和菲尔·彻内尔的内外组合，以 4：2 气走凯尔特人，和勇士在总决赛中会师。本届总决赛子弹击败勇士的呼声很高，除了海耶斯和菲尔，他们还有昂瑟尔德、米克·瑞奥丹，但出乎所有人意料的是，勇士却以 4：0 横扫子弹登顶，这也是 NBA 有史以来第三次出现以 4：0 的悬殊比分结束总决赛。

1975—1976 赛季：3 次加时 凯尔特人第十三个冠军

本赛季开始前，ABA 联盟两支最强的球队——纽约网和丹佛掘金申请加入 NBA，这也标志着 ABA 即将走向没落。同时为了促成两大联盟的合并，NBA 选出了第三任新总裁拉里·奥布莱恩，奥布莱恩是一位著名的政党代表，他担任民主党主席时的办公室曾是"水门事件"中窃听的对象，而他出众的谈判技巧和对政治的敏感也是众所周知。

在球场上，尽管勇士上赛季的夺冠在很多人眼中带有侥幸，但他们在本赛季用全联盟最好的 59 胜 23 负证明了自己的实力。波士顿凯尔特人用保罗·韦斯特法尔从菲尼克斯太阳换来得分后卫查·斯科特，并以 54 胜 28 负排名东部第一。另一笔重磅交易则使所有人震惊，贾巴尔从雄鹿转会到湖人，作为交换，雄鹿得到史密斯、B. 温特斯、布莱德格曼、迈耶斯四名球员。尽管贾巴尔以场均 16.9 个篮板（全联盟第一）27.7 分的表现第四次当选常规赛 MVP，但湖人只获得 40 胜 42 负，未能挤进季后赛。

季后赛阶段，凯尔特人在东部先后淘汰布法罗勇敢者和克利夫兰骑士，拥有年度最佳新秀艾伦·亚当斯的太阳则在西部连过超音速和勇士两关，双双杀入总决赛。凯尔特人 4：2 击败太阳，三年来二度登顶，同时也是球会历史上的第十三个总冠军。这次总决赛中最令人难忘的是第五场，双方足足打了 3 个加时，凯尔特人才以 128：126 两分险胜。在第二个加时的最后时刻，哈夫利切克 15 英尺外跳投命中，似乎已经为凯尔特人以 111：110 锁定胜利，激动的凯尔特人球迷纷纷冲进球场庆祝，但是官方规则规定时间需倒拨回一秒。在清理完球场后，太阳队的韦斯特法尔叫了一个非法暂停，这样凯尔特人就获得一次技术罚球，Jo.Jo. 怀特成功罚进。但太阳也获得了在半场发界外球的权利，前锋海德接到界外球后，20 英尺外跳投命中，将比赛不可思议地送上第三个加时。不过凯尔特人的替补前锋在第三个加时挺身而出连得 6 分，最终还是帮助凯尔特人以 128：126 赢得了这场比赛的胜利。

1976—1977 赛季：合并 ABA，开拓者热横行

在本赛季开始前，4 支 ABA 球队——纽约网、印第安纳步行者、丹佛掘金、圣安东尼奥马刺——在交了 320 万美金的会费后，被批准加入 NBA 联盟。而其他一些 ABA 球员，包括肯塔基陆军上校队身高 2.18 米的超级中锋阿泰斯·吉尔莫，则以选秀方式分散加入到各支 NBA 球队中。由于现在 NBA 有了 22 支球队，季后赛赛制也做出相应调整，共有 12 支球队可以进入季后赛，四个赛区的头名享受首轮轮空。

赛场上最激动人心的就是出现了"开拓者热"。开拓者疯狂的球迷到处都在挥洒自己的激情，原因是他们崇拜的开拓者队突然间就脱胎换骨，成为联盟的头号队伍。而之前他们进入 NBA 的前 6 个赛季胜率均未超过 50%。球队变化的主要功臣就是得到了 ABA 的莫里斯·卢卡斯，这让比尔·沃顿，身高 2.1 米，来自 UCLA 的中锋前两个赛季饱受伤病困扰，如今在得分和篮板上都有了得力帮手。尽管常规赛开拓者没能排名赛区第一，但开拓者仍然在季后赛先后击败公牛、掘金、湖人和 76 人队成功登顶。而 76 人尽管在本赛季拥有 ABA 巨星朱利叶斯·欧文，还是离 NBA 总冠军有一步之遥。

在本赛季前，绝大多数球迷都不会认为开拓者是一支已经做好准备的 NBA 球队，他们在过去 6 年平均每个赛季只有 28 场胜利，没有进过一次季后赛，是被公认的鱼腩。但是经过这个梦幻般的赛季，无论哪里的 NBA 球迷都会谈及 "Blazermania"（开拓者热）和他们的红头发中锋比尔·沃顿。

1977—1978 赛季：两大斗殴事件　火箭明星重伤

和之前的赛季相比，本赛季的球员明显是肾上腺素暴增，赛季中出现的两大斗殴事件让比赛蒙上了阴影。一件是湖人中锋贾巴尔因为无法忍受雄鹿新秀中锋科特·本森的挑逗而老拳相向，结果自己手骨骨折还被联盟总裁奥布莱恩罚款 5000 美金。贾巴尔因此缺席了 20 场比赛，直接导致湖人在季后赛中早早失利。

另一则更严重的暴力事件发生在 12 月，湖人队的强力前锋科密特·华盛顿和火箭中锋凯文·昆纳特在场上动手，火箭队的明星前锋鲁迪·汤姆贾诺维奇上前阻止，结果被华盛顿转身挥拳命中，造成头部严重受伤。华盛顿因此被罚款兼停赛两月，损失薪水超过 5 万美金。而汤姆贾诺维奇却因此断送了他本来将不俗的球员生涯。

卫冕冠军开拓者本赛季以 58 胜 24 负排名全联盟第一，但是季后赛中多名球员受伤，尤其是核心比尔·沃顿的伤情，导致其早早就被超音速以 4∶2 淘汰。而另两支球队——子弹和超音速尽管没能在常规赛中取得赛区头名，却在季后赛阶段异军突起，双双杀入总决赛。子弹过去曾经两次晋级总决赛，均以 0∶4 告负，这一次他们在大比分 2∶3 落后的情况下连胜两场，终于得偿总冠军的夙愿。

1978—1979 赛季：子弹惨败　超音速完美复仇

本赛季开始前的一则事件将对整个 80 年代的走向产生巨大影响。拉里·伯德，当时还是印第安纳州立大学的三年级学生，在 1978 年的选秀大会上被凯尔特人以第六顺位摘得。尽管伯德决定留在大学先完成学业再进入 NBA，但凯尔特人主管以他独到的眼光，仍然坚持选中伯德。

华盛顿子弹以 54 胜 28 负排名全联盟第一和大西洋赛区的头名；圣安东尼奥马刺则在两届得分王乔治·格文的带领下称雄中部赛区；国王在将主场从辛辛那提搬到堪萨斯城后第二次闯入季后赛，而他们这次是以中西赛区头名的身份；超音速自上赛季杀入总决赛后信心爆棚，以 52 胜 30 负位居太平洋赛区第一。

季后赛阶段，堪萨斯城国王不敌火力凶猛，由韦斯特法尔和沃特·大卫斯领衔的菲尼克斯太阳，在西部半决赛中以 1∶4 速败。东部决赛华盛顿子弹和马刺打满 7 场，子弹在 1∶3 落后的绝境下奋起反击，不可思议地实现大逆转，而他们在最后 3 场关键比赛中总共也就赢了 14 分。超音速和太阳的西部决赛可谓一波三折，超音速先以 2∶0 开局，随后连输 3 场，最终又连胜两场反败为胜，连续第二年和子弹在总决赛会师。

总决赛第一场，子弹依靠拉里·莱特最后时刻的两罚命中以 99∶97 两分险胜，但超音速随后在丹尼斯·约翰逊的带领下连胜 4 场，以 4∶1 完美地击败风敌登顶。

丹尼斯·约翰逊成为本届总决赛 MVP 得主，威廉姆斯是这支球队的头号得分手，杰克·斯卡玛是头号篮板手，弗莱德·布朗则是位出色的远程射手。但是超音速主帅伦尼·威尔肯斯指出球队中还有一位关键队员——35 岁的前凯尔特人前锋保罗·塞拉斯，虽然他在本赛季场均仅得到 5.6 分 7.0 个篮板。

1979—1980 赛季："魔术师"、"大鸟"加盟 黑白争霸的序曲

在这个赛季，拉里·伯德和"魔术师"约翰逊双双加入 NBA，无疑成为联盟中最引人关注的大事，除此之外，还有其他一些重大变化也值得注意：原 ABA 比赛中使用的规则被正式采纳；新奥尔良爵士搬迁至盐湖城并改名为犹他爵士；常规赛赛制改变，每支球队和同赛区对手交手的次数将多于其他赛区的对手。

两位天才的新秀——伯德和约翰逊，宿命般地加入了联盟东西部最强的两支球队，就此拉开了 NBA 黑白争霸的序幕。波士顿这一年的战绩有了戏剧化的回升，自从老队长哈夫利切克退役，1978—1979 赛季的凯尔特人也掉入谷底，仅取得 29 胜 53 负的糟糕战绩。而随着伯德的加盟，加之考文斯、马克斯威尔、阿奇巴尔德、福德等一帮悍将的辅佐，绿军在本赛季常规赛取得了 61 胜 21 负的辉煌成绩，比上赛季整整多胜了 32 场。不过在季后赛中，凯尔特人后劲不足，在东部决赛中 1：4 负于"J 博士"领衔的费城 76 人队。

在洛杉矶，湖人也初尝魔术师所带来的神奇，在约翰逊的热力带动下，超级中锋贾巴尔又重焕青春，率领湖人在常规赛取得 60 胜 22 负的佳绩，并一路杀入总决赛。当贾巴尔在第五场比赛中受伤时，约翰逊顶替他在第六场决战出任中锋，并带领湖人以 123：107 锁定胜局，夺得 1980 年代的首个总冠军。自从 1971 年带领雄鹿登顶后，贾巴尔就再也没能品尝过夺冠的甜蜜，而在这一次总决赛中，有了新秀控卫约翰逊的强力支持，贾巴尔在前 5 场比赛中表现得火力十足。但是他在第五场比赛扭伤了脚踝，不得不缺席和费城的第六场客场比赛。没有退路的湖人表现得格外放松，贾玛尔·威尔克斯更是揽下 37 分，打出其职业生涯最精彩的一次个人表演。不过第二天报纸的标题却是："It's Magic！"——"魔术师"约翰逊顶替贾巴尔作为首发中锋出场，在整场比赛中无所不能，以 42 分 15 个篮板 7 次助攻的神奇表演，成为湖人夺冠的头号功臣。

1980—1981 赛季：惊天大交易　凯尔特人完美内线

关于该赛季最大的新闻发生在离赛季开始还有整整四个月的时候，1980 年 6 月 9 日，红衣主教为凯尔特人达成了一笔球员交易，这使他在随后的 30 年中又多了一个"强盗"的称谓。奥尔巴赫用该赛季的 1 和 13 号选秀权从金州勇士换来第三号选秀权和四年级中锋罗伯特·帕里什，然后凯尔特人在第三顺位点中来自明尼苏达大学的强力前锋凯文·麦克海尔。通过这一笔交易，奥尔巴赫为凯尔特人招来帕里什和麦克海尔两位巨星，再加上拉里·伯德和麦克斯威尔，绿军此后 10 年将拥有一条固若金汤的黄金内线。

NBA 在这一赛季迎来它的第三十五个年头，老牌劲旅凯尔特人在经历了1978—1979 赛季的短暂低谷后重归王座，与此同时，湖人却陷入严重的伤病困扰。赛季仅仅开始一个月，魔术师约翰逊就因为左膝软骨撕裂而被迫缺席整整45 场比赛，常规赛结束时，湖人以 54 胜 28 负位居菲尼克斯太阳之后，这也是整个 80 年代中，紫金军团唯一一次失去太平洋赛区头名的宝座。季后赛第一轮，湖人就被休斯敦火箭以 2∶1 淘汰，尽管后者在常规赛中仅取得 40 胜 42 负的战绩。25 岁的超级中锋摩西·马龙在其职业生涯的第七个赛季取得场均 27.8 分 14.8 个篮板的成就，并带领火箭一路杀入总决赛和凯尔特人会师。经过 6 场决战，最终还是拥有铁三角组合的绿衫技高一筹，击败火箭成功登顶。

在该赛季总决赛第一场第四节，拉里·伯德的经典一投被载入 NBA 史册，许多影像资料均收录了这一精彩瞬间。当时伯德在右侧 18 英尺处投篮，但当他出手时就感觉到将会投失，于是他高速冲到篮下抢到篮板，在身体由于惯性即将出底线的刹那，伯德在半空中将球换至左手，12 英尺外低手投篮命中。伯德的表演让整个波士顿花园球馆都为之沸腾了，奥尔巴赫赛后对此的评价是："这是我所见过最伟大的投篮。"

1981—1982 赛季："魔术师"开道　莱利书写伟业

经过了 1980—1981 赛季季后赛的挫折，湖人本赛季厉兵秣马，亟待重新证明自己。但是当赛季开始时，球队中传来不和谐的声音，主教练韦斯特海德和核心球员魔术师约翰逊之间出现裂痕。这导致湖人主教练在本赛季仅仅执教了 11 场比赛后就被解职，尽管他在湖人的前两个赛季均取得常规赛 50 胜以上的佳绩，并夺得过一次总冠军。约翰逊被视为是主教练离去的罪魁祸首，第一次在主场遭到球迷们的嘘声，这在以往是难以想象的。接替帅位的是助理教练帕特·莱利，他是 1972 年湖人冠军队的队员，退役后曾当过解说评论员，1979 年韦斯特海德上任后邀请他成为湖人队的助教。韦斯特海德被解雇后，湖人先是邀请前主教练杰里·韦斯特继任未果，莱利因此得以幸运入选。

莱利上任后为湖人量身定制了一整套新战术，在进攻端给予球员更大的自由度，同时在防守时要求更积极，更具有侵略性。莱利的执教取得了立竿见影的效果，湖人在他的指挥下取得常规赛 57 胜 25 负的佳绩，与此同时凤敌凯尔特人也在东部取得 63 胜 18 负的全联盟最佳战绩，并在东部决赛中和费城 76 人队连续第三年火并。

东部决赛的前六场和上赛季如出一辙，费城 76 人以 3：1 领先，凯尔特人连扳二场，双方不得不进入第七场决胜。但凯尔特人这一次没能再将大逆转的好运延续到底，第七场比赛费城以 120：106 胜出，几经波折后终于杀入总决赛。总决赛另一支球队洛杉矶湖人在前两轮分别零封太阳和马刺，早早就养精蓄锐等待和费城交手，为了保持队员们的兴奋度，莱利在这期间特意给湖人安排了一天两练。总决赛第一场，124：117，湖人以 7 分的优势胜出，这也是六场决赛中最小的分差，最终湖人以大比分 4：2 击败费城，波澜不惊地夺取总冠军。

鲍勃·麦卡杜在布法罗勇敢者队时曾经拿过 3 届得分王和一届 MVP，然而他的球队却始终无法通过东部半决赛，随着伤病的增多以及屡换门庭，年华老去的麦卡杜渐渐被归入高分低能的球员类型：他们可以在比赛中轻易得分打出大数据，却无法带领球队在季后赛取得胜利。1981 年 12 月，圣诞节前一天，30 岁的麦卡杜被交易到湖人，尽管他的到来不再令人瞩目，但仍然成为湖人夺冠的重要

一环。季后赛场均 16.7 分，麦卡杜证明了自己有资格得到总冠军戒指的奖励。

1982—1983 赛季：摩西·马龙降临费城　携"J 博士"登顶

作为 1970 年代的飞人，"J 博士"曾经在 ABA 叱咤风云，助网队夺得了 1974 年和 1976 年的两年总冠军。因此 1976—1977 赛季欧文加盟费城时费城的人们就相信"J 博士"欧文会带领他们的球队，虽然"J 博士"在加盟费城的 6 年中 3 次带领 76 人队杀入总决赛，可惜最后都功亏一篑。缺乏内线屏障的他们尽管有"J 博士"满场飞翔，但他们的禁区同样被踩蹦得满目疮痍。

1982 年的夏天转机出现了，常规赛 MVP、火箭队的超级中锋摩西·马龙合同到期没有选择续约火箭而是看中了费城给予的更好合同。这笔交易让火箭得到了考得文·琼斯和一个首轮选秀权，但 76 人因为摩西·马龙的到来拥有了夺冠的实力。常规赛费城 65 胜 17 负，排名全联盟首位，季后赛开始前马龙更是骄傲地声称要横扫所有的对手夺取总冠军。

虽然很多人嘲笑马龙口出狂言，但费城几乎做到了，76 人队在东部 4：0 斩落尼克斯，4：1 击溃雄鹿，和湖人相遇总决赛。1982 年的湖人在夏天得到了状元詹姆斯·沃西后同样雄心勃勃，他们以常规赛 58 胜 24 负的战绩蝉联西部第一，然后轻松淘汰波特兰开拓者和圣安东尼奥马刺，杀入总决赛。不过沃西在常规赛最后一周却因补篮摔断了腿骨，而湖人的另外两位大将麦卡杜和诺姆·尼克森也在季后赛中相继受伤，心高气傲的湖人无奈中遭到了费城的 4：0 横扫。费城以 12 胜 1 负拿下总冠军，摩西·马龙和"J 博士"创造了 NBA 季后赛夺冠的一个纪录。

1983—1984 赛季：七番大战　拉里·伯德胜出

本赛季对于 NBA 的发展来说又是一个里程碑式的转折点，在成功地说服 ABA 联盟并入 NBA 联盟后，NBA 总裁拉里·奥布莱恩宣布退休。接任他的是原执行副总裁大卫·斯特恩，一位精力充沛、办事果敢的律师。斯特恩作为第四任总裁，他积极地推动 NBA 的国际化趋势，同时努力发展电视转播和广告宣传，利用提高俱乐部的收入来稳定联盟的球队，为了净化 NBA 联盟，斯特恩也开始用铁腕在联盟中推行反吸毒政策。

本赛季的季后赛赛制发生重大变化，季后赛的球队由 12 支扩大到 16 支，因此首轮不会再有赛区头名轮空的事情。凯尔特人在该赛季常规赛中表现得势不可当，62 胜 20 负，比卫冕总冠军费城 76 人队足足多胜了 10 场。费城 52 胜 30 负，排名东部第二，但是在季后赛首轮就被新泽西网以 3∶2 淘汰。凯尔特人在季后赛中先是 3∶1 轻松击败华盛顿子弹，接着和伯纳德·金领衔的纽约尼克斯大战 7 场艰难胜出，在东部决赛中他们又以 4∶1 淘汰密尔沃基雄鹿，杀入总决赛。另一面湖人以 54 胜 28 负排名西部第一，并在季后赛中轻松淘汰堪萨斯国王、达拉斯小牛、菲尼克斯太阳，和凯尔特人会师。从 1984 年起的 4 年里，凯尔特人和湖人有 3 个赛季双双跻身总决赛，这一次绿军是以 4∶3 胜出，夺取了球会历史上的第十五座总冠军奖杯。

这次总决赛是"魔术师"和"大鸟"伯德第一次总决赛交手。虽然他们已经加盟联盟 5 个赛季，而湖人拿下两次冠军，伯德的凯尔特人也一次登顶，但这两位巨星此前还从来没在总决赛中交手过。第一场比赛，湖人客场以 115∶109 胜出；第二场第四节还剩 18 秒时，湖人仍以 115∶113 领先，同时他们还拥有控球权，由于随后 2 场比赛将在湖人的主场举行，所以一些球员此时已经看到零封凯尔特人的希望。然而当詹姆斯·沃西试图把球传给对侧的拜伦·斯科特时，杰拉德·亨德森从斜刺杀出，将球抢断并且上篮成功。在加时赛中，又是亨德森的一次关键助攻，帮助凯尔特人以 124∶121 艰难取胜。1∶1 扳平大比分后，绿军的士气大振，随后他们又赢下第二场客场比赛，并在关键的第七场决战中胜出。"说实话，他们原本有机会横扫我们。"伯德后来在回忆时这样说道。

1984—1985 赛季：湖人复仇　凯尔特人退散

1984 年是 NBA 选秀历史上最重要的一年，这一年的状元是火箭今后的名宿奥拉朱旺，探花是迈克尔·乔丹，而包括巴克利、斯托克顿等球星也是在这一年纷纷加入联盟。这一年，去年和凯尔特人大战七场的尼克斯领军人物伯纳德·金

因为膝伤而缺席了整整 27 场比赛，但仍以场均 32.9 分成为常规赛得分王。

常规赛结束时，凯尔特人 63 胜 19 负，遥遥领先于其他诸强，伯德打出他 NBA 最出色的一个赛季场均 28.7 分 10.5 个篮板 6.6 次助攻，以无可争议的表现蝉联 MVP。西部的湖人则是 62 胜 20 负高居西部第一，季后赛他们轻松淘汰太阳、开拓者和掘金，如愿杀入总决赛和凯尔特人重逢。

总决赛第一场，湖人就凭借贾巴尔和沃西的神勇表现，以 148∶114 大胜对手，随后的比赛中，他们又再接再厉，没有重复上赛季的错误。在经历了 8 次和凯尔特人在总决赛相遇却均告失利的耻辱纪录后，湖人这一次终于以 4∶2 手刃凤敌，夺取总冠军。总决赛的三场客场比赛中，湖人有二场取胜，包括第一场和最后一场，当第六场总决赛湖人获胜夺取总冠军后，波士顿花园球馆陷入一片沉默。然而对于那些经历了以往失败的湖人支持者而言，这无异于是最美妙的音乐。

1985—1986 赛季：拉里·伯德 凯尔特人的取胜之道

本赛季是火箭双塔磨合成熟的一年，2.24 米的拉尔夫·桑普森和身高 2.13 米的奥拉朱旺成为西部球队忌惮的对象，常规赛他们 51 胜 31 负排名中西赛区头名。不过卫冕冠军湖人仍旧是西部最被看好的球队，他们常规赛取得了西部最好的 62 胜 20 负的战绩，火箭在淘汰国王和掘金后在西部决赛中碰上了湖人，第一场湖人 119∶107 拿下火箭，很多人都觉得卫冕冠军将会轻松地拿下这匹黑马，谁知道火箭却随后连胜四场，让人大跌眼镜地淘汰卫冕冠军。

东部则没有什么悬念，拉里·伯德仍旧继续着他神奇的表现，场均贡献 25.8 分 9.8 个篮板 2.2 次抢断，罚球命中率和 3 分命中率分别为 89.6% 和 42.3%，5 项数据均排名全联盟前 10，此外还有场均 6.8 次助攻，排名全联盟第十六位。常规赛结束后，伯德连续第三年当选为 MVP，这也是 NBA 历史上继比尔·拉塞尔和张伯伦之后第三位有此成就的球员。凯尔特人常规赛就取得 67 胜 15 负的佳绩，其中主场战绩为不可思议的 40 胜 1 负，均创造了球会的历史纪录。在季后赛阶段，凯尔特人同样表现得势不可当，3∶0 胜公牛，4∶1 胜老鹰，4∶0 胜雄鹿，轻松杀入总决赛。

除了伯德的神勇外，凯尔特人还在这个赛季进行了一次大交易，得到了几乎被废弃的比尔·沃顿，沃顿之前一个赛季仅出场了 4 场比赛，但到了凯尔特人，整个赛季沃顿竟然仅仅缺席了 2 场比赛，作为内线帕里什和麦克海尔的替补，沃顿和酋长及麦克海尔组建了凯尔特人的恐怖内线，即使火箭的双塔也讨不到便宜，外线伯德和丹尼斯·约翰逊的积极包夹，使火箭队两位内线核心的火力更加难以发挥。4：2 拿下火箭，凯尔特人夺得球队历史上的第十六座总冠军奖杯，也是最后一座总冠军奖杯。伯德在季后赛中，场均得到 24.0 分 9.7 个篮板 9.5 次助攻。

1986—1987 赛季：表演时刻　华丽的抢分时代

本赛季是张伯伦归隐后的另一个华丽得分时期，迈克尔·乔丹上个赛季因为左脚骨折，缺席了整整 64 场比赛，但他仍然坚持在赛季后段复出，并在和凯尔特人的季后赛首轮第二场比赛中独得 63 分，创造了 NBA 季后赛的单场得分纪录。如今乔丹已经完全康复，而他唯一的目标就是用更强悍的表现来证明自己的回归。在 1986—1987 赛季的常规赛中，乔丹总得分为 3,041 分，场均 37.1 分，这是继张伯伦在 1963 年以后，NBA 第一次有球员单赛季得分超过 3,000 分。

除了乔丹，"魔术师"约翰逊也场均拿下 23.9 分，为其职业生涯最高，同时他的助攻也依旧犀利，场均 12.2 次高居全联盟首位。"魔术师"场均得分的提高是因为贾巴尔年近 40，垂垂老矣。在"魔术师"的带领下，湖人常规赛 65 胜 17 负排名全联盟第一，并在季后赛中以 11 胜 1 负的战绩连闯掘金、勇士、超音速 3 关，进入总决赛。

凯尔特人该赛季常规赛 59 胜 23 负，排名东部第一全联盟第二，但是沃顿和斯科特·韦德曼的受伤使其板凳深度大打折扣，并导致先发 5 虎的上场时间不得不大大延长。伯德、帕里什、麦克海尔和丹尼斯·约翰逊该赛季场均出场时间都在 37 分钟以上。尽管凯尔特人在季后赛首轮以 3：0 轻松斩落公牛，但随后两轮和雄鹿、活塞的对抗中，他们都打满 7 场才艰难胜出。虽然绿军连续第四年杀入总决赛，但和好整以暇的湖人相比，他们此时已是强弩之末。总决赛前两场，湖人在主场轻松胜出，随后他们又在第四场客场比赛中 1 分险胜凯尔特人，最终他们以 4：2 的总比分，捧起球队在 80 年代的第四座总冠军奖杯。对于 80

年代洛杉矶湖人华丽流畅的进攻表演，媒体们习惯称之为"表演时刻"，而在1986—1987赛季的总决赛中，为湖人奠定他们总冠军基础的就是他们的进攻。总决赛第四场湖人整场比赛都在努力追赶凯尔特人，最后时刻还以104：106落后。此时贾巴尔得球被对手犯规，第一罚命中，第二罚弹筐而出，不过凯尔特人将球碰出界外，湖人再次得到宝贵的控球权。经过暂停，魔术师约翰逊在左边拿到界外球，他想要跳投，但被瘦瘦长长的麦克海尔挡住球路。于是约翰逊运球向罚球区切入，迈克尔紧随追赶，而伯德和帕里什也迅速过来包夹，就在3人还未完全形成封堵前，约翰逊在罚球线上投出一记老式的勾手，皮球精确地命中篮筐，湖人反超。随着伯德投失最后一个压哨球，湖人最终以107：106赢下这场关键的客场比赛。"你可以想到败在湖人的'天勾'手上，但你绝对想不到使出这招的居然是'魔术师'约翰逊。"伯德后来如是说道。

自从1980—1981赛季达拉斯小牛加盟后，NBA已有23支球队，1987年4月，大卫·斯特恩宣布了联盟新的扩军计划。夏洛特和迈阿密将在1988年加入NBA，奥兰多和明尼苏达将在1989年加入NBA，这样到1989—1990赛季开始时，联盟中就将拥有27支球队。

1987—1988赛季：湖人卫冕　莱利兑现誓言

自从凯尔特人在1968年和1969年蝉联总冠军后，NBA还没有一支总冠军球队能够实现卫冕，很多人认为是联盟的扩军造成各支球队之间实力相对接近，卫冕已经逐渐成为一项不可能完成的任务。不过有一个人并不相信这种理论，他就是湖人队的主教练帕特·莱利，尽管湖人在80年代已经夺取了4次总冠军，但莱利仍然不够满意，他相信只有带领湖人卫冕，才能使这支球队跻身于NBA历史上最伟大的行列。当湖人在1987年夺取总冠军的第二天，莱利就在庆功会上宣布了自己的卫冕誓言，这不是简单的许愿，而是一个庄重的承诺。

湖人在该赛季以62胜20负再次排名全联盟第一，拜伦·斯科特场均得到21.7分，詹姆斯·沃西场均19.7分，成功地分担了贾巴尔和约翰逊的得分压力。湖人的板凳也同样深厚，米切尔·汤普森作为上赛季夺冠时的重要替补，如今和贾巴尔共享在中锋位置的出场时间，三年级大前锋A.C.格林已经逐渐成熟，老将米切尔·库珀和科特·兰伯斯表现依旧令人放心。

尽管湖人立志卫冕，但这个赛季东部崛起了一位新的挑战者——底特律活塞。活塞主教练查克·戴利以超级后卫伊赛亚·托马斯为核心，辅之以篮板悍将比尔·兰比尔和里克·马洪，得分手阿德利·丹特利、乔·杜马斯和维尼·约翰逊，以及年轻力壮的蓝领前锋丹尼斯·罗德曼和约翰·赛里，搭建起一支极具侵略性的钢铁雄师。活塞在上赛季东部决赛中以3：4惜败于凯尔特人，本赛季他们常规赛54胜28负，排名中部赛区第一，但全队上下都知道，只有在季后赛中淘汰凯尔特人，才能真正证明自己的实力。

季后赛前两轮，活塞顺利淘汰子弹和公牛，再次和凯尔特人在东部决赛相遇。4：2，坏孩子军团如愿复仇，时隔32年后重新杀入总决赛。其中在波士顿花园的3场客场之旅中，活塞有两场获胜。与此同时，湖人在西部的季后赛之旅却要艰难得多，他们在第二轮和第三轮面对爵士和小牛，均打满七场才艰难胜出。总决赛前五场，湖人2：3落后，已经没有任何退路的他们必须在后面两个主场全部取胜，才可能改写NBA历史，实现莱利的卫冕诺言。背水一战的湖人顶住巨大的压力，以103：102、108：105的微弱优势连胜两场，最终在悬崖边上将总冠军揽入囊中。

作为NBA历史上最卓越的球员之一，伊赛亚·托马斯在活塞队的贡献得到人们的一致公认。当托马斯以榜眼秀加盟活塞时，这支球队刚刚经历了21胜61负的低谷，但随着传奇教头查克·戴利在1983年入主活塞，托马斯的能量被挖掘到极致，并且以他为核心逐步构建起NBA历史上的一支经典球队。尽管活塞在这次总决赛中3：4惜败于湖人，不过托马斯的个人表现依然令人击节。总决赛第六场，托马斯在第三节后段脚踝严重扭伤，但他仍坚持回到赛场上，跛着脚继续带领球队拼杀。托马斯在这场比赛中轰下全场最高的43分，其中第三节得到25分，创造了NBA总决赛的单节得分纪录，而他带伤坚持比赛的壮举也成为NBA历史的一则传奇。

1988—1989赛季：化解罅隙　坏孩子成就霸业

上赛季和湖人的总决赛结束后，活塞两位忽有罅隙的队友兰比尔和托马斯在

更衣室抱头痛哭，而之前兰比尔训练故意撞断托马斯肋骨的事情终于化解了，活塞的目标只有一个，那就是总冠军。他们为了让球队增加点化学反应，用头号得分手丹特利和一个首轮秀从达拉斯小牛换来全明星前锋马克·阿圭尔。这笔交易看起来像是一次豪赌，但结果证明活塞的抉择是正确的，常规赛结束后，他们以63胜19负排名全联盟首位，同时也创造了球会的历史最好战绩。季后赛阶段，活塞轻松淘汰凯尔特人、雄鹿和公牛，再次杀入总决赛。

一切都在变化中，本赛季联盟中还多了夏洛特黄蜂和迈阿密热队两支新军，不过乔丹还是连续第三年成为得分王，魔术师蝉联常规赛MVP。本赛季湖人的中锋贾巴尔已经42岁了，赛季开始这位传奇中锋就决定赛季结束后选择退役，因此第七枚总冠军戒指无疑是送给这位传奇中锋的最好礼物。季后赛前三轮，湖人以不可思议的11：0横扫开拓者、超音速和太阳，看起来他们正在书写NBA的又一个神话。然而在总决赛开始前，拜伦·斯科特腿部拉伤，总决赛第二场，魔术师又腿部受伤，连折两员主将的湖人再也无力抵抗活塞。4：0，在经历了上赛季痛失总冠军后的苦涩，活塞干净利落地实现其对湖人的复仇。

乔·杜马斯也许是NBA在1988—1989赛季前最被低估的球员，尽管他此前曾入选过年度最佳新秀阵容，并帮助活塞队打入上赛季的总决赛。这位攻防俱佳的后卫球员在活塞队中不可或缺，但在托马斯和兰比尔两位巨星的光芒下，他的贡献一直被媒体所忽视。虽然本赛季活塞交易来阿圭尔，但这只是用一位全明星换来另一位全明星，杜马斯的地位并没有因此发生改变。不过是金子总会发光，总决赛中杜马斯爆发出惊人的能量，他在攻防两端的表现堪称完美，场均得到27.3分，命中率为惊人的58%，带领活塞以4：0横扫湖人，成为当之无愧的总决赛MVP。

1989—1990赛季：底特律卫冕　坏孩子绝唱

贾巴尔终于告别了NBA的舞台，20年来人们终于难再见"天勾"的优雅。失去了贾巴尔，湖人的魔术师注定要承担更多的责任，而他也用场均22.3分11.5次助攻6.6个篮板1.7次抢断的全能表现和常规赛蝉联MVP来带领着湖人继续前进。因为其他位置仍旧没有太大的变化，湖人用已35岁的米切尔·汤普森和新秀迪瓦茨取代了中锋的位置，湖人仍旧以63胜19负的佳绩排名全联盟第一，其中主场战绩为惊人的37胜4负。

活塞和上赛季相比也有所变化，由于明尼苏达森林狼和奥兰多魔术两支新军的加入，里克·马洪在扩军选秀中被挑走，顶替他位置的是老将詹姆斯·爱德华兹。尽管爱德华兹和马洪相比不够强悍，但他在低位拥有出众的得分能力，可以为阿圭尔有效地分担压力。活塞该赛季战绩为59胜23负，继续领跑东部，不过在他们身后，另一支球队正在迅速崛起，那就是由迈克尔·乔丹领衔，新教头菲尔·杰克逊指挥的芝加哥公牛。公牛本赛季战绩为55胜27负，是球队自1972年以来的最好纪录。

季后赛阶段，活塞前两轮轻松淘汰步行者和尼克斯，但在和公牛的东部决赛中，打满七场才艰难胜出。在西部，常规赛头名湖人首轮击落火箭，不过第二轮却意外被太阳以4：1淘汰，成功爆冷的太阳在西部决赛中没能延续神奇，以2：4不敌波特兰开拓者队。由"滑翔机"德雷克斯勒领衔的开拓者此前连续四年在季后赛首轮就被淘汰出局，因此尽管他们在本赛季常规赛中取得59胜23负的佳绩，仍然不被大多数人看好。直到开拓者在季后赛第二轮中以4：3淘汰马刺过关，人们才对这支球队有了新的评估。

总决赛第一场，活塞以105：99胜出，但开拓者随即还以颜色，经过加时以106：105客场1分险胜。正当人们都以为这次总决赛将演变成艰难的拉锯战时，经验丰富的活塞在伊赛亚·托马斯的带领下连胜3场，以4：1的总比分卫冕成功。托马斯场均得到27.6分8.0次助攻5.2个篮板，毫无疑问地当选为总决赛MVP。

1990—1991赛季：破咒 迈克尔·乔丹终成正果

在1990—1991赛季开始前，迈尔尔·乔丹连续4年蝉联得分王，他的个人成就已经使他跻身于NBA最受欢迎的巨星行列。然而乔丹也同样受困于张伯伦综合症，质疑他的球迷会翻出历史来说话——自从贾巴尔在1971年率领雄鹿登顶后，还没有一位得分王能同时获得总冠军的荣誉。

乔丹是1985年的赛季最佳新秀，连续四年入选年度最佳阵容一队，连续三

年入选防守最佳阵容一队，但他率领的公牛似乎总是无法通过活塞这道坎，在过去两年的东部决赛中他们都倒在了活塞的枪口下。不过自从乔丹加盟后，公牛的进步还是有目共睹的：1985年约翰·帕克森作为自由球员签约；1987年公牛又在选秀大会中挑到了霍瑞斯·格兰特和斯科特·皮蓬两块宝贝；1988年公牛用查尔斯·奥克利从纽约换来了比尔·卡特莱特；1989年B.J.阿姆斯特朗在第十八顺位加盟芝加哥，而禅师菲尔·杰克逊也终于被扶正帅位。当1990—1991赛季开始时，芝加哥人已经充分做好了向活塞复仇的准备。

公牛该赛季的战绩为61胜21负，排名东部首位，并且创造了球会历史的最好纪录。季后赛中他们更是表现得势不可当，3：0胜尼克斯、4：1胜76人、4：0胜劲敌活塞，没费什么周折就杀入总决赛。与此同时，西部的湖人在新帅迈克·邓利维的指挥下，也体现出全新的变化，和莱利执教时代的华丽进攻不同，现在这支湖人更朴实，更强调防守取胜。虽然湖人在常规赛中落后于开拓者排名西部第二，但在季后赛中仍然显示出强大的底蕴，连过火箭、勇士、开拓者三关，和公牛在总决赛会师。总决赛第一场，湖人依靠萨姆·帕金斯在加时赛中的3分命中，以93：91客场险胜。然而失利的公牛很快调整心态，在乔丹的带领下，随后4场比赛取得全胜，以4：1的总比分赢得了球会历史上的首个总冠军。

1991年的总决赛开始前，曾被视为是两位传奇的巨星——"魔术师"约翰逊和"飞人"乔丹之间的对决，然而当比赛开始后，人们发现，真正使公牛制胜的秘诀不是依赖于某位超级巨星的神勇，而是团队之间的紧密合作。乔丹在这次总决赛中场均得到31.2分11.4次助攻6.6个篮板，表现固然伟大，但公牛并不是他一个人的球队，全队出色的防守使湖人在5场比赛仅得到可怜的458分，这才是他们在这次总决赛中最成功的地方。1991年4月，乔丹夺取了他的连续第五个得分王，而本届总决赛的胜利也终于让那些质疑他的声音一扫而空。

1991—1992赛季：公牛卫冕　魔术师惊爆HIV感染

1991—1992赛季刚刚开始，NBA就爆出一则震惊全球的新闻，"魔术师"宣布自己感染了艾滋病，同时结束其职业生涯，把精力转投到对艾滋病的宣传和预防中，一位五届总冠军、三届MVP得主就以这种方式突然告别了NBA。而另一位与魔术师同时代的巨星拉里·伯德，也因为伤病在赛季结束后宣布退役。由于背伤的困扰，伯德这个赛季仅仅打了 45 场比赛，但仍有场均 20.2 分 6.8 次助攻 9.6 个篮板的惊人表现。

当两位传奇巨星逐渐淡离人们的视线，芝加哥公牛却在迈克尔·乔丹的带领下如日中天。上赛季 61 胜 21 负的球会历史最佳战绩并不能使他们满意，他们在这个赛季又将纪录提高到 67 胜 15 负，不仅以绝对优势排名全联盟首位，同时也是 NBA 有史以来的第四好战绩。乔丹的表现依旧炙手可热，他在该赛季赢得了自己的第三个 MVP 和第六个得分王，不过场均 30.1 分却是过去六年中最低的一次。和以往不同，乔丹现在把更多的出手机会交给斯科特·皮蓬（场均 21.0 分）和霍瑞斯·格兰特（场均 14.2 分），全队的进攻也因此变得更为均衡。

克利夫兰骑士和波特兰开拓者该赛季以 57 胜 25 负的战绩并列常规赛第二。骑士整个赛季都表现不俗，然而他们无法阻挡乔丹和他的公牛队，在东部决赛中被芝加哥人以 4∶2 淘汰。开拓者在季后赛中先后击败湖人、太阳和爵士，继 1990 年后再度闯入总决赛。总决赛前四场开拓者表现顽强，两度落后又两度将大比分扳平，然而他们最终还是没能挡住芝加哥人的脚步，第五场和第六场均告失利，以 2∶4 成为公牛卫冕的牺牲品。

3 场主场比赛有 2 场告负，是开拓者输给公牛的最大败因。当公牛带着 3∶2 的领先回到芝加哥打第六场比赛时，很多球迷都认为他们将轻松获胜，然而比赛的进程却出乎人们的意料。当前三节打完时，开拓者以 79∶64 大比分领先，此时公牛主帅菲尔·杰克逊孤注一掷，派上了由皮蓬加替补球员斯科特·威廉姆斯、B.J. 阿姆斯特朗、鲍勃·汉森和金组成的新阵容，并在第四节开局打出一波 14∶2 的反攻高潮，将分差缩小到 3 分。此后乔丹和皮蓬重新接管了比赛，联手得到公牛最后的 19 分，以 97∶93 成功逆转局面。

1992—1993 赛季：乔丹击退巴克利　公牛的三连冠

在 1992—1993 赛季开始前，菲尼克斯太阳已经连续四年取得常规赛 50 胜以上的佳绩。自从太阳在 1988 年换来控卫凯文·约翰逊，签下自由球员汤姆·查伯斯，加上年轻后卫杰夫·霍纳塞克和丹·马耶尔莱的迅速成长，球队实力有了巨

大的提高，他们在今后许多年都无须为季后赛席位而担心。但是仅仅进入季后赛显然无法满足太阳的野心，于是在 1992 年总决赛后的第三天，太阳就宣布了一项重要的球员交易，他们把全明星后卫霍纳塞克、先发大前锋蒂姆·佩里和替补中锋朗送到费城，换来联盟中的超级巨星查尔斯·巴克利。

太阳的交易收到立竿见影的效果，有了巴克利在内线的支持，他们开始具备冲击总冠军的实力。在常规赛中太阳以 62 胜 20 负排名全联盟首位，并且创造了球会的历史最好战绩。季后赛前两轮，太阳以 3：2 和 4：2 先后淘汰湖人和马刺，在西部决赛中和西雅图超音速相遇。超音速虽然没有什么超级球星，但 12 名球员实力平均，具有相当的厚度，两队打满七场，太阳才艰难胜出。

公牛本赛季的目标是三连冠，他们常规赛的战绩为 57 胜 25 负，在 60 胜的尼克斯之后排名东部第二，这也使他们在和尼克斯的东部决赛中失去了主场优势。东部决赛前四场，双方各自在自己的主场取得胜利，2：2 平分秋色，关键的第五场比赛，公牛在麦迪逊花园以 97：94 客场取胜，随后回到芝加哥再胜一场，以 4：2 淘汰了尼克斯队。

总决赛开始后公牛先胜两场，很多人都以为他们将横扫太阳，但顽强的巴克利没有放弃，他带领太阳在随后的 3 场客场比赛中取得 2 场胜利。第六场双方回到太阳队主场美西中心，又是打得火星四射，在第四节还剩 2 分 23 秒时，太阳仍以 98：94 领先公牛，乔丹随即通过一次突破上篮将分差缩小到 2 分。接下来轮到太阳进攻，但丹·马耶尔莱仓促间投出一记空气球，导致进攻 24 秒违例，球权又回到公牛手中，此时离比赛结束还剩 14.1 秒。乔丹将球带到前场，经过几次传接，球最终落到约翰·帕克森手中，这位老将在最后 3.9 秒时出手命中，帮助公牛以 99：98 反败为胜。而公牛也在赢下这场比赛后，成为 NBA 历史上第三支成就三连冠伟业的球队，前两支分别是明尼亚波利斯湖人（1952—1954 年）和波士顿凯尔特人（1959—1966 年）。这次总决赛中还创造了一项特别的纪录，即 6 场比赛中只有 1 场主队获胜（第四场，公牛主场获胜）。

1993—1994 赛季："飞人"退役　奥拉朱旺首次登顶

1993—1994 赛季最大的新闻爆发于赛季开始的一个月前。10 月 6 日，三届常规赛 MVP 和三届总决赛 MVP 得主乔丹宣布退役，理由是他已经实现了对于篮球运动的所有目标，这一年乔丹刚满 30 岁。

这一年的常规赛竞争异常激烈，共有七支球队超过了 55 胜，西雅图超音速队以 63 胜 19 负排名联盟首位，而奥拉朱旺领衔的休斯敦火箭以 58 胜 24 负排名第二。在东部，两支防守型球队纽约尼克斯和亚特兰大鹰队都取得了 57 胜。没有了乔丹的芝加哥公牛表现令人赞叹，和海军上将罗宾逊领衔的马刺均为 55 胜 27 负。此外上届亚军菲尼克斯太阳虽然受到查尔斯·巴克利和凯文·约翰逊等多名主力的伤病困扰，仍然取得了 56 胜 26 负的不俗战绩。

在季后赛阶段，年轻的丹佛掘金创造了一个奇迹，第一轮他们先输两场后赢三场实现惊天大逆转，以西部第八名的身份击败头号种子西雅图超音速队，书写了 NBA 历史上经典的黑八传奇。2 号种子休斯敦火箭则发挥正常，他们在奥拉朱旺的带领下，以 3∶1 淘汰开拓者、4∶3 击落太阳、4∶1 轻取犹他爵士，时隔八年重新杀回总决赛。在东部，没有了芝加哥公牛的一枝独秀，纽约尼克斯凭借其顽强凶悍的防守，终于杀出重围。他们在季后赛首轮以 3∶1 淘汰新泽西网后，又和公牛、步行者分别打满七场并最终胜出，自 1973 年后再次跻身总决赛。总决赛又是打满七场，但这一次纽约尼克斯没能再延续好运，火箭以 90∶84 在第七场决战中获胜，赢得了球队历史上的第一个总冠军。

奥拉朱旺作为 NBA 的超级中锋，在过去很长一段时间里被人们所低估，媒体也总是把更多的关注投向拉里·伯德、"魔术师"、乔丹和托马斯这些外线巨星。虽然奥拉朱旺在 1986 年就曾带领火箭杀入过总决赛，但此后球队出现严重的内耗导致战绩下滑，在过去七年中都没能再闯过季后赛第二轮。直到本赛季奥拉朱旺以其全面的个人表现，带领火箭夺取总冠军，而他本人也同时包揽常规赛 MVP、总决赛 MVP、年度最佳防守球员三项殊荣，创造了 NBA 一项新的历史纪录。

这次总决赛中奥拉朱旺的表现堪称伟大，在和另一位超级中锋尤因的对决中取得最终的胜利。除了场均 26.9 分 9.1 个篮板 3.6 次助攻 3.86 个盖帽的贡献外，奥拉朱旺还在第六场比赛的最后时刻盖掉斯塔克斯的三分投篮，确保休斯敦火箭以 86∶84 取胜。

1994—1995 赛季：奥尼尔接受教育 大梦延续统治

常规赛开始后的第五个月，爆出本赛季最大的一则新闻：乔丹在离开 NBA 联盟 17 个月后，终于决定放弃对棒球的追逐，重新回到其最挚爱的篮球事业中发展。1995 年 3 月 19 日，乔丹身披一件全新的 45 号公牛战袍，在客场挑战步行者的比赛中登场亮相，他的归来让全世界的球迷都为之激动不已。尽管公牛在季后赛第二轮就被奥兰多魔术以 4：2 淘汰，但绝大多数公牛球迷都坚信，随着乔丹的回归，他们将在下赛季重塑辉煌。

1995 年 NBA 总决赛是年轻和经验之间的对决：一边是年轻而且才华横溢的奥兰多魔术，他们在常规赛中以 57 胜 25 负排名东部第一，季后赛又相继淘汰凯尔特人、公牛和步行者，作为一支建队仅仅六年的新军首度杀入总决赛。与此同时，卫冕总冠军休斯敦火箭也在竞争激烈的西部杀出重围。总决赛的进程出乎所有人的意料，经验丰富的火箭在奥拉朱旺的带领下，4：0 零封魔术队，给年轻的新贵们好好上了一课，而火箭也成为 NBA 历史上第六支以 4：0 击败对手夺取总冠军的球队。

虽然总冠军没变，但除此之外这个赛季还是出现了很多新的变化。一些新规则被引入联盟，三分线比以前更近了，对防守的身体接触吹罚得更严了，比赛由此变得更为流畅精彩。本赛季的年度最佳新秀由两位极具天赋的新星分享——底特律活塞的格兰特·希尔和达拉斯小牛的贾森·基德，这也是 NBA 自 1971 年后，第二次由两人分享这一荣誉（1971 年的最佳新秀为戴夫·考文斯和乔夫·帕特里）。

1994—1995 赛季有两项伟大的纪录分别被打破：亚特兰大鹰队的主帅伦尼·威尔肯斯超越红衣主教奥尔巴赫成为 NBA 历史上获胜最多的教头；犹他爵士的约翰·斯托克顿超越魔术师成为 NBA 有史以来的助攻王。

1995—1996 赛季：72 胜 10 负　公牛的无敌神话

对于芝加哥公牛而言，也许这仍然算不上一个完美的赛季——虽然他们在总决赛中 4∶2 击败超音速，得到了球队历史上的第四个总冠军，但毕竟还是输了十场常规赛和三场季后赛。不过我们至少可以说，他们已经非常非常接近完美了。

这是一个令人兴奋的赛季，联盟中多了两支新军：多伦多猛龙和温哥华灰熊；魔术师在退役四年后又重新回到了赛场；亚特兰大鹰队的主帅伦尼·威尔肯斯仍然在不断地打破自己的纪录，他已经成为 NBA 历史上第一位千胜教头。然而最吸引人的无疑还是乔丹和他的公牛，芝加哥人在这个赛季实现了一项壮举，他们在常规赛中取得不可思议的 72 胜 10 负的辉煌战绩，将湖人在 1971—1972 赛季创造的 69 胜的 NBA 历史纪录又提高了整整三场。在随后的季后赛阶段，公牛以 3∶0 熄灭热火、4∶1 淘汰尼克斯、4∶0 零封魔术、4∶2 终结超音速，毫无悬念地夺回总冠军。乔丹在本赛季得到了他的第八个得分王，打破张伯伦 7 次成为得分王的 NBA 历史纪录，同时他还在 MVP 评选中上演了帽子戏法：一人包揽本赛季的常规赛 MVP、全明星 MVP、总决赛 MVP 三项殊荣。

本赛季另一个亮点来自犹他爵士的约翰·斯托克顿，他在常规赛中连续第九年成为助攻王，打破了鲍勃·库西 8 次成为助攻王的 NBA 历史纪录，同时他还超越莫里斯·切克斯成为 NBA 有史以来抢断最多的球员。罗伯特·帕里什在本赛季结束时，上场次数累计到 1,568 次（20 个赛季），超越贾巴尔成为 NBA 有史以来出场最多的球员。魔术师约翰逊在赛季中段重回湖人，不过场上的位置却从组织后卫变成了强力前锋。

随着两支加拿大球队——多伦多猛龙和温哥华灰熊的加入，本赛季的 NBA 真正成为一个国际化的体育联盟。猛龙队总经理伊赛亚·托马斯在选秀大会首轮第七位选中的身高仅 1.78 米的后卫达蒙·斯塔德迈尔，达蒙·斯塔德迈尔凭借其稳定华丽的个人表现，当选为年度最佳新秀。

1996—1997 赛季：NBA 50 周年　公牛王朝第五冠

芝加哥公牛继续延续着他们上个赛季的强势劲头，他们常规赛取得了 69 胜 13 负的 NBA 历史第二好战绩，实际上他们完全可以连续两年创造 70 胜的神话，但为了备战季后赛，芝加哥人常规赛即将结束时刻开始保存实力，导致最后四场输掉三场。在得分王乔丹、"蝙蝠侠"皮蓬、篮板王罗德曼的带领下，面对创造 64 胜 18 负球会最好战绩邮差马龙和斯托克顿的挑战，芝加哥公牛经过六场大战，以 4：2 再次卫冕，拿下第五冠。

本赛季在东部，公牛队依旧一枝独秀，他们比同赛区的第二名亚特兰大鹰队整整多胜了 13 场。鹰队本赛季进步神速，他们从丹佛掘金引入了年度最佳防守球员迪肯贝·穆托姆博（场均 3.30 个盖帽排名全联盟第二），再加上抢断王布雷洛克（场均 2.72 次抢断），组成了一支非常强悍的防守型球队。夏洛特黄蜂和活塞均拿下 54 胜 28 负，而迈阿密热队在名帅莱利执教的第二年就取得 61 胜 21 负的球会历史最佳战绩，同时稳居大西洋赛区头名。阿朗佐·莫宁场均得到 19.8 分 9.9 个篮板，不过真正促使热火升温的关键球员却是组织后卫蒂姆·哈达威（场均 20.3 分 8.6 次助攻）。季后赛第二轮，热火和莱利的旧主纽约尼克斯相遇，双方打满七场热火艰难胜出，和芝加哥公牛在东部决赛中会师。

马龙领衔的爵士在西部扬威，尽管斯托克顿的助攻王头衔本赛季被马克·杰克逊夺走，但爵士在斯托克顿、霍纳塞克、卡尔一干老将的带领下，辅以中锋奥斯特塔格、前锋拉塞尔、后卫霍华德，艾斯利等一批年轻的生力军，仍然打出球队的历史最好战绩。马龙在该赛季场均得到 27.4 分（排名全联盟第二）9.9 个篮板（全联盟第十），职业生涯首次当选为常规赛 MVP。拥有奥拉朱旺、德雷克斯勒和巴克利三位老牌巨星的休斯敦火箭本赛季战绩为 57 胜 25 负，在爵士之后排名中西赛区第二。超音速队在控卫佩顿（场均 21.8 分 7.1 次助攻 2.4 次抢断）和大前锋肖恩·坎普（场均 18.7 分 10.0 个篮板）的带领下，同样取得 57 胜 25 负的佳绩，排名太平洋赛区第一。超级中锋沙克·奥尼尔领衔的洛杉矶湖人以一场之差排名该赛区第二，奥尼尔该赛季以自由球员身份加盟湖人，场均得到 26.2 分 12.5 个篮板，但是由于伤病缺席了整整 31 场常规赛。季后赛阶段，休斯敦火箭在第二轮和上赛季西部冠军超音速相遇，打满七场后艰难胜出，不过在西部决赛中，体力不支的火箭没能再延续好运，以 2∶4 负于犹他爵士。

本赛季的一个高潮出现在全明星周末，在克利夫兰骑士的主场冈德球馆，作为 NBA50 周年庆的压轴大戏，入选 NBA50 位巨星的球员们一个接一个走到球场中央，接受球迷们的欢呼。

1997—1998 赛季：第二个三连冠 公牛王朝的绝唱

八年 6 次登顶，两个三连冠，芝加哥渴望能完成这一伟业，永远被后人铭记。赛季伊始，皮蓬因为脚部手术整整缺席了 35 场常规赛，不过托尼·库科奇很好地顶替了他的先发位置。虽开局仅 8 胜 7 负，但随后 20 场他们赢了 16 场，当皮蓬伤愈归来时，球队的战绩为 24 胜 11 负。

在新教头拉里·伯德的指挥下，印第安纳步行者在全明星周末开始时，竟领先公牛半个胜场差。不过公牛最终以 62 胜 20 负排名东部第一。乔丹赛季场均贡献 28.7 分 5.8 个篮板 3.5 次助攻，第五次当选为常规赛 MVP，第十次成为联盟得分王；罗德曼以场均 15.0 个篮板的表现第七次成为篮板王；而伤愈归来的皮蓬也在后半程再现其全能选手的本色。步行者在雷吉·米勒、里克·史密斯和克里斯·穆林率领下，以 58 胜 24 负的佳绩排名东部第二，新教头拉里·伯德上任第一年就荣膺年度最佳教练。在大西洋赛区，热队以 55 胜 27 负蝉联赛区第一。

西部联盟，卡尔·马龙场均拿下 27.0 分 10.3 个篮板，虽然斯托克顿开始缺席了 18 场比赛，但爵士还是以 62 胜 20 负的战绩排名全联盟第一（同为 62 胜但常规赛爵士两场对公牛都取得胜利）。西部的另一支劲旅湖人在沙克·奥尼尔（场均 28.3 分 11.4 个篮板）、埃迪·琼斯、科比（场均 15.4 分）等天才球员的带领下，取得 61 胜 21 负的佳绩。西雅图超音速虽然送走了肖恩·坎普，但文·贝克很好地填补了他的空缺，再加上组织核心佩顿的稳定发挥，同样取得了 61 胜 21 负。圣安东尼奥马刺在该赛季得到年度最佳新秀蒂姆·邓肯（场均 21.1 分 11.9 个篮板 2.51 个盖帽），他和海军上将大卫·罗宾逊（场均 21.6 分 10.6 个篮板 2.63 个盖帽）组成双塔，带领马刺取得 56 胜 26 负，比上赛季整整多胜了 36 场，在爵士之后排名中西赛区第二。

季后赛阶段，公牛前两轮以3：0和4：1轻松淘汰网队和黄蜂，但与步行者在东部决赛中打满七场才艰难胜出，跻身总决赛。和公牛相反，西部犹他爵士的晋级之旅则是先难后易，他们在首轮以3：2扳倒休斯敦火箭后，4：1轻取马刺，4：0横扫湖人，早早就进入了总决赛，等候与公牛的再次对决。

总决赛前，4：0取胜的爵士整整休息了九天，七场大战后疲惫的公牛队中，罗德曼还遭受指伤困扰，但总决赛前两场，公牛在客场和爵士平分秋色，其中第二场乔丹独得37分，帮助公牛以93：88取胜。第三场比赛，公牛以98：54完胜爵士，爵士的54分也是NBA自从1954—1955赛季引入24秒以来的最低得分。第四场比赛，乔丹又独揽34分，带领公牛以86：82胜出。正当人们都以为公牛将在第五场主场比赛解决战斗时，此前表现低迷的邮差马龙却突然爆发，依靠他的39分，爵士以83：81扳回一局，并将总决赛第六场带回了盐湖城。第六场比赛又是乔丹职业生涯的一个经典，当皮蓬由于背伤严重而无法在场上有所作为时，乔丹毅然包揽起全队的得分重任。他在这场比赛中轰下整个总决赛系列最高的45分，包括在最后时刻从马龙手中断球，晃倒拉塞尔后投中的制胜一球。87：86一分险胜，乔丹那一刻成神成圣，公牛也成就了球队历史上的第二个三连冠。"难以置信，"NBA总裁斯特恩在将第六座总决赛MVP奖杯颁给乔丹时说："迈克尔·乔丹，你的存在是我们的荣幸。"本年乔丹的另一项殊荣是在纽约麦迪逊花园举行的全明星赛，拿下23分带东部取胜的乔丹第三次当选为全明星MVP。

1998—1999赛季：劳资双方反复折腾　马刺双塔称雄

1998—1999赛季国王14年来第一次常规赛战绩超过了50%，季后赛第一轮第四场比赛，如果不是因为缺少经验，以及斯托克顿在最后一秒跳投命中，他们原本有机会淘汰三号种子犹他爵士。本赛季大前锋克里斯·韦伯从华盛顿奇才来到萨克拉门托，他以场均12.98个篮板成为联盟新的篮板王；新秀控卫贾森·威廉姆斯的技术出神入化，在场上充满活力，中锋迪瓦茨从夏洛特黄蜂加盟国王，场均得到14.3分10.0个篮板4.3次助攻，在内线提供稳定而全面的贡献。

不过，1998—1999赛季最耀眼的球队还是圣安东尼奥马刺。在邓肯和大卫·罗宾逊的带领下，总决赛中他们 4：1 击败纽约尼克斯，成功捧起球会历史上的首座总冠军奖杯。尼克斯在本赛季也创造了一项伟大的纪录，他们成为 NBA 历史上第一支以八号种子身份杀入总决赛的球队，他们在季后赛前三轮先后淘汰了迈阿密热、亚特兰大鹰和印第安纳步行者。

总决赛 MVP 得主蒂姆·邓肯整个赛季都表现出色，季后赛更是为他提供了一个机会，向世人证明自己才是目前联盟中最优秀的球员。邓肯率领的马刺不仅在常规赛中以 37 胜 13 负排名全联盟第一，还在季后赛 3：1 胜森林狼、4：0 胜湖人、4：0 胜开拓者，4：1 胜尼克斯，以无可争议的优势夺取总冠军，体现出超强的统治能力。

1999—2000 赛季："大鲨鱼"一统 NBA　联盟新时代

湖人中锋沙克·奥尼尔在本赛季的表现令人耳目一新。自从 1994—1995 赛季以来，奥尼尔第一次以完全健康的身体回到球场上，此前他一直饱受指伤、膝伤和腹伤的困扰。新主帅菲尔·杰克逊将著名的三角战术带到了湖人，并确立奥尼尔作为进攻核心。科比·布莱恩特这个赛季的表现同样卓越，场均得到 22.5 分 6.3 个篮板 4.9 次助攻 1.61 次抢断，四项数据均为其进入 NBA 以来的个人新高，常规赛结束后科比入选了最佳防守阵容一队。科比在本赛季也证明了他是一名关键球员，在对太阳的西部半决赛第二场中科比最后 2.6 秒跳投命中，帮助湖人以 97：96 反败为胜。总决赛第四场，科比得到 28 分，其中在加时赛攻下 8 分，包括最后 5.9 秒的反向补篮，帮助湖人以 120：118 锁定胜利。

不过奥尼尔无疑才是湖人最恐怖的武器，没有人愿意面对这个庞然大物。他在常规赛中场均得到 29.7 分 13.6 个篮板 3.03 次盖帽，三项数据分别排名全联盟第一、第二和第三。2000 年 3 月 6 日，沙克的 28 岁生日，他在对快船的同城德比中轰下 61 分，作为自己的生日礼物。在沙克的带领下，湖人在本赛季分别取得过 19、16 和 11 连胜。

在本赛季的全明星周末，沙克和邓肯分享了全明星 MVP 的荣誉；总决赛 4：2 战胜步行者后，沙克又无可争议地当选为总决赛 MVP；而在常规赛 MVP 的评选中，沙克更是得到 121 张选票中的 120 张，差点成为 NBA 历史上第一

个全票当选的常规赛 MVP。季后赛阶段，沙克的表现比常规赛更为惊人，场均得到 30.7 分 15.4 个篮板。进入总决赛，沙克把场均数据再次提高到 38.0 分和 16.7 个篮板，同时他的投篮命中率为不可思议的 61.1%。

本赛季查尔斯·巴克利长达 16 年的 NBA 职业生涯在本赛季走到尽头，12 月 8 日，在对费城时他还左膝肌腱撕裂，但 4 月 19 日，在休斯敦火箭的最后一场常规赛中，巴克利出人意料地再度回到球场，并在 6 分钟的上场时间里得到 2 分。乔丹在 1 月 19 日重新回到了 NBA，这一次他的身份是作为华盛顿奇才的总裁。全明星赛上卡特胯下换手灌篮成功，得到了满分。

本赛季有三位 NBA 的重要成员离我们远去：威尔特·张伯伦，这位名人堂中锋，在 1999 年 10 月 12 日去世，时年 63 岁；鲍勃·菲尔斯，黄蜂队的锋卫摇摆人和森林狼队后卫迈尔克·席勒也远离了我们。

2000—2001 赛季：艾弗森受阻　湖人王朝的卫冕

2000—2001 赛季费城 76 人异军突起，在教练拉里·布朗和当家球星阿伦·艾弗森的带领下，76 人在常规赛获得了 56 胜 26 负的战绩，高踞东部第一。艾弗森以场均 31.1 分夺得了他个人第二个得分王头衔。除了艾弗森外，赛季中段转投费城的迪肯贝·穆托姆博也成为最佳防守球员。

2000—2001 赛季的东部季后赛血雨腥风，首轮多伦多猛龙便与纽约尼克斯大战五场才涉险过关。半决赛，76 人苦斗猛龙，艾弗森与文森·卡特展开飙分大战，最终艾弗森技高一筹，率队血战七场，将猛龙淘汰。密尔沃基雄鹿与夏洛特黄蜂同样战满七局，雄鹿胜出，不过东部决赛，三个火枪手最终不敌孤军奋战的艾弗森，七战结束费城 18 年之后重返总决赛。

东部 76 人浴血搏杀，而卫冕冠军洛杉矶湖人在西部却是一路高歌，常规赛他们 56 胜 26 负，排名西部第二，但进入季后赛之后，湖人狂飙突进，首轮 3：0 横扫波特兰开拓者，次轮 4：0 将萨克拉门托国王踢出局，西部决赛 4：0 干净利落将西部常规赛头名圣安东尼奥马刺拔掉，以不败战绩连续第二杀入总决赛。

总决赛，艾弗森在首场比赛中力挽狂澜，他一人砍下 48 分，率领 76 人虎口拔牙，通过加时 107：101 战胜湖人，终结了紫金军团 11 场不败的季后赛神话，艾弗森在沙克·奥尼尔的面前突破上篮的场面成为了勇气与信心的最好诠释。尽管 76 人拿下首局，但湖人的整体实力仍然占优，在奥尼尔的内线强攻下，湖人连胜四场，最终以 4：1 的总比分击败 76 人，卫冕成功，奥尼尔以场均 33 分15.8 个篮板的优异表现当选总决赛 MVP。

2001—2002 赛季：湖人三连冠　飞人乔丹复出

2001—2002 赛季，离开职业篮坛已经三年之久的"飞人"迈克尔·乔丹再度复出。身披华盛顿奇才 23 号战袍的乔丹风采依旧，尽管已年近不惑，但依旧场均砍下 23 分 5.7 个篮板和 5.2 次助攻，在常规赛前 52 场比赛中，乔丹率领奇才取得了 27 胜 25 负的成绩，位列东部前八，季后赛希望再现。遗憾的是，在 2002 年 2 月份乔丹膝盖受伤，赛季下半程的 30 场比赛，只参加了八场，奇才失去了主心骨，30 场输了 20 场，再度无缘季后赛。

东部最大的惊喜来自于新泽西篮网，在得到联盟助攻王贾森·基德后，篮网脱胎换骨。最终 52 胜 30 负雄踞东部榜首。底特律活塞则以 50 胜 32 负排名宣告再次复苏。上赛季东部冠军费城 76 人流年不利，仅以 43 胜 39 负勉强挤进季后赛。

东部改朝换代，西部狼烟四起，国王凭借普林斯顿进攻体系，取得了 61 胜 21 负的联盟最佳战绩。马刺以 58 胜 24 负的战绩排名西部第二，蒂姆·邓肯以场均 25 分 12.7 个篮板 2.5 次封盖的优异表现力压基德当选联盟年度最有价值球员。卫冕冠军洛杉矶湖人在常规赛还是保持着不紧不慢的节奏，以 58 胜 24 负位列国王之后排名太平洋赛区第二。

季后赛，篮网首轮 3：2 险胜印第安纳步行者，次轮 4：1 挑落夏洛特黄蜂，东部决赛篮网 4：2 斗败凯尔特人，历史上首度杀入总决赛。西部国王与湖人分别轻松通过前两轮，会师西部决赛。西部决赛三场过后，国王 2：1 抢得先机，第四场罗伯特·霍里在终场前 0.4 秒外线三分命中，湖人 100：99 险胜国王，避免了 1：3 落后的死局。第五场国王后卫迈克·毕比终场前 8.2 秒中投命中，国王 92：91 涉险过关，率先听牌。遗憾的是，国王在最后 2 场比赛中未能抵挡住湖人的反扑，最终 3：4 败北，与总决赛擦肩而过，而湖人则连续第三年挺进总决赛。

2002 年的总决赛强弱分明，沙克·奥尼尔在篮下无人能挡，湖人场均砍下106 分，场均胜出篮网 10 分，以 4：0 的绝对优势轻松横扫，完成三连冠，奥尼尔以场均 36.3 分 12.3 个篮板 3.8 次助攻 2.75 次封盖的杰出表现连续第三年当选总决赛最有价值球员。

2002—2003 赛季：姚明加入 NBA　马刺第二冠

对于芝加哥公牛而言，也许这仍然算不上一个完美的比赛。2002 年选秀大会，来自中国的"小巨人"姚明成为了 NBA 历史上首位外籍状元秀。他的到来也为沉闷多年的休斯敦火箭带来了生机与活力。2002—2003 赛季，火箭获得了 43 场常规赛的胜利，比上赛季要多赢了 15 场，尽管以 1 场之差落后于菲尼克斯太阳未能跻身季后赛，但姚明和火箭的成长还是令人看到了希望。稍感遗憾的是在最佳新秀的评选他不敌率领太阳杀入季后赛的阿玛雷·斯塔德迈尔屈居第二，而斯塔德迈尔则成为联盟历史上首位高中生最佳新秀。

2002—2003 赛季，马刺取得了 60 胜 22 负的联盟最佳战绩，邓肯以场均23.3 分 12.9 个篮板 3.9 次助攻 2.93 次封盖当选常规赛 MVP，成了继迈克尔·乔丹之后首位蝉联常规赛 MVP 的球员。达拉斯小牛在"三剑客"德克·诺维茨基、迈克尔·芬利与史蒂夫·纳什的率领下取得 60 胜 22 负的队史最佳战绩，而萨克拉门托国王继续着他们的良好表现，以 59 胜 23 负排名西部第二。卫冕冠军则因奥尼尔缺席 13 场比赛最终 50 胜 32 负的战绩排名西部第五。

西部马刺称雄常规赛，东部则是底特律活塞抢占头名。2002—2003 赛季活塞在常规赛取得了 50 胜 32 负的佳绩，力压新泽西篮网雄踞东部榜首，活塞中锋本·华莱士连续第五年夺得年度最佳防守球员奖。奥兰多魔术勉强跻身季后赛，但队内核心特雷西·麦克格雷迪却场均砍下 32.1 分荣登赛季得分王宝座，麦迪也由此成为 NBA 历史上首位获得得分王的高中生球员。

2002—2003 赛季，一位伟大的球星告别了赛场，他就是二度复出的迈克尔·乔丹。乔丹在 2002—2003 赛季打满了 82 场常规赛，场均斩获 20 分 6.1 个篮板和 3.8 次助攻，作为一名 40 岁的老将，他的表现可谓不俗，但华盛顿奇才还是未能走出困境，仅取得了 37 场比赛的胜利，再度无缘季后赛，常规赛结束后乔丹黯然离去，飞人时代的大幕就此落下。

2002—2003 赛季联盟修改了季后赛首轮赛制，由原来的五局三胜变为四局四胜。西部季后赛首轮国王 4：1 轻松击败犹他爵士，41 岁的爵士后卫约翰·斯托克顿带着 19,711 分，和排名联盟历史首位的 15,806 次助攻以及 3,265 次抢断离开了他钟爱的 NBA 赛场，爵士的双雄时代宣告终结。西部半决赛，马刺与湖人狭路相逢，邓肯场均砍下 28 分 11.8 个篮板和 4.8 次助攻，率领马刺最终 4：2 复仇。随后，马刺以 4：2 的相同比分打败小牛，继 1999 年之后重返总决赛。东部篮网则是高歌猛进，首轮篮网 4：2 击退密尔沃基雄鹿。东部半决赛与决赛篮网均以 4：0 先后横扫波士顿凯尔特人与活塞，连续两年杀入总决赛。

2002—2003 赛季的总决赛仍然是西强东弱，尽管篮网在贾森·基德的率领下抢下了 2 场胜利，但他们依旧不敌邓肯的神勇，最终以 2：4 败下阵来。邓肯以场均 24.2 分 17 个篮板 5.33 次封盖 5.3 次助攻获得个人职业生涯第二座总决赛MVP 奖杯，其中在关键的第六场，邓肯砍下 21 分 20 个篮板 10 次助攻和 8 次封盖，险些完成总决赛历史上独一无二的四双。值得一提的是马刺"双塔"之一的大卫·罗宾逊在第六场比赛中得到了 13 分和 17 个篮板，这位 38 岁的老将以一个两双和一座总冠军奖杯为自己的职业生涯，也为"双塔"时代画下了一个完美的句号。

2003—2004 赛季：东部崛起　活塞的回归

2003 年选秀大会，是 1996 年之后选秀的又一次盛世，状元秀勒布朗·詹姆斯，探花郎卡梅隆·安东尼与第五顺位新秀德维恩·韦德都很快成为 NBA 的翘首。特别是小皇帝詹姆斯，处子赛季便场均斩获 20.9 分 5.9 次助攻和 5.5 个篮板，成为了继奥斯卡·罗伯特逊和迈克尔·乔丹之后首位在处子赛季便拿到 20 + 5 + 5 的球员。不过因骑士整体实力有限，骑士还是未能闯入季后赛。而卡梅隆·安东尼与德维恩·韦德分别以场均 21 分和 16.2 分，带领丹佛掘金和迈阿密热火杀入季后赛，成为了 2003 届新秀中的另外两大亮点。

本赛季常规赛，东部印第安纳步行者 61 胜 21 负雄踞联盟榜首。底特律活塞取得了 54 胜 28 负的战绩，但由于他们和步行者同处中区，因此在常规赛排名上位于 47 胜 35 负的新泽西篮网之后排名第三。奥兰多魔术在 2003—2004 赛季遭受重创，尽管他们的当家球星特雷西·麦克格雷迪以场均 28 分卫冕得分王，但还是未能止住球队的滑坡，赛季之初他们一度 19 连败，最终只获得了 21 场胜利，创下队史最差战绩。

东部三强并立，西部也是群雄并起。明尼苏达森林狼在网罗了拉特利尔·斯普内维尔与萨姆·卡塞尔之后，以 58 胜 24 负写下队史最佳战绩，也坐稳了西部老大的位置，球队核心凯文·加内特以场均 24.2 分 13.9 个篮板 5 次助攻的优异表现当选常规赛 MVP。上赛季痛失总冠军的洛杉矶湖人招纳了卡尔·马龙与加里·佩顿两位球星，组成了星光四射的四大天王，不过科比受困于性骚扰案，常规赛他们仅排名太平洋赛区榜首。依旧强势的卫冕冠军马刺也取得了 57 胜 25 负的成绩。

季后赛，东部常规赛胜率排名前两位的步行者与活塞一路过关在东部决赛会师，两队以守对守，步行者的场均得分只有 72.7 分，而活塞也不过 75.2 分，但防守更为顽强的活塞还是以 4：2 杀退步行者，继 1990 年之后首度进入总决赛。西部，湖人在季后赛还是展现了他们的实力，半决赛他们在先失两场的窘境下，连扳四场淘汰了宿敌马刺，其中第五场德里克·费舍尔的 0.4 秒绝杀颇具神话色彩。西部决赛，湖人兵不血刃 4：2 击杀森林狼，重返总决赛。

2004 年总决赛的进程出乎了大多数人的意料，蓝领军团活塞凭借无私的团队配合和密不透风的防守以秋风扫落叶之势 4：1 轻松擒下湖人，其中第三场活塞竟然只让以攻击力见长的湖人得到 68 分，防守之强悍可见一斑。活塞后卫昌西·比卢普斯以场均 21 分 5 次助攻的不俗表现当选总决赛 MVP。

对于休斯敦火箭来说，他们本年度的改变就是迎来了新任主教练杰夫·范甘迪，在范甘迪的带领下，火箭常规赛获得了 45 胜 37 负，以西部第七的身份重返季后赛。但第一轮被湖人淘汰。

2004—2005 赛季：奥本山大战　马刺掀翻活塞

2004 年夏季转会市场频现大手笔，迈阿密热火用拉玛尔·奥多姆、卡龙·巴特勒、布莱恩·格兰特以及一个未来选秀权作为筹码交易得到了洛杉矶湖人的当家中锋奥尼尔；休斯敦火箭则用史蒂夫·弗朗西斯、卡蒂诺·莫布里和内线苦力凯尔文·卡托换来了麦迪、霍华德、泰伦·卢和雷斯·盖尼斯；原小牛队的后场核心纳什合同到期后，老板库班也没有重金挽留，最终纳什以自由身份加盟太阳；而赛季中段，猛龙的当家球星文森·卡特因各种原因最终加盟了新泽西篮网。

本赛季最大的新闻是 2004 年 11 月 19 日发生在底特律奥本山宫殿的一场斗殴。交战双方是同属中部赛区的底特律活塞与印第安纳步行者，比赛临近结束时，活塞中锋本·华莱士不满步行者前锋罗恩·阿泰斯特的防守，两人发生争执，并相互推搡，随后活塞球迷中一位名叫约翰·格林的中年男子将一杯啤酒浇到了阿泰斯特身上，阿泰斯特勃然大怒飞身跳入观众席挥拳便打，接下来事态愈发难以控制，步行者球员杰梅因·奥尼尔与斯蒂芬·杰克逊先后加入战团，球员与球迷大打出手，奥本山宫由此上演了联盟 58 年历史中最惨烈的暴力群殴秀。事后，联盟总裁大卫·斯特恩为了挽回影响，痛下杀手，对暴力事件主要参与者予以严厉惩处，阿泰斯特被禁赛 73 场，直接经济损失高达 500 万美元，杰克逊与小奥尼尔也分别被禁赛 30 场与 25 场。

本赛季联盟还对赛区进行了重新划分，四大赛区被细分为六大赛区，分别是中部赛区、大西洋赛区、东南赛区、西南赛区、太平洋赛区和西北赛区。同时夏洛特山猫的加盟令 NBA 的球队数量达到 30 支。常规赛阶段，热火因奥尼尔的加盟取得 59 胜 23 负的东部最佳战绩。同时公牛由新军率领，奇才由"三叉戟"坐镇纷纷崛起。西部太阳一枝独秀，在纳什带领下取得 62 胜 20 负的联盟最佳战绩，纳什因此力压奥尼尔首捧常规赛 MVP 奖杯。湖人在失去奥尼尔后仅 34 胜 48 负，十年来首次无缘季后赛。

本赛季的季后赛不再属于热火与太阳，他们分别止步于东西部决赛，而常规赛排名西部第二的马刺以及卫冕冠军活塞则凭借出众的防守杀出一条血路，在总决赛中会师。前两场，马刺后卫曼努·吉诺比利异军突起，先后砍下 26 分与 27 分，马刺连下两城。顽强的活塞随后将总比分扳为 2：2 平。第五场是本次总决赛中的经典大戏，蒂姆·邓肯在第四节最后时刻罚中一球，两队战平进入加时。加时赛临近结束时，活塞还以 4 分的优势领先，危难之际罗伯特·霍里灵光闪现，他先是持球突入内线强行扣篮得分，随后在终场前 5.8 秒投入致命三分，绝杀活塞，霍里在本场比赛的最后 18 分钟里 6 投 5 中，得到了 21 分，以近乎完美的表

演拯救了马刺。第六场，背水一战的活塞再度将总比分追平。但在第七场生死战中，占据主场优势的马刺还是以81：74取得了胜利，夺取了球队历史上第三座总冠军奖杯。邓肯以七战场均20.6分14.1个篮板2.1次助攻2.1次封盖第三次获得了总决赛MVP的殊荣。

本赛季，火箭在姚麦带领下取得了51场胜利，以西部第五的身份连续第二年进入季后赛。2004年12月9日麦迪上演奇迹，在火箭主场迎战马刺的比赛中，麦迪在终场前35.4秒连中4个，砍下13分以一己之力上演惊天大逆转。姚明则在丹佛全明星投票中以2,558,278票刷新了由迈克尔·乔丹1997年创下的2,451,136票的纪录，成为了联盟历史上的全明星票王。

2005—2006赛季：科比81分　韦德助热火加冕

本赛季，NBA总裁大卫·斯特恩颁布了联盟着装条例，以改善NBA球员的公共形象，同时NBA还出台了"特赦条款"，允许NBA球队一次性裁掉一名球员，该名球员的薪水将不计入奢侈税中，这一新政为球队清理那些高薪低能的球员提供了便利条件。

2005—2006赛季常规赛，底特律活塞在东部一马当先，在新任主帅菲利普·桑德斯的率领下以63胜19负高踞联盟榜首。迈阿密热火在休赛期再度招兵买马，引进了加里·佩顿、詹姆斯·波西、安托万·沃克和杰森·威廉姆斯，加上新任主教练莱利复出，最终以52胜30负位列东部第二位。

东部活塞一枝独秀，而西部则是圣安东尼奥马刺与达拉斯小牛双雄争锋，两支球队从赛季之初就为西部头名展开争夺，最终马刺以63胜19负力压小牛排名西部首位，小牛也获得了60胜22负的不俗战绩，但根据联盟排位原则，仅位列西部第四。上赛季常规赛横扫整个联盟的菲尼克斯太阳在2005—2006赛季尚未开打之时便接连遭受重创，先是乔·约翰逊与昆廷·理查德森另投他队，而后阿玛雷·斯塔德迈尔左膝软骨骨裂接受手术，赛季报废。困境中，太阳展现了极强的适应性与应变能力，在史蒂夫·纳什的带领下，太阳逆风飞扬以54胜28负称霸太平洋赛区，纳什也连续第二年斩获常规赛MVP。

西部的另外晋级名额中，两支洛杉矶球队快船和湖人全部入选，湖人以45

胜 37 负跻身西部八强，当家球星科比·布莱恩特在本赛季让全世界球迷震惊，他先是在 2005 年 12 月 20 日与小牛的比赛中，三节砍下 62 分，然后在 2006 年 1 月 22 日对阵猛龙时，全场飙下 81 分，这是 NBA 历史上个人单场第二高的得分，仅次于威尔特·张伯伦的百分奇迹。常规赛结束时，科比以场均 35.4 分笑傲群雄，这是自 1986—1987 赛季以来的个人赛季场均最高得分，同时科比还成为自 1989—1990 赛季的迈克尔·乔丹之后首位在一个赛季总得分超过 2,700 分的球员。此外，科比还以 27 场得分"40 ＋"、总得分 2832 分创下了湖人队史单季个人得分新纪录。

东部季后赛，热火炙热难挡，先后淘汰芝加哥公牛、新泽西篮网与常规赛联盟冠军活塞，历史性地杀入总决赛。而在西部，小牛也是一路狂奔，横扫孟菲斯灰熊，拔掉马刺、射落太阳，同样队史上首度进入总决赛。总决赛小牛利用主场优势连下两城，抢得先机，但经验更为老到的莱利及时调整了热火的状态，在返回迈阿密后，连扳三场，总比分 3：2 率先听牌。第六战移师达拉斯，热火后场核心德维恩·韦德独取 36 分 10 个篮板，以一己之力率领热火 95：92 险胜小牛，进而以 4：2 的总比分上演大翻盘问鼎总冠军。韦德以场均 34.7 分的卓越表现，毫无争议地当选总决赛 MVP，NBA 第六十个赛季落下帷幕。

2006—2007 赛季：马刺王朝　第三次黑八奇迹

又见黑八奇迹，这是 NBA 历史上继 1992 年穆托姆博和拉乌夫联手带掘金做掉佩顿、坎普、施拉姆夫和里基·皮尔斯带领的超音速，继 1998—1999 缩水赛季，"大猩猩"尤因受伤，休斯敦和斯普内维尔携手带尼克斯灭掉莫宁、哈达威、马什本和布朗统领的热火后的第三次黑八奇迹，小牛抵抗了第二场和第五场，就被勇士惨无人道地肢解。真是再富有的老板也不能像库班那样慷慨，继送给太阳一个 MVP，送给马刺一个关键先生之后，小牛又拱手送给勇士一个"神奇教练"。

本赛季的总决赛仍旧没有丝毫悬念，虽然小皇帝的第四年就把骑士带到总决赛这样一个令人瞩目的高度，但碰到 11 年来状态无甚起伏的邓肯，碰到已经成长起来的总决赛 MVP 帕克，骑士的防线顷刻七零八落，0：4，骑士要走的路还很长。除西部小牛意外翻船外，太阳依旧强势，不过因为不满霍里撞翻纳什而出头，斯塔德迈尔和迪奥均被禁赛，太阳 2∶4 被马刺淘汰均在情理之中，另一黑马是爵士，他们在不被看好的情况下淘汰了休斯敦火箭、勇士，奈何布泽尔和邓肯仍不是一个重量级。

科比上赛季以单场 81 分笑傲群雄，这个赛季他又以单场 65 分成为"标王"。赛季初期，科比非常低调，尽力帮助队友，但在队友伤病不断，球队成绩下滑时，科比再度现出杀手面目，在 3 月 17 日至 24 日的 4 场比赛中，他分别拿下了65 分、50 分、60 分和 50 分，连续 4 场得分"50+"，超越了乔丹，成为 NBA 历史上第二个能达到此高度的球员。跟上赛季一样，除了已故的张伯伦大帅之外，没人能压得住科比。整个赛季科比 10 次得分超过 50，蝉联得分王。

2004 年的奥本山宫殿骚乱轰动全球体育界，2006 年纽约的麦迪逊广场花园又出现规模更大的骚乱，这次是尼克斯新秀马迪·科林斯将掘金战将 JR. 史密斯一把拉下，点燃了导火线，此后奈特·罗宾逊和安东尼成为主角，场上大多数球员都被卷入，最后裁判将场上 10 人全部罚下。NBA 很快公布了处罚决定，掘金大将安东尼禁赛十五场，是其中最重的，史密斯也被禁赛十场。安东尼的禁赛促进了掘金引进艾弗森，而斯特恩还是让安东尼进入全明星赛，也算是对他网开一面。

王朝、黑马、小球、斗殴……这是一个精彩的赛季，如果把整个赛季比作一部电影，那它就是《加勒比海盗 3》——从头到尾，没有铺垫，只有高潮和下一个高潮。

青山遮不住，毕竟东流去。本赛季九年历程曾四夺冠军，具有王者气象的马刺最终没有能延续自己的辉煌。一个遭洛杉矶黄流侵蚀过后的王朝，在经历了1999 年停罢之影响，2003 年上将之奋勇，2005 年曼努和石佛一怒为 MVP，2007年帕克之无趣上篮后，在 11 位过 31 岁老将的哀怨中，终于打下了一个凄惨的休止符。双塔剩下单塔在独舞，邓肯还可以拿下 30 分 18 个篮板和 4 个盖帽，西部决赛对湖人石佛没有任何一场篮板低于 15 个，第三场 22 分 21 篮板，就是最后一场石佛还贡献了 19 分 15 篮板和 10 次助攻的大三双，可怜的马刺在科比、加索尔和奥多姆的夹击下最终只取得了 1 场胜利。能怪谁呢？吉诺比利在第三场马刺胜利的情况下取得了 30 分，但只是锦上添花罢了，邓肯的大两双，帕克的 20分已经确保了胜利，剩下的 4 场比赛，吉诺比利的数据是 10 分、9 分、7 分和 7 分。

15 人的主力阵容，11 位年龄超过了 31 岁，马刺王朝坍塌的背后，是一群老迈战士的最后悲歌。

本赛季还有其他的惊喜，休斯顿火箭赛季初豪言"It's time"，但在姚、麦的接连受伤下，口号再次成了可悲的饭后谈资，火箭不是 83 年的费城，"We owe you one"能助摩西·马龙和朱丽叶斯·欧文在仅输一场的比赛的情况下狂奔到巅峰，而火箭却只能在接下来的比赛中再谈"next time"。值得注意的是姚明本赛季缺席了 27 场比赛，麦迪缺席了 16 场比赛，但火箭在阿德尔曼的率领下，取得了 22 连胜的佳绩，这也仅次于 1971-1972 赛季洛杉矶湖人取得的诡异的 33 连胜。季后赛火箭 55 胜 27 负以西部第五名的成绩杀入季后赛，面对老冤家爵士，最终在麦迪独自的带队下，火箭 2：4 没有能翻盘。

本赛季最大的惊喜来自凯尔特人，自 1986 年最后一次问鼎总冠军后，凯尔特人就开始谱写没落的王朝史，"真理"皮尔斯最终没有能一人承担起后伯德时期绿衫军复兴的重托，于是 2007 年 6 月 28 日，凯尔特人用德朗特·韦斯特，沃利·泽比亚克和首轮第五号选秀权从超音速队换来了雷·阿伦和格伦·戴维斯，2007 年 6 月 31 日，凯尔特人用艾尔·杰弗森、莱安·戈麦斯、西奥·拉特利夫、杰拉德·格林、塞巴斯蒂安·特尔费尔，一些现金和两个 2009 年的首轮选秀权换来了森林狼的加内特，随着加内特的加盟凯尔特人终于组成了让人艳羡的三巨头，此时雷·阿伦 34 岁，加内特 32 岁，皮尔斯 31 岁。

常规赛末期 2 月 2 日加盟湖人的内线巨星加索尔联手科比，帮助湖人以 57 胜 25 负取得了西部榜首的位置。季后赛中湖人首轮 4 比 0 横扫掘金，然后和战胜火箭的爵士相遇半决赛；疲惫的马刺首轮 4：1 战胜了太阳，本赛季最大的黑马黄蜂取得了西部第二成绩，他们在首轮轻松 4：1 战胜了小牛。西部半决赛湖人在盐湖城的魔鬼主场取得了 1 场胜利，随之 4：2 淘汰了爵士，马刺队和黄蜂力拼七场最终马刺 4：3 淘汰了黄蜂。西部决赛老迈的马刺根本无力抵抗湖人，1：4 惨败后把湖人送上了总决赛的舞台。

东部凯尔特人取得了 66 胜 16 负的联盟最佳战绩，但季后赛首轮凯尔特人涉险 4：3 才淘汰老鹰晋级，活塞 4：2 淘汰了费城 76 人，魔术 4：1 灭掉了猛龙，而排名第四的骑士战到了第六场才最终淘汰了奇才。东部半决赛凯尔特人再次和

骑士大战 7 场以 4：3 晋级，年轻的魔术险些被活塞横扫。东部总决赛凯尔特人再次历经艰险，大战 6 场后晋级。

　　总决赛中，连续恶战让三巨头的配合更加娴熟，湖人方面加索尔在内线偏软，奥多姆起伏太大，这些都让湖人在明星球员的对抗中落于下风，科比前五场得到 26.4 分，但是只有 42.2% 的命中率，在第六场比赛里科比半节得到 11 分后就再没有闪耀出光芒，全场也只得到 22 分，最终加上替补的全面失利，凯尔特人在时隔 22 年后再次站上了全联盟之巅，这也是他们历史上的第十七个总冠军，皮尔斯如愿以偿地得到了总决赛 MVP。

第 **3** 章　球队球员篇

　　当八连冠的绿衫王朝一次次中兴却又走向堕落，当辉煌无比的公牛王朝在历史岁月的扉页上已戛然而止，当尤因和莱利的铁血组合带给花园球馆的呐喊和热血一去不复返，当奥拉朱旺所在的康柏中心不再是车如流水马如龙，当 OK 组合将天使之城折腾得阴气森森，再无气数……我们看到了一个个喧嚣一时的时代画上了凄惨的休止符，亦看到了另外诸多球队纷纷举起了革命的大旗，马蹄下的几茎枯草，漩涡边的几团泡沫，30 支球队在刀光剑影中进行着壮丽的鏖战，演绎着竞技的诗情……

波士顿凯尔特人队

冠绝的神迹
人类王国的兴衰

波士顿凯尔特人（Boston Celtics）
主场：TD 北岸花园（TD Banknorth Garden）
主教练：道格·里夫斯（Doc Rivers）
赛区：大西洋赛区

没有人确切知道宇宙是怎样开始的，有人推论是一场无序的爆炸使无尽的世界群转向黑暗，并不可思议地随之有了生命形态，也有人相信宇宙是被某个强大的实体以整体形式创造出来的。虽然混沌宇宙的起源无人确知，但至少有一点是肯定的，某个强大的种族为宇宙来了稳定，并随着这个强大种族的脚步宇宙有了一个安定的前景，这个种族就是伟大的人族。

1946 年 6 月 6 日，11 家冰球馆和篮球馆的老板共同发起成立了篮球联盟 BAA，即后来的 NBA。从一开始凯尔特人就是 NBA 的元老级球队，这支绿衣军团见证了 NBA 近 60 年的兴衰历史，是冠军和球星的代名词。迄今为止 16 个冠军无人能及，八连冠伟业前无古人，后无来者，退役号码多达 20 多个，这支 NBA 先驱球队让混沌的 NBA 一开始就有了相对稳定的秩序。

早在魔兽争霸 1.00 和 1.02 版本中，人类就流行多个家民抢修祭坛，当人类的大法师走出祭坛的时候，其他种族的英雄还在祭坛里睡觉呢，然后大法师就骑着白马不慌不忙地去对手的基地里添加"暴风雪"，当时的各族并没有真正成熟的战略和战术，所以大法师的骚扰常常令其他各族玩家头痛不已，却又无可奈何，只有郁闷地退出。而大法师召唤的水元素由于召唤的时间短而存在的时间又较长，因而战场上总是出现令人恐怖的三个水元素，大法师也被称为移动的兵营。人类在一开始就为自己创造了一片王国，强大得让人头痛。

1950 年，历经四年的碌碌无为后，凯尔特人请来了"红衣主教"奥尔巴赫，同时球队意外地得到了鲍勃·库西。尽管鲍勃·库西并不是老板沃尔特·布朗想要的球员。"红衣主教"也对其不屑一顾，但他凭借着前所未见的背后传球和不看人传球将对手不断击败时，他被认为是凯尔特人"绿衣王朝"的心脏和灵魂。1951 年，奥尔巴赫从奇才得到比尔·沙尔曼，两位身高都没超过 1.90 的白人选手开始配合，他们技术全面，攻防俱佳，相得益彰，凯尔特人组成了名扬 NBA 的后卫线，一如 80 年代底特律活塞队的著名后卫组合"微笑刺客"托马斯和杜马斯。

超级后卫线组合并不足以让凯尔特人夺冠，一切的改变都要从比尔·拉塞尔说起。1957 年拉塞尔加盟凯尔特人队，身高仅 2.06 米的拉塞尔爆发力惊人，跳高成绩为 2.09 米，他可以轻松地摸到篮板的上沿。他防守时总是等对手投篮出手后再跳起，然后和球一起上升，像扣球一样将球扇飞，或者拍向自己的前场，让球队快攻，拉塞尔以他那神奇般的上篮能力和盖帽技巧改变了篮球运动的一个基本观念——出色的防守照样可以赢得冠军。凯尔特人队不再沉默，以 47 胜 28 负的全联盟最佳成绩一路高歌猛进杀入总决赛。在与鹰队的第七场总决赛中，历经两个加时以 125∶123 险胜鹰队，夺得第一个总冠军。从此凯尔特人一发不可收拾，从 1959 年到 1966 年取得了史无前例的八连冠。

也许只要他们愿意，一切都能够延续，只要能够延续，其他的一切球队都很难有所改观。但 1966 年这支球队解体了，库西、海因索恩等纷纷退役，奥尔巴赫也辞去主教练职务，拉塞尔继任教练，当年在与湖人队的总决赛中，凯尔特人历经七场惜败，痛失冠军。在 1968 年和 1969 年凯尔特人虽又重夺两届冠军。但进入 70 年代后，凯尔特人已尽呈疲态，难现昔日的霸业。

而人类王国的强大并不在乎大法师的水元素存在时间的缩短，虽然三个水元素同时存在的场面已很难再看到，但更具攻击力的山丘之王被挖掘出来了。山丘的"风暴之锤"加步兵的围杀，很快成了其他各族英雄心中永远的痛。同时为了对付当时兽族横行各大战网的嗜血三英雄加大师级撒满加大师级巫医的阵容，人族也发明了由大法师、山丘之王、圣骑士加大师级牧师和女巫的双法海。由于牧师的心灵之火和治疗，再加上女巫的减速和变形术，人族几乎所向无敌，令其他各族徒呼无可奈何，这个流氓阵容也被其他玩家愤怒地称之为"狗男女"配合。

一切都可以漠然，但不可以漠然自己的灾难，没有人愿意在失败面前还振振有词。凭借着昔日荣耀的鞭策，戴夫·考恩斯接过了拉塞尔的担子，有人说他生不逢时，因为当时的 NBA 已形成了一个超级明星群体。"J 博士"朱利叶斯·欧文、"高跷"威尔特·张伯伦、"连发手枪"皮特·马拉维奇等，谁都不可等闲视之。虽然身体条件并不出色，但凭借超强的自信和让人生畏的拼劲，再加上昔日的"超级第六人"，作为队长的哈夫利切克开始发挥最后的能量，凯尔特人在 1974 年和 1976 年又两次问鼎。终于过了 70 年代末期的黑暗时代，奥尔巴赫重回凯尔特人，并用球队老板布朗乱搞留下来的选秀权挑走了"大鸟"伯德，凯尔特人再塑辉煌，整个 80 年代的 NBA 其实就是湖人与凯尔特人双雄对峙的年代，被称为"白人的希望"的伯德总能在最关键的时刻出现在最关键的位置并投进最关键的球，挽狂澜于既倒。他同连"天勾"贾巴尔都无可奈何的凯文·麦克海尔和"酋长"罗伯特·帕里什组成了凯尔特人队著名的铁三角，并于 1981 年、1984 年和 1986 年三夺 NBA 总冠军。凯尔特人的夺冠历史到此终结，一个盛极一世的王朝开始衰落。

当其他种族的战术和谋略开始日新月异地发展时，人们发现人类王国也由盛到衰了，那个曾经辉煌过的种族日趋平庸，永远都是大法师带队，山丘之王挡前，火枪手为主力，男女巫辅佐，没有双矿的支持，人类很难升到 3 极，经过了中期的优势外，火枪手这种二级的远程兵种在后期没有肉盾的支持，胜任何族都很难。做为一个第二英雄，没有高等级的山丘矮子，能承担这么重大的肉盾责任吗？我们无奈看到攻击力比它强的兽族，数量比它多的不死族，机动性比它强的暗夜，在人类经济受困时大肆地嚣张。

凯尔特人也像极了人族，自从 1992 年伯德退役后，已沦为东部的弱旅。1998 年选秀，凯尔特人主帅皮蒂诺把极不情愿的保罗·皮尔斯带到了波士顿，那一年皮尔斯拒绝了除拥有前三顺位之外的所有球队的试训，但造化弄人，一心想加盟洛杉矶充当下一个魔术师的"真理"被家乡球队无情拒绝，甚至顺位都跌倒了第十位。随后在皮尔斯的带领下，凯尔特人开始了波澜不惊熬岁月的阶段，因为是在屏弱的东部，其间的 2001—2005 年凯尔特人还是四次杀入季后赛，但凯尔特人却是每况愈下，自从和基德率领的篮网东部决赛一较高下 2 ：4 败北，便再难突破季后赛首轮。

2005—2006 赛季和 2006—2007 赛季，凯尔特人再也没有杀入季后赛，2006—2007 赛季皮尔斯出场 47 次，球队战绩跌落到惨不忍睹的 24 胜 58 负，于是 2007 年 6 月 28 日，凯尔特人用德朗特·韦斯特，沃利·泽比亚克和首轮第五号选秀权从超音速队换来了雷·阿伦和格伦·戴维斯，2007 年 6 月 31 日，凯尔特人用艾尔·杰弗森、莱安·戈麦斯、西奥·拉特利夫、杰拉德·格林、塞巴斯蒂安·特尔费尔，一些现金和两个 2009 年的首轮选秀权换来了森林狼的加内特，随着加内特的加盟使凯尔特人终于组成了让人艳羡的三巨头，此时雷·阿伦 34 岁，加内特 32 岁，皮尔斯 31 岁。

随着三巨头的组成，凯尔特人开始回暖，在东部他们成为一枝独秀，常规赛 66 胜 16 负，季后赛 4 : 3 才淘汰老鹰，4 : 3 淘汰骑士，再以一个 4 : 2 淘汰活塞和湖人站到了全联盟之巅。年迈的三巨头拿下了凯尔特人队史上的第 17 个总冠军，这也是凯尔特人时隔 22 年后才夺回的总冠军的宝座。如今三巨头磨合得日益默契，谁能阻挡他们的脚步，也许只有他们的年龄和球队的替补才最了解，毕竟他们丢失了超级防守球员詹姆斯·波西。

球员篇　保罗·皮尔斯：
绿衫军团中兴的"真理"

这是一支传承了 NBA60 年伟大历史的球队，它的退役球星，它所夺得的总冠军戒指，它创造的前无古人，后无来者的八连冠伟业，都成了后来球队难以望其项背，难以复制的经典，而这一切在鲍勃·库西、沙尔曼、拉塞尔、哈夫利切克、伯德等人的纪录成追忆之后，都沉甸甸地压在了保罗·皮尔斯身上，肩负着一个王朝的中兴，这对皮尔斯来说，无疑是一项巨大的挑战。

皮尔斯是正宗的加州人，在英格伍德长大，从小就是一个狂热的湖人队球迷，对"魔术师"约翰逊推崇备至，把这位前辈当成标本人物，一度梦想为湖人队打球并在洛杉矶出人头地，然而天使之城在 1996 年和 1997 年连续得到两位老大奥尼尔和科比之后，又岂会对身后的"狂徒"给予重视，所以皮尔斯的满腔热情换不到巴斯的垂青，反倒是波士顿这个历史上洛杉矶最大的仇敌给予了皮尔斯核心的位置。

1998 年，自视甚高、公认会进入选秀三甲的皮尔斯却在选秀大会上遭受重创，直到前九轮结束都没有被叫到名字。原本准备把德国人德克·诺维茨基带回家，却被雄鹿队中途打劫的凯尔特人队时任主帅里克·皮蒂诺，决定押下全部身

家赌上一把——把选秀前连测试机会都没有得到（皮尔斯拒绝第三顺位签之后的球队的身体测试）的皮尔斯带到了波士顿。

这是一个相当现实的问题。自从拉里·伯德离开波士顿，凯尔特人队就开始变得越来越流于平庸，被人从神坛上推下来的滋味不太好受。而现在，这支昔日的王朝球队把保罗·皮尔斯当成了一根救命的稻草。不过，皮尔斯虽然不能证明自己像拉里·伯德那样成为绿衫军团的救世主，但他至少可以证明当时主帅里克·皮蒂诺的选择并没有错误。新秀赛季皮尔斯就用自己出色的表现，证明自己是一个全能型球员。随后的皮尔斯更是进步神速，数据越来越向联盟的一流球星迈进，而凯尔特人队当然是满心欢喜，从一开始就把他当做球队的核心人物重点栽培。

在场上的皮尔斯日渐桀骜，场下的皮尔斯也不是省油的灯，1999 年的 9 月 25 日凌晨，皮尔斯被队友巴蒂拉到酒吧去消遣，几杯酒过后，他就与酒吧内一个饶舌乐团成员发生了口角，随后就立刻打作一团。皮尔斯被无赖用酒瓶猛敲头部，更有人向他猛刺 11 刀。其中最重的一刀深达 8 厘米，刺进肺部，差 1 厘米就碰到心脏。

大难不死的他随后被奥尼尔尊成为"真理"，对皮尔斯来说，没有什么比用球队战绩来证明自己"真理"的绰号更好了，自从 1986 年凯尔特人选中的榜眼比亚斯猝死后，凯尔特人的历史已经出现了很长时间的间断期。但在皮尔斯入主后，在安东尼·沃克的协助下，从 2001 到 2005 年，凯尔特人仍旧能勉强跻身东部的八强，尽管每次季后赛对于凯尔特人来说，都是一次匆匆的经历，在新泽西、底特律纷纷崛起的时候，凯尔特人的命运早已经不能由自己主宰了。

从小时候难以上场的小胖墩到现在联盟中一流的摇摆人，皮尔斯是通过自己的不懈努力来捍卫"真理"的荣誉的。现在的皮尔斯不但外围跳投准，而且切入内线也是一绝。平心而论，他的启动爆发力并不强，运球技巧也只算中等，但是护球动作十分扎实，过人之后经常利用多变的步法将防守者甩开，加上他厚实的身材（他是 NBA 中体重最大的得分后卫），在身体对抗上大占便宜。由此，皮尔斯站上罚球线的次数总是高居全联盟前 10 位。

2007—2008 赛季，皮尔斯终于等到了联手巨星的机会，他和加内特，雷·阿伦的组合在联盟所向披靡、势不可挡，常规赛取得了 66 胜 16 负的联盟最佳战绩，季后赛中皮尔斯场均拿下了 19.7 分 5 个篮板和 4.6 次助攻，当仁不让地夺得了总决赛的 MVP，同时和加内特，雷·阿伦携手夺得了联盟总冠军，成就了不朽的"真理"传奇。

新泽西篮网队

冠ABA的绝唱
飞人的传承

新泽西篮网（New Jersey Nets）
主场：大陆航空球馆（Continental Airlines Arena）
主教练：劳伦斯·弗兰克（Lawrence Frank）
赛区：大西洋赛区

在那个飞天妖魔横行的年代里，斯班瑟·海伍德、达里尔·道金斯、大卫·汤普森、吉尔莫……一串串耳熟能详的名字，曾燃烧过火一般的激情。1976年ABA并入NBA后的首个全明星赛终于有了精彩的扣篮，吉尔莫的底线战斧扣，汤普森的360度转身扣，都足以令全场震慑，然而纽约篮网的明星欧文送出更震撼的双手反扣、小回环滞空扣和回拉反扣，最后更劈出后人膜拜的罚球线扣篮，将第一个扣篮收入篮网手中。而2004—2005赛季，卡特离开效力了六年并为他赢得职业生涯迄今为止几乎所有荣誉的多伦多猛龙队，来到新泽西篮网时，冥冥中两代飞人完成了历史的传承。宝刀不老的基德，飞人卡特和杰弗森，全能的中锋克斯蒂奇，除了伤病，篮网值得投注的期望真的很多。

虽然挂名新泽西，网队却与纽约有着不解之缘。早在1967年加入ABA之初，联盟就希望这支球队能够落户在新闻界云集的纽约城，以期壮大自己的声势，与NBA分庭抗礼。一年后球队终于如愿，队名也从原来的"新泽西美洲人队"更名为"纽约网队"。其后，虽然在新泽西与纽约之间辗转迁移，并最终落户新泽西，但是新泽西网队始终对纽约这个大都会恋恋不舍，与纽约尼克斯队之间的连年争斗也宛如同城兄弟之间的德比大战。

网队在ABA中的经历最初颇为坎坷，直到1972年球队才首次杀入总决赛，虽以2∶4惜败，但第一次迎来了纽约新闻界的注目。随着"J博士"朱利叶斯·欧文的加盟，球队终于发生了脱胎换骨的转变。在"J博士"的带领下，网队在1974年到1976年3年间两夺总决赛冠军，在ABA行将曲终人散之即谱

写了一曲旷世绝唱。"J博士"也以他曼妙凌波般的球技赢得了一次ABA赛季MVP和连续三次常规赛MVP。

随着ABA联盟和NBA联盟的合并，网队于1976年加入NBA。信然，本欲续写ABA时期的辉煌，却因劳资之争将"J博士"转卖给费城76人队而跌入谷底，成为NBA中不折不扣的垫底球队。

1980年代初，网队的状态略有回升。连续几个赛季进入季后赛，但是大多在第一轮就被扫地出门。随后由于多名核心球员长期遭受伤病困扰，球队于80年代末再次沦为鱼腩部队。

进入90年代，就在网队连续三次重返NBA复赛之即，28岁的南斯拉夫籍得分后卫德拉赞·佩特罗维奇在德国遭遇车祸。英雄罹难，世人扼腕，球队东山再起的努力又一次付之东流。艰难中，新泽西网队重整旗鼓。1997—1998赛季，在基思·范霍恩等新人的领军下，网队再次杀入季后赛。虽三场尽没，事后却被公认为当年如日中天的公牛队夺冠之旅上最难啃的一块骨头。此后新泽西网队虽然由于新老磨合、伤病困扰等原因连续3个赛季无缘季后赛，但是由于有全明星后卫贾森·基德和凯文·马丁等多名好手云集队中，网队俨然已成为东部联盟中的一支彪悍之师。

2001—2002赛季，网队终于怦然勃发。常规赛中高奏凯歌，以本队有史以来的NBA最佳纪录（52胜30负）进入季后赛，随后又将印第安纳步行者队、夏洛特黄蜂队、波士顿凯尔特人队等强队一一斩落马下，成为东部联盟的新科状元。进入NBA总决赛，网队虽然以0：4不敌巨无霸湖人队，屈居亚军。但是对于网队人来说，2002年之夏留给他们的将永远是久旱逢甘露般的美好回忆。

2002—2003赛季，基德行云流水般的快攻依然是球队制胜的一大法宝，再加上马丁、基特尔斯和杰弗森等多杆快枪的鼎力支持，以及教练比伦·斯克特的运筹帷幄，网队依旧是高歌猛进，首轮篮网4：2击退密尔沃基雄鹿。东部半决赛与决赛篮网均以4：0先后横扫波士顿凯尔特人与活塞，连续第一年杀入总决赛。但这次他们遇到的是马刺双塔将分散的最后一年，关键的第六场邓肯砍下21分20个篮板10次助攻和8次封盖，险些完成总决赛历史上独一无二的四双。大卫·罗宾逊则在第6场比赛中得到了13分和17个篮板，新泽西连续两年与总冠军无缘。

2003—2004赛季，篮网名列东部第三。最终东部决赛也是在小奥尼尔领军的步行者和蓝领云集的活塞之间进行。2004—2005 赛季内线的马丁离开了篮网，网队没有了内线的盾牌后渐渐衰落。不过此时加拿大飞人不满多伦多糟糕的战绩而选择了加盟篮网，基德、卡特、杰弗森迅速组成了豪华的进攻阵容，内线辅以日渐成熟的克斯蒂奇，篮网的前路开始被人看好，但是这样的阵容最大的缺陷是球队中缺少真正的防守者，在 NBA 缺少防守就意味着季后赛缺少话语权，所以从 2004—2007 赛季篮网连续三次杀入季后赛，但球队却始终无法再突破活塞的封锁。2007—2008 赛季篮网 34 胜 48 负和季后赛失之交臂，2 月 20 日三双王基德离开新泽西，再次回到了达拉斯，而网队通过这笔交易除了得到德文·哈里斯、阿格尔、迪奥普、范·霍恩和哈塞尔五名球员外，还得到了 2008 年和 2010 年两个首轮选秀权和 300 万美元的现金。

2008 年 6 月 27 日 NBA 选秀大会当天，新泽西篮网宣布用理查德·杰弗森等人从雄鹿换来易建联和西蒙斯，同时球队在第十顺位选中了内线悍将布鲁克·洛佩兹，从此篮网正式进入了漫长的重建之程。

球员篇 **文森·卡特：**
飞人屠龙

曾经有一个飞天妖魔横行的年代，大卫·汤普森、斯班瑟·海伍德、达里尔·道金斯、吉尔莫、弗雷泽……这一串串耳熟能详的名字，曾经燃烧过火一般的激情，就是强如乔丹这样能够神奇的不用助跑直接罚球线杀下篮筐，强如德雷克斯勒这样可以毫不费力地杀向 3.60 米的篮筐，也不能颠覆这群人在 70 年代掀起的波澜。

如果以这群飞人的标准来衡量，卡特丝毫不输于"天行者"、"冰人"等任何一个前辈，就是和同门的师兄乔丹相比，卡特在爆发力、滞空能力、弹跳以及速度与协调性上甚至比巅峰时期的乔丹还要出色。于是他的飞身扣篮、隔人扣篮、空中换手扣篮、胯下换手扣篮，成为电视屏幕频频播出的经典画面。如果非要找出区别，那么卡特和欧文则更像是行为艺术者。他们的飞行和扣篮对篮球胜负本

身意义已经不大。仅仅一个动作，他们就能让球迷感到值回票价。

1995年，卡特入选了美国国家青年篮球队，参加了世青赛，并引起众人的注目。三年后，与乔丹同为北卡学子的卡特参加了1998年的NBA选秀。虽然他在第一轮第五顺位就被金州勇士队选中，但勇士队并没对他寄予任何期待，而是随即将他交换到多伦多猛龙队。从此，卡特开始了自己在多伦多艰难而又伟大的独龙时代。

与乔丹同为北卡罗莱纳大学的校友，一直是卡特的骄傲，卡特总认为自己的精湛球技和令人眼花缭乱的表演可以和乔丹媲美。在步入职业赛场的第一个赛季(1998—1999赛季)，卡特的得分和盖帽居新秀榜榜首，助攻第三，篮板球第四，抢断第五，投篮命中率第六，罚球命中率第八。可以说，他在猛龙的第一步走得太顺利了，很快就被多伦多球迷所拥戴。1999—2000赛季，卡特进步神速。2000年2月27日，他率队射落太阳，得到职业生涯最高的57分；4月10日，手刃骑士，得到职业生涯首个三双——31分、11个篮板球、10次助攻。而2000年的扣篮大赛，更成为卡特走向世界巨星的里程碑，他已成为猛龙队崛起的希望。

在卡特加入之前，猛龙是一支名副其实的弱旅，人见人欺，作为身处美国本土之外的球队，始终不得人待见。但在此后长达六年半的时间里，他带领猛龙队两次闯入季后赛。不过此时，另一个恶魔也正向他扑过来，这就是伤病。2002年，在猛龙与公牛队的一场对决中，开场几分钟，卡特就在一次投篮时不慎扭伤了膝关节。这次受伤不仅终结了卡特为猛龙队连续征战的历史，更成为卡特以后数年状态低迷的最大诱因。而随着猛龙队战绩的不断下滑，在ACC球馆，鲜花和掌声之外，他也听到了球迷的指责和队友的质疑。

随着年龄的增长，他对梦想的渴求，对总冠军的渴望也变得更为急切。他说："乔丹非常伟大，我也希望能和乔丹一样成功。"或许，为了梦想，他觉得是该离开多伦多的时候了。虽然他采取的方法比较偏激，因故意泄露战术，猛龙很快地满足了他的愿望，卡特2004年12月17日来到新泽西和基德并肩作战。网队不惜以中锋莫宁、前锋阿尔文·威廉姆斯、前锋埃里克·威廉姆斯以及未来的两个NBA首轮选秀权从多伦多换来卡特，足见网队对卡特的期盼。

卡特在那个赛季共为猛龙出战二十场，场均得15.9分，场均得分比此前的6个赛季任何一年都低。而到了新泽西后，他又成了我们熟悉的那个"新飞人"。在为网队征战的57场比赛中，场均得27.5分，助攻则提高了1.5次。精彩的空中接力，精准的三分投篮，巧妙的空中上篮，所有这些都在宣示着飞人的复活。

　　在卡特加盟篮网后的四年中，篮网三次杀入季后赛，但遗憾都没有能取得更大的突破，而和卡特并肩战斗的球员也从基德、杰弗森、科斯蒂奇变成了哈里斯、易建联和洛佩兹，球队的年龄结构日益年轻化，而卡特也成了这支球队当仁不让的老大，岁月可以漫漶，但漫漶不了这位曾经的北卡飞人那飞天的神姿。

纽约尼克斯队

麦加的圣地
花园广场的遗迹

纽约尼克斯（New York Knicks）
主场：麦迪逊广场花园（Madison Square Garden）
主教练：伊赛亚·托马斯（Isiah Thomas）
赛区：大西洋赛区

　　尼克斯最近几年的持续低迷，让人欷歔不止，昔日的篮球圣地不可避免地一步步走向名胜古迹，也许尼克斯人太自负了，昔日沃尔特·弗雷泽——NBA历史上第一架"滑翔机"和威里斯·里德勇斗紫金王朝的经典已成残梦，"黑珍珠"门罗惊人的命中率和超凡脱俗般的魔术助攻再次封杀湖人王朝的功业也烟消云散，而帕特里克·尤因和莱利的铁血组合所带给花园球馆的呐喊和热血也一去不复返，但尼克斯人仍不清醒。他们似乎永远都不愿意与高贵诀别，外部的环境一变再变，但内心的高贵稳如磐石，无丝毫的消蚀。日子一天天过去，尼克斯始终没有找到更新的潜能和可乐观的一面。

　　虽然花园广场一步步走向沉寂，但谁都无法磨灭尼克斯在历史上留给人们的记忆。从1946年最初的建立到现在，尼克斯和凯尔特人成为联盟历史上仅有的两支守候着岁月变迁的球队。50年代初球队三次杀进总决赛，70年代是尼克斯的黄金岁月期，在一群天才沃尔特·弗雷泽、威利斯·里德、埃尔·门罗、大卫·德布什切尔和比尔·布拉德利的带领下，球队夺得了二个总冠军，而90年代在超级中锋帕特里克·尤因的带领下，球队在1994年和1999年都打进了总决赛，虽然无法夺冠，但整个90年代尼克斯都成为任何一个球队前进道路上的阻击者。

　　1946年6月6日，尼克斯和其他十支球队开始了他们的首个赛季。一些球场的工作人员聚集在一起商量BAA联盟的事宜。他们将球队分成了两个部分。东部联盟有纽约尼克斯队、波士顿凯尔特人队、费城勇士队、普罗韦登斯机车队、华盛顿国会大厦队和多伦多北极犬队。西部联盟有兹堡铁人队、芝加哥公鹿队、底特律猎鹰队、圣路易轰炸机队和克利夫兰叛逆者队。1946 年 11 月 1 日，纽约尼克斯与多伦多北极犬队在多伦多进行了 BAA 联盟的第 1 场比赛。最终尼克斯以 68：66 获胜。第一个赛季纽约尼克斯的战绩为 33 胜 27 负。在第二个赛季，未来名人堂成员拉普切克代替内尔·考哈兰成为了球队的主教练，他带领球队连续九次杀入季后赛。自他入主尼克斯队后，球队成绩节节上升，常规赛胜利从 1947 年的二十六场提高到 1948 年的三十二场到 1949 年的四十场。

1949—1950 赛季，职业篮球又有了进一步的发展，随着剩余的六支 NBL 球队也转投 BAA，扩充后的联盟正式更名为 NBA——National Basketball Association（国家篮球协会）。此时的 NBA 联盟共有十七支球队，并且分为了西部、中部、东部三个赛区。纽约尼克斯队留在了东部赛区。本赛季尽管纽约尼克斯的战绩退步为 36 胜 30 负，但他们还是以东部第三名的成绩进入了季后赛，并且第一次打进了总决赛。这个赛季也带给了其他种族的球员带来了机会：纽约尼克斯的"糖水"奈特·克拉夫通成为第一个和 NBA 签约的黑人。在 1950—1951 赛季虽然尼克斯杀入总决赛，却在大战七场后被罗切斯特皇家队淘汰。随后尼克斯再连续两次杀入总决赛，却都败给了麦肯领军的湖人，尼克斯时乖命蹇。

之后尼克斯的战绩乏善可陈，从 1953 到 1959 年球队只有一次胜率超过了50%，而从 1959 年到 1967 年球队更是陷入了挣扎期，1960 年到 1961 赛季被湖人的埃尔金·贝勒在花园广场砍下了 71 分，而在当年的圣诞大战中，雪城国家队以历史上最悬殊的比分 162：100 战胜了尼克斯。接下来的 1962 年 3 月 2 日，尼克斯再遭蹂躏，张伯伦在勇士对尼克斯的比赛中劈下前无古人后无来者的 100 分，勇士最终以 169：147 战胜了尼克斯，让尼克斯的三人得分过 30 都失去了意义。这年唯一值得庆幸的是，球队招来的三个新秀包括里德迅速地成长，新秀赛季里德场均得分 19.5 分，场均篮板 14.7 个。1966—1967 赛季尼克斯继 1959 年之后再次杀入季后赛，在东部半决赛中不敌波士顿凯尔特人队。

1967 到 1968 赛季，尼克斯迎来了前鹰队的主教练"红衣"霍尔兹曼，球队开始一步步走向正规，这一年尼克斯队的另一天才巨星沃尔特·弗雷泽和菲尔·杰克逊入选了 NBA 最佳新秀阵容，尼克斯正在逐步通过囤积来修建自己的王朝。1968 到 1969 年尼克斯的里德场均 14.5 个篮板联盟第三，而弗雷泽的场均 7.9 个助攻也仅仅排在奥斯卡·罗伯特森和伦尼·威尔肯斯之后。

1969 年到 1970 赛季是尼克斯队最值得骄傲的一个赛季，这一年尼克斯常规赛取得了 60 场胜利，其中包括创下 NBA 纪录的 18 连胜。里德、弗雷泽和德布什切尔都入选了当年的全明星赛。配合无间，攻防兼备，让尼克斯成为各个队伍谈之色变的对象。季后赛尼克斯先后以 4∶3 击败巴尔的摩子弹，4∶1 淘汰密尔沃基雄鹿，晋级总决赛。而湖人也随着张伯伦的回归，在西部连闯太阳、鹰队两关，和尼克斯会师。本届总决赛堪称经典，前 6 场比赛尼克斯三度领先，湖人三度扳平大比分，第三场和第四场比赛都是经过了加时才分出了胜负。第七战，3 月 8 日，是 NBA 历史上的经典时刻。尼克斯的中锋和队长里德在第五场比赛中拉伤腿部肌肉，没有了里德，张伯伦在第六场比赛轰下 45 分，最终带领湖人以 135∶113 轻松地获得胜利。里德能否在第七战中上场还是个未知数，他的缺席给尼克斯队带来了毁灭性的打击。当尼克斯队员从更衣室中走出时，仍然没有人知道里德是否会上场，但是当跳球开始前，里德一跛一跛地从通道走到球场，处于震惊中的张伯伦明显没有缓过神来，跳球被里德拿到，而里德更是拿下了尼克斯开场的前 4 分。虽然里德整场就拿下 4 分，但受到鼓舞的尼克斯已经成了嗜血的魔鬼，弗雷泽 36 分和 19 次助攻堪称惊艳，最终尼克斯以 113∶99 战胜湖人捧起了冠军奖杯。那年里德获得了常规赛 MVP，全明星赛 MVP 和总决赛的 MVP，弗雷泽也进了第一阵容，"红衣"霍尔兹曼成了年度最佳主教练。

1970 年的总冠军为尼克斯开了好头，此时球队云集了像里德、弗雷泽、比尔·布拉德利、德布什切尔这样的未来的名人堂球员和"问号"德科·巴纳特这样的射手。不过 1970—1971 赛季球队战绩却下滑至 52 胜 30 负，季后赛首轮 4∶1 战胜老鹰后，就在东部半决赛第七场中，被子弹队以 2 分优势淘汰。不过在夏季交易中，尼克斯从子弹队中交换来了后来的名人堂成员"黑珍珠"埃尔·门罗，这个"转身运球"的发明人。门罗经过一个赛季和球队的磨合，1972—1973 赛季，尼克斯取得了 57 胜 25 负的常规赛战绩。在季后赛前两轮中，尼克斯轻松地淘汰了巴尔的摩子弹队和波士顿凯尔特人队，在四次晋级总决赛的时候第三次遇上了湖人队。与前一个赛季的比赛相反，尼克斯丢掉了第一场，随后连胜四场最终夺得球队历史上的第二个总冠军。尼克斯队 70 年代的辉煌到此算是终结，接下来的赛季，里德、巴纳特、德布什切尔宣告退役，黄金一代至此画上句号。尼克斯开始游离于季后赛之外。值得一提的是菲尔·杰克逊，这段时间禅师迷上了"迷幻药"，迷醉中的杰克逊总觉得自己无所不能，这时候的杰克逊场均能拿下 10

分，七个篮板左右。

1983—1984赛季，尼克斯队用迈克尔·理查德森从勇士队交易来了伯纳德·金，1984—1985赛季，2.41米的金以场均32.9分的得分成为了联盟得分王，这是尼克斯的第一个得分王。金终于代表尼克斯羞辱了一下其他球队，在对篮网的比赛中金独得60分。不过可惜的是，很快金的职业生涯就接近尾声，在3月23日对阵堪萨斯的比赛中，他右膝前十字韧带撕裂。随后的24个月中，他一直忍受疼痛接受物理治疗和康复。失去了金的尼克斯仅24胜58负。

1985年，NBA为未能进入季后赛的球队举行了选秀抽签大会，纽约尼克斯幸运地赢得了状元签，随即他们就选中了来自乔治城大学的中锋帕特里克·尤因。新秀年尤因因膝盖受伤缺席了32场比赛，即使这样，他还是新秀中的得分王（20.0分）和篮板王（9.0个），并荣获最佳新秀，这个最佳新秀据上次里德获得的时刻隔了二十一年。之后几年尼克斯的成绩逐渐提高，1988—1989赛季，尼克斯创下了队史上最长的主场26连胜并且以52胜30负的战绩杀入季后赛。首轮收拾了费城，却在第二轮败在了公牛的脚下。

1989—1990赛季，为了减轻尤因的压力，球队从公牛换来了奥克利，这个联盟数一数二的蓝领大前锋。接下来的赛季奥克利场均14.6分、篮板11.9排名联盟第二，尤因更是惊人，场均拿下了28.6分，在得分，篮板，盖帽和投篮命中率均排名联盟第一。不过尼克斯却首场出局。随后尤因仍在进行他的精彩表演，奥克利的篮板也超过了尤因，斯塔克斯来到队中，帕特·莱利也成了尼克斯的主帅，取代赛区头名的尼克斯最终没有冲破公牛设置的首轮关。1992—1993年，尼克斯取得了60胜的战绩，但乔丹领衔的公牛队始终是横在尼克斯队面前在一道难以逾越的屏障。尼克斯在前两轮分别战胜了印地安纳步行者队和夏洛特黄蜂队后，与公牛队在东部决赛中再次相遇。尼克斯胜了前两场，但是乔丹带领球队连胜四场最终将尼克斯淘汰出局。

1994年乔丹在三连冠之后宣布退役，被压抑了许久的三大中锋纷纷爆发活力，尼克斯在尤因、奥克利和斯塔克斯的率领下以57胜的战绩杀入季后赛，首轮4：3淘汰了公牛报得连续四次被淘汰的深仇，尤因赛后咆哮，"我没有战胜迈克尔，但我打败了公牛"。尼克斯再接再厉，又是4：3险胜步行者跻身总决赛，可惜面对状态到达巅峰的奥拉朱旺，尼克斯功亏一篑，和总冠军擦肩而过。1995赛季尼克斯再次闯入季后赛，首轮淘汰了骑士后，再次面对步行者，两队又奉献了历史上一个值得珍藏的经典时刻。第一场还剩 16 秒，尼克斯队领先 5 分，步行者的雷吉·米勒在这 16 秒内不可思议地连得 8 分，帮助步行者在麦迪逊广场花园取得胜利。之后双方便开始了拉锯战，最后来到了残酷的第七场生死战。尤因错失了一个上篮而错失了扳平比分的机会，从而步行者获得了胜利。因进攻不利的帕特·莱利引咎辞职。

乔丹的再次回归没有给尼克斯任何机会，尤因的表现依旧稳定，不过纽约这样充满势利眼光的大城市，已开始为尤因谱写悲剧。1996—1997 赛季，尤因第十一次入选 NBA 全明星队。他的场均得分（22.4 分）、篮板（10.7 个）和盖帽（2.42 个）均名列前茅，但球队最终在季后赛中输给了热队。1997—1998 赛季，尤因遭受到职业生涯的最严重伤病，对雄鹿的比赛中，安德鲁·朗为了接查理·德的传球推了尤因一把，尤因重重摔倒在地上，右手腕脱臼，并且还伴随韧带撕裂，骨头甚至都要刺破皮肤了，尤因错过了那个赛季剩余的比赛。而更年轻的阿兰·休斯敦开始成长为偶像。

1998—1999 赛季，对尼克斯来说无疑是个奇迹，猩猩队长的离去让尼克斯用神投手斯塔克斯和米尔斯三个球员从勇士换来了狂人斯普内维尔，又把奥克利送到多伦多换来了坎比。这个赛季尼克斯 27 胜 23 负以东部第八名杀入季后赛，首轮面对范甘迪率领的热火，上演了黑八奇迹，依靠休斯敦最后 0.8 秒时跑投中的，在五轮制的比赛中尼克斯淘汰了热火。第二轮坎比帮助球队淘汰了步行者，尤因回归，尼克斯再次杀入总决赛。面对双塔的封锁，虽然斯普内维尔和休斯敦分别场均拿下 26 分和 21.6 分，但尼克斯还是再次丢掉了即将到手的总冠军。

2000—2001 赛季，尤因场均仅拿下 15 分和 9.7 个篮板。这是尤因在尼克斯的第十五个赛季，也是最后一个赛季。2000 年，球队将尤因送至西雅图超音速队，换来了格伦·莱斯、卢克·朗利和奈特。尤因时代宣告终结，尼克斯在面对卡特率领的猛龙时，第一轮就被淘汰。之后尼克斯开始进入漫长的重建时期，但直到今年为止，尼克斯留给球迷的仍旧是一场一场的失利。

球员篇 马布里：
天助自助者

这是马布里进入联盟的第十个年头，看看同时进来的艾弗森、雷·阿伦、科比、纳什和小奥尼尔都成为独当一面的英雄，而马布里的生涯还依旧是诡异得如同一个笑话。从森林狼到篮网，从太阳到尼克斯，马布里总是成为各个球队内乱的主角，一颗不安分的心，一个自我标榜联盟第一控卫的球员，终于在自己的30岁那年完成了自我救赎。花园广场是很多桀骜不驯的人前来征服的福地，但对于马布里来说，这是他脱掉独狼外衣，回归朴实的场地。

马布里出生于纽约布鲁克林的康尼岛，这个地方被戏称为"穷人海滩"，只有穷人才会把这个地方当成度假的地方。整个纽约大都市的富丽堂皇、华丽妖冶都和这里沾不上边，但大城市阴暗的吸毒、黑帮、妓女……却腐蚀这里的每一个角落。作为一个穷人的孩子，马布里从小就对上层社会的生活嗤之以鼻，他相信通过自己的努力，自己总会有出人头地的那一天。为了达到这个目标，他开始在父亲的指导下进行超大强度的训练，每天的必修课就是从自己家所住的14楼到楼下来回折腾好几次。这样的训练很快增加了他的耐力和其他方面的素质。9岁那年，位于家附近的林肯高中就邀请他去参加中场的投篮表演活动，他当时可谓技惊全场；11岁那年，他被一家知名媒体选为"全世界"最棒的小学六年级篮球手；到了13岁，马布里已经和高中生一起参加同一个篮球夏令营。

家人的期待和保护并没有白费工夫，到了高中时代，马布里的街球风格已经历练得相当纯熟，不仅在纽约街头篮球圈里享有很高的声誉，因为带领林肯中学夺得州冠军，场均拿下28分9次助攻的马布里还曾被评为全美"最佳高中生球员"。1994年马布里代表美国参加世界青年篮球锦标赛，获得金牌。从此，他的前途变成渐次展开的一幅优美画卷。

虽然马布里已经走在金光大道上，但是街头篮球所带给他的狂野之风依然如故，天马行空，我行我素，世俗的荣耀不能泯灭掉他心里那团叛逆的火焰。所以我们看到他的父兄在其成名后大摇大摆地出没于各种公共场所，全无绅士之风，徒有骄横之气。尤其在球馆内更是不服管的主儿，工作人员找到马布里，希望他能劝家人收敛一点。而马布里对此却只有一个动作：摇头。

　　1996 年第一轮第四顺位被森林狼选中，马布里的处子赛季表现得相当出色，场均 15.8 分 7.8 次助攻。他联手加内特连续两年将球队带入季后赛，不过都在首轮遭到淘汰。此时看到加内特和球队签下了亿元身价的合约后，马布里的心里开始不平衡了，在球场上他不再把其他队友看在眼里，场均出手次数从十三次上升到十七次，甚至很多的时候超过了二十次，虽然他自己具备一定能力，但关键时刻，在被包夹的时候他还是选择单干，在球队失利时，马布里还大肆指责别人的能力，并抱怨明尼苏达这个鬼地方根本不适合自己。1998—1999 赛季在森林狼度过自己的两个半赛季后，马布里被送到了篮网。在网队期间，他仍是有名的"碎嘴"，随便你是谁，想说就说，以至于和教练队友之间的关系接近冰点。仅仅两个赛季，场均数据 21.7 分、八个篮板的马布里还是被卖到了太阳。在这里马布里的第一个赛季，马布里用太阳的季后赛为自己赢得了 7,600 万美金的合同。

　　不过马布里在太阳的日子并没有待多久，又是两个赛季半，2004 年 1 月 5 日在"微笑刺客"托马斯的努力下，马布里回家了。尼克斯队为了得到马布里重振雄风，不惜用上个赛季刚刚签来的被视作振兴希望的麦克代斯以及艾斯利等人进行交换。重新回到老家的马布里打球不遗余力，虽然场均得分降到了 19.8 分，但他场均却贡献了 9.3 次助攻，尼克斯也于当年杀入季后赛。

　　随后，纽约陷入了动乱，甚至高层托马斯和主教练布朗之间也产生了罅隙，尼克斯的战绩一烂再烂，尼克斯通过诸多交易，却只是让自己背上更重的薪资负担，即使这样球队仍没有挖到真正的球星，就是弗朗西斯这样的球员也几乎被球队买断合约。如今的马布里在纽约的日子更加难过，也许留给独狼的最后机会也只剩下被买断合同或者在场下等着合同的到期。

费城76人队

中流砥柱的流失
费城的堕落

费城 7 6 人（Philadelphia 76ers）
主场：瓦科维亚中心（Wachovia Center）
主教练：莫里斯·奇克斯（Maurice Cheeks）
赛区：大西洋赛区

费城的堕落在于其老板永远不会阻止队中中流砥柱的流失，永远都克制不了急功近利的短视行为。从张伯伦到摩西·马龙，从巴克利到艾弗森，当张伯伦带着在费城夺得的第一枚戒指远走洛杉矶，当摩西·马龙联手"J博士"欧文在1983年终于突破魔术师的封锁后加盟华盛顿，当1992年进入总决赛潸然泪下的巴克利和费城诀别，当2001年再次杀入总决赛的功臣艾弗森也在六年后去丹佛游弋和捕食，76人队一次次地堕落了，等待伊戈达拉再成为费城的救星，就像等待一个漫长的梦，就让费城搂着三座冠军奖杯安然入梦吧！

费城的历史有时候真的不乏伟大，有时候又诡异得像个笑话。张伯伦留下的100分纪录和赛季场均50.4分，场均出场时间48.5分钟已被瞻仰成神迹，而朱利叶斯·欧文1979—1980赛季总决赛第四场面对张伯伦劈出的那记"底线滑翔"扣篮就是再经历时间沧桑也永不磨灭。但考虑到1973—1974赛季和湖人的交换创下的9胜73负的糟糕成绩就是NBA再过多少年也不可能被打破。还是细细品味费城的历史吧！

作为NBA中的一支老牌球队，在建队之初，当时的费城76人队既没有把主场设在费城，也没有取名为76人队，而是起了个非常富有爱国主义意味的名字——锡拉丘兹民族队。1937年组建的锡拉丘兹民族队随着NBL(国家篮球联盟)与ABB（美洲篮球协会）的合并，于1949年加入NBA，而且取得了相当不错的成绩。在更名前的十四年NBA征战中，它无一例外地十四次杀入季后赛，多次闯入赛区和联赛决赛，并且获得了1955年的总冠军。

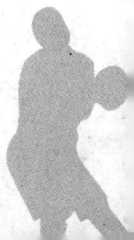

但是直到 1963 年迁入篮球之都费城之后，这支球队才真正迎来了自己 NBA 生涯中的激情岁月。1963 年春天，球队迁入费城，随即更名费城 76 人。除了更换了城市和队名，这支新生球队并没有在球场上给人面貌一新的感觉。主力格瑞尔每场仍能贡献 23.3 分，但球队仍以 34 胜 46 负的战绩被辛辛那提挡在了季后赛大门之外。

1964—1965 赛季，费城历史上最伟大的天才球员张伯伦在费城勇士西迁后无法带球队再进一步，赛季中段被卖到了故乡费城 76 人队，为此 76 人队付出了三个球员和部分现金。这对费城来说是个极好的交易，76 人立即以 40 胜 40 负的战绩杀入季后赛，并且在东部半决赛中淘汰辛辛那提，但面对巅峰时刻的凯尔特人，张伯伦再坚持六场后，最后一场被哈夫利切克的抢断止步东部决赛。

1965—1966 赛季，张伯伦得到了哈尔·格瑞尔、查特·沃克和新人康宁汉姆的支持，虽然张伯伦场均 33.5 分低于他的前 7 个赛季，但 76 人攻守平衡，各方面都很协调，这年他们以 55 胜 25 负的成绩，领先波士顿一个胜场，结束了常规赛。但东部决赛，费城以 1：4 惨败，从而成就了凯尔特人的连续第八个冠军。

1966—1967 赛季，球队得到了疯狂的教练阿历克斯·汉纳姆，汉纳姆来到费城的第一场训练课就警告张伯伦要少出手。作为巨星的篮球皇帝对此命令不屑一顾，但身材矮小的汉纳姆当即就挽起袖子要和张伯伦单干，此举彻底镇住了张伯伦。那个赛季张伯伦的得分下降到每场 24.1 分，八年来首次与"得分王"无缘。但是他这一年的表现却比以往任何时候效率都高——68.3% 的命中率，场均 24.2 个篮板，排名联盟第一，场均 7.8 个助攻排在第三位。在沃克、康宁汉姆、卢克·杰克逊、琼斯等球员的协助下，费城携 68 胜 13 负常规赛的余威东部半决赛横扫辛辛那提，东区决赛 4：1 淘汰凤敌凯尔特人，然后再以 4：2 力克圣弗朗西斯科勇士，取得了球队历史上的第二个冠军。1980 年 NBA35 周年纪念活动中，由张伯伦领军的这支 1966—1967 赛季的费城 76 人队，被评为 NBA 历史上最伟大的球队。

1967—1968 赛季的 76 人依然强大，常规赛取得 62 胜 20 负的出色战绩，排在东区第一。但是他们在东区半决赛中再次被凯尔特人淘汰出局，随后，凯尔特人摘得总冠军桂冠。1968—1969 赛季，目光短浅的费城就土崩瓦解了，主教练辞职，张伯伦被遣送到洛杉矶，虽然那个赛季新组建的 76 人在康宁汉姆的率领下，取得了 55 场胜利，但在东区半决赛中，他们再次以 1：4 败给波士顿。随后，76 人开始走下坡路。1969—1970 赛季，季后赛首轮败给密尔沃基雄鹿。1970—1971 赛季，NBA 开始采用 4 分区制，76 人取得 47 胜 35 负的战绩，在东区半决赛中败给了巴尔的摩。1971—1972 赛季，球队仅仅 30 胜 52 负，没能进入季后赛。

1972—1973 赛季，费城遭遇到了 NBA 历史上最耻辱的赛季，康宁汉姆离开费城加盟了 ABA，而和湖人的交易多年后看来明显亏本。菜鸟教练带队打出 4 胜 47 负的战绩之后，凯文以队员兼主教练的身份顶替如宾完成剩下的比赛，成绩也好不到哪去，5 胜 26 负。费城成了鱼腩的典型，而这一堕落到 1976 年才缓过劲来，1976 年球队以 46 胜 36 负结束常规赛，季后赛首轮败在得分王麦卡杜率领的野牛队身上。

1976—1977 赛季开赛前，新任老板花了 600 万从 ABA 买来"J 博士"欧文，其中 300 万付给 ABA 新泽西网，另外 300 万是欧文的年薪。"J 博士"对职业篮球的贡献极大。他在球场上重新诠释了"飞翔"的含义，推动了运动美学的发展。1976—1977 赛季，76 人 50 胜 32 负，"J 博士"和麦克尼斯每场比赛联手贡献 40 分带领 76 人再次打入总决赛。但是在总决赛中，由于开拓者有很强的团队作战实力，再加上他们拥有比尔·沃顿这号大人物，最终 76 人以 2:4 败北。1977—1978 赛季康宁汉姆接过教鞭，带领 76 人以 55 胜 27 负的战绩摘下大西洋区桂冠。随后，在东区半决赛横扫尼克斯，但是在东区决赛中 2:4 输给了华盛顿子弹。1978—1979 赛季，76 人无法超越拥有超级前锋线的华盛顿子弹，让出了大西洋头名。季后赛首轮，76 人干掉新泽西网，但是东区半决赛 3:4 输给了马刺。

1979—1980 赛季，76 人一路高歌猛进，再次闯入总决赛。虽然常规赛 59 胜 23 负落后于东部"大鸟"伯德领军的凯尔特人，但依靠经验，费城在东部决赛中战胜了凯尔特人，1980 年的总决赛中，76 人遇到了拥有贾巴尔、威尔克斯和魔术师约翰逊的湖人队，最终 2:4 败给湖人。那一年的总决赛魔术师在第六场比赛主力中锋贾巴尔缺阵的情况下，独取 42 分，称为湖人夺冠历史上的一个经典。随后 3 个赛季中，有两个赛季的总决赛都是在 76 人和湖人之间进行。1980—1981 赛季，"J 博士"被评为常规赛 MVP。他们和伯德率领的凯尔特人同样是 62 胜 20 负，在常规赛的六次交锋中，两队平分秋色。进入季后赛，凯尔特人拥有主场优势，事实证明，他们的确需要这个优势。在 7 战 4 胜的比赛中，前六场中的 5 场比赛，最终都是以一两分分出胜负。第七场比赛也不例外，伯德最后一分钟的跳投帮助凯尔特人 91 : 90 险胜 76 人，进军决赛。

1981—1982 赛季，76 人常规赛战绩不如凯尔特人，但是在东部决赛中报了去年的一箭之仇。进入到总决赛，再次遇到夙敌湖人，再次 2 : 4 败北。1981—1982 赛季结束之后，费城和火箭先签后换得到了火箭的主力中锋摩西·马龙，在欧文和马龙的带领下，费城常规赛 65 胜 17 负，东区半决赛 4 : 0 拿下尼克斯，东区决赛五场干掉雄鹿，之后在总决赛中 4 : 0 横扫湖人。整个季后赛中，仅仅输掉了 1 场比赛。马龙获得了常规赛和总决赛双料 MVP。从 1983—1984 赛季开始，76 人开始从高峰走向低谷，次年他们季后赛首轮败给新泽西网。

1984—1985 赛季费城迎来了查尔斯·巴克利。当时身高 1.98 米，体重 118 公斤的篮板机器巴克利，在后来成为了联盟最全能的球员。他的激情四射鼓舞了整支球队，使得当年常规赛 76 人取得了 58 胜 24 负的骄人战绩，季候赛第一轮又连胜三场横扫华盛顿，分区半决赛又将密尔沃基斩落马下，可是在东区决赛中再次倒在波士顿手下, 1 : 4 的总比分成全了当年凯尔特人和湖人总决赛精彩对决。1985—1986 年，摩西·马龙在季后赛之前才从伤病名单中激活，费城最终在东区半决赛第七场中以一分之差惜败给密尔沃基。

1986—1987 赛季用摩西·马龙、特里卡特奇外加两个选秀权，从华盛顿换来了杰夫·卢兰和克里夫·罗宾逊。托尼的回归并没有起太大作用，而新加盟的罗伊辛森也不是乔治·迈基尼斯。仅仅凭借巴克利出色的发挥，球队才勉强在常规赛中紧随波士顿排名第二。在随后的季后赛中，76 人首轮即被密尔沃基淘汰。赛季结束朱利叶斯·欧文宣布退役，这也算是费城历史上难得一直留守的一个巨星。1987—1988 赛季费城无缘季后赛，1988—1989 赛季巴克利场均 25.8 分12.5 篮板，但季候赛第一轮就被尼克斯淘汰出局。

1989—1990 赛季，迎来了巴克利在费城最辉煌的时代。76 人签下了 500 磅的大块头前锋里克·马洪，与此同时，达文金斯和霍金斯被公认为全联盟节奏控制得最好的后场组合。霍金斯每场能为球队贡献 18.5 分，达文金斯场均也有14.3 分入账。76 人在这个赛季常规赛创造了 46 胜 36 负的佳绩，以一场球的微弱优势压倒波士顿拿到了久违的大西洋分区冠军。季后赛第一轮，76 人淘汰掉了克利夫兰，分区半决赛遇到了当时上升势头勇猛的公牛。公牛在接下来的赛季中取得了三连冠。而在当时，迈克·乔丹和斯科特·皮蓬的组合足以让 76 人俯首称臣，7 战 4 胜制的比赛仅打了五场。

1990—1991 年 7 分区半决赛被公牛淘汰。赛季中来自苏丹的 2.31 米的中锋场均仅有的 18.6 分钟时间内，整赛季贡献了 247 个火锅，比他的得分还多。巴克利依旧拿下 27.6 分，10.1 个篮板。1991—1992 赛季，里克·马洪被卖到了意大利。1992—1993 赛季，场均还 23.1 分 11.1 篮板的巴克利被送到了太阳，球队获得了后卫霍纳塞克，蒂姆佩里和中锋安德鲁·朗。霍纳塞克每场球能拿下 19.1 分，但球队仅取得 26 胜 56 负。1992 年费城选中肥胖前锋威瑟斯庞，1993 年选秀大会费城又挑中了"大竹竿"肖恩·布拉德利。可笑的是，费城把布拉德利当核心进行了重建，最终，常规赛成绩为 25 胜 57 负。1994—1995 赛季的 76 人更是取得了 24 胜 58 负的烂战绩。

在 1995 年的选秀大会上，76 人第三顺位挑中了敢于和乔丹叫板的乔丹北卡师弟斯塔克豪斯。斯塔克豪斯的到来给 76 人重新注入了活力，他也成为了当年 NBA 最闪耀的新星。但因为伤病，最终球队在这个赛季仅取得了 18 胜 64 负的糟糕战绩。因战绩"出色"，球队获得了 1996 年第一轮选秀权，签下了带动整支球队进攻的组织后卫——阿伦·艾弗森。

1996 年，艾弗森带着"答案"的称号来到 NBA，并立即成为最令球迷兴奋的球员之一。凭借无与伦比的速度优势，艾弗森用精彩的过人和强烈的得分欲望，点燃了费城激情。尽管他不能凭借一己之力改变整个赛季 76 人 22 胜 60 负的糟糕状况，但在很多场比赛中，他的表现的确就像是 76 人的"答案"。新秀赛季，艾弗森曾连续五场得分超过 40 分，其中一次对骑士还砍下 50 分。赛季结束，场均 23.5 的艾弗森拿下最佳新秀。

1997—1998 赛季，老帅拉里·布朗成为费城的主帅，以艾弗森为核心的费城仅保留了 5 位上赛季球员。艾弗森延续着他在新秀赛季的出色表现，22.0 分（联盟第 8），6.2 次助攻，2.2 次抢断（联盟第五）三项数据都列全队榜首。12 月 18 号，76 人把斯塔克豪斯和蒙特罗斯卖到了底特律，交易来了既可以打中锋又可以打大前的拉特里夫，后卫阿隆·迈基和一个首轮选秀权。尽管斯塔克豪斯在前面有着出色的表现，但比起后来在 76 人每场能拿下全队最高的 3.15 次盖帽和 51.3% 命中率的拉特里夫，显然后者对 76 人来说更加物有所值。这支崭新的 76 人队击败了几支过去经常能打败 76 人的球队，比如公牛、湖人和尼克斯。

1998—1999 赛季，费城重返阔别 8 年之久的季后赛。季后赛首轮对阵魔术，

3：1淘汰对手。东部半决赛战步行者。尽管被步行者四场横扫，但有3场比赛的比分差距仅仅在4分之内。1999—2000赛季季后赛，费城第一轮以3：1拿下黄蜂，晋级东区半决赛。这次面对的依然是步行者。尽管没有像上次那样被横扫，但76人还是在令人惊奇的那第六场比赛中倒下。

2000—2001赛季，费城再次成为伟大的球队，首轮淘汰了连续两次淘汰过他们的步行者。东部半决赛趁卡特回母校参加自己毕业典礼的疲劳，第七场才艰难战胜猛龙，进入总决赛。第一场他们就让季后赛一直横扫的湖人大吃一惊，但奥尼尔和科比正是巅峰状态的开始，最终1：4，费城失去了比赛。76人成为历史上第一支赢得年度四项大奖的球队：MVP艾弗森，最佳教练布朗，最佳防守球员穆大叔，最佳第六人麦基。

2001—2002费城陷入了伤病困扰，季后赛首轮输给了波士顿，2002—2003，季后赛首轮76人4：2战胜黄蜂。艾弗森在首场比赛中疯狂得到55分，东部半决赛，费城2：4负于东区第一的活塞。因为和艾弗森的矛盾，布朗赛季结束远走底特律。直到2006赛季，虽然艾弗森和他的费城依旧努力，但这个球队已经死气沉沉，2006年12月19日，"答案"最终被球队遗弃，伊戈达拉成了球队的新希望。不过，2008年他们得到了昔日的"船长"布兰德，由安德烈·米勒和伊戈达拉坐镇外线，内线辅以布兰德和戴勒姆波特，费城的阵容同样值得人艳羡。

球员篇　　**伊戈达拉：**
　　　　　　　　费城的新答案

伊戈达拉喜欢灌篮，无论是"大风车"，还是翻身背扣，他都能轻而易举地演绎出这些动作的精髓所在。但是，伊戈达拉不希望自己在人们眼中只是一名"扣将"，他希望自己能像"便士"哈达威一样，成为一名"全能战士"。而这个梦想在2006年底艾弗森转会掘金后变得切实可行起来。场均18.3分的得分，5.8个篮板和5.6次助攻，还有场均的2.08次抢断，这一切的数据在"答案"走后都有长足的提高。伊戈达拉，这个激情四射的无冕扣篮王正在成为费城眼中的另一个答案。

说起篮球经历，伊戈达拉是在故乡伊利诺州的斯普林菲尔德开始自己的篮球生涯的。当时，他总是和大他十六个月的哥哥弗兰克一起练习。除了篮球，兄弟俩还一同练习过棒球、游泳、甚至空手道，他们的运动天赋也在这其间得到了良好的开发。时光飞逝，转眼伊戈达拉已经上了高中。此时，疯长的身高为伊戈达拉练就全能技术创造了条件。从控球后卫到中锋，高中的伊戈达拉把所有位置都打了一遍。

2004年夏天，76人主帅奥布莱恩恢复了艾弗森控球后卫的身份。可是，问题也随之产生：谁来做"答案"的后场搭档？经过深思熟虑，握有9号选秀权的76人最终将目标锁定在了亚利桑那大学的伊戈达拉身上。尽管伊戈达拉当时场均只有12.9分进账，但是76人看重的却是他的防守和全能。事实上，伊戈达拉不是不会得分，只是他更愿意传球罢了。"安德列非常无私，"亚利桑那大学助理教练特伦森说道，"我想如果他能留下来再打一年，他的数据一定会有巨大的飞跃。他不愿意得20分以上，因为他觉得那不是他应该担当的角色。"

后来伊戈达拉的表现让更多的人开始将他和皮蓬联系在一起，但是伊戈达拉更愿意被人们称为"便士第二"。"我希望自己能像'便士'那样打球，他和斯科特（皮蓬）是一个类型的。他身材高大，能够传球，移动敏捷，能够掌控球队的进攻。"伊戈达拉如是说道。

2006年赛季的全明星扣篮大赛，伊戈达拉一记精彩的篮板后飞翔扣篮技惊四座，虽然最后被奈特·罗宾逊夺取了扣篮冠军，但伊戈达拉的最后一扣无论怎么说都是历届扣篮大赛罕见的经典，他也成为球迷心中无冕的扣篮王。如今的伊戈达拉已经接过了艾弗森离去后的担子，重建中的费城还将指望伊戈达拉付出更艰辛的劳动。

多伦多猛龙队

**寒冷加拿大的冰封
卡特的出走**

多伦多猛龙（Toronto Raptors）
主场：加拿大航空球馆（Air Canada Center）
主教练：萨姆·米切尔（Sam Mitchell）
赛区：大西洋赛区

作为 NBA 最年轻的球队，猛龙队 1995—1996 赛季才加入 NBA，也是目前唯一一支队址在美国境外的球队。

初生牛犊不怕虎，1995—1996 赛季，新秀达蒙·斯塔德迈尔率领猛龙队第一次征战 NBA，他场均 19 分和 9.3 次助攻，一举成为当年的"最佳新秀"，但球队成绩只有 21 胜 61 负。

1998 年猛龙队在选秀夜从勇士队得到新秀卡特，他成了猛龙的救世主。卡特第一个赛季两度成为当月最佳新秀，平均每场就拿下了 18.3 分，最终赢得新人王称号。猛龙队那个赛季还以闻名联盟，投篮次数和命中次数都是联盟第一，以 23 胜 27 负结束 1998—1999 赛季，为球队建队以来最好成绩。

从 2000 年到 2002 年，猛龙队连续三次进军季后赛。1999—2000 赛季，猛龙队用选秀权交换到了安东尼奥·戴维斯，球队实力陡升。卡特持续进步，表弟麦克格雷迪在身旁辅佐。卡特当赛季以球迷投票数第一的身份入选全明星队，并在全明星赛上以三个不可思议的动作夺得了扣篮冠军。猛龙队在全明星赛后继续表现稳健，以 45 胜 37 负结束常规赛，晋级季后赛，可惜在季后赛首轮被经验丰富的尼克斯以 3：0 横扫。

2000 年夏天，不甘久居人下的麦迪选择了离开，加盟了奥兰多魔术队。卡特对自己的表弟十分不满，在媒体发布会上还念念不忘质疑麦迪的叛变。2000—2001 赛季，猛龙队闯入东部半决赛。在首轮猛龙队以 3：1 击败尼克斯队，一雪前耻。在东部半决赛，猛龙队苦战 7 场惜败 76 人队。2001 年 5 月 20 日，卡特在面对和费城的关键之战中，回去参加了自己母校的毕业典礼。尽管在赛前赶到，但这也肯定影响了他的状态。最终虽然卡特拿下了 20 分 7 个篮板 9 次助攻，但命中率却只有 18 投 9 中，也就是从那刻起，加拿大飞人开始遭受到多伦多球迷和媒体的诟病。

2001—2002 赛季，猛龙队虽有奥拉朱旺加盟，但"大梦"没有为多伦多带来更多胜利。常规赛接近尾声卡特意外受伤，不过猛龙队仍以一个九连胜结束了常规赛。卡特没有参加季后赛，猛龙队虽然先输两场，但在活塞主场出人意料地连扳两局，在第五战大比分领先活塞队逆转后，黯然退场。

2002—2003 赛季，奥拉朱旺退役，卡特仍是猛龙核心，但赛季初因伤缺阵影响了球队战绩。新秀波什表现抢眼，但内线乏力成为队中头号难题，中国球员中锋巴特尔也因此早早被球队换走。常规赛中途他们又与公牛交易换来了罗斯和马绍尔，内线稍有起色，但全队磨合欠佳，最终无缘东部八强。

多伦多人对卡特寄予了太多的希望，连续的多个赛季未过，而卡特又属于像天行者汤普森或者飞人乔丹那样在篮筐上打球的人。滞空的时候加拿大飞人又不善于保护自己，很快卡特变成了多伦多人又爱又恨的"玻璃人"。媒体的炮轰让卡特心灰意冷，2004 年面对西雅图超音速时，卡特在向对方球员泄露了主教练的战术布置：那是一个挡拆。不管这件事情是否真的存在，但猛龙再也不是卡特的栖息地庇护所了，2004 年 12 月 17 日，卡特离开了多伦多。此时，2003 年选中的第五名新秀波什已经渐渐成为球队的顶梁柱。

2006 年选秀大会上，猛龙幸运地得到了状元签，只是面对这个选秀的小年，奥登被限制，多伦多也无法选到实力明显高出一筹的球员。最终猛龙得到了来自意大利的巴尼亚尼，在波什和新秀状元组成的内线带领下，年轻的猛龙正在进步。

球员篇 克里斯·波什：
别说我像加内特

NBA 的大前锋，除了像肖恩·坎普、巴克利、马龙这样的野兽级别大前锋外，还存在着一些瘦瘦弱弱，身高臂长类似凯尔特人麦克海尔，森林狼队加内特这样的大前锋。他们拥有非常好的技术，从 1 号位到 5 号位可以随意地摇摆，他们拥有扎实的低位技术，能在禁区内利用技术和任何一个内线球员对抗。他们的长臂让被防守的对象极为头疼，他们还有三分的能力和不俗的中投，而克里斯·波什就是这样的球员。

有一个现成的参照，很多人都愿意设置个丰碑，用这样的丰碑来形容新进入联盟的菜鸟。而技术细腻到外星人程度的加内特就是其中的一个例子，所以在 2003 年克里斯·波什进入 NBA 时就被人称为加内特第二。身材修长，爆发力极好，技术细腻，人们相信如果克里斯·波什能够有很好发展空间的话，加内特将是他的榜样，也是他将来发展的巅峰。

但一切并不像人们想象的那样。自从 2004—2005 赛季卡特逃离多伦多之后，波什逐渐成为球队的绝对主力。这个小伙子的发展速度在遥远寒冷的多伦多简直让人瞠目结舌。处子赛季的他能拿下 11.5 分、7.4 个篮板，而本赛季，在波什的第四年，他已经是 "20+10" 俱乐部的一员。场均贡献了 22.8 分，10.7 个篮板不说，每场还送出了 2.5 次助攻。而这只是在猛龙进攻乏力、波什在承担整个进攻重心的情况下送出的一碟小菜。

克里斯·波什是 2003 年的一个亮点，他的成长使得原本詹姆斯、安东尼、韦德的三足鼎立决裂，变成了一桌麻将。全明星赛第一次入选的猛龙队的克里斯·波什有个飞扣的亮点，但显然他的人品更亮。猛龙队好像一直是联盟里不受人待见的后妈孩子，自从灰熊搬走后孤苦伶仃地挣扎在多伦多。队员球星走马灯似的换，麦迪、卡特这表哥俩压根儿没心思在加拿大打球，连换肾人莫宁大叔也不屑来报到，罗斯也走得毫不犹豫，但克里斯·波什还在，也许这对于这支命运多舛的球队来说已经足够了。

波什现在的上场时间、得分、命中率、封盖以及篮板分居全队第一。身高 2.08 米体重 106.7 公斤的他被列为 TOP10 的大前，拥有无与伦比的天赋，弹跳、爆发力、速度，他每一项都十分惊人，他将成为未来联盟中的超级明星。

　　不要给波什太多条条框框，也不要过于吹捧他，正如前面所说，波什还是一条"小蛇"，还不是真正的那条猛"龙"。媒体的造神运动以及球队高层的肥约都会强迫他提早蜕变，他需要更多时间去融入比赛，需要更多时间去找到自己的定位，也需要更多空间去自由成长。

　　在不久的将来，波什会是联盟里少数能够打出自己个人风格的顶尖球员之一。看到他，会让大家联想起同年龄时的邓肯，拥有那种沉默内敛的稳定心理素质。而波什也将不会再是人们眼中的悲情英雄加内特，波什会用自己的笔书写自己的天空。

芝加哥公牛队

六冠的绝唱
不死亡灵的堕落

芝加哥公牛 (Chicago Bulls)
主场：联航中心 (United Center)
主教练：斯科特·斯科尔斯 (Scott Skiles)
赛区：中部赛区

　　当历史进入了魔兽争霸 3 的混乱时代时，凯尔苏扎德和他的诅咒教派在洛丹伦释放了不死瘟疫，发起了第一轮的攻势。人类的圣骑士们着手调查被感染的地区，试图阻止这瘟疫蔓延，但他们的努力是徒劳的，瘟疫依旧四处传播，并随时可以破坏人类联盟。他们的一切失利似乎都是要来证明一个人的强大，阿尔萨斯王子——泰若纳斯唯一的儿子，挺身而出，与不死军团战斗，并成功地杀死了凯尔苏扎德。同时阿尔萨斯王子的灵魂也深受堕落的侵袭，当他举起了被诅咒的魔剑——霜之哀伤时，他已变成了巫妖王最伟大的骑士——死亡骑士。也就是从此刻起，他开始拥有深不可测的力量，他控制了不死军团并带领巫妖王的铁骑踏平了洛丹伦大地。混乱的时代开始变得有点秩序。

　　在 NBA 61 年的历史里能称得起"时代"称号的为数不多，但我们不得不承认 1990 年代出现了"中锋时代"，我们所说的"中锋时代"必须满足数量和质量两个条件。第一，在中锋的位置上至少有两个以上的超级球星，这是数量；第二，他们必须能够形成对抗，而不是一枝独秀，这是质量。所以尽管 1980 年代的"天勾"贾巴尔给湖人建立了近十年的霸主地位，如今的奥尼尔不可一世的狂叫无人与之抗衡，但他们的时代都称不上"中锋时代"，也许他们只能够创造"贾巴尔时代"和"奥尼尔时代"。1984 年，奥拉朱旺以状元秀身份加盟火箭队，翌年，尤因以同样的身份入主纽约尼克斯队，1987 年大卫·罗宾逊也是状元秀，在军队服役两年后开始为圣安东尼奥马刺队效力。当奥拉朱旺的迷踪舞步，尤因的后仰中投，大卫·罗宾逊的低位进攻都具有绝对统治力的时候，NBA 似乎也要进入如魔兽争霸似的混乱时代，但一切终于在 1984 年这个注定在 NBA 历史上永远闪光的年份发生了天翻地覆的变化。当克劳斯在第三顺位选择了看起来并不怎么显眼的乔丹时，谁都不知道这个长着一对扇风耳的男孩将掀起 NBA 有史以来最为猛烈的一场风暴。他超卓的身体素质、完美无瑕的技术、强烈的求胜欲望，以及种种匪夷所思的扣篮让他成为篮球场上的上帝，一个绝对的主宰者。从某方面说，乔丹就是魔兽争霸中的阿尔萨斯王子，是他让混乱的中锋时代有了秩序。

不死亡灵开始组建自己的王国。巫妖王、恐惧魔王、地穴领主被阿尔萨斯王子的力量折服，投靠了不死亡灵族，公牛王朝也开始初现端倪。克劳斯相继找来了卡特莱特、阿姆斯特朗、格兰特、皮蓬和主教练"禅师"杰克逊之后，辉煌无比的公牛王朝最后一块基石也砌全了。不死族开始称霸，蜘蛛流的打法几乎风靡一时，然而最可怕的还是不死族三英雄，地穴领主和死亡骑士加巫妖王在秒杀排行榜上名列第一，无论对方是谁，都无法禁受"死亡缠绕"加"霜冻新星"的打击，于是人族、精灵族、兽族的英雄一个一个倒下了，洛丹伦大地任由不死族横行。

公牛队也找了防守极佳、篮板极强的罗德曼来助阵，"禅师"杰克逊把蜘蛛流战术运用到球场上，著名的"多点轮换"和"三角进攻"出现了。1991 年所向披靡的公牛队在东区决赛中轻松战胜了凤敌活塞队。在随后的总决赛里，公牛队横扫"魔术师"约翰逊领衔的湖人队，夺取了第一座总冠军奖杯，此后两年，公牛队在总决赛中又先后击败"滑翔机"德雷克斯勒领军的开拓者队，和"重型坦克"巴克利统帅的太阳队，完成了自从 1959 年到 1966 年波士顿凯尔特人八连冠后再也没有球队能够做到的三连冠。不死亡灵和公牛队都强大到了让人难以猜疑的地步。但那个夏天乔丹的父亲被歹徒枪杀了，心灰意冷的飞人决定离开他热爱的篮球场，"我已经没有什么可以证明的了"，乔丹说。

公牛随乔丹的离去开始有点沉沦，在 1994 年的东区决赛中尤因率领的尼克斯队在东区决赛中，以 4∶3 淘汰了皮蓬领衔的公牛队。尤因咆哮道："我没打败迈克尔，但我打败了公牛。"此中压抑的郁闷可见一斑。而此时的奥拉朱旺已达到人生的巅峰，他一人包揽了常规赛 MVP、总决赛 MVP 和最佳防守球员，迄今为止，尚无第二人达到。NBA 又开始混乱，出现了被认为是 20 世纪 90 年代真正意义上的唯一总决赛，两个混乱制造者奥拉朱旺和尤因恶斗 7 场，杀得天昏地暗，日月无光。防守之严谨，进攻之艰辛，过程之曲折，场面之震撼，均达到篮球本质上的巅峰之战，经典之战的高度。最后奥拉朱旺在最后时刻将斯塔克斯的投篮盖出，获得总冠军。1995年又将企图制造混乱的奥尼尔斩落马下，获得了两连冠。

此时的公牛队，一如冰封王座时的不死亡灵，而火箭就如同犹迪安率领的燃烧军团。此时的犹迪安（奥拉朱旺）被死亡骑士（乔丹）压抑了多年，当被关了一万年的犹迪安从坟冢监狱被释放出来时，犹迪安很快吸收了古尔丹头骨中的能量，拥有了恶魔之躯和强大的力量，并得到了萨格拉斯之眼。通过萨格拉斯之眼，对巫妖王（斯科特·皮蓬）位于遥远诺斯然的冰冠老窝实施了毁灭性的法术。犹迪安轻而易举地击溃巫妖王的抵抗，登上了世界屋脊。芝加哥的公牛队也开始感到冬天的寒冷。

巫妖王知道自己的时日不多，犹迪安强大的法术伤害已使冰封王座破裂。为了拯救自己，他召唤了最强大的首领——死亡骑士。死亡骑士发动政变，再次控制了不死帝国。芝加哥公牛队也再次请求乔丹复出，重新找回失落的王朝背影。于是有了一句乔丹的"I am back"。芝加哥公牛队又将走向辉煌。

死亡骑士冲破犹迪安与娜伽和血精灵的联军，飞速达到寒冰王座，并用手中的魔剑——霜之哀伤劈开了困住巫妖王的冰牢，并因此释放了纳祖的附魔头盔和胸甲。死亡骑士带上了有着不可思议的力量的头盔并与巫妖王的灵魂融合在一起，重新变得无比强大。乔丹也开始再次联手蝙蝠侠还有罗德曼科尔、库科奇。半半拉拉的1995赛季之后，公牛队以席卷千军之势，在1996年让整个世界为之战栗。人们难以置信地数着公牛的胜场次数，终于当常规赛落幕的时候，公牛队创造了72胜10负的这一NBA历史最佳战绩。那一年的公牛强大到了让所有人望风披靡、五体投地、心悦诚服的地步。佩顿的超音速不过是公牛再次加冕不可或缺的小小步骤，乔丹、皮蓬、罗德曼、杰克逊，如不死亡灵族一样，又重新夺回了世界之巅！

1997年和1998年，马龙与斯托克顿成了公牛王朝需要超越的最后一座雪山。1998年的公牛在内忧外困下已不复当年之勇，那一年他们的胜率输给了爵士。第六场总决赛在三角洲中心体育馆进行，比赛还有最后10秒，爵士领先1分，此时的马龙仿佛握着十几年积累的沉甸甸的希望，然而……死亡骑士开始正面面对犹迪安进行最后的决战。两人都已伤痕累累，变身的犹迪安的混乱攻击相当恐怖，但这时死亡骑士放出了三级的"死亡缠绕"，一切都有了注定的归宿，犹迪安倒下了。乔丹眼疾手快地轻轻一拍，马龙感到手中一轻，球丢了，他们的希望也就从此落空。在距离梦想最近的地方被击倒，老邮差甚至忘了去回防，拦在乔丹面前的拉塞尔注定是乔丹成神成圣的见证者，是一个空前伟大的历史时刻距离最近的背景，他被乔丹的世纪之晃晃倒了。来不及爬起的他只能眼睁睁地看着高高跳起的乔丹像脱离了地球的引力向上升起，然后轻松地舒展双臂投出那一道宣告爵士死刑的完美弧线。"一剑光寒十四洲，待回头时已惘然"，5.2秒，乔丹留给世人一个永远无法被重复的经典。但那一刻，乔丹的名字和公牛王朝的历史在岁月的扉页上已戛然而止。

虽然无数人请求不要拆散这支前无古人的王者之师，但球队的决策层还是一意孤行地"重建"。乔丹退役了，皮蓬远走休斯敦，杰克逊去了湖人。两次三连冠，六座总冠军奖杯，公牛王朝解体后，只有断壁残垣。1999年，一个缩水的赛季，曾经的巨人只能挣扎在13胜37负的泥潭里，曾经总是爆满的联合中心再也不是人满为患。2000年得到的状元秀布兰德难当大任，之后的公牛挥舞支票簿想在球员市场上捞条大鱼，可是那些想象中的目标没有一个想到原来曾是球迷心中麦加的圣地芝加哥。公牛开始渐渐淡出人们的视线，留给芝加哥的只剩下记忆中泛黄的片段。

如今的不死亡灵早已堕落，再也难见当年的辉煌，WCG总决赛前十名中没有一个人用不死亡灵族。一如今天的公牛，再也难以重塑昔日的辉煌金身，连续六年在NBA所有球队中垫底。当赤红的公牛时代已经不再时，各个角落，再也难以寻觅那些充血的牛角。昔日的公牛王朝没落了，没落在曾经叱咤风云的舞台。

当笑傲江湖已成广陵散矣，我们只有无奈地看着一个喧嚣一时的时代画上了凄惨的休止符。让它没落吧，直到有一天有人能看到球迷惋惜的眼神，听到球迷沉重的叹息。

球员篇　　罗斯：
后乔丹时代的希望

　　2008 年 11 月 16 日，在战胜印第安纳步行者的比赛里，罗斯得到 23 分。这让他成为公牛自 1984 年以来，第一个在处子赛季的前 10 场比赛里都得到双位分数的新秀，为什么强调这一点，因为这是一项乔丹都没有能够达到的记录。

　　有人说如果他在防守端更加专注的话，他在 NBA 的模板更像是基德，但基德则表示这位后起之秀的投篮能力比当年的自己要好很多。也有人说他在 NBA 的模板是当今联盟的两大顶级控卫保罗和德隆·威廉姆斯，但和保罗相比罗斯在防守端的表现更出色，他不会像保罗那样赌博式的去断球，而和德隆相比，罗斯的速度更快，身手也更敏捷，他似乎集中了联盟顶级后卫的优点，因此他带着场均 18.4 分 4.1 个篮板 6 次助攻的数据拿下了新秀赛季的首月新秀最佳。

　　罗斯注定要成为芝加哥本地的英雄人物，就像勒布朗注定要成为家乡骑士队的英雄一样。

　　罗斯出生在英格伍德，这里是恐怖片《亡灵凶杀》的取景地，是风城芝加哥最凶险的贫民区，但在母亲布伦达的照顾下，凶险之地诞生了一个乖乖仔，罗斯有一个绰号"小熊"，那是因为他出生时祖母认为他长得像卡通人物维尼熊，当然罗斯也酷爱小熊软糖，NCAA 决赛当前他居然因为一天到晚吃小熊软糖导致肠胃不适，甚至因此缺席了决赛采访。

　　但罗斯绝不是卡特中的维尼小熊，赛场上的罗斯绝不是个腼腆的人，高中毕业时位列梅奥之后被列为全美第二控卫，鉴于梅奥的双能卫身份，罗斯可以说是当之无愧的第一纯正控卫，随后进入名帅约翰·卡利帕里手下的孟菲斯大学，在已经成熟的球队中罗斯依然赢得了信任，出任首发控卫。虽然得分不比同届其他超级新鲜人，但他展示了控卫必需的无私品质和灵敏的传球嗅觉。而罗斯也用自己的努力回报了主帅的信任，进入 NCAA 锦标赛后罗斯不可阻挡，连续打爆两位全美最佳阵容控卫 D.J. 奥古斯汀和达伦·科里森。NCAA 决赛面对堪萨斯大学，罗斯再次有惊人表现，可惜孟菲斯遗憾的被拖入加时输掉了冠军，尽管如此罗斯还是率领球队打出 38 胜的全美历史最多单季胜场。

　　是的，自 1996 年的艾弗森以后，还没有一名身高 2 米以下的状元，也没有过后卫状元。2008 年选秀时，人们热衷谈论强力低位野兽迈克尔·比斯利和华丽的双能后卫 O.J. 梅奥，但最终是罗斯，这个土生土长的风城人征服了公牛，在乔丹率领公牛六夺总冠军的整整 10 年后，联合中心球馆终于又迎来一位可以带给他们无限遐想的人。

克利夫兰骑士队

瞩目的贵族
皇帝的驾临

克利夫兰骑士 (Cleveland Cavaliers)
主场：速贷体育馆 (Quick Loans Arena)
主教练：迈克·布朗 (Mike Brown)
赛区：中部赛区

　　这是一个缺少英雄的时代，因而到处总是充满了寂寞的回顾和叹息，冯唐易老，佳人易逝，留给我们满心怅然，也许我们的期待本身就是一个悲剧性的愿望吧，也许有一个名字即将组合成响亮的成果。詹姆斯这个从步入联盟第一刻起就倾注了我们无数渴盼的人，能不能把上帝所能做到的诸项关节都再琢磨到极端，把各种对峙的苛刻条件提升得更加苛刻，让骑士再现芝加哥风城的神韵，让我们重温昔日的英雄豪情，这就足够了。

　　1970 年克利夫兰骑士、波特兰开拓者、布法罗勇士一起走进了 NBA，加盟NBA 之后，一直都在联盟的史上载浮载沉，球场内外也曾几度沉沦。在骑士离奇的处子赛季中，竟然因为球馆仍被冰球联盟使用，使得骑士不得不连续先打了七个客场，结果可想而知，骑士七场全输。10 月 28 日骑士终于在主场打上了比赛，而比赛的首个对手就是圣地亚哥火箭队，可惜火箭没有对这个连败的新军产生丝毫同情心，110：99，骑士在 6,144 名观众面前丢掉了主场处子秀。尽管屡战屡败，主教练费奇的幽默感却没有投降。"我给牧师打了电话，想做一个让球队获胜的祈祷，但他们一知道我是谁，立马就挂了电话。"最终让骑士开和的同样是新军的波特兰开拓者，跟跟跄跄地行走一个赛季后，骑士仅取得了 15 胜67 负的战绩。

　　1971 年骑士得到了 A.C. 格林，格林带着大学生涯场均 34.5 分的傲人履历来到了克利夫兰，虽然格林的成绩单相当优秀，但骑士连续四年始终无法突破季后赛的首轮瓶颈。1975 年，骑士终于有所行动了，他们用两名球员从芝加哥换来了名人堂球员，NBA 历史上第一个拿到四双的 34 岁的奈特·瑟蒙德。骑士开始改变，七连胜、八连胜让骑士升到中央区帮手位置，1976 年骑士进入季后赛，而这次季后赛之旅也让他们创造出了"里奇菲尔德的奇迹"。首轮面对子弹队，骑士依靠一个 25 英尺外的远投，一个压哨命中和最后一个 4 秒的上篮。奇迹般的 3 场胜利最终 4∶3 淘汰了子弹，而在面对凯尔特人的比赛中，骑士陷入伤病遗憾败北。

1977 年骑士得到了老迈的沃尔特·弗雷泽，不过此时的弗雷泽已经不复当年之勇，季后赛首轮被尼克斯干掉。1978 年骑士无缘季后赛，从此刻开始骑士进入了离奇的主教练和球员大转换时代。1979 年后的三年，骑士平均每年赢球二十二场，换主教练六个，人员的三十九次变动也排名联盟第一，球队入座率在三年里有两次在联盟垫底。因为骑士老板的神经病操作，导致骑士好几年的首轮选秀权都失去了，这也让陷入泥潭的骑士无法复苏。因此联盟特意制订规则：禁止任何一支球队把他们未来连续两年的首轮选秀权都拿去交易。

1984 年伴随着乔丹进入 NBA，骑士也在乔治·卡尔的率领下重回季后赛，但最让人受不了的是乔丹突然成了骑士的魔咒。1985 年骑士得到了未来的禽兽级内线蓝领奥克利，不懂珍惜的骑士却把奥克利换给了公牛，这一年骑士在和公牛争夺最后一个季后赛名额的过程中败北。1986 年骑士选中了状元布拉德·多赫蒂和第八顺位的罗恩·哈伯，但球队成绩并没有立刻起色。

1988 年季后赛首轮面对公牛，公牛拿下了前 2 场比赛，乔丹成了 NBA 季后赛历史上首位在背靠背比赛中拿下 50 分以上的球员。骑士赢了接下来的 2 场胜利，乔丹砍下 38 分和 44 分也无济无事。第 5 场比赛骑士首节 35∶23 领先公牛，但乔丹在下半场拿下了他个人 39 分中的 21 分，带领公牛赢下了比赛。乔丹在系列赛中场均拿到了 45.2 分，创下了一项 NBA 季后赛纪录。1989 年骑士连续第二年首轮碰上乔丹，而乔丹又以一个 16 英尺的跳投终结了骑士，乔丹的这一逆转命中也成了 NBA 季后赛历史上的一个伟大时刻。接下来输给费城，1991，1992，1993 连续 3 个赛季乔丹又把骑士送回了老家，面对乔丹这个终结者，骑士欲哭无泪。

1995 年开始，主教练弗拉特洛开始训练防守，骑士成绩不好不坏。1996 年还让连续五年进军季后赛的纪录终止，1997 年从超音速转来的坎普很快适应了阵容，18 分 9.3 个篮板让骑士以第六名进入季后赛，不过最后被步行者淘汰出局。

1998 年赛季缩水，骑士却伤病不断，最终无缘季后赛，之后伴随骑士走过三年的坎普 2000 年去了开拓者，雨人不在，骑士终于无话可说——除了选中米勒。

2004 年 6 月 26 日，骑士在 NBA 的选秀大会上挑中了来自邻近地区 Akron 的篮球天才勒布朗·詹姆斯，虽然骑士战绩仍不太理想，但看得出骑士每年的进步。2004 年战绩从 2002—2003 赛季的 17 胜 65 负一跃变成了 35 胜 47 负，2005 年詹姆斯场均拿下 27.2 分 7.4 篮板 7.2 助攻和 2.21 个抢断。成为 NBA 历史上第五个拿到 27 分 7 篮板 7 助攻的球员。

骑士的两次最终出局让人遗憾万分，这是一个缺少神的时代，而我们敬仰的骑士和英雄也只能从武侠小说中去寻找。我们现在很多的人生况味就是仅把上帝本人怀念成雕塑和渴望再度有神出现的交糅。拒绝超绝和渴望伟大相辅相成，这一况味跨越国界，跨越年龄，作为一个时代永远充满人生悖论的话题让人品咂不已。目睹了上帝的第二次复出后绝望的艰辛，我们更加不愿意让我们心中的偶像再受任何亵渎。这时出现了小皇帝詹姆斯，造星运动必然让他成为风光无限、潜力无穷的新星。而骑士也一步步努力让我们依稀看到了公牛昔日的影子，永不言败的 23 号球衣穿在小皇帝身上竟是那么合体。

球员篇   **勒布朗·詹姆斯：**
天空才是极限

那一刻，风轻云淡，月华星光，很多人却都没有感觉，望着熟悉的 23 号在华盛顿主场惨败尼克斯后的落寞眼神，我知道今夕何夕，纵有红巾翠袖，无人能再揾英雄泪。

同样是 2003 年，在乔丹离开后的那个夏天，在克利夫兰那片澄澈的天空下一个青涩的年轻人，拿着个橘色的篮球，迈着那略显青涩的步子，也穿 23 号战袍，在球场上疯狂地向篮筐轰炸，似乎每一次扣篮都在向世界证明着什么。

上帝虽然只有一个，但 23 号依旧能够传承，就是四年后，人们还不会对自己的这个观点存在丝毫怀疑。常规赛平均得分从 20 分向着乔丹所习以为常的 30

分迈进，场均拿下 7 个篮板 7 次助攻 2 次抢断，这个从高中走过来的学生，在没有经历过任何大学淬炼的情况下，就成为美国乃至全世界疯狂热捧追逐的偶像，而他也用自己的表现为自己赢得了一个大帝或者皇帝的称号。

勒布朗·詹姆斯出生在美国俄亥俄州阿克伦城，在圣温森特高中的三年里，詹姆斯就展现了他无与伦比的才华，三年中他平均每场得 30.4 分、9.7 个篮板、4.9 次助攻和 2.9 次抢断。因为三次州冠军的杰出战绩，被美联社评为俄亥俄州篮球先生。2003 年夏天，18 岁的詹姆斯放弃了继续念大学的机会，参加了 NBA 选秀，并且没有丝毫争议地被骑士钦点为当年的状元。这是 NBA 历史上继乔丹钦点高中生夸梅·布朗为状元后的第二个高中状元，而这个状元从一开始人们都坚定不移地相信小皇帝不是水货。

詹姆斯的第一个赛季就开始延续乔丹的神话。处子赛季的詹姆斯场均得到 20.9 分 5.9 次助攻 5.5 个篮板，这样的新人表现也只有当年皇家队的罗伯特逊和后来的上帝迈克尔·乔丹。虽说人们对勒布朗的表现早有预判，但如此全面的表现还是让人大吃一惊。2004—2005 赛季，詹姆斯更是拿到了 27 分 7 个篮板 7 次助攻二次抢断，这样的表现也除了奥斯卡·罗伯特逊、乔丹、"大鸟"和"魔术师"能做到。2005 年 1 月 21 日詹姆斯 20 岁零 20 天的时候拿到了自己的第一个三双，把天才奥多姆的三双创造的年龄再次提前，同年 3 月 21 日，詹姆斯又打破了得分机器里克·巴里创造的 50 分得分年龄纪录。2005—2006 赛季，詹姆斯的得分提高到 31.4 分，同时贡献 7 个篮板 6.6 次助攻，帮助骑士从 1999 年后首次杀入季后赛。小皇帝季后赛的表现同样惊艳，在贡献场均 30.8 分，8 个篮板的同时，帮助骑士十三年后再次杀入季后赛第二轮。

詹姆斯是上帝创造出来的完整球员，集万千宠爱于一身。他有高超的弹跳，强壮的身体，敏捷的速度，熟练的控球感觉，开阔的视野。他有个优胜于科比此类球星的特点，他有一颗无私的心，在球场上他不"独食"。但只要球队需要他的时候，他可以随意地拿下三双。而从去年开始，小皇帝又打破很多人的指责，在关键时刻开始拥有一锤定音的能力。2006—2007 赛季，詹姆斯的表现依旧稳定，骑士也很轻松地以东部第二的成绩杀入季后赛。这位年轻的大帝，还会创造多少奇迹，看来只有上帝知道了，勒布朗·詹姆斯，只有天空才是极限。

底特律活塞队

疯狂兽族的回归
野蛮的报酬

底特律活塞（Detroit Pistons）
主场：奥本山宫殿球馆（The Palace of Auburn Hills）
主教练：菲利浦·桑德斯（Flip Saunders）
赛区：中部赛区

命运的转折其实就是一瞬间，而一切的改变都要从欺诈者基尔加丹说起。魔兽争霸前四十五年，爱好和平的兽人部落还在郡诺平原无忧无虑地奔波着，这时基尔加丹俘虏了兽族的宗教领袖纳祖，并通过萨满教将对战斗的欲望和野蛮的性情传遍了兽人部落。从此拥有邪恶精神信仰的兽人变成了嗜血的种族，血与战斗、生存与毁灭成了兽族永远追求的荣耀。

1941 年，活塞在印第安纳州韦恩堡成立，当时的球队名是韦恩堡左纳活塞队。1948 年随 BAA 并入 NBA，开始的活塞并不是后来人们眼中的那个邪恶群体，所有的改变都是因为球队迁到底特律。和雍容华贵的纽约、华丽妖冶的洛杉矶相比作为全美著名汽车城的底特律则显得野蛮和粗犷。在这里，善良是无用的别名，慈悲是弱者的呻吟，这里从不相信眼泪，也拒绝施舍和同情，慈眉善目在这里比凶神恶煞更让人疑惑。陌生人平白无故的笑容必然换来警惕的眼神，这里的球员一开始大多是工厂的工人，球风里裹挟的满是蛮横和不讲理，而球迷也大多是工人，喜欢看好勇斗狠的比赛。所以活塞队一开始的主要战术就是"双打"，恶狠狠地打球，并借打球之机痛打对手。他们崇尚力量，毫不回避粗犷和野蛮的对抗风格。胳膊肘硬拐，膝盖死顶，污言秽语频出，这种野兽派作风，往往打得对手心有余悸，无所适从。

当人类王国、暗夜精灵都在不停发展的时候，兽族也开始蹒跚起步，老萨满纳祖充满野心的门徒古尔丹开始向兽人传授一种神秘的魔法，这种魔法拥有强大的力量，同时也带着毁灭的意味。兽人深受影响，变得越来越具有攻击性，他们建立起巨大的竞技场，战士在死亡和战斗中修炼技能。但此时的他们还只能仰视早已高度发展的人族和暗夜精灵。

　　活塞队开始发展，但当时的天下并不是他们的，虽然1966年的最佳新秀后卫戴夫·宾和1970年代的中锋拉尼尔的加入使他们一度有过短暂的强大，但这种昙花一现的强大相比湖人队和凯尔特人队又是那么的微不足道。拉塞尔、鲍勃·库西、比尔·沙尔曼，让凯尔特人队创造了史无前例的八连冠；张伯伦、詹姆斯·沃西、乔治·迈肯给湖人队带来了将近十年的霸主地位；而"魔术师"约翰逊和"大鸟"拉里·伯德的对抗更是将篮球的战争推向巅峰。此时的两队在联赛中滥杀无辜简直像割芥菜一样轻松，两队争霸的战争下一片刀光剑影。其他球队生命的基本价值，只是马蹄下的几茎枯草，生存的基本权利，只是漩涡边的几个泡沫，浩荡大气的战争下许多球队尸横遍野。

　　也许有人都要将活塞遗忘了，似乎遗忘也有合情合理、无怨无悔的理由。但活塞球迷都在企盼着，企盼得如饥似渴，望穿秋水，他们盼着活塞能站起来，打破这种双雄争霸的场面，而这一切终于就要到来了。

　　兽族慢慢地准备就绪，此时的暗影议会召唤出愤怒的破坏者马诺若斯。古尔丹召集所有的酋长，让他们饮用愤怒的马诺若斯的血，从而拥有不可战胜的力量。基尔加丹打开了跨越空间的通道——黑暗之门，第一次人兽大战开始了。残暴野蛮的兽族，向暴风城展开灭绝人性的攻击，人类的国王莱恩也被暗影议会最好的暗杀者——半兽人戈洛娜暗杀了，曾经显赫的王国很快化为废墟。

　　1981年，活塞用榜眼签中了印第安纳大学的伊赛亚·托马斯。这个娃娃脸杀手是NBA历史上速度最快的球员之一，拥有相当强悍的得分能力。他的闪电般的切入，他的外线投射，他的毫无保留的助攻，让他连续4个赛季都是平均20分和十次助攻以上的成绩。而最可怕的是，他一切为了胜利的极具侵略性的防守。他的加盟使当时还是烂队的活塞从难堪的21胜进步了十八场，同时活塞换来了以后主要的攻击手"微波"维尼·约翰逊，接着1982年换来了将是球队仅次于托马斯的大梁人物比尔·兰比尔。1983活塞迎来了球队当之无愧的"大脑"，被冠以"胜利教授"的前76人助理教练查克·戴利，球队开始成为东部的重镇球队。1983年12月31日在丹佛的迈克尼科尔斯球馆，活塞大战西部强队掘金，比赛最后1秒，托马斯将比尔·兰比尔罚失的第二球补入篮框，以145平进入加时。比赛历经三个加时的肉搏战，明白"防守才是硬道理"的活塞，

以 186：184 力克掘金，创下 NBA 历史上单场比赛最高得分纪录。活塞队的攻击力之强大，防守之坚韧令人瞠目。双方共有四人得分超过 40，托马斯 47 分，约翰·朗 41 分，凯利·崔普卡 35 分，而掘金队的范德威奇砍下 51 分，英格里希 47 分，双方打出了 NBA 历史上最让人热血沸腾的 1 场比赛。

尽管当年的活塞在常规赛中取得 49 胜 33 负的骄人战绩，但这还不足以让他们夺冠。1985 年，活塞在第一轮第十八顺位选中了后来一鸣惊人的乔·杜马斯，同时从奇才得到"篮下野兽"大前锋里克·马洪。1986 年，活塞在第二轮挑中 NBA 历史上最有名的恶人和篮板球大王丹尼斯·罗德曼，追求冠军的邪恶阵容终于构建完毕。

也许，命运注定要让活塞多多遭受劫难，也许拉里·伯德、贾巴尔等人还不愿意轻言退出联盟的舞台，也许历史注定要让人们更为深刻地明白"坏孩子军团"的伟大和艰辛。1987 年的赛季，拥有夺冠实力的活塞碰上了"绿衫军团"凯尔特人，东部总决赛第三场快结束时，活塞以 107：106 领先，而且还握有球权。就在胜利唾手可得时，"大鸟"伯德抄到了托马斯传进界内的球，并在跌出界外前将球传给丹尼斯，丹尼斯突破上篮得分，使凯尔特人反败为胜。尽管活塞赢了第四场比赛，但第五场比赛的失利仍让他们痛失东部总冠军，但这次比赛让"坏孩子军团"更加恶名昭彰。兰比尔作为一个身体素质平平的白人球员，他的弹跳和速度毫无过人之处，但暗中架肘的功夫是空前绝后，被称为打球最坏最脏的球员，是当时所有 NBA 球员最痛恨的人。他最大的爱好就是在场上毫不留情地折磨对手，他经常把别人踩在脚下践踏，同时还进行肮脏的言语攻击。他在盖你火锅把球拦下来时还不忘冲你吐口水和朝你谩骂，等到下一次遇到他时，他还不忘旧恨重提："记得上次我是怎么整你的吗？记住，这场比赛我打算再搞你一次。"这次东部总决赛兰比尔抢篮板时，一记驾轻就熟的肘子打在"大鸟"伯德脖子上，顿时将"大鸟"技术性击倒。接下来的 1 场比赛，兰比尔仍是几次架肘，凯尔特人铁三角核心之一帕里什，为给伯德报仇对兰比尔挥拳相向。兰比尔处变不惊，鼻血泉涌地完成罚球，然后满脸无辜地盯着裁判，接着"酋长"帕里什被禁赛。在活塞所赢的 2 场比赛中，完全是兰比尔一人的功劳，他一人就击溃波士顿两大核心，推垮了凯尔特人让人生畏的铁三角。而托马斯虽被称为 1980 年代和"魔术师"在组织后卫位置上齐名的一代巨星，他在场上不停地对你微笑，但为了胜利，他会在背后毫不留情地一刀整死你。1988 年总冠军比赛，托马斯在赛前和他最好的朋友"魔术师"来了个友情之吻，但当伯德在边线以一记拐子撂倒托马斯时，托马斯马上起身挥拳相向。为了胜利，托马斯绝不介意和老友追加一场拳击赛。而里克·马洪，也是被称为"坏孩子军团"得名的功臣，不少跟他交过手的球员都称他为"篮下野兽"，是不折不扣、心狠手辣的内线黑手。他在一对一的防守中总是不停地使用包括顶膝盖、踩脚跟等等任何小动作，让靠技术吃饭的球员发挥一落千丈。许多球员为了避免受伤，在活塞禁区内停留的时间明显减少，马洪的出现使本来就令人闻风丧胆的内线，更加让人恐惧。而这时的杜马斯也是暗活不眨眼，为了保护托马斯不被犯规困扰而影响上场时间，他毫不心慈手软，推、拉、挤、抗无所不用。而这时还有一个日后让人生畏的"大虫"罗德曼正在慢慢耳濡目染，接受教育。从这场决赛开始，活塞这个邪恶的团体开始深入人心。他们不靠技术，而是用肘子、膝盖，乃至整个血肉之躯当做武器。高强度的对抗，无所不用的小动作，让活塞没有湖人队华丽流畅的故弄玄虚，没有凯尔特人呆板固执的虚张声势。他们这种野蛮残暴的风格，他们所用的比邪恶更邪恶的惩罚邪恶的手段，完全是一个兽人部落的风格。

1988年，作风更为凶猛残暴的活塞，以54胜28负的战绩，再次杀入季后赛。击败了乔丹率领的公牛队后，在东部决赛中，又轻松干掉老冤家凯尔特人，并在总决赛中，3：2领先湖人。第六场比赛，托马斯以43分、6次抢断和单节25分的总决赛纪录被载入史册。但兰比尔的最后时刻犯规让湖人队中锋贾巴尔两罚皆中，使得湖人以103：102险胜。没有走出阴影的活塞三天后又以108：105失利，痛失总冠军。赛后，托马斯和兰比尔在更衣室放声痛哭，于是痛哭声，叹息声、苦辣的香槟齐集于更衣室，一对互有罅隙的难友在这里完成了一次压抑多年的痛苦倾诉。1989年，"坏孩子军团"卷土重来，他们这次再没错失良机，再度击败乔丹率领的公牛，4：0干净利落地击败缺兵少将的湖人队，获得总冠军。1990年，他们第三次击败公牛队，并在总决赛中4：2力克开拓者，卫冕成功。两连冠的成功让活塞漫长的41年等待终于有了结果，也使活塞队成了联盟历史上大器晚成的典型一例。

经历了第一次人兽大战的兽族达到了巅峰，此时的历史进入了魔兽争霸3的混乱之治。在这次的混乱战争中，兽族年轻的先知觉醒了，要带兽人走出堕落的深渊。兽人已不再是战争的主力，阿尔萨斯——死亡骑士，这时登上了历史的舞台。他率领不死军团横扫洛丹伦，所到之处，尽是死亡和废墟。

　　1991年恨得咬牙的乔丹——死亡骑士再也没有让活塞得意下去，NBA进入了公牛时代。随着戴利辞去主教练职务和"坏孩子军团"的相继离开，活塞由胜转衰。1993年，他们终于结束了连续十年杀入季后赛的历史，沦落成为二流球队。接下来的活塞曾先后得到乔丹的接班人——格兰特·希尔和全明星球员斯塔克豪斯，以及防守专家本·华莱士，但仍无太大的起色。一个无言的起点，指向两连冠辉煌的结局，我们无法用其他词汇来表达他的伟大和珍罕，只能留住"坏孩子军团"五个字，成为活塞球迷心中强烈而缥缈的共同期待。

　　但只要期待，一切都能改观。2002年，活塞终于以50胜32负的战绩杀入东区半决赛。2003年，活塞从开拓者迎来了"怒吼天尊"拉希德·华莱士，从奇才队得到了"铁面硬汉"跑不死的汉密尔顿。选中的"科比终结者"王子普林斯日渐成熟，加上比卢普斯和汉密尔顿组成的双枪后卫在比赛中威力无比。两个一如当年的托马斯和杜马斯，"怒吼天尊"拉希德则是一个技术提高不少的兰比尔，身高体壮，能里能外，攻防兼备。大本钟无疑是当年罗德曼的翻版，他的怪异的发型，他的超强的防守，还有他引发的著名的奥本山宫殿大战，像极了当年的坏小子。拉里·布朗带着这批坏孩子在季后赛首轮4∶1淘汰了雄鹿队，4∶2击败常规赛联盟第一的步行者。十四年之后再一次杀入总决赛，并最终打破了几乎所有人的赛前预言。当一切尘埃落定，人们发现四大天王的威名在转瞬间灰飞烟灭。活塞队再次在相同的对手身上完成了完美复仇，拆掉了湖人这个短命王朝的最后一块砖头，终结了湖人的复辟之梦。

　　如今的兽族又重新变得无比强大起来，经历了昔日横扫各大战网的嗜血三英雄加大师级萨满、大师级巫医的辉煌后，兽族战术更是日新月异地发展。塔推，飞龙在天，狼骑奔袭，科多兽加弩炮车，让2004年WCG总决赛再次成为兽族的天下。

　　用不着再次怀念当年的"坏孩子军团"，让我们牢记昔日活塞队的铭言："软弱是软弱者的墓志铭，野蛮是野蛮者的通行证"，还有大本钟华莱士的一句话："要总冠军，用你的性命去拼吧！"

球员篇　艾弗森：
　　　　汽车之城的"答案"

　　1963 年，在库西 35 岁的时候，他宣布退役，他的最后一场常规赛也被命名为"波士顿的眼泪派对"，但直到最后一刻，这个凯尔特人矮小的绿色心脏仍在为绿衫军做着难以想象的贡献。和湖人的总决赛第六场最后一分钟，脚踝扭伤的库西披挂上场，在拉鲁索、韦斯特、贝勒们满场追袭下，库西用奈史密斯规定过的合法运球动作，不断拍打着皮球，在硬木地板上穿梭，逃脱无数抢断的魔爪，112：109，帮助凯尔特人保住了胜利的果实并取下他们连续第五个总冠军。

　　满场的眼泪在飞，7 分钟的告别演说被增加到 20 分钟，全场都在呼喊"我爱你"，肯尼迪总统赛后打电话给库西，说："你经历过的比赛都会留下你出色技术和强烈求胜心的印记。"

　　从某方面来说，答案艾弗森的确像极了库西，库西在芝加哥牡鹿倒闭时被凯尔特人沃尔特·布朗抽中，极想得到大个子格林的布朗气得吐血，直接把库西的工资从一万美金降低到九千美金，而当时红衣主教奥尔巴赫的评价也很过分——6 尺的后卫满街都是。

　　身高 1.83 米比库西还矮上两厘米的艾弗森加盟费城时同样遭受了质疑的目光，但他很快用当年的最佳新秀荣誉证明了自己，他成为历史上唯一一个可以连续五场得到或超过 40 分，以及历史上第二年轻可以在 1 场比赛中得到 50 分的球员。

　　华丽的控球，闪电般的突破，拼命般的上篮，迅疾的抢断，非凡的创造力，坚韧的毅力，不屈的精神，超强的感染力，用来形容"答案"的词有很多，而"答案"也不愧为篮球场上最矮的巨人，一个从贫民窟走出的让人敬仰的英雄。

　　艾弗森出生于弗吉尼亚的贫民窟，和很多美国黑人一样，艾弗森来自一个单亲家庭，他的母亲安妮在 15 岁时就生下了艾弗森，安妮从来没有结过婚，这意味着艾弗森和他的两个妹妹从一开始就没有得到过公平的社会待遇。艾弗森的生父步朗顿在艾弗森的一生中没有任何意义，他在艾弗森出世前一直居住在康涅狄格州，他没有为艾弗森的生活支付过一美分，直到今年他因谋杀自己的女友而入狱，他与艾弗森仅仅见过三次面。

　　但庆幸的是艾弗森拥有一个让他骄傲的继父迈克尔·弗里曼，弗里曼一生中

一半的时间都是在监狱中度过的，但为了在贫苦的地区让家庭生存下去，弗里曼铤而走险地进行贩毒，艾弗森在 1996 年曾去监狱里看望弗里曼，当发现继父的衣服和鞋已破烂不堪时，艾弗森立刻脱下自己的篮球鞋交给弗里曼。那一天，艾弗森光着脚走回家的第一件事就是抱着母亲大哭一场。

家庭的不幸总是让很多黑人自立自强，何况艾弗森有一个一直激励他上进的母亲。在艾弗森 10 岁那年，安妮用半年的积蓄给艾弗森买了一双乔丹篮球鞋，艾弗森开始了勤学苦练的篮球生涯。

1993 年艾弗森被卷入一场殴斗，法院裁定艾弗森带头闹事判刑五年，检察官在起诉状上称"艾弗森用一把椅子猛击一个小女孩的头部"。不过，最高法院在全国有色人种协进会的呼吁下，艾弗森仅入狱了四个月便获得假释，对于这件事，直到现在，艾弗森仍然坚持自己是清白的。

入狱的经历让"答案"在高中毕业后碰上了上大学的难题，知名的篮球高校都不愿意收留答案，最终在母亲安妮的追问下，乔治城大学的主帅约翰·汤普森给了"答案"一个机会，而"答案"也证明了教练的眼光，大一时一举拿到了NCAA 大东部最佳新人和最佳防守球员的荣誉。

因为家庭的原因，艾弗森放弃了带领乔治城大学冲击 NCAA 冠军的梦想，1996 年艾弗森参加了选秀并且第一顺位被费城 76 人选中。球场上没有人能够让艾弗森屈服，就像皮蓬所说的那样，防守艾弗森对他都是一种艰苦的挑战。虽然艾弗森曾经表示他球场上不需要尊重任何人包括乔丹，但乔丹还是盛赞艾弗森，称艾弗森用行动证明了他是一个伟大的球员，每个 NBA 球员，应该要建立起如同艾弗森一般的自信。

艾弗森在 1998—1999 赛季再次把费城带回了阔别八年的季后赛。次年费城再进一步杀入东区半决赛。2000—2001 赛季答案迎来了辉煌，他们首轮淘汰了连续两次淘汰他们的步行者，然后战胜猛龙杀入总决赛。虽然总决赛不敌奥尼尔和科比率领的湖人，但艾弗森率领他的费城首次夺得了年度四项大奖，艾弗森荣膺 MVP，他们同时获得了最佳防守球员，最佳教练和最佳第六人。

伤病困扰了费城再进一步的梦想。而费城也还是一如既往的急功近利，费城的老板总是不会阻止球队中流砥柱的消失，当刚刚加盟还为费城打破凯尔特人八连冠的冰封，拿下一届总冠军的张伯伦远走洛杉矶，当摩西·马龙携手"J博士"在 1983 年登顶后加盟华盛顿，当巴克利 1992 年进入总决赛然后潸然泪下的和费城作别，2001年还杀入总决赛的艾弗森出走已经成了命中注定的必然，2006年12月20日，艾弗森被交换到丹佛掘金。

掘金的黄金双枪并没有带给球队多大的惊喜，"答案"显然无法和同样醉心于得分的安东尼磨合出化学效应。2008年11月4日，丹佛掘金再次拿艾弗森交易，得到了比卢普斯，"答案"则远赴底特律。

不能预料"答案"的将来是否还会再次被交易，但从某方面来说"答案"带给球迷的早已经超过了竞技层面的胜负，虽然"答案"本人还是那样醉心地去追求胜利。我想，若干年后，答案退役，有关他的争议可能也不会消失，就像肯尼迪总统评价库西那样——你经历过的比赛都会留下你出色技术和强烈求胜心的印记。

印第安纳步行者队

神奇的"米勒时刻"
野兽的出走

印第安纳步行者（Indiana Pacers）
主场：康赛卡球场（Conseco Fieldhouse）
主教练：里克·卡莱尔（Rick Carlisle）
赛区：中部赛区

1995赛季是神投手米勒在步行者的第八个赛季，这年的季后赛，步行者在东部半决赛中遇到了尤因率领的尼克斯队。第一场还剩16秒，尼克斯队领先5分，雷吉·米勒耸了耸肩，接受了主教练布置的战术。在接下来的16秒钟，米勒不可思议地命中两个三分外加一个中投，连得8分帮助步行者在麦迪逊广场花园取得胜利。之后双方便开始了拉锯战，最后来到了残酷的第七场生死战。尤因投失了一个上篮而错失了扳平比分的机会，步行者淘汰了尼克斯，并导致尼克斯的名帅帕特·莱利引咎辞职。

从此"米勒时刻"成为球迷心中永远津津乐道的话题。其实自1976年加入NBA后经过1970年代的过渡后，步行者就很快确立了自己的地位，成为NBA的一支劲旅。

1970年代，初来乍到的步行者队表现不佳，从未进入季后赛。1981年，在当年最佳教练杰克·麦克宁的指挥下，步行者队取得44胜38负的战绩。随后，球队再次陷入低迷，1982—1983赛季，步行者队跌落谷底，只获得了区区22场胜利。看不见希望的管理层甚至一度考虑将球队卖给其他城市。

随后，球队进行了一系列阵容调整，先后于1985年选入榜眼新秀威曼·迪斯戴尔，1986年选入最佳新秀"步兵"查克·帕森。1987年著名的外线杀手"大嘴"雷吉·米勒也被球队选中。这位忠心耿耿的神射手在步行者队服役的15年里，先后创造了球队和NBA的多项纪录，5次入选全明星阵容并夺得一枚奥运金牌。他多次在比赛最后关头力挽狂澜，一剑封喉，让许多球队大吃"米勒时刻"的苦头。

1990 年代，步行者队终于盼来了复兴。1991 年和 1992 年，步行者队连续闯入季后赛。1993 年和 1994 年，在著名教练拉里·布朗的调教下，球队实力更上一层楼，连续两年杀入东部决赛，可惜没能突破尼克斯队和魔术队的防线。

坚强的步行者队没有放弃对东部冠军的冲击。在 1998 年最佳教练"大鸟"拉里·伯德的统帅下，步行者于 1998 年和 1999 年重返东部决赛。但是全盛时期的公牛队和尼克斯队挡住了他们前进的步伐。2000 年步行者队再接再厉，终于在东部决赛中击败尼克斯队，报了一箭之仇，夺得球队历史上第一个东部冠军。球队在总决赛中遇上了拥有 MVP"大鲨鱼"奥尼尔和科比·布莱恩特的湖人队，2∶4 的比分没能使步行者队笑到最后。

2000 年，将球队带上历史顶点的拉里·伯德因为身体原因不再继续留任，另一位 NBA 名宿"微笑刺客"伊赛亚·托马斯入主球队。这位前印第安纳大学队的英雄和 NBA 的总冠军得主，为步行者队延续了希望，带领球队在其后的两年间继续留在季后赛。

随着大嘴的退役，小奥尼尔成为球队的中坚力量。2004 年步行者和底特律活塞发生了 NBA 历史上规模最为严重的殴斗。挑起殴斗的阿泰斯特被联盟禁赛一年，随后野兽就去了国王，而小奥尼尔和杰克逊也都受到联盟的惩罚。2008 年 7 月 10 日，步行者的当家球星小奥尼尔离开印第安纳加盟猛龙，步行者进入了漫长的重建之路。

球员篇　　　**杰梅因·奥尼尔：独行侠出走**

从 1996 年进入 NBA 时的场均 4 分到现在联盟仅有的几个"20+10 俱乐部"一员，杰梅因·奥尼尔走过了一段不寻常的成功之路。杰梅因·奥尼尔出身于 1996 年的黄金一代，但与他的同代人不一样的是，他并不是甫入联盟就崭露头角的，而是先在波特兰开拓者队中度过了四年的青涩时光。岁月流转，当科比·布莱恩特、阿伦·艾弗森等人已是统兵大帅的时候，杰梅因·奥尼尔还是波特兰的一个默默无闻、寂寂无声的板凳球员，他更多的时候是看球而不是打球。

从在开拓者队四年的各项统计数据显示，如果说小奥尼尔是个可有可无的人有些夸张的话，那么至多他也不过是个跑龙套的。在1996—1997赛季他出战了四十五场，但没有一场是首发，平均上场时间不超过10分钟，一个赛季下来场均仅得4.5分。在后面的3个赛季中，他虽然偶尔也有首发上场的时候，但是时间和得分都没有太大的提高。可以说，在开拓者队的四年至少从统计数据上来看是毫无长进的四年。

作为联盟中当时最年轻的球员，也许等待是必须付出的代价，但是当看着同时进入联盟的同伴春风得意之时，小奥尼尔的心中不免有些焦急。他并不知道：命运还是公平的，一个转变他职业生涯命运的时刻就要到了。在2000年燥热的夏天，当小奥尼尔正心烦意乱之时，他职业生涯的重大转机出现了。开拓者队将他和默塞尔、阿泰斯特交易到了步行者队，当时他的价值是：作为另外两人的一个添头。

生活就是这样，有些事情在你不可预知的情况下已经在悄悄地改变你的人生了。当小奥尼尔来到步行者队之际，步行者队的新任主帅"微笑刺客"·托马斯也走马上任。这位少壮派的统帅一到步行者就对球队进行了大胆的改造，而这其中一个重要的动作就是将小奥尼尔从板凳深处拉出来。

我们看一看他的统计数据对比就能感到这种变化。在开拓者队的最后一个赛季，小奥尼尔首发8场；而到了步行者队的第一个赛季，他就首发了81场，而且无论是上场时间，还是得分、篮板球，这些数据都直线飙升。到2002—2003赛季，小奥尼尔已经成为一个稳定的"20+10"的球星。开拓者队没能挖掘出小奥尼尔的潜质，而步行者队却让小奥尼尔跑了起来。

2003年夏天，小奥尼尔成为众多球队追逐的目标，马刺等多家西部豪门向他频送秋波，但最后还是步行者队以七年1.26亿美元的合同留住了这颗未来之星。对小奥尼来说，能够留在步行者可谓三全其美：一是在东部可以有更多的冲击总冠军的机会；二是能够拿到步行者队历史上的最高工资；三是报答了步行者队的知遇之恩。如此一来可谓既有名利之收，又有远大前程。2003—2004赛季，小奥尼尔场均20.1分10个篮板，2004—2005赛季，虽然篮板下降，但场均得分小奥尼尔拿下职业生涯最高的24.3分。之后因为奥本山宫殿的打架事件小奥尼尔也被牵涉其中，加上这两年伤病的困扰，2005赛季仅仅出场44场，而2006

赛季也才 51 场。

这 2007 赛季，小奥尼尔依旧是步行者的最核心人物，他场均得到 19.7 分 10 个篮板，依旧是东部不折不扣最好最全面的内线人物。惜乎步行者在米勒退役，阿泰斯特远走萨克们托后，这支队伍终于暴露出了它的颓败之像。终于在 2008 年 7 月 10 日，独行侠不再守候，远赴多伦多猛龙开始了他新的生活。

密尔沃基雄鹿队

命运的幸运儿
"天勾"和奥斯卡

密尔沃基雄鹿 (Milwaukee Bucks)
主场：布拉德利中心 (Bradley Center)
主教练：拉里·克里斯特科维克 (Larry Krystkowiak)
赛区：中部赛区

　　和 NBA 的其他球队成立的历史不同，你想象不到密尔沃基雄鹿竟然是发行股票集资出来的球队。1968 年 1 月 22 日，美国篮球协会（ABA）把一张职业球队的资格证批给了"密尔沃基职业运动和服务公司"，它于 1968 年 2 月 5 日正式运营。这支球队向威州的当地群众以 5 美元每股的价格出售了 30 万股股票。依靠集资来的球队成立了，在向球迷征集队名的过程中，一位来自白鱼湾的球迷特莱比尔考克斯称雄鹿生机勃勃，跑得快，跳得高，身手敏捷。这个球迷为职业体育界提供了这样一个流传千古的好名字，他也为此赢得了一辆汽车作为奖赏。

　　密尔沃基的第一支职业篮球队并不是雄鹿队，而是鹰队。他们从 1951—1952 赛季开始在密尔沃基体育馆打球，直到 1954—1955 赛季之后离开密尔沃基前往圣路易斯，这支球队后来在 1958 年获得了当季的 ABA 冠军。而雄鹿队则是密尔沃基的第二支职业篮球队，不过相比前者，他们的道路一开始就是幸运的。

　　1968 年 10 月 16 日，在密尔沃基体育馆 8,467 名观众前，雄鹿队打了他们有史以来的第一场职业联赛。结果以 84：89 输给了芝加哥公牛队，直到 6 场比赛后，球队战胜了活塞队迎来了他们的首胜。第一年他们获得了 27 胜 55 负，排名东区末尾——一个后来证明是相当幸运的结果。根据当年联盟的规则，两个分区垫底的球队进行一次掷硬币抽签以决定谁将得到首名选秀权。和雄鹿同年进入扩军后联盟的凤凰城太阳队当时战绩为 16 胜 66 负，排名西区最后，于是和雄鹿队进行了一次电话会议式的猜硬币仪式。在 NBA 委员肯尼迪的主持下，太阳队老板布洛克猜是正面，但肯尼迪手中的那枚 1964 年的 50 美分硬币掷成了反面。

雄鹿的选择是再明显不过的：卢·阿尔辛多。他曾带领加州大学布鲁因熊队在三年内连续夺得三个全美大学生篮球联赛冠军。阿尔辛多将在 NBA 打上 20 个赛季，并以 38,387 的职业生涯总得分成为 NBA 历史上得分最多的纪录保持者。这就是后来家喻户晓的传奇人物："天勾"贾巴尔。而太阳队选了佛罗里达大学 2.08 米的中锋尼尔·沃克，他后来在凤凰城、新奥尔良和纽约打了 8 季的比赛，平均每场得 12.6 分。

阿尔辛多的加入立即为雄鹿队打开了胜利之门。这位身高 2.18 米的中锋有着一手独一无二的、充满艺术感的、极其致命的勾手投篮绝技。他在新秀赛季就拿到了平均每场 28.8 分和 14.5 个篮板的惊人数据，顺理成章地当选为年度新秀。他还入选了 1970 年的 NBA 全明星阵容，并在当季结束时入选了 NBA 第二阵容和 NBA 防守二队。当年他的得分仅排在湖人队韦斯特的 31.2 分之后，排全联盟第二，篮板则排在圣地亚哥火箭队哈耶斯的 16.9 板和巴尔的摩子弹队恩塞尔德的 16.7 板之后，排名联盟第三。在阿尔辛多·贾巴尔的率领下，加上全明星罗宾逊的场均 21.8 分，前锋丹第奇和麦克格洛克林的协助，雄鹿的第二个 NBA 赛季中便取得了 56 胜 26 负的战绩，在东区仅次于纽约尼克斯队排名第二。他们接下来在东区半决赛中以 4：1 淘汰了费城 76 人队，不过在决赛中负于尼克斯，未能进入总决赛。

1970—1971 赛季，雄鹿用罗宾逊和保克换来了辛辛那提皇家队的全明星后卫"大 O"的奥斯卡·罗伯特逊，那年已是罗伯特逊在联赛中效力的第十一个赛季。虽然不如早年那般锋芒毕露，他却为年轻的雄鹿队带来了宝贵的财富：技巧与经验。他仍能平均每场得到 19.4 分。同年，阿尔辛多每场 31.7 分，成为了 NBA 当年的最有价值球员（MVP）。在重新划分的中西区里，密尔沃基大显神威，取得了 66 胜 16 负的彪炳战绩。他们在十二场季后赛中更是只输了两场，连续以 4：1 的比分击败了旧金山勇士队和洛杉矶湖人队。最后在 1971 年的总决赛中 4：0 横扫巴尔的摩子弹队，加冕王位。

接下来的 1972—1973 赛季，想要卫冕的雄鹿碰上了职业生涯末期的张伯伦率领的湖人队。"天勾"那个赛季场均拿下 34.8 分并再次当选 MVP，而张伯伦虽然从十年前的场均 50.4 分降到了 14.8 分，但依靠经验让他的防守更趋于完善，两个中锋为球迷奉献了一次精彩的中锋对决。最终雄鹿撑到了第六场而败下阵来，张伯伦和韦斯特再接再厉，拿下尼克斯取得了当年的冠军。

在 1972—1973 赛季，雄鹿连续第三年取得了六十场胜绩，成为 NBA 中第一个达到这个成就的球队，但那是一个相当困难的赛季。贾巴尔场均拿下 30.2 分，得分王却被堪萨斯城奥马哈国王队的"小个子"奈特·阿奇博尔德夺得，在 MVP 之争中也输给了波士顿队的考文斯。那年曾经的赛季三双王"大 O"拿下职业生涯的很低得分 15.5 分，雄鹿在西区半决赛 2 ：4 被里克·巴里率领的勇士淘汰。1973—1974 赛季卷土重来，贾巴尔第三次拿下 MVP，罗伯特逊以 35 岁高龄拿下 12.7 分和 6.4 个助攻，雄鹿首轮 4 ：1 淘汰了洛杉矶，在西部决赛中 4 ：0 横扫芝加哥。在总决赛中雄鹿遭遇了哈夫利切克、韦斯特法尔、JO JO 怀特和恰尼率领的凯尔特人，七场血战贾巴尔在第六场最后 3 秒留给世人难以忘记的经典勾射，但雄鹿还是输掉了总冠军。

1974—1975 年，"大 O"退役，贾巴尔受伤，雄鹿五年来第一次没有进入季后赛。1975—1976 赛季更是自毁前程，他们把贾巴尔送到了湖人，从此贾巴尔在湖人赢得了五次 NBA 总冠军，直到他退休为止。而雄鹿队直到今天还没有赢过第二个总冠军头衔。在雄鹿队的 6 个赛季中，贾巴尔三次得到了联盟 MVP 的称号，在 1970 年当选最佳新秀，并六次入选全明星，四次入选联盟第一阵容，二次入选防守第一阵容，在 1971 年则荣获总决赛 MVP 球员称号。哪怕到了二十年以后，他仍然是密尔沃基历史上总得分最多、篮板最多、均场得分最多，以及投篮命中率最高的球员。

雄鹿在 1976 年的选秀会上抽到了巴克纳、英格里什、洛伊德和沃尔顿。1977—1978 赛季，雄鹿又抽了一个好签，他们选到了本森、马奎斯·约翰逊和格伦菲尔德。季后赛球队在淘汰太阳后被掘金击败。1978—1979 赛季，密尔沃基失去了两名重要的球员：英格里什以自由人的身份转投了印第安纳骝马队，而梅耶斯因为背伤的关系缺席了所有的 82 场比赛。结果球队只取得 38 胜 44 负，再次无缘季后赛。1979—1980 赛季球队薄弱的内线终于在贾巴尔走后四年得到改变，他们得到了来自活塞的未来名人堂中锋鲍勃·兰尼尔，这架有着一双大脚和柔软手感的超级战车。当年季后赛他们和超音速大战七场而败下阵来。

1980—1981 赛季，雄鹿被分到了东部，在接下来的六年中，雄鹿将连续六次雄霸这个赛区的头把交椅，但他们再也无法打入 NBA 总决赛。"J 博士"欧文率领的费城和"大鸟"伯德率领的凯尔特人成了他们前进路上的拦路虎。1985—1986 赛季，密尔沃基连续第七年，也是最后一年赢得分区首名，战绩为

57 胜 25 负。可是他们再一次与总决赛擦肩而过，这为他们博得了 1980 年代无奈的"无冕之王"的名声。

1986—1987 赛季结束后，尼尔森教练离开了雄鹿队，成为了金州勇士的执行副主席。球队历史上最成功的一段执教经历从此画上句号。1988—1989 赛季，球队移师新的主场：布拉德利中心，并继续保持 50% 以上的胜率，之后雄鹿逐渐堕落。1992—1993 赛季球队主教练换成了麦克·邓力维，1993—1994 赛季雄鹿仅取得了 20 场胜利，并且连续三年没有杀入季后赛。尽管如此，球队仍在赛季后见到了一线曙光：在 1994 年的选秀会上，他们用手里的 1 号选秀权得到了普度大学的前锋格伦·罗宾逊。"大狗"在 1993—1994 赛季的大学联赛中平均每场得到 30.3 分，无可争议地当选最佳球员。1994—1995 年"大狗"联手文·贝克，组成了前场恐怖的组合，但球队最终错失季后赛。1995—1996 赛季结束后，球队的成绩却令人失望地滑落到了 25 胜 57 负，邓力维下课。让雄鹿唯一值得庆幸的是，他们得到一个叫雷·阿伦的射手。

此后，罗宾逊和文·贝克都达到自己的职业生涯的黄金期，场均超过 20 分，而文·贝克更是场均拿下 10 个篮板以上。雷·阿伦也逐步成长，但雄鹿战绩仍旧很差。1998 年贝克被送去西雅图，1999 年雄鹿得到了卡塞尔，新的三叉戟又重现江湖。阿伦的 22.1 分和罗宾逊的 20.9 分组成了雄鹿常规赛大部分的火力，当然，这是在卡塞尔的"助攻"下完成的。外星人以 729 次传球（场均 9.0 次）刷新了球队助攻纪录，在得分上也创下了 18.6 的职业生涯最高。雄鹿的"三巨头"加起来贡献了球队 60.3% 的得分（共 5,008 分），在联盟中仅次于湖人的明星组合奥尼尔、科比及格伦·莱斯（共得 5,101 分）。球队连续两年碰上步行者被淘汰。

2000—2001 年，总战绩 52 胜 30 负使球队最终登上中区榜首，这是 1986 年之后的第一次。在压倒性地战胜了奥兰多魔术之后，雄鹿在 2：3 落后的艰难境遇下，后来居上，连胜两场淘汰夏洛特黄蜂，自 1986 年以来第一次进入东部联盟决赛。在一个值得纪念的七场系列大战中，雄鹿对阵费城 76 人。雷·阿伦平均每场砍下 27.1 分，三分命中率高达 51%，几乎凭一己之力夺得总决赛入场券。在第六场中，他狂拿 41 分，把系列带入抢七，但在第 7 场中，艾佛森拿下 44 分，使 76 人最终晋级。

2001—2002 年雄鹿遭受到伤病问题，2002—2003 年球队用罗宾逊换来了库克奇，"摇摆人"里德成为球队的第 3 得分手。2003—2004 年雷·阿伦远走西雅

图，卡塞尔也去了洛杉矶快船。目前球队就剩下了里德还坚守阵地，而里德已成长为联盟数一数二的得分高手。不过在 2007 年首轮第六顺位被选中的易建联一年后加盟新泽西篮网时，雄鹿得到了另一位得分高手——理查德·杰弗森。

球员篇 迈克尔·里德：
低估的射手

迈克尔·里德可以说是雄鹿一手培养出来的超级射手，1979 年 8 月 24 日出生在俄亥俄州的哥伦布市，两岁的时候就开始触球，高中毕业后顺利地进入了俄亥俄州立大学。由于球队战绩一直不佳，里德的选秀前景也不是非常乐观，第二轮四十三顺位里德才被雄鹿幸运地抽中。在"大狗"，雷·阿伦和卡塞尔当道的时期，雄鹿一开始并没有给里德很多机会，新秀赛季里德一共得到 36 分钟的上场时间，场均得到 2.2 分 0.7 个篮板。

不过里德并没有被阴影的遮挡而丧失信心，同样都是叫迈克尔，里德把乔丹的辉煌当成了自己前进的动力。在场下的训练中，里德挥汗如雨，每天上千次地投篮练习，并刻意追求自己的出手速度。逐渐地里德天生的手感被挖掘出来，而里德迅速的出手也让其他球员防不胜防。2001—2002 赛季里德的投篮命中率达到了 48.3%，而三分命中率也达到了 44.4%，里德在场均 21.1 分钟的时间内场均拿下了 11.4 分。而 2002—2003 赛季又提高到 15.1 分。

雄鹿的总经理也正是看到了里德日益成熟的表现，毅然宁愿多付奢侈税，以3 年 1200 万和小牛相同的价格留住了里德。事实证明雄鹿总经理的这项决定是相当明智的，里德也用自己的表现换来了自己在进入联盟的第一份长约。随着后来乔治·卡尔一手把三个火枪手拆散，里德一人挑起了雄鹿的大梁，担任起了雄鹿的领袖。在人人都认为雄鹿将成为像老鹰一样的大烂队的时候，里德以自己出色的表现将雄鹿带入了季后赛，并在当年成为全明星。虽然在第一轮后来输给当时的冠军活塞，但里德的表现已经让他逐渐加入联盟一流球星的行列。2003—2004 赛季的里德场均已经能够拿下 21.7 分 5 个篮板 2.3 次助攻。

　　然而第二年，雄鹿伤病满营，几乎一半主力都受伤，加上整体实力本来就有限，所以雄鹿只取得了 30 胜 52 负的糟糕战绩。虽然里德的数据提升到 23.0 分，但凭借一己之力，里德仍旧难以阻止球队战绩的自由落体。而因为球队糟糕的战绩，也埋没了里德应该受到的赞誉。

　　有得必有失，虽然在那个赛季雄鹿的战绩是联盟倒数第六，却幸运地获得了状元秀，并挑选了犹他大学的澳大利亚球员博古特，并顺利以顶薪和里德续约，而且从自由市场挖来了当年的最佳进步球员西蒙斯，从黄蜂交易来了全明星中锋马格罗伊尔。加上 T.J. 福德的复出，2005—2006 赛季，雄鹿再次杀入季后赛。季后赛中，里德的投篮命中率和三分命中率再创新高，投篮为 52.4%，三分命中率为 46.7%，场均拿下 27.2 分 5.4 个篮板。

　　2006—2007 赛季，里德的进攻手段更加多样化，他场均的得分为 27.1 分，排在联盟第七位。不过雄鹿的战绩并不出色，里德正在带着年轻的雄鹿一步步前进。

鲨鱼的东游
热火的冠军

迈阿密热火队

迈阿密热火 (Miami Heat)
主场：美国航空球馆 (American Airlines Arena)
主教练：帕特·莱利 (Pat Riley)
赛区：东南赛区

　　热火队是 1988 年 NBA 扩军时加入 NBA 的，与他们一起进入 NBA 的还有魔术队、森林狼队和黄蜂队。经历了前几个赛季的困境后，热火队开始成为东部强队之一。1995—1996 赛季，NBA 著名教头——"神算子"帕特·莱利成为热火队主教练，给热火队带来了强悍之气，使他们成为 NBA 中最顽强的球队之一。

　　1988—1989 年是热火队的处子赛季，罗恩·罗什斯特恩是第一任主教练。热火队只取得了 15 胜 67 负的糟糕战绩。爱德华斯是球队的得分王，平均每场得13.8 分。1989—1990 赛季，热火队从中西区变成大西洋区。在选秀大会上，他们首轮选中格伦·莱斯。热火队成绩仍然很糟糕，18 胜 64 负，还是远离季后赛。

　　经过了三个失败的赛季后，热火队才于 1991—1992 赛季第一次闯入季后赛。凯文·罗杰利是当时的主教练。常规赛结束后，热火队以 38 胜 44 负以东部第八的成绩进入季后赛。但是热火队碰到了当时如日中天的公牛队，一场未胜就被淘汰出局了。

　　此后热火队又换了几任主教练，但直到 1995—1996 赛季帕特·莱利成为主教练后，热火队才脱胎换骨，成为东部的强队。1995 年 9 月，帕特·莱利从尼克斯挂印而来，被热火队任命为主教练和总裁。莱利上任后即对球队进行大刀阔斧的重组，从黄蜂队交换来了全明星中锋阿朗佐·莫宁、埃利斯和迈尔斯。执教热火队的首个赛季，莱利就率队重新闯入季后赛。可惜热火队第一轮碰到的是当时 72 胜 10 负的公牛队，再次被淘汰。

　　1996—1997 赛季，热火队成为 NBA 最令人吃惊的球队。在常规赛中热火队取得了 61 胜 21 负的佳绩，高居大西洋赛区的榜首。季后赛热火队先是淘汰了魔术队，然后与尼克斯大战七场，最后杀入了东部决赛。在与尼克斯的比赛中，热火队以 1∶3 落后，但是热火队连胜三场，最后反败为胜。在决赛中，热火队又碰到公牛队，再次被淘汰。

热火队与尼克斯的仇恨在 1997 年就种下了种子，此后愈演愈烈。1997—1998赛季，两队在季后赛首轮相遇。前 3 场比赛热火队以 2∶1 领先，但在第四场比赛中，两队打得火星四溅，最后莫宁与拉里·约翰逊大打出手，双双被禁赛。尼克斯队捞到了便宜，连下两城淘汰了热火队。

热火队与尼克斯的恩怨还在继续。1998—1999 赛季，热火队 33 胜 17 负，高居东部第一，而尼克斯仅居东部第八，两队在季后赛首轮再次相遇。尼克斯在第五场比赛中，以 78∶77 胜出，再次淘汰热火队。

1999—2000 赛季，热火队 52 胜 30 负，与老冤家尼克斯在东部半决赛再次聚首。这一次失败的仍然是热火队，他们在第七场比赛中以 82∶83 落败。

2000 年莫宁参加奥运会归来，却被检查出患了严重的肾病。此后莫宁缺席了热火队的前 69 场比赛，但热火队还是打进了季后赛，不过第一轮就被活塞队0∶3 淘汰。

2001—2002 赛季，热火队未能走出困境，成绩一路下滑。热火队只取得 36胜 46 负的战绩，七年来第一次缺席季后赛。

2002—2003 赛季，莫宁在赛季开始前就宣布缺席整个赛季，热火队实力再次受了削减，帕特·莱利几乎无可用之兵。埃迪·琼斯和布莱恩·格兰特仍然是主力，新来的贝斯特也担起先发重任。新秀卡隆·巴特勒成为热火队的主力小前锋，表现不错，获得第一个月的"最佳新秀"称号，但是热火队仍然阵容不整，新赛季仍无所作为。

2004 年 7 月 15 日凌晨，热火利用科比和奥尼尔争夺天使之城老大造成的间隙，成功地和巴斯完成了一项极为引人注目的交换条约。热火队将卡隆·巴特勒、拉玛尔·奥多姆、布莱恩·格兰特以及未来的一个首轮选秀权送到洛杉矶，而他们得到的却是依旧能凭借一己之力让联盟震颤的"大鲨鱼"奥尼尔。湖人 F4 烟消云散，为了总冠军，"手套"佩顿也放弃了科比的挽留，追随奥尼尔来到热火。加上新秀韦德的迅速成熟，内线有莫宁和奥尼尔的支撑，就在 2005—2006 赛季，热火就夺得了梦寐以求的总冠军。韦德荣膺总决赛 MVP。不过随后热火就遭遇了伤病的打击，韦德和奥尼尔相继受伤，球队不复昔日之勇，2008 年 2 月 7 日，奥尼尔再次离开热火回到了西部加盟太阳，韦德则迎来了新队友肖恩·马里昂和马库斯·班克斯。

球员篇 韦德：
晃动着的乔丹

皮蓬曾经说过，"韦德那份晃动的随意确实有乔丹的影子"。2006 年 NBA 总决赛，当韦德这位来自马奎特大学刚步入联盟的第三个赛季的球星拿下自己的第一个冠军戒指时，谁还能比这个超越一切高贵血统的 24 岁大男孩更让人激动人心。从哈达威到科比再到闪电侠，韦德是鲨鱼抚养的第三头怪兽。而这第三头怪兽在迈阿密这座小城，已经超越了垂暮的鲨鱼，成为联盟最具破坏力的怪兽。

2003 年在自己的首个赛季，这个 1.93 米的后卫，这个和神拥有一样身高的男孩子，这个敬重自己的姐姐、在大学里便要养活自己孩子和说服自己母亲摆脱毒品的乖男生，就已经摆脱了出道的青涩。在出场的六十一场里五十六场首发，场均 1.4 个抢断领先全队，更重要的是在人们还在为安东尼和詹姆斯会不会成为"大鸟"伯德和"魔术师"约翰逊的翻版时，这个乖男孩已经抢走了所有人的风头。季后赛第一轮，他的绝杀让巴伦·戴维斯心生寒意，让好不容易跻身季后赛的黄蜂第一轮便被拔掉毒刺，打道回府。而东部半决赛，如果不是因为右手腕的伤延缓了他的战意，这个孩子说不定还会让步行者再次心惊胆战。

2004 年的夏天，史上最强悍之一的中锋到达迈阿密，然后，韦德有了一个名字："FLASH MAN"。这个称呼极其精确，这一年，热队领衔东部，所向无敌。而韦德立刻成为了 2003 届最耀目的新人，他有闪电般的切入、雷神般的飞扣，种种不可思议的低位进攻轰炸能力，重剑无锋却犀利无比般的斗志，侵略性的防守抢断，鲍勃·库西般突破分球……2005 年夏天德怀恩·韦德让热火在鲨鱼负伤的大半个赛季中，热火仍能够踩在大多数球队头上前进。他盖下了斯塔德迈尔的投篮然后半场投中远射，他在费城面对艾佛森劈下了 48 分，他在 TOP10 上扣遍了联盟任何一个内线的头顶，接过球队随意出手的自由核心位置，然后凭借一己之力和活塞大战七场，再次因伤势而败北。

然后，闪电侠就迎来了他自己生涯第一个完美的赛季。在 2006 年的季后赛里，在韦德身上不断上演奇迹，令人们回想起一个又一个当年的英雄人物。那是拖着受伤的大腿帮助尼克斯赢得 1970 年总冠军的威利斯·里德，那是在 1973 年总决赛第七场比赛中大放异彩的沃尔特·弗雷泽，那是在 1987 年东部总决赛第五场最后 5 秒断到球的拉里·伯德，那是 2003 年助马刺毁灭网队的蒂姆·邓肯，像所有之前这些伟大的球员一样，韦德在所有人的目光中一夜成长。在这个赛季里，人们早就习惯了科比每场轰下高分却仍然无法带领湖人取得胜利，现在，人们的面前出现了一个谦卑的刺客，他每次的袭击都杀气十足，他的每个得分都是球队合作的成果。

总决赛第三场比赛中，比赛还剩 6 分 15 秒就要结束，热火仍落后 13 分。在这个系列赛中，热火已经连丢两场，眼看着就要被小牛埋葬。全世界都看到了韦德在此刻如何领导着他的球队前进，看到他在第四节独得 15 分，并且在比赛还剩 0.3 秒时，从诺维茨基手中抢到了内场传球。是他锁定了胜局，并且还得意扬扬地用脚踩住了小牛的咽喉。在接下来 4 场比赛中，每个小牛的球员、教练和球迷都将他视为头号敌人，严防死守仍然不可遏制他的进攻，场均达到了 39.2 分、8.2 个篮板、3.5 个助攻和 2.5 个抢断，这种成长的姿态，在 NBA 前所未见。还没有哪个球员在自己进入 NBA 的前 3 个赛季的季后赛里，得分超过韦德。埃尔金·贝勒没有，杰瑞·韦斯特没有，甚至连贾巴尔的得分也没有如此之高。

而更让大鲨鱼佩服的是，在整个二十三场季后赛中，韦德平均每场出手却不足 20 次，但命中率却接近 50%。奥尼尔曾经念叨和他在一起的球员，每天所想的都是 40、40、40，即便他们只需要出手 30 次，他们还是想要得到 40 次投篮机会。但韦德不同，他只关心能否赢球。斯坦·范甘迪称赞道："韦德无与伦比，他跟科比的不同之处在于，当湖人拿了 3 个总冠军时，科比虽然在球队中扮演了重要角色，但当时的领袖是沙克。而在上赛季，韦德是热火的领袖，是他领导这支球队赢得总冠军。"

莫宁和佩顿终偿所愿，十八年来饱受非议的热火主教练帕特·莱利也一洗历年积累的屈辱。少年韦德扛起了他那些脸上已经满是皱纹的师长们的使命，

走向了 NBA 的未来。多年来，人们每每提及 NBA，总会念叨着联盟今不如昔。而如今，人们总算是找到了梦寐以求的优质偶像：一个拥有 21 世纪的技术打法，可身上却没有一点文身，浑身散发着上世纪美德的球员。当这支球队取得总冠军的三天后，在迈阿密的市区，大约 25 万市民自发地聚集在一起，欢庆这支球队的胜利。实际上在这时，韦德就已经当选《体育画报》2006 年年度体育人物了。

德怀恩·韦德说："逆境能成就一个人，我爱挑战。这就是我的生活。"

奥兰多魔术队

不可思议的状元签
鲨鱼的离去

奥兰多魔术（Orlando Magic）
主场：安利球馆（Amway Arena）
主教练：布莱恩·希尔（Brian Hill）
赛区：东南赛区

1992 年选中"大鲨鱼"奥尼尔，奥兰多就开始感叹自己的运气之好，1993 年当以六十六分之一的概率再次抽中状元签时，奥兰多更是感叹上帝不可思议的眷顾。没有什么犹豫，有奥尼尔的存在，魔术更希望得到的不是韦伯，而是哈达威。在得知拥有第 3 位选秀权的勇士将得到哈达威时，奥兰多马上选中韦伯为状元，随后就和勇士进行了交易。奥兰多不仅得到了"便士"，甚至还在未来的七年拥有了十一个首轮选秀权！

1987 年 4 月 22 日，NBA 董事会正式投票通过了其中四支球队的加入联盟请求。1988—1989 赛季夏洛特和迈阿密首先进入联盟，而奥兰多与明尼苏达在随后的一个赛季，也就是 1989—1990 赛季加入，这四支球队必须分别支付 3,250 万美金的加盟许可费。

1989 年 11 月 4 日，在观众爆满的奥兰多安利体育馆里，魔术队开始了他在 NBA 的第一场比赛。在首场比赛输给篮网后，作为新军的魔术马上迎来了两连胜。第一个赛季球队仅取得了 18 胜 64 负的战绩，不过他们并不是联盟的副班长，赛季中被他们三次战胜的网队以 17 胜 65 负的成绩敬陪末座。

魔术队在 1990 年的选秀大会上用 4 号签挑选了神投手丹尼斯·斯科特，球队胜率也立刻提高了将近一倍——31 胜 51 负。12 月 30 日，现芝加哥主教练斯科尔斯为魔术创造了队史上的第一个 NBA 历史纪录——单场 30 次助攻。然而，接下来的一个赛季却是令人失望的。魔术队的战绩仅为 21 胜 61 负，伤病成了球队前进的最大障碍。

不过幸亏上个赛季的一烂到底的战绩，1992 年 5 月 17 号奥兰多赢得了 1992 年度联盟选秀的状元签。随后不出意外地，魔术队在 1992 年的选秀大会上选择了来自路易斯安那州身高 2.16 米、体重 136.7 公斤的天才中锋沙克·奥尼尔。

鲨鱼的加盟让球队战绩提高了 20 场，成为当赛季联盟进步最快球队。奥尼尔的处子赛季场均拿下 23.4 分、总分 1,893 分以及 56.2% 的命中率都是球队的新纪录，并且奥尼尔的场均 13.9 个篮板与 3.53 次封盖也让球迷大为震惊。这年奥兰多成为错过季后赛战绩最好的一支，在仅有的六十六分之一的状元抽签中，奥兰多再次折桂，没有悬念，魔术马上选中韦伯并和勇士进行了交换。

在菜鸟赛季里，哈达威平均每场得到 16.6 分 6.6 次助攻 5.4 个篮板以及排名联盟第 6 的 2.32 次抢断，毫无悬念地入选年度新秀一队。在最佳新秀的评比中也仅以毫厘之差输给了当年的状元韦伯。这年要不是罗宾逊在最后一场拿下 71 分，奥尼尔就有可能得到自己的第一个得分王。他场均 29.3 分 2.9 次封盖。魔术最终以大西洋分区第二的身份挺进季后赛，但是在首轮便倒在了当年的季后赛黑马步行者脚下——后者则一直杀入了东区决赛。

1994—1995 年，仅仅在建队的第六个赛季，奥兰多魔术球队便以 57 胜 25 负的战绩成为了东部的老大，并且在季后赛里一路击败波士顿凯尔特人、芝加哥公牛以及印第安纳步行者昂首闯入总决赛。奥尼尔终于拿到了得分王，场均 29.3 分、11.4 个篮板，而哈达威也能拿下 25.5 分和 8.0 次助攻。加上新加盟的带着三枚总冠军戒指和顽强的求胜心到来的格兰特，魔术原本想和火箭大干一场，没想到这年的奥拉朱旺仍旧无敌。上个赛季淘汰了尤因拿下冠军，这个赛季刚刚又淘汰了海军上将罗宾逊，虽然奥尼尔和奥拉朱旺对决不分上下，但魔术还是被 0：4 剃了个光头。

1995—1996 赛季"魔术双雄"奥尼尔和"便士"哈达威两人更是锐气十足，将东部搅得鸡飞狗跳，秋风扫落叶般地拿下了 60 个胜场。但当年最风光的球队无疑是传奇球星乔丹的回归以及篮板王罗德曼加盟的芝加哥公牛，他们在八十二场常规赛中取得了不可思议的 72 胜 10 负的战绩——当常规赛季结束时，几乎一切迹象都表明这两支球队将在东部 7 战 4 胜的决赛中一较高下。华山论剑前，奥兰多用底特律活塞与亚特兰大老鹰进行了祭剑，但那年碰到的乔丹已经成神成圣，0：4，魔术又被剃了个光头。

1996 年，奥尼尔新秀合约到期，面对奥尼尔提出的天价合同，魔术置之不理，最终鲨鱼西游，去了湖人。失去了奥尼尔的哈达威孤单影只，虽然杀进季后赛但首轮面对热火队，哈达威在第三场和第四场的背靠背的季后赛连续拿下 40分，系列赛场均超过 30 分，但最终魔术还是败下阵来。

1998—1999 年因为劳资谈判，常规赛仅仅有 50 场，魔术取得了 33 胜 17 负的东区最好战绩（与迈阿密热火、印第安纳步行者并列）。但这年季后赛球队还是在第一轮输给了艾弗森领军的费城 76 人队。1999 年 6 月 14 日到 2000 年 2 月24 日，球队总经理一共做了 37 笔球员交易，涉及球员达 38 人，这也为球队腾出了薪金空间。2000 年奥兰多放出卫星要以顶薪网罗邓肯和格兰特·希尔，并以一个 300 万拿下麦迪。联盟都为这个计划发出惊呼，但最终邓肯没有得到，球队得到了麦迪和希尔。当年魔术以 43 胜 39 负的成绩闯入季后赛。这也是魔术队在八年里第六次闯入季后赛，以及连续九年胜率保持在五成以上。麦迪场均 26.8分、7.5 个篮板、4.6 次助攻、1.53 次封盖以及 1.51 次抢断。但因为希尔的缺阵，在季后赛首轮面对雄鹿时 1∶3 败下阵来。

2001—2002 赛季，麦迪传奇仍在继续，麦迪已经成长为一位真正意义上的超级巨星，他的得分（25.6 分，联盟第四）、篮板（7.8 个）、出场时间（38.3分钟）均为全队之首。5.3 次助攻，1.57 次抢断也是球队第二。希尔本赛季仍然深受伤病困扰——他因为左踝的伤势缺席了 68 场比赛。而魔术队的其他球员也没有逃出伤病的魔爪——整个赛季下来共有 211 人次缺席比赛——用人上的捉襟见肘迫使主教练先后使用过 18 套不同的先发阵容。

2002—2003 赛季是魔术队连续第十一次以过半的胜率结束常规赛。42 胜 40负的成绩虽然足以将球队连续第三年送入季后赛，但是这也意味着他们将与东部战绩最好的活塞队在首轮碰面。让人大跌眼镜的是，赛前不被人们看好的魔术队不但从活塞的主场抢回 1 场胜利，更在自己的主场连下两城，把夺冠热门活塞队逼入只差一场就要遭到淘汰的绝境。3∶1 的总比分似乎已经预示着又一个黑八奇迹将要诞生。但是老天在这时和所有奥兰多人开了一个玩笑，场场都是背水一战的活塞队奇迹般地连赢三场，最终以 4∶3 的比分，将一只脚已经踏入下一轮的魔术队无情地拽了回来。经过六年职业联赛的磨砺，麦迪终于成为联盟屈指可数的几位巨星之一。麦迪这个赛季成为联盟得分王，场均 32.1 分 6.5 个篮板 5.5次助攻，这样出色全面的表现让麦迪毫无争议地入选 NBA 最佳阵容第一队，并且在 MVP 的评选中也位列第四。

2003—2004 年，魔术仍旧遭遇到伤病的困扰，麦迪蝉联了联盟得分王，场均拿下 28 分。但球队仅仅取得 21 胜 61 负的战绩。随后麦迪 2005 年去了休斯敦火箭，球队 2004 年选中的状元魔兽中锋霍华德在经过两年历练后也成长为联盟的明星，但魔术需要改进的还有很多！

球员篇 德怀特·霍华德：
变态版的联盟魔兽

说德怀特·霍华德是变态版的魔兽，其实一点贬义都没有。虽然霍华德在芝加哥曾和利文斯顿两人举行了男子成人仪式，但记者再次采访他的时候，霍华德还是认真地说：什么？你说那是嫖妓，我那是为了拯救她们堕落的灵魂。作为一个男人，霍华德敢做敢当，作为一个球员，霍华德用他那嘴吻篮筐，爆扣联盟所有内线的霸气为自己赢得了一个变态魔兽的雅号。

说起弹跳，我们曾听说过无数个关于球员弹跳的故事："滑翔机"德雷克斯勒扣过 3.6 米的篮筐、比尔·拉塞尔在篮板上沿取过硬币、加内特连续起跳碰触篮板上沿……但这些都只是传言，因为没有十足的证据。但霍华德不同，他的 0.97 米的垂直弹跳有照为证。

上赛季开始前魔术训练营进入到第二天，霍华德练得挺高兴，当着记者的面就开始炫耀自己的弹跳。不用灌篮、不用摸高，他就征服了在场的所有人——因为他做了一个传说中的"kiss the rim"（亲吻篮筐）。感谢弗兰多，因为他的敬业精神，这伟大的一幕得以保存下来。

德怀特·霍华德是 2004 年的状元秀，在那年选秀大会前后，他与奥卡福孰优孰劣的问题曾让人争论不休，新秀赛季两人的表现也算是不相上下。但到本赛季，小霍华德的风头已经完全盖过了奥卡福——至少，小霍华德已经在比赛中扣了超过 150 个篮，而奥卡福才扣了不到 30 个。也难怪，小霍华德毕竟是以高中生的身份成为状元秀的——通常，高中生被球探和专家看好，都是因为他们的身体素质和运动能力出众。年满 20 岁的小霍华德身高 2.11 米、体重 120 公斤，能跑擅跳，硬件是比奥卡福棒多了。要知道，小霍华德上八年级的时候就会扣篮了，他自己说："我上八年级那会儿，身高还只有 1.78 米的时候，就在我们那儿的娱乐中心扣了第一个篮。"

本赛季，霍华德终于弥补了麦迪、弗朗西斯走后所带来的创伤。常规赛的前半段，魔术甚至是东部老大的有力争夺者，而常规赛结束后，霍华德和他带领的魔术终于可以轻松地杀进季后赛。而再看看霍华德个人数据，17.5 分，12.3 个篮板，接近二次封盖。霍华德天生就是个疯狂的篮板手和防守高手，而他的得分伴随着他在篮下一次次的爆扣疯了似的上涨。

20 分 20 个篮板，貌似很多的时候霍华德只要愿意都可以轻松地拿到。更重要的是，作为高中杀入 NBA 的第三位状元，霍华德还很年轻。

华盛顿奇才队

子弹的传奇
首府的新势力

华盛顿奇才（Washington Wizards）
主场：Verizon 中心（Verizon Center）
主教练：艾迪·乔丹（Eddie Jordan）
赛区：东南赛区

　　这支历史悠久的球队并非起源于美国首府华盛顿，1961 年，华盛顿奇才队的前身包装工队在芝加哥诞生，但 18 胜 62 负的惨淡成绩令所有人都失望不已。或许球队认为老土的队名使球员在比赛中打不起精神，因此在第 2 年，芝加哥包装工队又改名为芝加哥和风队。但换汤不换料，成绩依旧不见好转，赛季结束后和风队以得 25 胜 55 负的尴尬成绩垫底西部。

　　可能这次又轮到风水问题，第三年球队从芝加哥迁移至巴尔的摩，并再度换名为巴尔的摩子弹队。在以 31 胜 49 负令人稍感欣慰后，球队又在第四年如愿打入季后赛并杀至第二轮。对于球队的进步，新秀球员门罗功不可没，平均每场24.3 分及 4.3 次助攻使他毫无争议地获选了当年的"最佳新秀"称号。

　　1968—1969 赛季对于子弹队来说是球队的首次丰收，57 胜 25 负的战绩名列全联盟首位。骄人的主场成绩是他们成功的主要原因，而当年新秀韦斯·昂塞尔德也因此一跃而出。平均每场得 13.8 分和 18.2 个篮板令韦斯·昂塞尔德获得了当年的"最佳新人"以及"最有价值球员"称号，他也和张伯伦成为了 NBA 历史中唯一两名在一年中获得这两个称号的球员。此后的几年中，子弹队更是一发不可收拾，1971—1972 赛季尽管只获得了 38 场球赛的胜利，但依旧傲居分区首位，而昂塞尔德同样也热得发烫，以 17.6 个篮板仅次于张伯伦。

　　1973—1974 赛季，球队再度改名为巴尔的摩首都子弹队。也许是名字太过难记，次年球队又换名为华盛顿子弹队，不过夺冠是他们始终唯一不变的目标。1977—1978 赛季，子弹队终于在主教练莫塔的率领下如愿获得总冠军。

　　1981 年，随着队中头号球星昂塞尔德的退役，子弹队也渐渐开始走下坡路，到了 1990 年代，华盛顿子弹队已经从中游跌落至谷底并一蹶不振。1997 年出人意料地打入季后赛，似乎就像回光返照一样。尽管首场比赛子弹将当时如日中天的公牛队拖入了加时赛，但最终还是被连扫四场，被踢出局。而赛季结束后，球队再度换名为华盛顿奇才队。正当这支球队彻底沦为鱼腩时，"飞人"乔丹的第二次复出挽救了奇才。在复出的首个赛季，奇才便跃升为联盟中最受瞩目的球队之一。但唯一遗憾的是由于伤病的困扰，乔丹所率领的奇才队连续两年冲击季后赛不成，而乔丹也给自己留下了球场上唯一的遗憾。

　　随后华盛顿奇才进行了重建，得到了阿瑞纳斯、贾米森和巴特勒三杆火枪。尤其是阿瑞纳斯在 2001—2002 赛季被勇士选中后，第三年来到了奇才。到达奇才后，这个年轻的后卫球技日益炉火纯青，经过几个赛季的磨炼，阿瑞纳斯已经成长为联盟最恐怖的得分手。2004—2005 赛季全面爆发，不但入选全明星，联盟第三阵容，还率队取得二十三年来第一次季后系列赛胜利。其中对公牛第五战加时，阿瑞纳斯投中关键压哨球，助球队险胜，成功扮演冷血杀手。

球员篇　　**阿瑞纳斯：**
　　　　　　　　追求完美的疯狂男子

　　2001 年第二轮第二顺位才被勇士选中，到现在成长为联盟中数一数二的得分好手，阿瑞纳斯成功地演绎了一段丑小鸭变天鹅的神奇故事。当他面对科比·布莱恩特拿下 60 分并带领球队取胜时，当他随心所欲地在小牛的防守下劈下 50 分时，全世界都在注视着这个言出必行、争胜好强、追求完美的疯狂男子。

　　1982 年 1 月 6 日出生的阿瑞纳斯拥有摩羯星座的典型性格，忍耐、抑制和稳定，努力而且踏实，一步一步地慢慢来，稳扎稳打。但在充满欺骗性的平和低调的外表掩饰下的，却是内心深处无时无刻不在沸腾翻涌着的强烈自信和野心。而也正是这种深深隐藏的固执与自尊，驱使他选择了 0 号为自己的背号。

　　第一次让阿瑞纳斯刺激的事情来临了，高一球季结束的时候，他的教练下了

一个改变他一生的结论："你永远也不可能进入大学打篮球。"一句话，造就了一个男人。那个夏天，年轻的阿瑞纳斯心中充满了另一种动力——证明那个教练是错误的！他每天凌晨天没亮就开始练习篮球，一整天都待在篮球场上和不同的人单挑或者组队比赛。任何人，任何时间，任何场地，任何比赛，只要能参加的比赛阿瑞纳斯都不会放过，往往一天不见人影直到午夜才回到家里。他的父亲知道他在哪里打球，也知道他这样可以远离毒品和暴力，所以也乐得听之任之，随他去疯。

经过了一个夏天的疯狂磨炼，阿瑞纳斯在秋季学期之前转学到了当地另外一所高中。球技疯长的他立刻成为球队首发球星，三年下来平均每场贡献29.8分。但是固执的阿瑞纳斯没有忘记当初对自己许下的誓言，把自己最好的比赛都留给前任教练，每年狂虐他的球队两次。虽然阿瑞纳斯成为加州高中的得分王，但南加州的大学还是没有几个愿意去接受阿瑞纳斯。一些专家们充满同情的口气预测，阿瑞纳斯只能在大学篮球界坐上板凳，但是上场比赛时间将为0。就因为这一个"0"，最终因为选人被爽约的亚利桑那大学抱着可有可无的心态接纳了阿瑞纳斯。阿瑞纳斯随即挑选了0号作为自己的球衣，他要再次证明自己，他再次成功了。这个0号大二就成为强豪亚利桑那的首发后卫和头号得分手，并带领球队一直冲入NCAA锦标赛决赛。而且他也没有忘记用自己的方式去提醒当初忽视自己的两所加州篮球名校——在对南加州和加大洛杉矶分校的4场比赛平均攻下25分。

大二结束之后，阿瑞纳斯决定提前参加NBA选秀——怀疑，还是怀疑。这次那些"专家"们说他是个个头不够NBA后卫的大学得分后卫，而且进入NBA后将无法转型成为组织后卫，是个典型的"Betweener"——两边都可以但是哪边都不行。选秀这天，阿瑞纳斯在加州的一个旅馆看着电视上自己的名字一路下滑无人问津。整个第一轮过去了，还是没有自己的名字，阿瑞纳斯愤怒地打开窗子，把自己刚刚买的钻表金链等首饰扔到街上。关掉电视，打电话给自己的大学教练痛哭失声，教练赶紧安慰他说他第二轮第二顺位被金州勇士队选中了。阿瑞纳斯说："这是NBA犯下的最大的错误，我现在就去训练馆！"

固执甚至有些偏执的阿瑞纳斯当场就宣布，自己不到赛季中就能打上先发——对于一个第二轮入选的新秀来说，这样的承诺本身就非常罕见，何况金州当时队内已经拥有一对不错的老将后卫。但是，再一次，阿瑞纳斯实现了自己的诺言。第二年，阿瑞纳斯场场首发拿下 18 分 5 个篮板 6 次助攻，成为联盟进步最大球员。"我喜欢人们怀疑和低视我，"阿瑞纳斯回忆道，"因为这样我可以把这些怀疑爽快地扔回他们脸上。"

从被怀疑到终结怀疑，从遭受蔑视到收获仰视，阿瑞纳斯付出了很多。在高一的夏天他就每天早上 4 点开始，翻墙进入附近的初中篮球场投篮。进入亚利桑那之后，他最熟悉的一个朋友是球队管钥匙的助教——每天深夜去帮他打开大学 13,000 人座位的球馆让他练习。他从金州勇士时代起就经常凌晨两三点钟进入球馆苦练，已经成为全明星的他在一场得到 27 分 6 个篮板 6 次助攻的比赛之后，因对自己的表现不满而辗转反侧无法入睡，索性爬起来跑到球队训练馆疯狂投篮，直到次日凌晨 5 点才躺在球馆，睡着时嘴角还挂着疲惫与香甜。而也正是大家所没看到的这些静寂孤独的夜晚，才更加准确地描绘着这样一个隐忍平静的、追求完美的男人内心燃烧着的激情。

奇怪？疯狂？或者仅仅是与众不同？人们常常觉得阿瑞纳斯是个长不大的孩子，但这个充满微笑的"东区刺客"——他自封的外号，却是一个真正隐忍、偏执、勤奋、自信、永不服输、追求完美的疯狂男子——阿瑞纳斯。

亚特兰大鹰队

光荣的断代
球星的印记

亚特兰大鹰 (Atlanta Hawks)
主场：菲利普斯球馆 (Philips Arena)
主教练：麦克·伍德森 (Mike Woodson)
赛区：东南赛区

鲍勃·佩蒂特肯定想不到，1958年他终结的是一个帝王时代更大的辉煌。1957年，鲍勃·佩蒂特带领鹰队与波士顿凯尔特人队战于总决赛，最后败北，亲眼看到红衣主教亲手点燃胜利的雪茄——那是凯尔特人王朝的开端。1958年，他面对拉塞尔和海因索恩——那后来冰封了张伯伦六年之久的怪物们——拿下50分。从凯尔特人手中抢下了一个总冠军。如果不是这个冠军，从1957年到1966年，这个奇迹般的王朝夺得的不仅仅是八连冠，而是十连冠。

1946年，老鹰的前身三城黑鹰队加入了NBA的创世球队行列。那个时候，球队被横跨密西西比河的三个城市共享。而那个时候也是中锋的创始人，或者说球星的鼻祖乔治·麦肯的第一个赛季。第一年黑鹰和季后赛擦肩而过，但接下来的两个赛季，老鹰都成功地杀进了季后赛。1949年NBL和NBA合并，黑鹰队正式成为NBA球队中的一支。你肯定没有想到红衣主教早期执教的球队不是凯尔特人，而是联城黑鹰队。而红衣主教竟然也不是黑鹰错过的唯一巨星，鲍勃·库西也曾在老鹰做过短暂的逗留。可惜黑鹰无识才慧眼，库西被送到了芝加哥牡鹿队，随着牡鹿队的解体而被凯尔特人轻松签走。

1951年球队老板把老鹰迁到了大城市，而老鹰也开始了初期的沦落史。连续4个赛季，球队都成了西部的垫底球队，和现在在东部的沉沦又何其相似。不过得不到红衣主教奥尔巴赫，老鹰还是请来了红衣霍尔兹曼。球队在1955年的夏天得到了联盟迄今位置进攻能力最好的两个大前锋之一——鲍勃·佩蒂特，另一个就是爵士的邮差马龙。在那个得分匮乏的年代，佩蒂特的新秀得分就达到了

20.4 分，名列联盟第四。第二年佩蒂特就取得了该赛季的 NBA 最有价值球员，并且同时在得分（25.7 分）和篮板（16.2 个）榜上都名列第一。老鹰也仅仅是在最后关头输给了韦恩堡活塞，痛失总冠军的资格。1956 年实在是老鹰历史上最该痛哭的一年，当年他们在选秀中拥有第二顺位，在拥有状元签的皇家队放弃了拉塞尔之后，老鹰就马上将拉塞尔拿下。可惜当时的老鹰过于贪图蝇头小利，在受到红衣主教的蛊惑之后，就用拉塞尔去换了凯尔特人的两个球员。

来自凯尔特人的两个队员虽然给老鹰带来了 1958 年的冠军，但考虑到凯尔特人后来所取得的荣耀，就真的很为老鹰队叫屈。凯尔特人之后仍旧有复仇的机会，他们在那个时间曾经连续 5 个赛季赛区第一。不过在湖人和凯尔特人的联合包围下，佩蒂特所在的老鹰始终再也展现不出强者固有的姿态。1961 年因为战争，威尔肯斯去服了兵役，失去主教练的老鹰第一次和季后赛无缘。之后经过内部清理的老鹰仍旧有着季后赛的表现，但他们总是时运不济。1964—1965 赛季结束之后，佩蒂特宣布了退役。他在十一年的职业生涯中平均有 26.4 分和 16.2 个篮板的贡献，十次入选 NBA 年度最佳阵容，四次当选全明星赛 MVP，二次常规赛 MVP。他也是 NBA 历史上第一位得分超过 20,000 分的队员。

失去了佩蒂特，老鹰又选中了甜心卢·哈德森，不过表现抢眼的哈德森很快也被招去服了兵役。整个 1960 年代，老鹰的战绩整体上说非常不俗，但有了凯尔特人，任何一个球队都难以在其面前称得上伟大。

1970 年代球队迁到了亚特兰大，球队战绩仍旧差强人意，直到 1979 年球队终于获得了 1970 年代的第一个赛区冠军。但球队却连续两次第一轮就负于 76 人队。1982 年 9 月 3 日，老鹰做出了一个影响到他们今后十年命运的交易，他们把约翰和威廉姆斯送到爵士，换来了新秀，就是今后被称作人类电影精华的威尔肯斯。未来的人类电影精华以 17.5 分的场均得分入选了 1982—1983 赛季的最佳新秀阵容，而球队依旧第一轮打道回府。1986 年到 1988 年，威尔肯斯以仅次于乔丹的得分表现，向总冠军发起了冲击。可惜首年败在活塞脚下，第二年和凯尔特人大战 7 场，最后威尔肯斯在第七场和"大鸟"伯德疯狂飙分中败下阵来。

1990 年代的老鹰依旧处在强队的行列中，1990 年首轮败给了活塞，1991 年完成了后卫线上的更替。1992—1993 赛季，威尔肯斯打破佩蒂特的纪录成为老鹰队历史上的得分王。1994 年获得分区冠军，1995 年威尔肯斯成为联盟获胜最多的教练。1996 年进入季后赛，1996 年夏天，老鹰在自由市场上得到一块肥肉，

这就是穆托姆博。在停罢的那个赛季，年轻时候的穆大叔带领老鹰创造了神奇的黑八奇迹。

之后的老鹰开始乏善可陈，直到今天，老鹰陷入了一个长期的堕落怪圈，而这次的沉沦似乎还将要持续很久很久。

球员篇 约翰逊：
亚特兰大的鹰王

古人有云：良禽择木而栖，良将择主而事。当太阳老板拿着五年 7,000 万美元的合同去和乔·约翰逊商谈时，约翰逊竟然直接告诉太阳老板不要费心了，因为他已经决定去老鹰当老大，尽管老鹰给出的同样是五年 7,000 万美金。放弃了和纳什、斯塔德迈尔、马里昂配合的机会，而选择了连续三年胜场都不超过 30 的老鹰，只有乔·约翰逊知道自己想要的是什么。也许他已经证明自己是个不可或缺的优秀神投手了，那么为什么不去挑战一下自己当老大的能力呢？

乔·约翰逊是个害羞的人，甚至是个自闭的人。虽然 2001 年第一轮第十顺位加入太阳的他具备相当强的实力，但他过于孱弱的抗压能力总是让他在关键时刻屡屡出错。为此太阳从上到下都对他呵护备至，直到培养出一个赛季连续 8 次能够在关键时刻绝杀对手的关键先生。加盟太阳的第三个赛季，逐渐找到感觉的约翰逊依靠稳定的跳投、朴实的切入、准确的传球、积极的拼抢，场均能为太阳贡献 16.7 分 4.7 个篮板 4.4 次助攻。而两年后加盟老鹰的第一个赛季，约翰逊的数据已经进步到 20.2 分 6.5 次助攻 4.1 个篮板。而新赛季的约翰逊的得分更是达到了场均 25 分，杀入联盟得分榜的前十位。

加盟老鹰以后，约翰逊逐渐从相对单纯的射手转变为攻击手段多样的得分手。投篮精准，稳定性高，有很好的个人单打能力。在压迫下仍能保持不错的命中率，出手点高，对球的弧度把握得很好，出手选择合理，不出机会不轻易出手。速度不是很快，但很好地利用身体完成切入，切入后多采用抛射或者分球，抛射可以算其秘技之一。另外在比赛中也出现了稍显生涩但不断进步的单打技术：低位单打、变速变向切入、骑马射箭，等等。场上的视野和洞察力很好，头脑很清楚，可以轻松组织快攻；阵地战中通过反复切入和传导也能撕开对手防线。传球到位，控球较稳当，能够舒服地将球传到空位的队友手上，打球很无私。同时，约翰逊还是联盟中少有的铁人，82 场全勤外加"40+"的上场时间。

　　虽然老鹰还是没有能够迅速走出被蹂躏的怪圈，但任何的前进都是需要等待的，在约翰逊的带领下，在年轻球员的快速成长中，老鹰值得投注更多的期待。

夏洛特山猫队

**乔丹的加盟
新人的期待**

夏洛特山猫（Charlotte Bobcats）
主场：山猫球馆（Bobcats Arena）
主教练：萨姆·文森特（Sam Vincent）
赛区：东南赛区

处子赛季18胜64负，山猫的18胜显得异常光彩，除了仅打一年的榜眼秀奥卡福外，其余的球员都是联盟其他球队圈定后的次品，但山猫队却无丝毫怨言。他们兢兢业业地打球，滚落的汗珠是努力弥补自身实力相差几个等量级的表现。这一群小伙子以最大的艰苦去竞争最低的目标，他们成功地看到他们并非敬陪末座。第一年，在他们后还有老鹰和黄蜂，而在他们前面不远处竟是那么熟悉的豪门。雄鹿、湖人、爵士、尼克斯，当这些昔日的强者的英武雄姿已抽象成残梦，当一年季后赛边缘球队还在经年的反复折腾，我们还能对山猫说什么过分的话吗？

对于联盟最为年轻的球队来说，奥卡福正在带领的山猫已经取得了不俗的成绩。尤其是2006年乔丹进入球队的管理层，拿下了NCAA优秀的白人射手莫里森，尽管后者的实力还需要进一步证明。

2004年，山猫队开始他们的第一个赛季的比赛。山猫队是NBA第三十支球队。球队的所有人是鲍勃·约翰逊。山猫俱乐部主席是埃德·塔普斯科特。这是一位精明而又受到尊敬的篮球人，人们对于他相当不熟悉，但是1999年正是塔普斯科特，将现在步行者队的主力球员罗恩·阿泰斯特招募进了尼克斯队。

如今，黄蜂的保罗日益显示其大将风度，而通过交易黄蜂又得到了斯托克亚维奇和钱德勒，加上凯尔特人的夺冠功臣防守悍将詹姆斯·波西，黄蜂的目标已经瞄准了总冠军。

球员篇　　　奥卡福：
　　　　　　　山猫的谦谦君子

　　你肯定想不到，山猫的猫王不声不响的奥卡福是个追求完美的人。高中每一课的成绩都是 A，偶尔的一次 B 分经历还让奥卡福大哭不止。大学的 GPA 约 3.8 分而满分才 4.0 分，奥卡福总是督促自己每天睡眠不足 6 小时。节省下来的时间，奥卡福总是在体育馆和图书馆之间奔走。他大一的室友本·戈登曾说，他自己从来没有见到奥卡福在电视机前闲晃。

　　奥卡福，1982 年 9 月 28 日出生在得克萨斯州休斯敦，这个壮实的黑人小伙从小就迷恋篮球。高中时期，奥卡福曾经在 2001 年匹兹堡全明星赛中拿下罕见的三双——26 分、12 个篮板和 10 次盖帽，一举拿下 MVP。高三的时候，奥卡福带领 Bellaire 高中取得 26 胜 5 负的战绩，平均每场比赛贡献 22 分、16 个篮板和 10 次盖帽的惊人"三双"成绩单。

　　2001 年，奥卡福进入康涅狄格大学，这所篮球名校让奥卡福有了更多展示才华的机会。大学一年级时，奥卡福作为一名新人在康大的 34 场比赛中全部以先发中锋的身份出场，平均每场贡献 7.9 分、9 个篮板和 4.1 次盖帽。次年，奥卡福入选全美最佳新人第一阵容。在大学的第一个赛季中，奥卡福就以 138 次盖帽打破了校友唐耶尔·马绍尔保持的单赛季 111 次盖帽的纪录（1993—1994 赛季）。同时，他也成为康大历史上第一个单季篮板超过 300 个的新人。大学二年级，奥卡福荣膺 2003 年"约翰·伍登"奖，并入选了该年度全美大学生第 1 队阵容。大三那年，奥卡福带领康大 82∶73 击败乔治亚理工，赢得康大历史上第二座 NCAA 冠军奖杯。在这场决赛中，奥卡福砍下 24 分、15 个篮板和 2 次盖帽，他也成为那一年 NCAA 最有价值球员。

　　其实奥卡福在康大打球时，已经被 NBA 球探盯上了，但奥卡福本人对前往 NBA 打球并不持乐观态度。2001 年进入康涅狄格大学时，奥卡福只是一名来自休斯敦的无名中锋，在全美中学球员大排名中从没进过前 100 位。他最大的梦想是读完金融学位，找一份好工作。但在康大的三年时间，高水平的对抗和比赛使得奥卡福心态更加平和成熟。"在大学二年级之前，我从来没准备打 NBA，我在球场上的努力只是自觉。"奥卡福说。大学期间，奥卡福和戈登是室友也是很好的朋友，但当时他们谁都不会想到自己有一天会去 NBA 打球，而且还是以榜

眼和探花的身份进科 NBA。

大三那年，美国媒体就开始热炒来年的选秀名单了，奥卡福自然列在其中。但与另一名状元秀大热门霍华德相比，奥卡福要平静得多，因为他不知道自己下一步会去哪里。选秀之前，奥兰多魔术队至少给了霍华德暗示，而奥卡福却完全不知道自己的目的地是奥兰多还是夏洛特。2004 年 6 月 25 日，在 NBA 选秀大会上，奥卡福以榜眼秀的身份去了夏洛特，而室友戈登则去了芝加哥公牛队。榜眼的身份也让奥卡福将打破康大的最高选秀顺位纪录，此前的纪录是师兄马歇尔保持的，他在 1994 年被森林狼在第四位选走。进而奥卡福又被老帅拉里·布朗选中入选"梦六队"。

2004 年 11 月 5 日，山猫队主场迎战华盛顿奇才队，这是球队的第一场 NBA 正式比赛，最终奇才以 103∶96 战胜山猫。奥卡福全场贡献了 19 分和 10 个篮板，是该场比赛双方阵中唯一取得两双的球员。而这仅仅是奥卡福表演的开始，在本赛季整个比赛中，奥卡福场均拿下 15.9 分和 10.9 个篮板，这都在当年的新秀中为最高。而他的场均 1.71 次盖帽也仅仅落后于老鹰队的史密斯，同时他的 3.8 个平均单场进攻篮板在全联盟位列次席，而且常规赛期间奥卡福曾四十七次获得两双。最终奥卡福力压当年的状元霍华德当选最佳新人。

在整个赛季，奥卡福始终没有得到队友的太多支援，但在巨大压力下的他依然帮助山猫取得了 18 场胜利。常规赛前他们是一支几乎被所有专家预测排名垫底的球队，但最终奥卡福的惊人表现帮助山猫书写了惊人的胜利。他们两胜卫冕冠军活塞，同时也在迈阿密热火队和休斯敦火箭队身上都取得了胜利。作为山猫的谦谦猫王，奥卡福很少有惊人的言论，但他朴实的每个脚步都是在为新军山猫抒写纪录。

新奥尔良黄蜂队

泥潭中的挣扎
大妈的出道

新奥尔良黄蜂（New Orleans Hornets）
主场：新奥尔良球馆（New Orleans Arena）
主教练：拜伦·斯科特（Byron Scott）
赛区：西南赛区

1987年4月22日，夏洛特黄蜂终于打破了联盟对于小城市的偏见，和迈阿密热火、奥兰多魔术、明尼苏达森林狼一起被联盟接受。1988—1989赛季开始比赛，而森林狼和魔术直到下一年才开始。尽管如此，在夏洛特这个地方，人们还是很怀疑黄蜂能否把人们对业余球队——北卡大学的关注转移到这个队伍身上。

新军免不了被踩躏的悲惨命运，这已经成为NBA的惯例。夏洛特的初期处境也不外乎如此，新秀年，这支以年轻人和流浪老兵组成的队伍，为球队取得了20胜62负的战绩，并且从来没有取得过连胜。

在度过了挣扎中的两年后，第三年也就是1990—1991赛季，黄蜂得到了NBA最矮的球员、身高仅有1.6米的博格斯。博格斯1987年被华盛顿奇才队在第一轮选中，来到黄蜂他充分发挥了自己的能量。闪电般的突破，惊人的控球和传球，在黄蜂的第一个赛季，博格斯场均为黄蜂贡献了9.4分和10.7次助攻，并且场均还有超过2次抢断的表现。

黄蜂的运气随着接下来的三个第一轮新秀的到来开始变好。那三个人分别是肯道·吉尔、拉里·约翰逊和阿朗佐·莫宁。在1991年的乐透抽签里，黄蜂成为了赢家，他们获得了当年的第一顺位。并选择了来自UNLV的当年大学最佳球员，2.01米、106.6公斤的大前锋拉里·约翰逊。约翰逊很快就成为了球队的领袖，而且显示出相当棒的前景。黄蜂的战绩迅速提高到31胜51负。绰号大妈的约翰逊场均19.2分和11个篮板，并且成为当年度的最佳新秀。

在NBA乐透区里，总是富人越富。尽管黄蜂队有一个比其他六个队更好的战绩，但他们依然获得了1992年选秀的榜眼签。他们用这个选秀权选到了来自乔治城大学2.08米的全美最佳中锋阿朗佐·莫宁。和他的前辈尤因和穆托姆博不一样，他进入NBA时，不仅防守技巧已经相当成熟，而且还具备了相当不俗的进攻能力。在1992—1993赛季，黄蜂取得了44胜38负的战绩，并且第一次杀进季后赛。约翰逊在那个赛季成为NBA的铁人，取得了联盟第一的出场时间并场均拿下22.1分和10.5个篮板。莫宁也非常不俗，21分和10.3个篮板。在同时也两次完成了破球队历史单场盖帽纪录的9次封盖。最终这年的最佳新秀花落到魔术的奥尼尔头上，但关键时刻莫宁的表现却比沙克更加让人信服。最终在季后赛中，黄蜂淘汰了凯尔特人后被尼克斯击败。赛季结束，黄蜂和76人以及超音速完成了三队交易，得到了埃迪·强森和霍金斯。

1993—1994赛季，拉里·约翰逊和莫宁同时有伤，球队最终和季后赛差一步之遥。1994—1995赛季黄蜂已经晋升为联盟的强队。在球队的历史上，他们第一次完成了50胜的战绩。莫宁本赛季场均拿下21.3分9.9个篮板2.92次封盖，成为了联盟最好的中锋之一。但季后赛碰到乔丹回归的公牛，最终1：3被淘汰出局。

1995—1996年，黄蜂交易不断，莫宁去热火换来了格伦·莱斯，球队又最终把吉尔和霍金斯统统甩了出去。最终球队和季后赛失之交臂，而黄蜂同时又把自己的当家球星拉里·约翰逊送到了尼克斯。

1996—1997赛季，黄蜂犯了一个极大的短视错误，他们把自己选中的天才巨星科比·布莱恩特送到了湖人，换来了中锋迪瓦茨。虽然这一年球队的战绩不俗，用大妈换来的梅森场均16.2分，11.4个篮板和5.7次助攻。迪瓦茨也为球队场均增添了12.6分，但同时也以2.22次封盖成为联盟数一数二的火锅制造者。而神投手莱斯更是以场均26.8分成为联盟的第三得分手。黄蜂取得了54胜28负的历史最佳战绩，但首轮就遭到了尼克斯的横扫，而失去布莱恩特的伤痛将很快让黄蜂感觉出来。在1997—1998赛季，黄蜂得到了卫斯利，这次的卫斯利偶尔还有32分15次助攻的表现，但季后赛第二轮黄蜂再次被公牛淘汰。随后的赛季迪瓦茨去了国王，莱斯肘部受伤即将被交换，梅森也受伤，马特·吉格尔去了费城76人。2000赛季，球队的菲尔斯遭遇车祸去世，黄蜂在季后赛第一轮败给了艾弗森领军的费城。

2000—2001赛季，黄蜂换来了马什本和PJ.布朗，马什本得到了全队最高的场均 20.1 分并且还得到了职业生涯最高的 7.6 个篮板以及 5.4 次助攻，当年的季后赛黄蜂首轮横扫热火，第二轮与雄鹿恶斗七场败北。2001—2002 赛季马什本受伤，大卫斯成为 NBA 历史上第五个在季后赛完成背靠背三双的球员，前四个球员是"魔术师"约翰逊、威尔特·张伯伦、约翰·哈夫利切克和奥斯卡·罗伯特逊。

2002 年，黄蜂搬到新奥尔良。在新奥尔良的处子赛季中，黄蜂以东部第五打入季后赛，第一轮输给了 76 人队。2004 年黄蜂在季后赛成全了韦德，最终 3∶4 输给了热火。2003 年到 2004 年，马什本被交易。2005 赛季新的球馆遭到了飓风的洗礼，黄蜂只好到俄克拉马哈参加了 35 场比赛，最终在和湖人的季后赛争夺中，因为球队当家球星克里斯·保罗的受伤而失去了机会。

如今，黄蜂的保罗日益显示大将风度，而通过交易黄蜂又得到了斯托克亚维奇和钱德勒，加上梅森和鲍比·杰克逊，黄蜂开始步入强队的行列，这次是在西部。

球员篇　克里斯·保罗：
出人头地的小蜂王

三十年前查尔斯·保罗和罗宾相识相爱，然后组建了自己的家庭，随后他们拥有了自己的两个孩子，CJ 和克里斯·保罗。在克里斯·保罗小的时候，他的父亲查尔斯为他和他的哥哥在地下室里装了一个篮筐，这就是克里斯·保罗最初锻炼球技的地方。他和他的哥哥 CJ 玩得不亦乐乎，就像迈克尔和他哥哥小时候的经历一样。

等 CJ 慢慢长大，他进入了西福西斯高中的校队，打得相当不赖。2001 年毕业后，CJ 去了南卡罗莱纳大学打球。此时的克里斯·保罗虽然球技也不错，但身高严重限制了他。高一和高二的时候，克里斯仅有 1.67 米或者 1.69 米，虽然如此，克里斯仍旧是球场上最活跃、最积极、最好斗中的一个。

不过当克里斯成为高中三年级学生时，一切都有了变化，那年他身高很快窜

升到 1.83 米。一年后当他毕业时，他成了卡罗莱纳的"篮球先生"，入选了全美麦当劳高中全明星阵容。克里斯选择了韦克森林大学，第一年他就当选为 ACC 联盟的"年度最佳新秀"，第二年，全美大学生最佳阵容的名单里出现了他的名字。克里斯知道，时机成熟，他向世界宣布，进军 NBA。

2005 年的 NBA 选秀拥有第一顺位的是雄鹿，虽然保罗在夏季训练营里表现得相当出色，但雄鹿已经有了里德，他们更需要来补充他们内线身高的不足，因此，他们选择了博古特。而鹰队选择了能打大前和小前的马文·威廉姆斯，爵士则选择了更为剽悍的德龙·威廉姆斯，拥有出色技术和场上大局观的保罗直到第四顺位才被黄蜂的斯科特选中。

拜伦·斯科特很是欣赏保罗的能力，对自己的这个弟子也极为看重。在整个赛季开始以前，拜伦·斯科特就大言不惭地预测，保罗将当选为年度最佳新秀。回忆起这事，他哈哈大笑："是的，我故意说的。"

克里斯说他对黄蜂的进攻体系感到得心应手，因为这和韦克森林大学校队主教练迪蒙·狄更斯的战术手册内容太相似了。"当然和韦克森林的打法不完全一样，但是都使用了大量的挡拆战术，这能让球场变得开阔。"克里斯说。

克里斯锁定了一名新秀能拿到的所有奖项，直到赛季中段，他们还是和国王、森林狼和湖人一样是季后赛的有力争夺者。只是全明星赛后他们战绩的大滑坡才让他们跌出西部的前六，进而跌出了西部的前八。后继乏力让管理层思考了很多，他们觉得既然在拥有保罗的情况下已经如此出色，那么有必要为保罗配齐左膀右臂来。因此在夏季的时候，佩贾·斯托亚科维奇、鲍比·杰克逊、泰森·钱德勒、希尔顿·阿姆斯特朗和塞德里克·塞蒙斯都来到了黄蜂。虽然有了这么多的大牌，但黄蜂上下都知道，成功的真正秘诀只有一条：克里斯和教练之间的关系。这对师徒之间，存在着令人信服的融洽和信任。

保罗的速度难以称得上很快，但保罗的晃动总让你晕头转向。看克里斯打球，很容易分析出他比其他人高明的原因——他对于篮球的理解力，他宽广的视野，他的突破能力和跳投功夫。但就技术层面而言，最最重要的，是他在场上始终保持着高度集中的注意力，和做好一名领袖的欲望。这种气质，这种才华，只可意会，不可言传，天生的，教不会。

达拉斯小牛队

牛仔的复兴之路
受辱的黑八

达拉斯小牛（Dallas Mavericks）
主场：美国航空中心（American Airlines Center）
主教练：艾弗里·约翰逊（Aver Johnson）
赛区：西南赛区

　　就像丹·哈斯金斯率领的那支得州西区队一路过关斩将，最终奇迹般的战胜肯塔基大学夺冠一样，艾弗里·约翰逊率领的另一直得州队达拉斯小牛也走上了自己的"光荣之路"，一切都是那么的相似。丹·哈斯金斯在场边的焦躁和小将军的咆哮相映成趣，而如果以五十步和百步无甚区别的论调来看，得州西区队的名不见经传和达拉斯的 2006 年与总决赛绝缘也无甚区别。

　　丹·哈斯金斯成了 NCAA 历史上第一个把球队主力全部变成黑人的教练，这样激进的创新确实是奇迹，而目前的小牛似乎也不缺乏这样的奇迹。你很难再找到有哪支 NBA 球队容纳了这么多丑陋的球员，霍华德、丹尼尔斯被称为达拉斯双丑，贼眉鼠眼的特里和斯塔克豪斯也好不到哪里。小将军约翰逊和小将哈里斯的脸也长得足够的深刻，最重要的是小牛还拥有一个做隆胸手术的男老板库班。

　　丑可以当做笑料，就像 1960 年代的美国始终把黑人当猴子和黑鬼对待，但球队所创造显赫功绩你就不得不去瞻仰。1980—1981 赛季小牛加入了 NBA，这支新军和其他的任何一个新军都无甚区别，首个赛季 15 胜 67 负草草收场。但之后他们的成绩开始连连上扬。1981—1982 赛季小牛利用自己拥有的未来五年内的九个首轮选秀权选择了第一顺位的阿圭雷，第九顺位的布莱克曼和第二十三顺位文森特。阿圭雷，这个 1.98 米的前锋在每次得球后都会成为对手的威胁，他也成为了球队逐渐进步的关键原因之一。他在达拉斯的七个多赛季中平均得到 24.6 分。菜鸟球员布莱克曼，一个 1.98 米有着甜蜜手感的后卫，同样也在小

牛度过了一个长而多产的职业生涯。在他为球队效力的 11 个赛季中，平均贡献 19.2 分，同时也是一名可靠的防守者。

1983 年，小牛取得了 38 胜，联盟已经开始不再将小牛当做是一支扩张选秀的新军了，而开始将他视作是一个危险的对手。接下来的赛季，阿圭雷的得分飙升至联盟第二的 29.5 分，球队也第一次杀进季后赛，并在首局五场三胜制的比赛中战胜了超音速。然后在第二轮被湖人 4：1 干掉。多亏 1980 年的和骑士的交易，让小牛在 1984 年的选秀大年中也分得一杯羹。虽然骑士带给他们第四顺位选秀权，但帕金斯的到来足足弥补了球队的实力。他在小牛的 6 个赛季中平均得到 14.4 分和 8 个篮板。连续第二年打入季后赛的小牛被开拓者淘汰。

1985 年再次用和骑士的交易得到了德国人史莱姆夫，这就能看得出当初的骑士多么急功近利。这一年小牛淘汰了爵士却再次败在湖人脚下。这时的小牛主力和板凳都是一群天才球员，在 1986 年的赛季，闯入季后赛的小牛却被超音速首轮拿下。1987 年分别经过四场和六场激战淘汰火箭和掘金之后，小牛球队历史上第一次进入西部决赛。阻挡在球队和 NBA 总决赛之间的是卫冕冠军洛杉矶湖人队。小牛尽了自己最大的努力，但是湖人的季后赛经验起到了冠军的作用。湖人在第七场决胜战中以 117：102 战胜了小牛。

之后，伤病开始折磨小牛，小牛也开始选择了重组。很多 NBA 球队都经历着这样的轮回：成功，衰败，重建。但是小牛的情况不一样，他们更像是直接的自由落体，而很少有 NBA 球队会这样。在接下来的两个赛季中，他们成为联盟里最烂的球队之一，他们甚至不是那些后来的 NBA 新军的对手，而且还总不断挑战着 NBA 的一些最差纪录。球星纷纷离去，来到小牛的都是些过气的职业生涯晚期的人物。1992 年球队选择了吉姆·杰克逊，却因为合同问题而被按在了板凳上。1993 年得到了贾马尔·马什本，1994 年选择了基德，全联盟攻击火力最强的三人组"三 J 组合"终于到位。可惜三 J 组合因为妓女风波和马什本的伤病让小牛奄奄一息。正好更换球队老板和主教练让球队更加混乱，小牛开始了清洗。三 J 分道扬镳，连续的大交换用了创 NBA 纪录的 27 名队员，很快留在球队的就剩下了两个上个赛季的人。

1999 年诺维茨基加盟小牛，而此时小牛的四年级球员迈克尔·芬利已经成长为球星。公牛 2000 年又迎来了老尼尔森，新的球星，新的主教练，一切都开始欣欣向荣。2001 年杀入季后赛止步马刺，2002 年更换了新球馆遇到国王，2003

年取得球队之前历史上最高的 60 胜被马刺西部淘汰，2004 年从纳什、芬利和诺维茨基组成的三巨头变成神奇五侠，2005 年闯入总决赛遭遇太阳，2006 年登上西部之巅，小牛一年年让人吃惊和震撼。

有些事情注定要通过隐忍之后才能赢得辉煌，25 年过去了，得州的劲风依然强烈，但曾经广袤的得州荒原，那数千里荒无人烟的地盘已经升起了袅袅炊烟，而一同升起的还有达拉斯那颗夺冠的心和手中高举的革命大旗。2：1，太阳已经尽力，但缺乏深度的他们已经阻挡不了疯狂的牛蹄。

2006—2007 赛季，常规赛排名第一的小牛在季后赛首轮就以 2：4 不敌西部第八勇士队，从而成为 NBA60 年来第三支黑八奇迹的牺牲品。惜哉诺天王这样常规赛的 MVP 了，成就如此的耻辱，而这最大的原因也许就是球风相克，勇士的主教练就是当年小牛的主教练老尼尔森吧！2008 年 2 月 20 日，新泽西网队与达拉斯小牛队终于达成一致，网队全明星后卫贾森·基德加盟小牛，达拉斯再次开始逐梦总冠军的里程。

球员篇　**德克·诺维茨基：**
　　　　　　　奔驰小牛的驾驶员

毫无疑问，2006—2007 赛季，诺维茨基成为一个名副其实的常规赛 MVP，尽管他们在季后赛首轮就被打出来联盟中的第三个黑八奇迹。

1978 年 6 月 19 日，德克·诺维茨基出生于德国的沃尔茨堡。他来自一个运动的家庭，父亲曾是手球运动员，母亲为德国国家女篮效力，姐姐也在美国杜肯大学打过球，随后在 NBA 电视台效力。而德克从小也具备了这种运动的天赋，甚至远在美国的宾夕法尼亚州立大学也对他产生了浓厚的兴趣，但这一切都因为诺维茨基决定到德国军队服役所搁浅。他在军队的服役时间为 1997 年 9 月 1 日至 1998 年 6 月 30 日，幸运的是在他服役的每个周末，他还是可以回到家中和朋友们一起打篮球。

1997 年 9 月，这是诺维茨基第一次被 NBA 球队所欣赏。那一年，一支包括了斯科特·皮蓬、贾森·基德、佩顿和巴克利等明星在内的 NBA 球队来到德国，与德国国家青年队进行了一场表演赛。比赛中，瘦瘦的德克在巴克利面前狠狠地灌一次篮。巴克利非常看好这个德国的修长大高个。不久就表示，如果诺维茨基愿意到他的母校奥本大学，那他情愿赞助。

不过这一切并没有成行，1998 年，20 岁的诺维茨基在当年的耐克夏令营上大放异彩，强烈的自信让他决定参加当年的 NBA 选秀。并且在选秀前，他也得到了凯尔特人的暗示，凯尔特人对这个身高 2.13 米，能胜任中锋、大前锋、小前锋的全能型大个子很感兴趣，并承诺会在第十位的位置上拿下德克。可是对德克感兴趣的又岂止是绿衫军团，就在第九位，对德克垂涎三尺的小牛就先下手为强。他们和雄鹿拟定默契交易，用自己第六位选中的罗伯特·特雷勒换来雄鹿第九位选中的德克·诺维茨基。罗伯特职业生涯的场均得分不超过 5 分，而德克已经成为继德特雷夫·施拉姆夫后第二个杀入总决赛的德籍球员。

德克在小牛的处子赛季，交出了场均 20.4 分钟 8.2 分 3.4 个篮板八次两双的优异成绩。第二年他的得分就飙升至 17.5 分，整个赛季更是投中了 116 个，命中率达到 37.9%。从第三年开始，德克的得分再也没有低于 20 分，篮板开始向 10 个看齐，而这个大个子的三分命中率开始超过了联盟的很多后防线上的射手，日渐超过 40%。德克、纳什、芬利开始组成了小牛队豪华的"三驾马车"。加上为球疯狂痴迷的老板库班，在得到中国球员王治郅的情况下，小牛成了许多国际球迷非常关注的球队之一。

2000—2001 赛季拿下 151 个 101 个盖帽，这让他成为全联盟历史上唯一一个单赛季三分超 150 个，盖帽达 100 个的队员。德克经过磨炼，日渐成为 NBA 最难防守的大个子球员。他有 2.13 米的身高，他有灵活的步伐，他能在三分线外投篮并且命中率极高，他的后仰跳投让人无计可施，而他的发球命中率在近两个赛季更是超过了 90%。在纳什出走、芬利远去圣安东尼奥之前，其实德克就已经成为这个球队最让人震撼的明星。他入选了全明星阵容，他拿下了全明星赛的三分王，他让小牛始终站在西部的列强之列，甚至一度与巅峰的湖人、马刺和国王叫板。

虽然有一天纳什去了凤凰城菲尼克斯，芬利也离开了效力八年之久的东家，但这个队伍还有德克在。诺维茨基甚至不需要与新生的球员磨合，就能让小牛的战绩依旧稳若磐石。特里、霍华德、丹皮尔、斯塔克豪斯、哈里斯，就是这样的不知名队伍，一转眼就让小牛杀到了西部第二的位置。而 2007 年，诺维茨基让他的小牛更加出色，遭遇了赛季初的四连败后，很长时间内人们甚至像瞻仰乔丹的 72 胜那样来数着小牛的连胜，而这一切都因为有了一个合格的"司机"。

另一个"大鸟"伯德，这是人们对诺维茨基的评价，对于现在的诺维茨基来说虽然有点过誉了，但只要充满着对冠军戒指的渴求，就算最终无法比肩"大鸟"，但做一个初始版的德克，他已经足够了。

休斯敦火箭队

I BELIEVE I CAN FLY
冠军的心

休斯敦火箭 (Houston Rockets)
主场：丰田中心 (Toyota Center)
主教练：里克·阿德尔曼 (Rick Adlman)
赛区：西南赛区

　　得克萨斯州是狂人的天下，十年前，当开局不利的火箭一路过关斩将，连克爵士、太阳、马刺和魔术夺冠时，汤姆·贾诺维奇嚣张地说："never underestimate the heart of a champion（永远不要低估冠军的心）。"十年后的火箭，在火箭又兵不血刃地以常规赛第四的战绩杀入季后赛后，火箭众将士又放出了久违的豪言："我们的目标是夺冠。"

　　十年的沉浮，足以让处于浮躁时代的球迷失去耐性，但记忆中那些泛黄的片段还是日渐清晰起来。似乎又让人感到康柏中心那些如水的人流，如雷的呐喊，如注的热血，奥拉朱旺愤怒的呐喊，"铁汉"尤因潸然泪下的表情和"大鲨鱼"奥尼尔心中涌动的苦涩。但我们庆幸的是十年后的今天，我们又听到那句令人振奋的话。当1995年火箭击败魔术夺冠时，那一首注定将永远流传经典歌曲《I Believe》，便成了记忆中抹不去的亮点。

　　"I Believe"，只要坚信，一切皆有可能。让我们再次将目光转向火箭那些湮没多年的历史。1967年，火箭和超音速同时加盟NBA，当时火箭队的所在地是"动感之城"圣地亚哥，火箭处子赛季仅取得15胜67负的战绩。第二年，"大E"艾尔文·海耶斯，以新人状元的身份加入火箭队，在他新秀赛季便以28.4分夺得得分王时，火箭成绩也由原来的15胜提高到37胜，并杀入季后赛。

　　但接下来的赛季火箭又趋于平庸，1970年，27胜55负，1971年40胜42负，在圣地亚哥的火箭受到了冷遇。1971年，火箭队投票决定迁往休斯敦，作为美国太空总署的所在地，休斯敦与火箭队的队名结合得十分恰当，但火箭队平庸的成绩仍让休斯敦人更热衷于看橄榄球。

1976 年，火箭队得到了传奇人物——第一个由高中直接进入 NBA 的球员摩西·马龙。当时火箭队还有汤姆·贾诺维奇等人，有了摩西·马龙强力的前场篮板球支持，火箭夺得了该赛季的西区冠军，可惜在与东部 76 人队的决赛中不敌 76 人队。接下来的赛季汤姆·贾诺维奇被科密特·华盛顿严重打伤，休息了五个月。火箭实力受损只有 28 胜，1978 到 1979 赛季，摩西·马龙以 24.8 分 17.6 个篮板夺得常规赛 MVP，但火箭第一轮就被淘汰了。1980—1981 年，火箭队再次进入总决赛，但却被拉里·伯德统帅的凯尔特人 4：2 淘汰。

不幸的火箭却在 1983 年和 1984 年连续拿到头号选秀权，摘到拉尔夫·辛普森和阿基姆·奥拉朱旺，两位身高 2.10 米以上的中锋，开始了火箭的双塔时期。1985 年，火箭杀入季后赛，被爵士淘汰出局。1986 年火箭又一次杀入总决赛，但年少得志的奥拉朱旺当时的功力，还不足以抵抗凯尔特人如日中天的"三架马车"，伯德、帕里什、麦克海尔。还有湖人队的"天勾"贾巴尔、"魔术师"约翰逊、沃西和活塞的托马斯、杜马斯、里克·马洪等"坏孩子军团"让 80 年代的总冠军归属早已没有了悬念。

历史终于等到了 1994 年，这是黑肯·奥拉朱旺加盟火箭的第十个赛季。同年选秀探花的篮球上帝迈克尔·乔丹，在父亲被暗杀后带着三连冠的伟业暂离篮坛，没有了乔丹的 NBA 开始混乱。马刺队以大卫·罗宾逊为核心，罗德曼为辅佐，组建了一支以快速凶狠见长的剽悍球队。帕特·莱利将自己座下的尤因，奥克利、斯塔克斯，打造成尼克斯的"铁血战车"。尤因的后仰中投，罗宾逊的低位进攻和跟进补篮都给火箭带来了巨大的威胁。但这些都是为了让奥拉朱旺更加名垂青史，他一人包揽了常规赛 MVP、总决赛 MVP 和最佳防守球员三项大奖。迄今为止，没有第二人能够达到，就是篮球上帝本人乔丹也不能。那一年的尤因场均 26.9 分 9.1 个篮板 3.86 次盖帽 3.6 次助攻，在东部一览众山小。而奥拉朱旺更是以 27.3 分 11.9 个篮板 3.7 个盖帽在西区笑傲群雄，两位风华绝代的中锋在乔丹退役后第一次在总决赛中相遇。

这是一场被认为是 20 世纪 90 年代真正意义上的唯一总决赛。双方恶斗七场杀得天昏地暗，日月无光。防守之严谨，进攻之艰辛，场面之震撼，过程之曲折，均达到了篮球本质上的巅峰之战、经典之战的高度。总决赛第六场，前五场尼克斯 3：2 领先，最后 3 秒火箭 86：84 领先，尼克斯发球。最后半秒尼克斯的斯塔克斯出手，皮球划出了完美的弧线。当火箭所有球迷都心痛得闭上眼时，坐镇内线的奥拉朱旺奇迹般地跳到三分线外飞身扑球，虽晚了半拍，但他的手指还是稍稍碰到了球，火箭险胜。尽管七场决赛尤因创 NBA 纪录地送给火箭队 30 次大火锅，但这都无法阻止火箭登顶。

1995 年，火箭队在赛季半程时，得到了开拓者的全明星球员"滑翔机"德雷克斯勒。但卫冕冠军在常规赛中举步维艰，只取得 47 胜 35 负。季后赛首轮侥幸战胜取得 60 胜的爵士，第三轮在 1∶3 落后太阳的情况竟连下三城，神奇逆转。在西区总决赛中，他们遇到了马刺。此时的大卫·罗宾逊，不仅篮下低位强攻得心应手，参加快攻时的跟进扣篮和空中补篮更是让人防不胜防。他率马刺取得了 62 胜 20 负的西部最佳战绩，自己也荣得常规赛 MVP 和得分王。但此时的火箭"大梦"和"滑翔机"的"OD"组合配合已炉火纯青，替补们也团结一心，火箭以 4∶2 力克马刺。在与魔术的总决赛中，稚嫩的奥尼尔对奥拉朱旺构不成任何威胁，火箭以 4∶0 横扫魔术，蝉联总冠军。

火箭队以常规赛西区第六身份夺冠，铸就了 NBA 历史上绝地反击的一段传奇。赛后汤姆·贾诺维奇说："永远都不要低估冠军的心。"那一年的火箭始终都带着夺冠的信念。

火箭队在沉浮了十年后终于在状元秀姚明和两届得分王麦克格雷迪的率领下重新崛起，成为西部的强队。但在凯尔特人组建起加内特、雷·阿伦和皮尔斯的三巨头组合，湖人组建起了科比、加索尔和拜纳姆的三巨头组合后，火箭也明白仅靠姚麦依旧无法臻于一流。2008 年 7 月 30 日，休斯敦火箭与萨克拉门托国王达成交易，野兽阿泰斯特加盟火箭，与姚明、麦迪组成三巨头，虽然姚、麦有伤，新加盟的阿泰斯特还需要和火箭磨合，但拥有豪华三巨头的火箭已经开始扬眉吐气，举起了革命的大旗。

球员篇 姚明：
后中锋时代的最后舞者

　　1960 年代篮球皇帝张伯伦和指环王拉塞尔的对决转眼已成陈迹，而 1970 年代威利斯·里德和比尔·沃顿的对决更是很快烟消云散，唯一让人激动人心的 1990 年代六大中锋对决。"大梦"奥拉朱旺、"海军上将"大卫·罗宾逊、"大猩猩"尤因、"鲨鱼"奥尼尔、"硬汉"莫宁和"非洲大山"穆托姆博为世人奉献了一出出铁血肉搏的绝唱。惜乎岁月催人老，佳人韶华易逝，2002 年在姚明进入 NBA 后，在中锋的位置上注定姚明将孤独地游弋。再也见不到中锋对决时那如水的人流，如雷的呐喊，如注的热血！

　　姚明于 1980 年 9 月 12 日出生于上海市第六医院。父亲姚志源身高 2.08 米，曾效力于上海男篮；母亲方凤娣身高 1.88 米，是 1970 年代中国女篮的主力队员。在姚明的 4 岁生日时，他得到了第一个篮球。6 岁时看美国哈里篮球队在上海表演，知道了 NBA。9 岁那年，姚明在上海徐汇区少年体校开始接受业余训练。由于从小受到家庭的熏陶，他对篮球的悟性逐渐显露出来。

　　12 岁那年，姚明的母亲方凤娣让姚明去拜师一个非常有名的教练，没想到教练在让姚明做了个简单的转身，来回走动几步后就拒收姚明。并且对姚明的母亲说姚明屁股太大，平衡也不好，同时还举了个例子，说王治郅会打得更好，他手大，腿长，能跑能跳。而当年八一队也曾写信给姚明的父母，问姚明是否愿意将来去八一打球，实际上姚明也是有很大机会去军旅八一队的。

　　姚明 14 岁时入选上海青年篮球队，不过当时姚明的球风很软，不愿去内线单打，不愿去罚球圈，只想从外围投无阻挡篮，做后仰式跳投、拉杆投假动作。为了纠正姚明的错误认识，姚明的父母屡次劝告他，用实际行动告诉他什么是一个中锋该做的事情。15 岁那年，姚明的父母让姚明观看了北京奥神对首钢的比赛，在这场比赛中奥神中锋单涛用肘子开道，将一个中锋的震慑力在巴特尔面前发挥得淋漓尽致，也给小姚明好好地上了一课。

　　1997 年姚明入选了中国国家青年队，并在当年的亚洲青年男子篮球锦标赛中夺得了冠军。然后姚明第一次出国，参加了当年耐克的巴黎训练营，在那里他有了和"便士"蒂姆·哈达威切磋的机会。第二年，姚明入选了中国国家男篮并参加了美国业余体育联合会的一支队伍，姚明和刘炜在美国认真地锻炼了两个

月，在圣地亚哥训练营中和泰森·钱德勒的一次对决让姚明自信不少。2000年，钱德勒成了选秀的榜眼加盟公牛，刘炜曾戏言，如果姚明参加选秀，他会更引人注目。

1999年5月，姚明获1998—1999赛季中国男篮甲A联赛最有进步球员奖，上海东方拿下了联赛的第五名。联赛结束后，姚明入选蒋兴权执教的国家男篮，并在当年的亚洲男子篮球锦标赛再次拿到冠军。2000年姚明获得了ESPN认证的全球最有潜力运动员奖。2000年3月，姚明获得了1999—2000赛季全国男篮甲A联赛篮板、扣篮、盖帽三个单项奖。在当年的悉尼奥运会上，姚明在对美国队的比赛中，送给了卡特一个结结实实的大帽，依靠奥运会上的出色表现引起了NBA的关注。

2001年，姚明代表上海队获得全运会男子篮球亚军。赛季结束后，八一队的主力中锋王治郅去NBA参加了小牛队，姚明在2002年带领上海东方队一路兵不血刃地拿下当年CBA总冠军。

2002年6月，在CBA已经不需要再证明自己的姚明参加了当年NBA的选秀，在选秀前姚明就被定位当年状元的最热门人选。包括公牛在内的数支球队都对姚明颇加青睐，选秀前就对姚明进行了繁多的测试。不过他们的努力都白费了，虽然当年休斯敦火箭队抽到状元签的概率并不高，但依靠弗朗西斯的贵手，休斯敦拿到状元签并在首轮第一顺位钦点姚明为状元。这是美国NBA选秀史上第一次由国际球员拿到该奖项。

姚明的处子赛季并非坦途，在他NBA职业生涯的首场对步行者的比赛中，姚明就拿下了0分2个篮板和3次犯规。整个赛季82场比赛中姚明在场均29分钟的出场时间中拿下了13.5分8.2个篮板，不过在当年的最佳新秀评比中，姚明却输给了太阳的斯塔德迈尔。

2003—2004赛季姚明仍旧82场全勤，场均得分上升到17.5分，篮板也达到了9个。次年姚明场均拿下了18.3分，休斯敦在姚明到来后终于连续两年杀入季后赛。不过此时，姚明身边的老大已经由弗朗西斯变成了麦迪。

2005—2006赛季，姚明场均拿下了22.3分，10.2个篮板，首次进入"20+10"俱乐部。不过因为伤病姚明整个赛季仅仅出场了57场比赛，而麦迪同样因背伤错过了大半个赛季，休斯敦最终没有能再次杀入季后赛。

2006-2007赛季，姚明因膝盖手术缺席了众多的比赛，不过在姚明缺阵的情况下，麦迪带领整个球队取得了非常优异的成绩。新加盟的巴蒂尔堪当大任，休斯敦以52胜30负的战绩再次杀入季后赛，姚明复出后火箭却在季后赛中经历七场大战不敌爵士，姚明场均贡献了25.1分和10.4个篮板。2007—2008赛季姚明因左脚部应力性骨折，缺席了赛季2月27日后的剩余比赛，火箭也在季后赛中2：4再次不敌爵士。不过新赛季在阿泰斯特加盟后，姚明的目标只有一个，那就是拿下总冠军。

孟菲斯灰熊队

韦斯特的眼光
灰熊的徘徊

孟菲斯灰熊 （Memphis Grizzlies）
主场：联邦特快运动中心 （Fedex Forum）
主教练：托尼·巴隆 （Tony Barone）
赛区：西南赛区

　　永远都不要低估当年湖人老臣的眼光和智商，名噪一时的"OK 组合"正是这个 NBA LOGO 的形象代言人韦斯特一手缔造的。而如今，虽然用巴蒂尔换来了盖伊和斯威夫特，谁又能料到未来的盖伊能不能发展成为一个健康的麦迪呢？

　　与多伦多猛龙队一样，作为 NBA 海外扩张计划的一部分，灰熊队于 1995年诞生了，成为 NBA 中最年轻的一员。

　　球队原名温哥华灰熊队，主场设在加拿大的温哥华市。和大多数刚加入NBA 的球队一样，灰熊队举步维艰，一直未能摆脱人见人欺的命运。前 4 个赛季，球队常规赛胜场从未超过 20，甚至一度创下连续二十三场失利的 NBA 纪录。

　　灰熊队因此得到的唯一收获就是令人眼红的新人选秀权。通过选秀和交换，多位颇具潜质的年轻队员来到温哥华。1995 年球队选中新秀布莱恩特·里弗斯。第二年，灰熊队选中探花新秀、全能前锋阿布杜尔·拉希姆。这位希望之星，果然实力不凡，迅速确立了核心地位，并和里弗斯一起，组成 NBA 中名头响亮的杀手组合。1998 年，球队再把后卫麦克·毕比 （Mike Bibby）招入阵中。灰熊队中虽然不乏明星，可惜战绩却始终乏善可陈。

　　2001 年，灰熊队迁回美国孟菲斯市，更名为孟菲斯灰熊队。球队下决心"大换血"，先用麦克·毕比换来"白巧克力"贾森·威廉姆斯——他那极富表演性的球风得到了当地球迷的推崇。随后，球队把核心拉希姆送往鹰队，换回洛伦岑·赖特和西班牙新秀保罗·加索尔。肖恩·巴蒂尔、古登等悍将也加入进来。多位颇具潜质的年轻队员走到了一起。加索尔在这个赛季当选为最佳新秀，灰熊队逐渐受到各界关注。

2002 年，篮球名宿杰里·韦斯特来了，担任球队新的篮球业务总裁。Fedex 公司也来了，宣布斥资 9,000 万美元购买了灰熊队即将建成的体育馆二十年的冠名权。这个拥有 18,400 个座位的新主场，将被命名为 Fedex 广场，并计划于 2004 年秋季投入使用。

如今的灰熊在经历了数次的换人之后，2008 年 2 月 2 日当家核心人物保罗·加索尔也离开孟菲斯加盟洛杉矶湖人队，不过目前灰熊已经拥有了天才球员盖伊，加上 08 年选中的双能卫 O.J. 梅奥，灰熊开始走向了重建之路。

球员篇　保罗·加索尔：
熊王的出走

清爽利落的短发、白皙清秀的面庞、优雅得让所有人都喜欢的邻家大男孩——是球迷们初次见到保罗·加索尔的印象。这个出生在西班牙加泰罗尼亚地区，7 岁就开始接触篮球的男孩，在 2006 年的世界男篮锦标赛上，由他领军的西班牙队一路过关斩将，在淘汰塞黑、立陶宛、阿根廷和希腊后拿下了西班牙男篮历史上的第一个总冠军。就是受伤缺席最后一场的加索尔也得到了他职业生涯的最重要荣誉，第一个世锦赛 MVP。

加索尔在 2001 年的夏天被亚特兰大老鹰队在首轮第三顺位选中。但随后出人意料的事情发生了，7 月 19 日，探花加索尔被交换到另一支烂队——刚刚从温哥华迁回美国孟菲斯市的孟菲斯灰熊队。此时，加索尔必须和不愿意放自己走的母队巴塞罗那队作个了结。为了能踏上梦想的 NBA 赛场，加索尔自掏腰包交了 165 万美元的毁约赔偿金，就这样，大男孩在这个阴寒的城市开始了自己的 NBA 生涯。

在加入灰熊的第一个赛季，加索尔就迅速成长为球队的领袖人物。人们看到了这个温文尔雅的年轻人的实力，比赛中加索尔特有的西班牙人的火热激情感染了无数球迷。他投篮准确，却比斯托贾克维奇这样的纯投手在能力上更为全面。他将优秀的传球能力与精准的投篮技术集于一身，在他的身上，你能找到

托尼·库科奇的风采或者诺维茨基的影子。新秀赛季结束后，加索尔以赢得总共
126 票中 117 票的投票结果，毫无争议地当选了 2001—2002 年度最佳新人，他
也有幸成为了获得这一荣誉的首位欧洲球员。加索尔在自己的菜鸟赛季场均得到
17.6 分 8.9 个篮板 2.7 次助攻和 2.1 次盖帽，投篮命中率高达 51.8%。其中投
篮命中率排名全联盟第四，盖帽数列第 6，35 个两双也排名第十。在当年新人中，
加索尔在得分和命中率上都排名第一，在助攻上排名第八，抢断排名第十五。而
且加索尔还是当年唯一一个 82 场比赛全部参加的新人，其中还有七十九次首发，
这样的数据已经足够老鹰队后悔当初他们自己的愚蠢决定了。

2003—2004 赛季，在加盟灰熊的第三年，加索尔终于带领着灰熊队爆发了。
这支用了八年的时间才取得了 150 多场胜利的球队，随着加索尔的快速成熟，也
出人意料地展现出前所未有的活力和进取心。灰熊居然奇迹般地拿下 1995 年建
队以来最高的单赛季 50 场胜利，并以西区第六的身份首次打进季后赛，一跃成
为西区令人恐怖的强队。谁曾想 2002 年末，灰熊将士们还曾经身背 13 连败的耻
辱。当年球队教练胡贝尔·布朗也因此荣膺年度最佳教练，一手将加索尔栽培起
来的经理杰里·韦斯特则拿下年度最佳经理人。2004 的前半年，对于久经磨难的
灰熊来说是前所未有的美好，在保罗·加索尔面前，仿佛一幅美丽未来的画卷已
经展开。

不过在列强林立的西部想有所表现，就必须得到小牛、马刺、太阳这样强队
的许可。不幸的是这次灰熊碰上了石佛领军的马刺，没有什么悬念，在邓肯这样
的老江湖面前，灰熊都没有讨到一点便宜就 0：4 败下阵来。4 场比赛加索尔场
均 18.5 分和 5 个篮板的表现对一个三年级的新秀已经相当不错了，但邓肯在加
索尔头上轻松取下的场均 24.3 分和 10 个篮板，西部两个最好的大前之争，邓肯
让加索尔学会了很多。

随后的 2004—2005 和 2005—2006 两个赛季，加索尔仍在不断进步，灰熊也
保持了一支强队所必须具备的稳定性，他们又接连两年成功打进了季后赛。然
而，冲不过季后赛首轮对于加索尔就像一场挥之不去的梦魇。不过虽然在 NBA
的赛场上没有名列尊者，但在场下加索尔却是西班牙的中流砥柱，也是西班牙得
以和世界强队抗衡的信心。

加索尔开始一个个移开面前挡路的球队。面对 2004 年的奥运冠军时，最后
两分钟正是他的几次篮下强攻让西班牙稳定了局势。不过就在此时，加索尔在篮

下一次转身突破中猛然倒地，捂着左脚再没站起来。虽然队医检查说加索尔已经不能再上场了，让他回去治疗，加索尔却坚持留在场上为队友加油。那一刻，加索尔这个相貌"野蛮"的大个子的眼里盈满了泪水，他知道西班牙这一路走来的艰辛。没有什么能够阻挡了，最后的比赛西班牙完全是为了加索尔而战，比分很快被拉开，骄傲的阿根廷最终低下了头。

最后的总决赛对希腊，希腊是欧锦赛的冠军，缺少加索尔的西班牙很少有人相信他们能抵抗很久。但就是这支西班牙队，从一开始就牢牢控制了比赛节奏，整场没有给希腊任何机会。最终西班牙如愿地拿到了总冠军，加索尔挂着拐杖和身边的队友拥抱，流着泪向每一个队友祝贺，那一刻这个大胡子球员成了整个世锦赛最闪亮的一颗星。

2006—2007赛季，加索尔缺席了灰熊初期的大部分比赛，不过恢复后的他依旧神勇，场均拿下21.2分9.8个篮板，用表现证明了自己依旧是西部最好的球员之一。不过这年灰熊的战绩实在很差，球队再也没有那种强队的气质了。也许换个球队，去公牛也是一种选择。目前，加索尔已加盟湖人，他将携手科比追逐更大的荣耀。

圣安东尼奥马刺队

牛仔的马刺
双塔的辉煌

圣安东尼奥马刺（San Antonio Spurs）
主场：AT&T 中心（AT&T Center）
主教练：格雷格·波波维奇（Gregg Popovich）
赛区：西南赛区

　　罗伯特逊和罗宾逊，十年间马刺两个球员拿下了联盟中难得一见的四双，而这中间还有 1983—1984 赛季莫瑞的 26 分、13 次助攻 11 个篮板和 9 个盗球的准四双，莫非马刺是传说中四双的福地？而"冰人"乔治和"天行者"大卫·汤普森的得分王之争，大卫·罗宾逊和奥尼尔的得分王之争，更是给马刺留下一段段传奇……这就是马刺，罗宾逊和邓肯，一代传一代的英武强者之师！

　　马刺队是作为美国篮球联盟（ABA）的创始成员之一而成立的。当初，它的名字是达拉斯丛林队，马刺队在 ABA 时代的混乱中生存了下来，并且作为奖励，被获准在 NBA 联盟和 ABA 联盟合并的时候，加入了新的 NBA 联盟。马刺队在漫漫历史中多次组成了强大的团队。在 1970 年代的末期和 1980 年代初期，球队拥有当家球星"冰人"乔治，并且在六年中五次夺得中西部赛区的冠军。在 1980 年代的末期，大卫·罗宾逊的加入使得球队重新回到了冠军争夺者的行列中。然后当蒂姆·邓肯到来时，他和罗宾逊一起在 1999 年和 2003 年为圣安东尼奥带来了两个总冠军。随后罗宾逊退役，但马刺在邓肯和新成熟的帕克及吉诺比利双枪后卫带领下，2005 年再次夺冠。如今邓肯虽然状态下滑，但马刺依旧是西部冠军和总冠军的有力争夺者。

　　达拉斯丛林队作为代表 ABA 联盟的十一支球队之一，于 1967 年成立。在他们的处子赛季中，达拉斯最终以 46 胜 32 负的战绩排名第二。季后赛中达拉斯丛林队首轮横扫了休斯敦小牛队，然后在第二轮中输给了最终在决赛中败给匹兹堡管道工队的新奥尔良队。尽管有新秀后卫罗恩·保尼的加入，达拉斯丛林队在第二个赛季中成绩仍然有所下滑。保尼在他的新秀赛季场均得到 18.9 分，季后赛首轮他们经过七场后再次被黄蜂淘汰。

随后两年，球队的战绩并不出色，主教练也被逼下课。1970—1971 赛季，达拉斯丛林队改名为得克萨斯丛林队，进入季后赛后，首轮即遭横扫。次年，丛林队连续第二年在季后赛的首轮中被犹他星队横扫。1972—1973 赛季球队以惨淡的 28 胜 56 负的成绩结束赛季。1973 年 3 月 26 日达拉斯丛林队完成了它的绝唱，在最后一次在达拉斯举行的比赛中，丛林队竭尽全力，以 112∶110 战胜了 ABA 当年的最佳球队——卡罗来纳美洲狮队。而买票入场的观众人数为 134 名。

1973 年来自圣安东尼奥的财团收购了达拉斯丛林队，并随即把他改成圣安东尼奥马刺队。10 月 10 日，在 HemisFair 球馆的 5,879 名观众面前上演了他们在圣安东尼奥的处子秀。但他们以 101∶126 败给了圣迭戈征服者队。11 月份球队战绩改观，马刺从经营惨淡的弗吉尼亚队得到了他们甩卖的球员——大学里比尔·沃顿的替补奈特。当年奈特参加了 ABA 的全明星赛，并拿下了 29 分和 22 个篮板。1974 年 1 月底，马刺完成了第二笔大交易，从弗吉尼亚买入了 21 岁的乔治，"冰人"正式驾临圣安东尼奥。在代表马刺出场的 26 场比赛中场均得到 19.4 分。球队在最后 18 场比赛中拿下了其中的十二场，并以 45 胜 39 负的成绩排名西部第三。在和印第安纳步行者队的季后赛首轮比赛中，马刺队以 3∶4 败给对方。1974—1975 赛季，"冰人"在季后赛被主教练放到得分后卫的位置上，大展身手的最后三场场均拿下 35 分，但马刺还是输掉了对印第安纳的季后赛。1976 年在 ABA 的最后一个赛季中，经过较大调整的马刺队在总决赛中面对"J 博士"欧文率领的纽约网队，最终经过七场苦战，网队夺得了 ABA 历史上的最后一个总冠军。

1976 年 6 月 17 日，圣安东尼奥马刺队、纽约网队、丹佛掘金队以及印第安纳步行者队同时加盟了 NBA。首场比赛，马刺队 121∶118 战胜了同样刚进入 NBA 由"J 博士"率领的费城 76 人队，并在 NBA 的处子赛季以 44 胜 38 负联盟第六的战绩中杀入季后赛，尽管首轮遭到了凯尔特人的横扫。"冰人"平均每场 23.1 分的得分在全联盟排名第九，同时他非凡的 54.4% 的投篮命中率也在 NBA 历史上后卫命中率纪录中排名第二。

1977—1978 赛季，马刺的整个焦点都集中在"冰人"和掘金队"天行者"汤普森的得分王之争上。赛季的最后一个比赛日双方还不分胜负。此时在掘金对

底特律的比赛中，汤普森砍下 73 分，掘金 139：137 取胜。汤普森的这个得分也是截至当时比赛的单场第三高，前两次是张伯伦在 1961 年的 78 分和 1962 年的 100 分。而他所在的马刺队那天晚上在新奥尔良对阵爵士队。"冰人"需要得 58 分来赢得得分王。他在第一节就拿下了马刺 33 分中的 20 分。在第二节又砍下 33 分，并同时创造了 NBA 的单节个人得分纪录。在第三节还剩下 10 分钟的时候，命中了一个 10 英尺外的跳投，同时拿下第 59 分，赢得了得分王的荣誉。此时，教练换下，使他能享受到观众们长时间热烈的鼓掌欢呼。不久之后"冰人"再度回到场上又拿下 4 分，最终以 49 投 23 中的命中率拿下了 63 分。因此以历史上最微弱的差距战胜汤普森夺下得分王。在整个赛季，场均得到 27.22 分，而汤普森为 27.15 分。马刺队在 1978 年以 52 胜 30 负进入季后赛，但经过六场后败给了华盛顿子弹队。

1978—1979 赛季，"冰人"以 29.6 分首次作为后卫球员连续两年拿到了得分王，马刺 48 胜 34 负的成绩连续第二年在中部分区排名第一，在联盟中也仅以一场之差落后休斯敦火箭队。季后赛场均 28.6 分名列第一，马刺在经过七场苦斗战胜费城后，输给了华盛顿子弹队。1979—1980 年和 1980—1981 年，"冰人"分别以 33.1 分和 32.3 分的场均得分连续四年得到得分王，但马刺受困于薄弱的防守，两次季后赛首轮均被火箭淘汰。1981—1982 赛季他们打出了一场在球队得分在 NBA 历史上排第二的比赛。在主场经过三次加时赛的鏖战，他们以 171：166 战胜了密尔沃基，其中"冰人"一人就砍下了 50 分。马刺这个赛季在季后赛首轮战胜了超音速，但接下来被当年的冠军湖人横扫。随后的一年西区决赛，马刺再被湖人淘汰。

作为过去六年中的五次分区冠军，圣安东尼奥发现他们在 1983—1984 赛季中开始难以为继了。更换了主教练带来的后果就是在 11 月底的时候，球队仅取得 6 胜 12 负。12 月 17 日，马刺输给了亚特兰大老鹰队，"冰人"只拿下 8 分，这使得他的连续 407 场比赛得分超过两位数的纪录中止了。赛季结束圣安东尼奥以 37 胜 45 负的成绩无缘季后赛。1984—1985 赛季中，球队的莫瑞在 1 月的 1 场比赛中拿下了 26 分、13 次助攻 11 个篮板和 9 个盗球的准四双成绩。

1985—1986 赛季开始，"冰人"被卖到了芝加哥，从这个赛季开始，马刺连续 4 个赛季颗粒无收。这年唯一让马刺高兴的事是二年级新秀埃尔文·罗伯特逊拿到了一系列的奖项，包括了 NBA 最佳防守球员和 NBA 进步最快球员，并代表马刺参加了当年的 NBA 全明星赛。同时在 2 月 18 日，他成为了 NBA 有史以来第二个得到四双的球员：20 分、11 个篮板、10 个助攻和 10 次盗球。1986—1987 赛季，球队先后使用了 17 名球员来试图找到一个能赢球的阵容安排。但没有任何效果。球队在中西部赛区以 28 胜 54 负的成绩垫底。

1987 年 5 月 17 日，马刺队抽到了 NBA 的选秀状元签。在六周之后的 NBA 选秀大会中，球队作出了对它的未来意义重大的一个决定，挑选了身高 2.1 米的中锋大卫·罗宾逊。但那要到两年之后才能实现了。在 1987 年 11 月 6 日和马刺队签署完合同之后，海军学院的毕业生罗宾逊开始在海军履行他为期两年的兵役。在 1988—1989 赛季，球队还是没有更多可以让人振奋的地方。而接下来的一个赛季，马刺从一支最差球队一跃成为一支最好的球队。1989 年 5 月 19 日，大卫·罗宾逊结束了他的兵役，他在 NBA 的处子秀中砍下 23 分和 17 个篮板，并在赛季的每个月中都拿下了月度最佳新秀，24.3 分和 12.0 个篮板的数据让他荣膺最佳新秀并进入西部全明星。而马刺也以 56 胜 26 负战绩领先爵士一场排名第一。在季后赛首轮他们击败了丹佛掘金队，但面对开拓者西部半决赛中，马刺经历了两个惨绝人寰的加时赛，两次均落败让他们结束了这个赛季。

在底特律活塞称王称霸的两年中，马刺也要证明他们去年的表现不是个意外，在接下来的赛季中力压犹他爵士队，连续第二年获得中西部分区的冠军。首轮面对勇士，他们就拿下了第一场便打道回府。1992 年罗宾逊和安德森均受伤，马刺遭到太阳横扫。1993 年新任主教练卢卡斯在首发中增加了后卫埃弗里·约翰逊，"A.J"在他为马刺打先发的前 12 场比赛中平均每场得到 11.4 分和 9.9 次助攻，并帮助球队取得 11 胜 1 负。赛季中段马刺的老板把球队以 7,500 万美元的价格出售给一个财团。球队的易主不影响场上的将士，季后赛首轮他们拿下开拓者，在和巴克利的太阳对决时，第六场战成 100 平后，巴克利最后 1.8 秒命中了 18 英尺外的跳投，之后大卫·罗宾逊未能命中 20 英尺外的压哨跳投，马刺队被淘汰出局。

1993—1994 年，马刺从底特律活塞交换来了罗德曼。罗德曼的到来让马刺打出了全联盟第二好的防守，他们平均每场只让对手拿到 94.8 分，并且不再分心于篮板的大卫·罗宾逊倾情于进攻。在赛季的最后一天，罗宾逊在对阵洛杉矶快船队的比赛中砍下 70 分，生生地从奥尼尔手中抢过了得分王的头衔，这也使得他成为了 NBA 历史上第四名在单场比赛中得分超过 70 分的球员。大卫·罗宾

逊还在 2 月 17 日对底特律的比赛中创造了另外一项 NBA 的纪录，34 分、10 个篮板、10 次助攻和 10 个盖帽，这些成绩使得他成为了又一名拿下四双的球员。在赛季结束的时候，大卫·罗宾逊在 NBA 的 MVP 评选中落后于奥拉朱旺获得第二。罗德曼（平均每场 17.3 个篮板）和罗宾逊一起成为了在 NBA 历史上、在同一个赛季的得分和篮板的个人统计上同时分别排在第一的两个队友。首轮马刺败于爵士。

1994—1995 赛季成为了马刺队有史以来最出色的一个赛季，球队打出了 62 胜 20 负的战绩，罗宾逊拿下 MVP，罗德曼场均 16.8 个篮板连续第四次拿下篮板王。季后赛他们横扫掘金，4：2 拿下湖人，最后 2：4 败在了正值巅峰时期的火箭手中。1995—1996 赛季，马刺季后赛噩梦延续，他们淘汰太阳后和爵士大战六场而被淘汰。1996—1997 赛季对于圣安东尼奥马刺队来说是历史上最让人失望的赛季之一，但从后来的情况来看，这反而是个最好的结果。尽管马刺队缺少了受伤的大卫·罗宾逊，仅仅取得了 20 场胜利，同时自 1988—1989 赛季以来首次缺席季后赛，但他们在 1997 年的选秀抽签中得到了一笔财富。头号选秀权降临到马刺队的头上，这个状元签给他们带来了具有超级球星潜质的蒂姆·邓肯。

什么叫双塔，看看这时邓肯和罗宾逊的表现。邓肯的处子赛季场均 21.1 分（NBA 中排名第 12）、11.9 个篮板（第三）、2.51 次盖帽（第六），并取得了最多的五十七次的两双。罗宾逊受伤后恢复明星水准：21.6 分（第十）、篮板 10.6 个（第五）、盖帽 2.63（第五）以及四十次两双（第九）。在季后赛中，首轮面对太阳，斜刺里杀出的埃弗里·约翰逊，没等双塔发威，以场均 20.5 分外加 6.0 次助攻，帮助球队取得了 3：1 的胜利。但随后邓肯脚部受伤，马刺遗憾地败给了爵士。1998—1999 的缩水赛季里，没有球队能再阻挡马刺的脚步，在和尤因的尼克斯大战中，第五场还剩下 47 秒时，还是埃弗里·约翰逊一记跳投拿下了马刺队史上的第一个总冠军。

马刺队在 2000—2001 赛季和 2001—2002 赛季都取得了 58 胜 24 负的成绩，但他们连续两个赛季在季后赛中都输给了最后的总冠军洛杉矶湖人队。在进入 2002—2003 赛季之后，球队知道这会是个值得纪念的赛季。这至少有两个原因，大卫·罗宾逊宣布这将是他在 NBA 的最后一个赛季，同时马刺队将开始启用新的球馆。SBC 中心球馆，这座球馆是根据总部坐落于圣安东尼奥的电信巨人

SBC 而命名的。而这时候的马刺队和他们几年前夺得冠军时候的阵容相比已经大不相同了。马刺队重新组建了他们的球队，以试图将三连冠的洛杉矶湖人队拉下马来。已有两年 NBA 经验的法国球星托尼·帕克现在是马刺队的先发控球后卫，同时球队阵容里面包括了多名三分射手，包括史蒂芬·杰克逊、布鲁斯·鲍文以及阿根廷人曼努·吉诺比利。在把原来的内线组合邓肯和罗宾逊同新加入的外线球员融合起来之后，马刺取得了 60 胜 22 负的成绩。在季后赛中，马刺队先后击败了太阳队、湖人队和达拉斯小牛队，进入了同新泽西网队交手的 NBA 总决赛。这个系列赛也标志着第一次有两支前 ABA 的球队同时出现在了争夺总冠军的比赛中。马刺队以 4∶2 赢下系列赛，获得了球队历史上第二个 NBA 总冠军。邓肯包揽了常规赛和总决赛的 MVP。

在 2003—2004 赛季中，马刺队在西部半决赛中被老对手湖人队淘汰出局。湖人队在先输两场的情况下连扳四场。这个系列赛的转折点是费舍尔在第五场比赛还剩下 0.4 秒时投中了压哨的制胜球。在这次令人心碎的失利之后，马刺队花了整个休赛期来调整球队的阵容。

球队从西雅图得到了后卫布伦特·巴里，稍后从纽约得到了中锋穆罕默德，并签下自由球员、老将格伦·罗宾逊。这个赛季马刺队取得 59 胜 23 负的战绩，在西南分区排名第一，在西部排名第二。在季后赛中，马刺以 4∶1 轻取丹佛掘金队，4∶2 击败西雅图超音速队，4∶1 淘汰菲尼克斯太阳队，并随之进入 NBA 总决赛。在总决赛中，他们在 2005 年 6 月 23 日赢得第七场，以 4∶3 击败了卫冕冠军，同时也是本赛季东部冠军的底特律活塞队，获得了球队在七年中的第三个总冠军。邓肯当选总决赛的 MVP，并成为了历史上第四名三次获得总决赛 MVP 的球员（前三个是"魔术师"、奥尼尔和乔丹）。

如今，邓肯状态渐渐下滑，但帕克和吉诺比利的成长，霍里和芬利的协助，马刺在 2006—2007 赛季依旧成为联盟的霸主。拿下总冠军，这中间帕克的总决赛 MVP 证明，他已经很好地接过了邓肯肩上的重担。

球员篇　　蒂姆·邓肯：
　　　　　　已立的"石佛"

　　转眼之间，邓肯也不再是 1997 年的毛头小伙子了，10 年的沧桑足以让很多人改变，但不变的依旧是邓肯那不苟言笑、木讷如鸡的"石佛"般表情。年届三十，古人云：三十而立，回首走过的路，"石佛"手上沉甸甸的三枚总冠军戒指确实早已经证明他已立了。

　　邓肯来自美属的维京群岛，在加勒比海与大西洋的交汇处。因地处海岛，周围尽是水源，所以年幼邓肯的理想并不是去当一名篮球员而是一名游泳健将。就像不打篮球的话，野兽阿泰斯特可能会成为一个音乐家，奥尼尔会成为一个好莱坞的巨星，而纳什将继续在足球场上挥洒着岁月。9 岁的时候邓肯开始接触篮球，14 岁开始接受正规的篮球训练，由于内向，邓肯在进入韦克森林大学校队的前两年时间内，看到的一直是冷眼和不屑。对此，邓肯说："只要我愿意，没有什么克服不了的障碍，我的目标是不断地获得胜利，赢得总冠军，成为最好的球员。"在那段日子里，他把持自我，隐忍苦练，他相信自己对篮球的解读能力。1994 年，他代表美国参加了友好运动会，虽然这种赛事重在"友好"，但对于邓肯来说是踏出了坚实的一步。

　　1997 年，邓肯以状元秀身份加盟马刺，实现了人生的又一跨越。邓肯的到来，使马刺队主帅波波维奇打造出了全新的战术：双塔战术。人们开始对马刺给予期待。但是挑战无处不在，邓肯之前，马刺队虽然拥有四大王牌中锋之一的"海军上将"大卫·罗宾逊，怎奈他一个人在内线孤掌难鸣，难成大业。在邓肯的新秀年，这位本来也可能成为 1996 年风云人物的"石佛"打出了场均 21 分、11.9 个篮板的恐怖成绩！已现出了 SBC 中心的未来老大风范！

　　1998—1999 赛季，邓肯与罗宾逊合力拿下自己职业生涯的第一枚总冠军戒指。但是由于薪资工潮的巨大震荡，缩水赛季的总冠军含金量让人质疑，奥尼尔曾数次就此对那年总决赛耿耿于怀。而 1999—2000 年季后赛邓肯又因伤不能上场，再一次失去了证明自己的机会。以至于在他 2000 年期满后与球队签三年期合同时，马刺总经理巴福德和主帅波波维奇因此"收获"了很多嘲笑。而后，随着湖人三连冠霸业的建立，邓肯与他的马刺队再一次被人遗忘。

　　有道是一万年太久，只争朝夕。在短短的三年合约将尽之际，2002—2003

赛季邓肯真正地圆了一次属于自己的冠军梦。在总决赛最后一场他拿下了 21 分、20 个篮板、10 次助攻、8 次盖帽的准豪华四双成绩，理所当然的常规赛和总决赛的 MVP，马刺以 4∶2 赢下篮网，取得了球队历史上的第二个总冠军。2003 年 7 月 16 日马刺队与邓肯签订了七年 1.22 亿美元的巨额合约，对此老尼尔森满怀嫉妒地说："拥有邓肯，你就拥有半个总冠军了。"

可惜的是 2003—2004 赛季，在湖人和小牛的西部半决赛较量中，虽然邓肯带领马刺先胜两场，不过由 F4 领军的湖人却连下四城，在关键的第五场较量中，"石佛"在最后 0.9 秒的时候投出一记打板球，让比分反超，不过在最后 0.4 秒费舍尔命中了 18 英尺外跳投，夺走了本来该属于邓肯的另一个辉煌。

不过 F4 顷刻烟消云散，就在 2004—2005 赛季，邓肯带着帕克、吉诺比利这支年轻的马刺再次拿到了 NBA 最高的荣誉总冠军。如今的邓肯，一个佛家的另类，他仍旧在心静如水带领着马刺前进！他从来不会为了追赶一个纪录而心急情躁。而这种境界对于一个人的未来之重要不言而喻。这意味着这个人有着永不衰竭的生命力。而拥有永不衰竭的生命力的人又有谁呢？他就是大佛如来——邓肯！

扣篮的艺术
得分狂和黑八奇迹

丹佛掘金队

丹佛掘金 (Denver Nuggets)
主场：百事中心 (Pepsi Center)
主教练：乔治·卡尔 (George Karl)
赛区：西北赛区

从"天行者"大卫·汤普森到乔治·麦金尼斯，从英格里什到范德威奇，从安东尼到艾弗森，掘金的这块土地上总会凝聚着一个个嚣张的得分狂人。1983年的12月，底特律活塞来到丹佛打客场，最终离开时留下了让人震撼的186：184的比分。当这一切都成追忆，你是否会记得在这个空气稀薄的高原上，在这个大部分时间都被积雪掩盖的城市中，曾经在1976年和1984年为全世界的观众送上了两次瞠目结舌的扣篮大比拼。在那个飞天妖魔横行的年代里，斯班瑟·海伍德、达里尔·道金斯、大卫·汤普森、吉尔莫……一串串耳熟能详的名字，曾燃烧过火一般的激情。虽然不是丹佛的"天行者"汤普森最终夺魁，但正是在他的逼迫下才成就了朱利叶斯·欧文的双手反扣、小回环滞空扣、回拉反扣以及多年后才被上帝重新演绎的罚球线劈扣。

1967—1968赛季，两支火箭队中的圣迭戈火箭队（现在的休斯敦火箭队）加入NBA，而另一支名为丹佛火箭的球队则加入了ABA联盟，这就是丹佛掘金的前身。掘金的前两个赛季就表现不俗，杀入季后赛，不过两次都在首轮被海盗队和奥科斯队分别淘汰。

1969—1970赛季，球队签下了底特律大学的二年级新秀海伍德。11月13日，海伍德在对阵肯塔基陆军上校队的比赛里抓下31个篮板，创下了一个保持20多年的纪录。那个赛季，海伍德平均得到30分和19.5个篮板，成为全明星赛MVP，并且得到最佳新秀和MVP。在海伍德的带领下，掘金闯入季后赛并在首轮里击败了华盛顿国会大厦队，但是在分区决赛里输给了洛杉矶明星队。

可惜海伍德就为掘金效力了一个赛季，随后便去了 NBA。随着海伍德的出走，丹佛战绩开始下滑。1971—1972 赛季，后来的伟大教练拉里·布朗，在 2 月 20 号对阵匹兹堡秃鹰的比赛里，送出了队史单场最高的 23 次助攻。而 1972—1973 赛季，队中的朱留斯单场比赛送出了 12 次盖帽，这个纪录直到二十年后的 1993 年才被穆托姆博打破。

1975 年，在比尔·沃顿头上投中制胜球，拿下大学联赛冠军的汤普森，被 NBA 的亚特兰大老鹰队和 ABA 的弗吉尼亚护卫者队同时钦点为状元秀。当汤普森最终选择了去 ABA 时，掘金利用弗吉尼亚护卫者队的经济危机轻松得到了汤普森。汤普森和朱利叶斯·欧文一样，两个高高在篮筐上面打球的人，从一进入联盟就火花四溅。掘金队随后又换来了在肯塔基大四场均拿下 33.9 分，后来的名人堂前锋伊索。1975 年掘金闯入季后赛，1976 年掘金更是打进 ABA 的总冠军战，苦战六场后败给了"J 博士"的篮网队。

1977 年，NBA 和 ABA 联盟合并。对掘金来说，换联盟似乎没有任何困扰，他们在 1977 年跟 1978 年都拿下中西区的冠军。1978 那年，汤普森在和"冰人"的得分王竞争中，也就是最后一场面对活塞的比赛中，汤普森劈下 73 分。但"冰人"在对新奥尔良爵士的比赛中也拿下 63 分，最终"冰人"的 27.22 分险胜了汤普森的 27.15 分。在 1979—1980 季中，掘金队史上的最佳球员英格里什入队了。他生涯最后一共拿下 21,645 分，是掘金队史得分王。英格里什的表现跟球队在莫伊教练指导下的球队表现同步上升，是 80 年代的高得分球队代表。英格里什基本上没有任何固定的战术，随时抓住机会就要发动快攻。1980—1981 赛季汤普森受伤回归，场均得 25.5 分，他和英格里什（23.8ppg）、伊索（21.9ppg），共同组成了掘金得分三人组。

拥有这样的得分组合，掘金仍不满足。在休赛期，掘金送出了两个未来的一轮选秀权，从小牛换来范德威奇，另一个高效的得分手。在英格里什的带领下，掘金场均得到 126.5 分，超过了 1961—1962 赛季张伯伦在时的费城勇士队（125.4 分）。掘金连续三年有三名球员得分上 20，英格里什（25.4ppg），伊索（22.9 分），和范德威奇（21.5）。再次受伤回归的汤普森在一边嗑药一边打球的过程中也能场均拿下 14.9 分。1982—1983 赛季，英格里什场均得分第一（28.4），范德威奇场均得分第二（24.7），这是联盟在 1954—1955 赛季（费城勇士队的约翰斯通和阿里金）以后的第一对联盟得分前两位的组合。同时伊索场均也贡献

21.6 分，季后赛首轮他们淘汰太阳后被马刺淘汰。

1983—1984 赛季，丹佛的战绩下滑到 38 胜 44 负，他们战绩平平却仍然保持着进攻犀利的特征。在 12 月 13 日对底特律的比赛中，他们创造了 NBA 历史上比分最高的比赛。历经三个加时，186：184 战胜活塞，轻松打破了 1981 年对开拓者的 162 分的得分纪录。仅仅过了一个月，他们又把自己第二好的纪录提高到 163 分，他们在那场比赛中以 163：155 战胜了圣安东尼奥。范德威奇在这 2 场比赛中分别奉献了 51 分和 50 分，这一年他的场均得分是 29.4 分，英格里什 26.4 分。

1984—1985 年，伊索退役。范德威奇远走波特兰，但球队得到了被低估的控球"小胖"李佛和奈特。尽管这样球队的成绩持续滑坡，1985—1986 赛季他们季后赛第二轮败给了火箭的双塔汤普森和奥拉朱旺组合。1989—1990 赛季，英格里什为了总冠军投奔了达拉斯小牛队。

1990—1991 赛季，丹佛的战绩滑至 20：60。1991—1992 赛季掘金用 4 号签选中了穆托姆博。掘金开始像婴儿学步一样向着正确的方向前进，战绩为 24 胜 58 负。穆托姆博场均得到 12.3 个篮板，在年度新秀的争夺中仅次于夏洛特的拉里·约翰逊获得第二。1992—1993 赛季伊索回归当了主教练，掘金显然已经变成一支上升中的球队。

1993—1994 赛季，掘金队内洋溢着乐观的气氛，在以非常一般的成绩进入季后赛之后，他们似乎成了这个残酷的系列赛中其他球队的最爱。他们的胜率一直徘徊在 50% 附近，以 42：40 结束赛季，并以第八名的成绩跻身季后赛。掘金通过第一轮的可能性似乎微乎其微，他们的对手是看上去非常强大的超音速，他们打出了 NBA 在这一年常规赛里的最好成绩。超音速赢下了头 2 场比赛，但是当回到丹佛的时候，掘金依靠木桶伯在防守端的盖帽表现赢下了第三和第四场比赛。最终丹佛赢下了第五场比赛，并且成为 NBA 历史上第一支以八号种子身份打败一号种子的球队。随后掘金令人激动地进入了西部半决赛，遇到了对手犹他爵士。在连输三场之后又连胜三场，最后在第七场以 81：91 输掉比赛。在季后赛和爵士的 7 场比赛中贡献 38 次火锅而创造了一个新的 NBA 季后赛纪录。

1994—1995 赛季，伤病、教练更替粉碎了掘金的希望。1996 赛季"木桶伯"离开，随后掘金进入了重建期。2003 年以掘金用 3 号签抽到了安东尼，安东尼把掘金 1994—1995 赛季以来第一次带入季后赛。但首轮遭到了终于突破季后赛首轮瓶颈的狼王的淘汰。2004—2005 年，卡尔时代开始，2005—2006 年掘金获得西北区的冠军，2007 年球队用米勒等人换来了艾弗森。但艾弗森的加盟并没有让掘金有更大的进步，2008 年 11 月 4 日，掘金再次把艾弗森交易掉，得到了活塞队的核心控卫比卢普斯。从某方面来说，比卢普斯更适合和安东尼搭档，只是掘金失去的不仅仅是艾弗森，同时球队的防守核心坎比也加盟了洛杉矶快船。不过壮汉马丁已经回归，在点石成金的比卢普斯帮助下，掘金已经迎来了新生。

球员篇　　安东尼：
　　　　　　这个杀手还年轻

从新秀赛季的场均 21 分，到这个赛季的场均 30 分，安东尼用最迅速的步伐抒写了什么叫神奇。这是安东尼进入联盟的第四个赛季，一切对他来说都是那么的充满生机。

可以说"小甜瓜"是现在联盟中最顶尖的得分小前锋。他拥有了完美的小前锋身材，强壮的身体，肥硕的臀部。他不像其他球员那么费力地选择控球突破，而是直接选择了大前锋似的背身。就是这一招，加上天生的手感，一切都是那么的不可抵挡。而截至目前为止的十多次绝杀，更是让安东尼成了最后时刻其他球队心头的噩梦。

安东尼出生在纽约的布鲁克林区，8 岁的时候举家迁徙到巴尔的摩。在安东尼 3 岁的时候，父亲因为严重的肝病而撒手人寰，留下母亲玛丽独自抚养三个孩子。每天玛丽都要花几个小时到别的城市帮佣养家，而活泼好动的安东尼就整天跟着邻居的小孩子一起打篮球。从布鲁克林到巴尔的摩，安东尼到了治安最差的黑人区，人称药局。毒品、黑枪泛滥，还好他的哥哥和姐姐比他年长很多，时时盯着他，加上母亲玛丽对他严格管教，安东尼小时候才没有学坏。

在上高一时安东尼才被篮球教练召到天主教高中的篮球队，一开始，他打的是控球后卫的位置，但一两年内，他竟长高 18 厘米，开始打小前锋的位置。这时的安东尼，开始在周围朋友的吹嘘下有些飘飘然，球技越来越好，但功课越来

越差。幸好，又是他的妈妈把他送到美国高中篮球第一强校橡树山高中。值得一提的是这所学校的校规。在高中，每天早上 7 点钟，安东尼就必须与其他同学准时到教室上课，直到午课后才开始练球。这里校规非常严格，学生必须住校，服装仪容要求整齐划一，不能携带手机。宿舍里没有电视机，除了上课、看书，就是练球。很像中国的某些寄宿制学校。也就是这样，原本因生活不规律有些发胖的安东尼开始变得健壮，成绩也达到了普通高中生应有的标准。

作为学校的第一主将，安东尼第一次遇到了对手詹姆斯。在这场比赛中，詹姆斯拿到 36 分，安东尼 34 分，最后橡树山高中赢得了胜利。高四的这年，安东尼率队拿到 32 胜的战绩勇夺高中联赛总冠军。但这样的成绩没有带给他同样的荣誉，安东尼在年度最佳高中生的评选中仅获得第三名，落后于勒布朗·詹姆斯和阿马尔·斯塔德迈尔。此时的安东尼被许多 NCAA 球探劝说，要他高中毕业后就直接进入职业篮坛。但安东尼并没有被名气冲昏头脑，他选择到锡拉丘兹大学深造。

在安东尼加入之前，锡拉丘兹大学虽然有光荣的传统，也出过几位 NCAA 名将，但近年来一直处在低潮期。安东尼加盟的前一年，锡拉丘兹大学甚至连 NCAA64 强都没能打进去。安东尼第一场大学比赛就受到教练重用，而他也不负所托，在上半场就得了 21 分和 8 个篮板球。大一新生有这种爆炸性的表现，连博海姆教练都被吓了一跳，即使这场比赛最后输了，他也并不在意，因为他心里知道，锡拉丘兹大学找到了一块瑰宝。接下来的 10 场比赛，锡拉丘兹大学横扫对手，引起全国关注，而这匹大黑马最终冲出重围，就是拜安东尼所赐。常规赛锡拉丘兹大学咸鱼翻身，战绩是 30 胜 6 负，而安东尼个人的数据更是可怕，场均 22.2 分、10 个篮板球、2.2 次助攻和 1.6 次抢断。而这才是开始，在残酷的淘汰赛中，锡拉丘兹大学战无不胜，一直杀入 NCAA 总决赛。充满自信的安东尼拿下 20 分、10 个篮板球和 7 次助攻，帮助球队最后以 2 分险胜堪萨斯大学。安东尼也顺理成章地被评选为冠军系列赛最杰出球员。要知道，在 NCAA 的历史上，只有三只菜鸟曾拿到这样的荣誉。

但就是这样的成绩，也不足以冲击人们在失去乔丹后追逐飞人接班人的盲目热情。2003 年的选秀中，安东尼以第三的顺位被丹佛掘金队选中。而这时的掘金，像极了当年的锡拉丘兹大学。17 胜的战绩在全联盟垫底，但在新锐教练布兹德里克重用下，安东尼很快就进入状况。和詹姆斯双双拿下所有的月最佳新秀。詹姆斯冲击季后赛功亏一篑的时候，安东尼率队顽强地打入季后赛，饮恨森林狼。

但越大的成绩带来的是越大的失望，詹姆斯拿到了年度最佳新人！安东尼在付出这么多辛劳后再无法完全保持冷静，所以接下来的夏天，所有的厄运，就在这样的心态失衡中发生了：安东尼因被梦七主教练安排成替补而和主帅拉里·布朗闹起了脾气，而梦七的最终失利也让人们把最后的许多责任安置在安东尼头上；而 2004 年 9 月，安东尼和女友拉拉去夜总会过生日时，因拉拉和前女友起了争执，安东尼便在夜总会对对方动以拳脚；2004 年 10 月，在准备飞往客场参加比赛前夕，丹佛机场的安检人员查出安东尼背包中有 1 盎司的大麻。虽然如此少量的大麻在丹佛市所在的科罗拉多州并不是重罪，最多只是处以 100 美元的罚款，但因为安东尼身份特殊，所以媒体相当关注。最后真正的原因出在安东尼的好友身上，他承认是他向安东尼借背包装行李，在里面塞了一包大麻，但在归还时，忘记取出大麻，让不知情的安东尼背上了携带毒品的罪名；而 2004 年 12 月 3 日，媒体又爆出了安东尼出现在一盘名为"停止告密"的黑社会 DVD 影片上，在这卷影片中，有一个镜头是一个人大声嚷嚷："我要杀了告密者！"背影赫然是安东尼。

因为这些，让安东尼成了媒体关注的焦点，人们纷纷猜测安东尼将会很快成为堕落的偶像。但安东尼所受到的良好家教帮助了他，在面临了这么多的困难后，安东尼公开向外界道歉。尽管安东尼还在 2007 赛季出现斗殴而被处罚的场面，但现在的安东尼已经在心智上成熟了很多。

本赛季，安东尼的个人能力和之前相比有了更大的提高，一直稳居得分榜的首位。加上有了艾弗森的相助，相信掘金的领袖会带给掘金球迷更大的惊喜。

明尼苏达森林狼队

悲情的狼王
明尼苏达的恶咒

明尼苏达森林狼（Minnesota Timberwolves）
主场：标靶中心（Target Center）
主教练：兰迪·惠特曼（Randy Wittman）
赛区：西北赛区

　　明尼苏达森林狼队作为 NBA 两步扩张计划的一部分，同奥兰多魔术队、迈阿密热火队和夏洛特黄蜂队一起，于 1989—1990 赛季加入 NBA。在第一任主教练比尔·穆瑟尔曼的带领下，森林狼取得了 22 胜 60 负的战绩，是四支新军中最好的。整个赛季托尼·坎贝尔发挥不俗，场均拿下 23.2 分。

　　森林狼在第二个赛季战绩依旧没有多少起色，坎贝尔在得分上依旧领先全队，场均 21.8 分，但球队的战绩仅为 29 胜 53 负。1991 年森林狼在第三顺位选中了 2.18 米的新秀中锋，澳大利亚人卢克·朗利，并在 12 月 27 日创造防守纪录，让金州勇士的后卫蒂姆·哈达威全场比赛 17 投 0 中。15 胜 67 负，森林狼赛季的战绩和明尼苏达的暴风雪的天气一样糟糕。

　　1992—1993 赛季，森林狼选中了探花秀克里斯蒂安·莱特纳，整个赛季战绩为 19 胜 63 负。1993 年选秀大会上，森林狼用第 5 顺位得到了 UNLV 的后卫伊赛亚·莱德。1.95 米、97.6 公斤的莱德大四一年在 UNLV 场均得到 29.1 分，森林狼队希望他能在之后的几年给队伍带来爆炸般的进攻。但整个赛季森林狼还很悲哀，以可怜的 20 胜 62 负告终。1994—1995 赛季明尼苏达森林狼队创下了一项不光彩的 NBA 纪录：连续 4 个赛季输球场次达到 60 场。21 胜 61 负，中西区垫底，狼队无论在得分还是篮板方面都存在问题。唯一值得庆幸的是赛季末，前波士顿凯尔特人队球星麦克海尔出任主管篮球运营的副总裁。他很快采取行动，在 1995 年选秀大会上大胆地用第五顺位选择了高中生凯文·加内特。

　　19 岁的加内特新秀赛季场均得到 10.4 分、6.3 个篮板，入选 1995—1996 赛季新秀二队。不堪忍受球队糟糕战绩的莱特纳被送到了老鹰，这也为加内特扫清了成为球队领袖的障碍。1996—1997赛季森林狼真正地爆发了。他们赢了40场比赛，历史上首次杀入季后赛，古格里奥塔场均20.6分和8.7个篮板，均为球队最高。加内特场均17分8个篮板2.12个盖帽，确立了自己成为联盟年轻球星的地位。另一位涌现出的巨星是马布里，他场均15.8分，并且以场均7.8个助攻排名联盟第十。

1997—1998赛季，森林狼取得45胜37负，比上赛季提高五场。1998—1999赛季古格里奥塔和太阳签约，而马布里因索要肥约得不到满足后，被交换到了新泽西网队。缩水的赛季他们以25胜25负杀入季后赛，被当年的冠军圣安东尼奥淘汰。1999—2000赛季森林狼取得建队历史上最好的50胜32负战绩。加内特场均拿下22.9分、11.8个篮板和5.0次助攻，本赛季新秀斯泽比亚可场均得到11.6分。

2000—2001赛季森林狼47胜35负，第四个赛季胜率过半，2001—2002赛季再次得到50胜，作为季后赛第5号种子，狼队在首轮遭遇第四名达拉斯小牛。尽管非常努力，狼队还是被小牛横扫。2002—2003赛季他们51胜，连续第四次进入季后赛，加内特力压邓肯取得常规赛MVP，他场均得到职业生涯最高的23分，13.4个篮板和6次助攻，平均每场出战40.5分钟。这连续第四个赛季得到"20+10+5"，能达到这一成绩的，除了"大鸟"再无他人。

2003—2004赛季森林狼再次杀入季后赛，并一路过关斩将杀入西部决赛，最后被马刺淘汰。加内特得分，篮板再创新高，24.2分13.9个篮板5.0次助攻。技术细腻到这个境界的大个子也就奥拉朱旺一人能比，不过没想到这竟成了他们季后赛的绝唱。赛季结束后，狂人斯普雷威尔和卡塞尔都因合同问题，一个拒绝再为球队效力，一个远走洛杉矶快船。从2004—2005赛季开始，森林狼再也无缘季后赛。

球员篇　**凯文·加内特：**
　　　　　　永远孤独的狼王

　　他已经细腻到了一个大个子能够细腻到的一切，从 1 号位尝试到 5 号位，他都游刃有余：他拿下自己的第一个全明星赛 MVP 和常规赛 MVP，而他却也遭受着残酷 NBA 带给他的一切。从他的第二个赛季开始，他就在不停地尝试叩击季后赛第二轮的大门，但每次都让他头破血流。七年后他终于突破了第一轮的瓶颈，没想到却迎来了更为悲惨的命运。无论他怎么努力，森林狼终于连续和季后赛无缘了。

　　加内特出生于南卡罗来纳州的莫丁镇，他的父亲麦克劳夫和他的母亲雪莉·加内特因一见钟情未婚生下了他，但很快两人的感情就因麦克劳夫的移情别恋而宣告结束。加内特并没有跟随他父亲的姓氏，但他遗传了父亲的篮球基因。1.93 米的麦克劳夫高中时代曾是学校篮球队的队长，并凭借着自己良好的预判创造了属于自己的"麦氏盖帽"绝招。不过麦克劳夫却因家庭的缘故最终无缘大学，进而失去了自己有可能辉煌的篮球生涯。

　　加内特 7 岁时，雪莉和厄比结婚，从此加内特有了一位继父。但在他的记忆里，他和继父从来没有亲近过，雪莉和厄比这段婚姻勉强维持了十三年，最后终因个性不合在 1996 年以离婚收场。加内特 12 岁时，他们搬到莫丁的贝斯坞德路居住，这里是他一生的转折点。在这里加内特认识了十多个喜爱篮球的孩子，此时的加内特瘦小枯干，完全是被蹂躏的对象，但和其他小孩子相比，加内特却精力充沛，每天他都要比其他孩子付出更多的时间来磨炼自己的球技。

　　高中的时候，加内特的母亲和父亲并不支持他参加校队，在他们眼中，加内特按部就班地上高中、念大学就是最好的选择。不过加内特在考上莫丁高中后，却偷偷地报名参加了莫丁高中校队——"小牛"队，在这里年少的加内特就被认为是这个学校最有前途的新秀。得知凯文参加校队的事情后，加内特的母亲雪莉的态度只好由反对变成了支持，但加内特的继父一直不支持加内特的选择，这也造成了最后雪莉和厄比的婚变。在莫丁高中，加内特待了两年，高二的加内特平均每场能得到 27 分、17 个篮板球，并且还有七次盖帽。在他的带领下，校队也获得南卡罗来纳州"上半州冠军"。

　　1994 年的暑假快要开始的时候，一向平静的莫丁市发生了一名白人学生被 5

名黑人学生围殴致伤案件。这种在美国大都市里每分钟都会发生的小案件，在南卡州可是一件大事。出人意料的是加内特因涉案被捕，"加内特涉及围殴案被捕"上了当地报纸的头版头条。此时，莫丁高中的气氛已经不适合加内特继续待下去了。雪莉于是带着加内特来到了芝加哥，并让加内特转到了芝加哥的法瑞哥高中，插班三年级。在加内特的率领下，法瑞哥高中1994—1995年赛季的战绩是28胜2负，并且打到了伊利诺伊州AA级的最后四强。加内特也以平均得25.2分、17.9个篮板、6.7次助攻和6.5次抢断被选为"伊利诺伊州篮球先生"。《今日美国报》也评选他为"全美最佳高中球员"，而1994年加内特就已当选过"南卡罗来纳州篮球先生"。

1995年5月，加内特入选"麦当劳全国高中明星对抗赛"，在这次对抗赛中加内特独得18分11个篮板4次助攻，外加3次抢断荣获MVP，这时他已经集所有高中篮球运动员的荣誉于一身了。1995年的选秀大会上，麦克海尔在第一轮第五顺位选中了加内特。加内特是继1975年费城76人队在第一轮选走道金斯以后，第一个没有上大学而直接进入NBA的高中球员。

1995年的选秀涌现出了迈克尔·芬利、德蒙·斯塔德迈尔、斯塔克豪斯、拉希德·华莱士和凯文·加内特等众多明星。虽然当年的最佳新秀被"小飞鼠"德蒙·斯塔德迈尔夺得，但作为高中生直接进入NBA的加内特，表现也相当不错。第二个赛季加内特的得分上升到17分，篮板也上升到8个，森林狼开始杀入季后赛。随后加内特的数据日渐向拉里·伯德靠近，20分10个篮板5次助攻。加内特连续六年拿到这样的数据，而2003—2004赛季，加内特更是用场均24.2分13.9个篮板5次助攻的表现，毫无争议地拿下常规赛MVP，并带领森林狼七年后第一次突破季后赛首轮瓶颈，最终名列西部的第二名。

不过随后森林狼队却引发了内讧，"狂人"不满自己的合同，拒绝和球队签约，最终下场悲惨。卡塞尔也在薪资的待遇上没有达到自己的目标，进而远赴洛杉矶快船。森林狼因两人的离去一蹶不振，虽然加内特的数据依旧如此的抢眼，但森林狼就是陷入了这样的怪圈。2007年终于不愿再忍受失败的加内特来到了绿衫军，在那里有雷·阿伦和皮尔斯，在那里是比较弱的东部，狼王终于一展雄风，和雷·阿伦、皮尔斯携手战胜科比率领的湖人登上了联盟之巅。

犹他爵士队

忆爵士年华
锲刻山河的挡拆

犹他爵士（Utah Jazz）
主场：（EnergySolutions）
主教练：杰里·斯隆（Jerry Sloan）
赛区：西北赛区

　　如今，三角洲中心不再风轻云淡，月华星光。昔日在篮坛叱咤风云的爵士二老已经退引江湖，再无声息。曾经爆满的三角洲中心仍在，却只是在沉默中感受物是人非的凄凉。

　　1974年，爵士队在新奥尔良成立，成为NBA的第十八支球队，球队得到的第一位球员就是"手枪"彼特·马拉维奇。虽然马拉维奇平均每场得到23.5分，但新诞生的爵士还是以23胜59负的战绩在赛区敬陪末座。1976年前湖人队的传奇球星埃尔金·贝勒成为爵士队主教练，爵士也于1979年迁到犹他的盐湖城。经过几个赛季的艰苦挣扎后，爵士于1982年第一次杀入季后赛，从此他们就在季后赛的位置上不肯下来。

　　1984年的选秀注定要在历史上永远闪光，那年的状元是奥拉朱旺，探花是乔丹，第五名是巴克利。爵士只是在第十六顺位才选中斯托克顿，但这并不妨碍他最终成为一代巨星。虽然身高只有1.85米，也没有能够扣篮的惊人弹跳，没有鲍勃·库西式的花样传球，但靠着敏锐的观察力和朴实却实用的传球能力，惊人的速度和准确的三分远投能力，斯托克顿成为NBA有史以来最伟大的传球专家，和最令人防不胜防的抢断专家。目前他的助攻和抢断仍让后人望尘莫及。"你能想象一个人达到了什么境界，他就达到了什么境界。"杰拉德评价自己的这位弟子说。

　　1985年爵士又在第十三顺位选中了大前锋"邮差"卡尔·马龙。"没有人能像他那么强壮，他跑起来像后卫，盖帽时像中锋，还能非常出色地抢篮板，没有什么他不能做的。"公牛的帕克森如是说马龙。同时代的有名大前锋肖恩·坎普也从来不掩饰马龙比他好的事实。马龙的铁肘开始成为所有球队惧怕的噩梦，伊赛亚·托马斯的头被他轻轻一碰就缝了 14 针，大卫·罗宾逊被他一肘撞晕在地，在医院躺了二天。马龙靠着他的得分、篮板和防守连续入选最佳阵容。

从此联盟中最经典的挡拆配合宣告成立。爵士在两人的带领下，连续十九年闯入季后赛。两人的配合于十年后达到巅峰。1996—1997 赛季，爵士取得了常规赛 64 胜 18 负的赛区第一名的最佳战绩，在西部他们相继击败了快船队、湖人队和火箭队，和乔丹率领的公牛相遇总决赛。

第一场总决赛，皮蓬因伤所困，乔丹不在状态，但爵士没有抓住机会。马龙的投篮没有准星，斯托克顿的七次失误又明显过多，最后 35 秒时两队战成 82 平。但斯托克顿的三分不进，马龙造成罗德曼犯规却两罚皆失。最后 9.2 秒爵士犯下了致命的错误，仅让拉塞尔一人防乔丹，乔丹接到库克奇的传球轻松晃倒拉塞尔，投中制胜一球。

第二场总决赛在爵士还沉浸在上场的失败而精力不集中时，乔丹一人就拿下 38 分 13 个篮板 9 次助攻，97：85 再次血洗爵士。第三场是盐湖城举行的首次总决赛，马龙砍下 37 分 10 个篮板率爵士战胜公牛。第四场决赛的乔丹没有在公牛领先时控制住比赛，斯托克顿盗下了他手中的球，并在 50 尺外的长传给马龙创造了机会，马龙的两罚全中锁定了比赛。第五场的乔丹患了重感冒、胃疼，但他还是上场 44 分钟得到 38 分，让公牛在落后 16 分时奋起直追。最后 46 秒，乔丹的罚球使两队战成 85 平，乔丹又抢到了自己罚丢的第二球。球经过皮蓬手后又回到三分外的乔丹手中，正当大家还在怀疑乔丹不会投三分时，乔丹张手三分命中。赛后的乔丹已无力走动，他虚弱地倒在了皮蓬怀里，留下了感人至深的一幕，可谁又看到铁汉马龙和斯托克顿的挥泪如倾。第六场的决赛几乎是第一场比赛的翻版，安德森的无人看守时的上篮不进让两队战成 86 平。最后 26 秒乔丹告诉科尔："你要准备好，斯托克顿会离开你来防我的，同样的错误他们不会犯两次。"果然如此，乔丹将球传给科尔，科尔投篮命中，爵士输掉了总冠军，成就了乔丹三连冠后的两连冠。

1998 年，爵士队以 60 胜 20 负的战绩再次夺得西部第一。艰难地击败火箭后，他们 4：1 击败马刺，又横扫湖人，再次与乔丹率领的公牛争夺总决赛。那一年的公牛内忧外困，已不复当年之勇，但前 4 场比赛爵士还以 1：3 落后。第四场

比赛中，马龙独得 39 分，率领爵士以 83：81 终结了公牛主场八连胜。第六场总决赛，在三角洲中心举行，斯托克顿，在最后 1 分钟的三分中的，让爵士领先 3 分。比赛还有最后 10 秒，爵士领先 1 分。此时的马龙仿佛握着十几年积累的沉甸甸的希望，但乔丹在最后时刻眼疾手快地轻轻一拍，马龙感到手中一轻，球丢了，他们的希望也就从此落空。在距离梦想最近的地方被击倒，老邮差甚至忘了回防。拦在乔丹面前的拉塞尔注定要成为乔丹成神成圣的见证者，他被乔丹的世纪之晃，晃倒了，来不及爬起的他只能眼睁睁地看着乔丹投出那一道宣告爵士死刑的完美弧线。5.2 秒，乔丹留给世人一个永远无法被重复的经典。

　　一切的摧残都是具体的，一切的委屈都是难以表述的。爵士虽然输了，但输得壮烈，输得经典。是他们将一段不朽的传奇融入我们记忆的宝库，给我们一段难忘的经典。

　　爵士从此难续辉煌，1998 年，马龙获得了第二个常规赛 MVP，但爵士在西部半决赛中就以 2：4 败给开拓者。第二年他们以同样的比分被开拓者淘汰，爵士二老渐现老态。球队开始重组，霍纳赛克退役，斯托克顿也写完了忠诚传奇，马龙远走洛杉矶，去追寻他的总冠军情缘。基里连科、哈普林开始成为球队的主力，奥库、布泽尔的加盟使球队一度看到了希望。但随着基里连科和布泽尔的受伤，球队终于没落了，成绩仅比黄蜂和山猫好些。

　　2006—2007 赛季，爵士在不被看好的情况下，第一轮杀倒姚麦领衔的火箭，第二轮又轻取打败小牛的金州黑马。德隆和布泽尔在这两个系列战中居功至伟，新双煞的组合似乎火力强大得让人瞠目结舌。虽然最终输给马刺的铁三角，止步东部决赛，但这支斯隆调教的新军注定将来带给我们更多的惊喜。

球员篇　　**基里连科：**
5项全能的重型机枪

　　单场比赛五项技术统计同时达到五次以上，能取得这样的成就简直就是奇迹，而基里连科正是创造这种奇迹的人。在以前的 NBA 比赛中也只有汀斯利和坎比做到过，而 2005 年在面对湖人的比赛中拿下 14 分、9 次助攻、8 个篮板、7 次盖帽和 6 次抢断后，基里连科已经第三次得到这种不可思议的数据。而在更远的 2003 年 12 月 3 日和 10 日相隔仅七天的比赛中，基里连科就连续得到两次"5×5"的统计。

当爵士二老斯托克顿和马龙已成三角洲中心上空飘荡的球衣，很多人都为爵士担心和扼腕叹息。斯隆虽然是联盟最绝的挡拆战术大师，可伟人离去后的爵士谁能担当起爵士的大任。就在此时，基里连科跳了出来，用他那风一般的速度追着每一个企图在爵士禁区制造混乱的球员。跃起，盖帽，2004 年到 2006 年，连续两年基里连科的盖帽都超过了 3 次。虽然他的其他数据都低得朴实无华，但他核心的位置坚不动摇。2004 年 10 月 29 日，爵士为基里连科开出了六年 8,600 万的超级合同。

基里连科出生于俄联邦乌德穆尔特自治共和国首府伊热夫斯克，当地拥有全俄罗斯最著名的军工厂。米卡·卡拉仕尼科夫就是在那里制造出第一把 AK-47。因此基里连科也被球迷戏称为 AK-47。AK 在圣彼得堡长大，开始学习职业篮球，不满 16 岁就代表当地球队的圣彼得堡斯巴达队参加俄罗斯联赛，成为联赛有史以来最年轻的球员。两年后离开圣彼得堡，进入莫斯科 CSKA 队。第一年帮助球队夺得联赛冠军，并且入选了当年俄联赛的全明星阵容。

基里连科 1999 年首轮第二十四顺位被犹他爵士队选中，当时只有 18 岁 4 个月。成为 NBA 选秀有史以来选中的最年轻的外籍球员。AK-47 在莫斯科 CSKA 队又效力了两年，参加了欧洲联赛。并且成为欧洲联赛中第一个拿下三双的球员。13 分，11 个篮板，10 次抢断。2001 年加入犹他爵士。基里连科的妻子玛丽亚是俄罗斯的流行歌手。岳父 Andrei Lapatov 是著名的篮球选手，曾经为前苏联国家队效力十四年。夫妇有一个儿子泽多尔。爱家爱老婆爱儿子，除此之外基里连科的个人爱好就是看书看电影打电玩，还有飙车。

波特兰开拓者队

狂热的记忆
沃顿和"滑翔机"

波特兰开拓者（Portland Trail Blazers）
主场：玫瑰花园（Rose Garden）
主教练：纳特·麦克米兰（Nate Mcmilan）
赛区：西北赛区

在 1970 年波特兰开拓者和布法罗勇士队及克利夫兰骑士队加入联盟的那个赛季，沃尔特·弗雷泽、里德率领的尼克斯刚登上霸主的地位。而三双王奥斯卡·罗宾逊和"天勾"贾巴尔率领的雄鹿也已经摩拳擦掌，准备扯起革命的大旗。但西海岸的这股吹来的海风，注定也要带给联盟持续二十多年的狂热：加入仅仅七年，比尔·沃顿就带着这支新军登上了联盟的宝座。而到了 20 世纪 80 年代末和 90 年代初，更是从来不间断杀入季后赛和两次杀入总决赛，波特兰成了联盟艳羡目光的集中地。

1970 年 10 月 16 日，这是波特兰开拓者队球队历史上的第一场比赛，面对的对手是同样刚进联盟的克利夫兰骑士队。一个精彩的开始，开拓者 115∶112，3 分击败对手取得了球队历史上的开门红。后卫吉姆·巴纳特投中了球队的第 1 分。处子赛季结束，波特兰开拓者取得了新军入驻 NBA 的罕见胜率 35.4%。29 胜 53 负让相比之下勇士的 22 胜 60 负，和骑士队的 15 胜 67 负寒酸不少。不过有意思的是，他们之后 4 个赛季的成绩还不如这年处子秀的表现。

在度过了鼓舞的第一年后，球队的新鲜感和热情逐渐消退。开拓者在 1971—1972 赛季只取得了惨淡的 18 胜 64 负战绩。这年唯一的亮点就是今后国王的主帅阿德尔曼在 11 月 19 日对骑士的比赛中送出了 17 次助攻，这一纪录直到 20 年后才被打破。1972 年 3 月 18 日，整支波特兰队像吃了火药般手烫得不得了，他们以 133∶86 重创了纽约尼克斯队（当年的尼克斯打进了最后的总决赛）。47 分的分差在未来的十年都是球队历史上的最大分差纪录。连续两年，波特兰都收获了相当有实力的最佳新秀，这为波特兰开拓者 1970 年代的发展立下了汗马功劳。

1972—1973 赛季，开拓者 70 年选中的最佳新秀皮特里成了休斯敦火箭的杀手。他在 1 月 20 日做客和 3 月 16 日主场对战休斯敦的比赛中都射入了破球队纪录的 51 分。1973—1974 赛季球队状况未见起色，最后只取得 27 胜 55 负。整个赛季球队都在让对手不停地创造纪录，10 月 28 日，湖人的埃尔马·史密斯对开拓者的比赛中送出 17 个盖帽（这也是 NBA 的单场盖帽纪录）。3 月 26 日，金州勇士队的里克·巴里疯狂地轰下职业生涯最高的 64 分，他的 30 次出手命中也是开拓者队历史上对手作出的最高出手命中数。

1974—1975 赛季，在新教练伦尼·威尔肯斯的教导下和来自加州大学的三届最佳大学球员中锋比尔·沃顿的加盟下，开拓者队取得了长足的进步，战绩提升十一场取得 38 胜 44 负的成绩。第一年，虽然营养不良导致受伤病的影响，但沃顿开始慢慢地支撑其开拓者的内线。在 1 月份的比赛中，三天之内他连续两场篮板达到或超过了 20 个。1976 年年底，威尔肯斯教练转投同一赛区的西雅图超音速队。他在那里拯救了另一支颓废的球队，并最终带领超音速队在 1978—1979 赛季赢得了 NBA 总冠军。

1976—1977 年，才入联盟不久的开拓者就尝试了一下子由谷底到巅峰的滋味。这一年四支前 ABA 球队并入联盟，丹佛掘金、纽约尼克斯、印第安纳步行者和圣安东尼奥的加盟改变了篮球联盟的格局。由于像"J 博士"、汤普森等一批 ABA 明星的加盟使各个球队的实力发生不小的变化。开拓者抓住机会把皮特里和史蒂夫·哈维斯送到亚特兰大，得到了首轮 2 号选秀签，并用之选中了莫里斯·卢卡斯。阵容大幅度改变后，球队开始打起了精神，而此时波特兰的球迷也开始表现出前所未有的热情，直到今天大家还称当时的球迷患了狂躁症。开拓者一反常态的神勇，季后赛淘汰了公牛、掘金，和湖人相遇西部决赛，面对贾巴尔率领的湖人，开拓者轻松地完成了横扫，沃顿让湖人大丢脸面。决赛时碰上了"J 博士"领军的费城，76 人队一鼓作气拿下总决赛的头 2 场比赛，回到波特兰开拓者队还以颜色，在第三场和第四场分别以 22 分和 32 分的较大优势扳平总决赛。在再次回到费城的第五场比赛开拓者队挟两连胜的余威取下关键的第五场。生死之战的第六场，6 月 5 日在 Memorial 体育馆进行。"J 博士"拿下 40 分，可惜回天乏术，开拓者队以 109：107 两分之差捧下 NBA 总冠军。比尔·沃顿统治级的表现（20分、23个篮板、7个助攻和8次封盖）当选为决赛的最有价值球员。

挟着余威，开拓者在1977—1978年取得了联盟常规赛最好的58胜24负，但在季后赛西部半决赛中败给了西雅图超音速队。这一年比尔·沃顿获得了开拓者历史上的唯一一个常规赛最有价值球员。紧接着沃顿由于脚部应力性骨折缺席了整个1978—1979赛季，随后称为自由球员的他就去了圣地亚哥火箭队。开拓者的成绩开始在中游阶层反复着。

1983年开拓者在选秀大会上以第一轮第十四顺位挑选了来自休斯敦大学的"滑翔机"德雷克斯勒，德雷克斯勒的新秀赛季没有一飞冲天，只有7.7分的场均得分。不过他之后的成就让人目不暇接。他不但入选过全明星，成为梦之队球员，还是球队在1990年代初两次打入NBA总决赛的核心，他还是开拓者队历史上得分最多的球员。1984—1985赛季末，开拓者通过交易得到了得分手范德威奇。加上德雷克斯勒的成长，开拓者一步步中兴。1986年球队的波特兰在对国王的比赛中送出18次助攻，打破了阿德尔曼的助攻纪录，而季后赛球队1：3不敌休斯敦火箭，1988年球队又第一轮败在了爵士手中。

1988—1989赛季，开拓者更换了老板，计算机头子阿伦入主，不过这年的开拓者成绩让人相当失望。1989—1990赛季里，开拓者打出了59胜23负的成绩，在西岸季后赛上分别战胜了达拉斯小牛、圣安东尼奥马刺、凤凰城太阳然后跻身总决赛。虽然他们最后在总决赛以1：4上败给了兰比尔、托马斯、杜马斯带领的"坏孩子军团"活塞队，乐观的气氛还是弥漫了整个波特兰。1990—1991赛季，开拓者打出了球队历史上最佳和当年联盟最好的63胜19负，可惜在西岸决赛中以2：4不敌凤敌湖人队。1991—1992赛季，开拓者队连续两年成为太平洋区王者。他们扫平所有西岸对手后在总决赛面对联盟新贵的芝加哥公牛队。开拓者最终2：4在总决赛中败北，乔丹和德雷克斯勒的对决也成为了经典。成王败寇，后者再也没有走出前者的阴影。随后德雷克斯勒应奥拉朱旺的约请去了休斯敦，趁乔丹不在的赛季得到了属于自己的一枚戒指。

随后1995—1996赛季开拓者搬进了新球场——玫瑰花园广场，1996—1997年球队动作颇大。从华盛顿奇才换来了"怒吼天尊"拉希德·华莱士，得到街球传奇后卫安德森，选择了高中明星球员小奥尼尔，但第一轮开拓者便遭到淘汰。翌年，开拓者得到了自由球员格兰特，选中了米奇老鼠斯塔德迈尔，但里德经常因大麻触犯法律，华莱士的技术犯规像家常便饭，球队成绩并不令人非常满意。

琐碎的赛季开拓者终于突破季后赛第一轮，淘汰了太阳和爵士，最后败在当年的冠军马刺手下。

1999 年夏天，球队换来了神投手史密斯，又从火箭换来了皮蓬，人们都相信这些球员能带领开拓者重温光荣之路。但在接下来的赛季他们又杀入了西区决赛，却输给了拥有"OK 组合"的紫金王朝湖人。开拓者之后继续其大动作，把格兰特送到了迈阿密，得到了骑士的过气球星肖恩·卡普。最重要的是为了对付奥尼尔他们把小奥尼尔送到了步行者。开拓者开始灾难不断，内部纠纷、吸毒案、帕特森涉嫌强奸自己的保姆。再后来皮蓬离开，斯塔德迈尔离开，开拓者囤积的肌肉棒子球员转眼间就烟消云散。玫瑰花园当时玫瑰凋谢，寒冷开始笼罩波特兰，但开拓者痛定思痛开始培养新球星。他们 2006 年第六顺位选中了布兰顿·罗伊，2007 年钦点奥登大帝做了状元，加上 2005 年第一轮第六顺位选中的马泰尔·韦伯斯特，2006 年的榜眼拉玛库斯·阿尔德里奇和交换兰多夫得到的 2005 年第八顺位被尼克斯选中的钱宁·弗莱，开拓者囤积了大量的天才球员，如今开拓者已经磨合成功，开始向西部的诸强发起挑战。

球员篇 🏀 **奥登大帝：**
波特兰的拯救者

毫不犹豫地送走定时炸弹兰多夫，是因为波特兰自信已经拥有了兰多夫的替代者，甚至这个人将来的成就会超过兰多夫很多倍，这就是 2007 年开拓者选中的状元，奥登大帝。他 2.13 米，若干年前就被评价为奥尼尔的接班人，NBA 历史上美国不世出的超级中锋。

奥登父亲一直在纽约州的布法罗从事管道和供暖系统的经营。奥登 9 岁那年，父母离了婚。妈妈佐伊把属于她的财产打了包，开着车就去投靠印第安纳州的穷亲戚。贫穷的童年让奥登大帝很早就成熟了，他性格温和，却坚韧不拔。

初涉篮球，奥登闹出不少笑话。不到 10 岁，他的身高就有 1.80 米，但是奥登无法跟上队员们的节奏。"他完全不懂篮球。不会投篮,甚至不知道运球。他一抢到篮板就会走步,并且总是被吹三秒违例。"启蒙教练史密斯谈起对奥登的最初印象:"我们还常常拿他人生的第一个2分开玩笑。当时他根本分不清该往哪个篮筐投篮,结果为对手添上了2分。"

奥登很快地认识到这一点,取而代之的是更加辛勤的练习。终于几年之后,奥登蜕变成全美关注的高中生球员。奥登率领劳伦斯北部高中连续3年拿下州冠军,并且连胜四十五场。高中三年级和四年级,奥登连续两次被评为全美高中最佳男球员。上一个拥有此项殊荣的,是"小皇帝"勒布朗·詹姆斯。

早在两年前,教练们就想送奥登去参加选秀。但由于NBA选秀19岁的年龄限制,所以尚未年满19岁的奥登没有从高中直接跳进NBA,而是去了俄亥俄州立大学打NCAA。经过大学的历练,奥登更加成熟,禁区的威力也更大了。在NBA缺乏优秀中锋的时代,期待奥登能给开拓者新的惊喜,甚至比曾经缔造开拓者热的沃顿带来的惊喜还要多。

西雅图超音速队

完美的复仇
威尔肯斯不眠夜

西雅图超音速（Seattle Supersonics）
主场：钥匙球馆（Key Arena）
主教练：P.J.卡尔希莫（P.J. Carlesimo）
赛区：西北赛区

超音速从1967—1968年进入NBA，在1970年代就连续两度华山论剑，并于1979年夺得总冠军。1980年代超音速有起有落，直到1990年代又开始复活，在佩顿的率领下再入总决赛。

从1977年到1980年，超音速开始进入鼎盛时期。1977—1978赛季，超音速与华盛顿子弹队相会于总决赛。两队大战七场后，超音速在最后一战以99：105失利，错失冠军。

第二个赛季，超音速获得报仇机会。1978—1979赛季，超音速第一次获胜场超过50场胜利，以52胜30负进入季后赛。相继湖人和太阳队后，超音速在总决赛中再次遇到子弹队。输了第一场后，超音速连下四城，获得总冠军。此后超音速沉沉浮浮，1980年代五次进入季后赛。1985—1986赛季结束后，主教练伦尼·威尔肯斯挂印而去，超音速结束了"威尔肯斯时代"。威尔肯斯在超音速执教期间，为超音速夺得球队历史上唯一的一座冠军奖杯。他在超音速执教的纪录是478胜402负。经历了1980年代的没落，超音速在1990年代重新走上强队之路。1991—1992赛季，乔治·卡尔成为主教练，超音速再次在西部斩露出头角。1995—1996赛季，超音速自1979年来再次闯进总决赛，但是在乔丹的公牛队面前，功亏一篑。公牛队赢了头三场，超音速连扳二局，但第六战还是败下阵来。坎普、佩顿和主教练卡尔都参加了当年的全明星赛。新世纪开始后，超音速不断调整阵容。2003年，佩顿离开效力了十二年之久的西雅图，换来雷·阿伦。但球队战绩始终难以更上一层楼。随后雷·阿伦离开超音速加盟了凯尔特人，不过超音速 2007 年第一轮第二顺位选中的榜眼杜兰特已经证明了自己的能力，他将带领超音速去争取更多的胜利。

球员篇 雷·阿伦：
从射手到舵手

　　他的投篮姿势就像教科书一样标准，他的谦和性格和人格魅力足以成为美国青少年的楷模。NBA 常说"选秀绝不找家庭后院有三个停车库的球员"，因为这样的富家子弟在缺乏竞争力的生存环境中不可能磨炼出什么坚毅的心理和超凡的身体素质来。但无疑雷·阿伦是个例外，他拥有和乔丹一样种鹿般的纤细小腿，他可以自由飞翔，而他良好的三分线外投射也使他成为一个永远值得尊重的杀手。

　　阿伦在家中 5 个孩子中排行老三。他第一次接触的正式运动并不是篮球，而是橄榄球。不过对于黑人运动员来说，固有的运动天赋总是让他们能够触类旁通，在阿伦 10 岁那年，他们全家迁移到加州的一个空军基地。父亲带他参加了基地里的篮球俱乐部，于是阿伦深深地被篮球吸引了，并确定了走上篮球路的志向。

　　阿伦一开始就展现了他无与伦比的篮球天赋，他的母亲弗罗拉害怕他因为打球而荒废了学业，总是劝他要多方面兼顾。在父母开明又正确的教育观念引导下，雷·阿伦从小就走在一条正道上，不仅学业与篮球并重，也从未忘记待人处事的基本道理。

　　阿伦在 12 岁时，遇到了他篮球生涯中的第一位贵人——邻居菲尔·普利森特。普利森特慧眼识英才，把阿伦招进自己成立的球队，并严加训练，这期间阿伦进步很快。

　　高中毕业进入康涅狄格大学之后，一向是在球队担当主力的阿伦为球队提供了源源不绝的进攻火力，帮助学校打到了 NCAA16 强才止步。第二年，带领的康涅狄格大学锐不可当，一举夺得 NCAA 冠军，成为 NBA 球探名单上当年得分后卫首选之一。很多人都相信他会当年参加 NBA，不过在与父母长谈后，阿伦选择继续留在大学一年。最后一年阿伦表现更加抢眼，以场均 23.4 分、6.5 个篮板球和 3.3 次助攻的成绩入选全美最佳阵容。1996 年他参加了这年的 NBA 选秀。当年新秀中有像艾弗森、马布里、科比、安东尼·沃克等未来的全明星，但阿伦在第一轮第五顺位被森林狼队选中，成为 1996 年选秀顺位最高的得分后卫。雷·阿伦被森林狼队选中后，随即就和第四顺位的马布里进行了互换，到了雄鹿队。在雄鹿队的 6 个多赛季里，从 2000 年之后，他的得分就再也没有低于 20 分，而篮板和助攻也均在四次以上。此间雄鹿三次打入季后赛，拿过一次分赛区冠军。

2002—2003 赛季，目光短浅的雄鹿队将雷·阿伦加上凯文·奥利、罗纳德·穆雷一起打包交易到西雅图超音速队，换回加里·佩顿与梅森，宣告球队进入里德时代的重建时期。对雷·阿伦而言，真正的挑战才刚刚开始。身旁陆续有贝克、罗宾逊、卡塞尔等前辈老将，阿伦开始学着怎么做一个领导者。2004—2005 赛季，超音速终于杀入季后赛，阿伦居功至伟，整个季后赛中他更是场均拿下 26.5 分 4.3 个篮板 3.9 次助攻。接下来的两个赛季，阿伦的得分已经升至 26.4 分，但还是遗憾连续两年无缘季后赛。2007 年夏天，这位曾经雄鹿和超音速的舵手再次被交换，来到东部的凯尔特人，和皮尔斯一起掌舵，并肩战斗，或许能在阿伦的人生履历上写下浓墨重彩的一笔。

萨克拉门托国王队

华丽的意识流
山谷之城的败落

萨克拉门托国王（Sacramento Kings）
主场：ARCO 球馆（ARCO Arena）
主教练：雷吉·索斯（Reggie Theus）
赛区：太平洋赛区

　　萨克拉门托市位于加州的中北部，萨克拉门托河的下游，这座城市因此而得名。从 1839 年建立到 1848 年成为淘金者的物资供应站，萨克拉门托的经济得以迅速发展并成为美国最大州的首府。目前，淘金热已经为遥远的回忆，农产品交易中心也是第二次世界大战时的称谓，现在的萨克拉门托设有三大空军基地。高科技制造业和计算机行业发展迅速，被称为美国的"第二硅谷"。

　　翻开萨克拉门托国王的队史，最让你惊叹的不仅仅是普林斯顿战术，而且还有国王队累累的搬迁史。从纽约州的罗切斯特到俄亥俄州的辛辛那提，再到堪萨斯市和加州的萨克拉门托，国王队的名字也经历了罗彻斯特皇家队、辛辛那提皇家队、堪萨斯市奥马哈国王队、堪萨斯国王队和萨克拉门托国王队。早期的国王除了 1950 年与尼克斯大战七场，最终 79：75 获胜夺得队史上唯一的总冠军外，其他的时间都籍籍无名，但凭借着频繁的搬迁，人们还是记住了这支"总在旅行中的国王队"。

　　在 1948—1949 季开季之前，NBL 的罗切斯特和明尼阿波利斯湖人、韦恩堡活塞以及印第安纳四支球队并入美国篮球协会（BAA）。第二年国王就创造了至今看来令人咋舌的主场胜率——97.1%，这是 NBA 历史上第二高主场胜率（最高胜率是由 1985—1986 赛季的凯尔特人创造的，那年的纪录是 40：1）。1949—1950 赛季国王没有一个球员得分杀入得分榜前十，但依靠超强的防守，皇家队还是取得了 51：17 的常规战绩。这一战绩和赛区第一的湖人一样，不过在分区冠军的加赛中，国王遗憾落败，而到了季后赛更是被韦恩堡活塞横扫出局。

但国王很快就完成了复仇，1950—1951 赛季，国王在常规赛中经历了两个伟大的加时。在 1 月 6 日印第安纳经过六个加时后艰难战胜了皇家队，这个可怕的纪录至今没有球队能打破。十七天之后，皇家队在纽约也耗费了四个加时才搞定对手。季后赛首轮，国王轻松横扫了活塞队，然后又通过四场把湖人送回了老家，在和尼克斯队的大战中，大卫斯率领球队在最后战成 75 平时艰难胜出，拿下了球队六十年来的第一个也是唯一一个总冠军。

而从 1951 年到 1954 年，皇家队再也突破不了湖人队的压制。随着 1954—1955 赛季 24 秒进攻时间制度的确立，慢节奏的皇家队被挤出西部的竞争。1957—1958 赛季开季初将球队搬迁到辛辛那提。他们将主场移至能容纳 14,000 人的辛辛那提花园球场。当季国王复苏，两年后再次杀入季后赛。但球队的主力赛季场均抢下联盟第二、18.1 个篮板的斯托克顿头部撞到硬木板失去了意识，之后他再也没有回到赛场上，而皇家队也开始了自己的堕落历程。

1959—1960 赛季对于国王来说不啻于一个天大的幸运年份，球队在 1960 年 NBA 选秀大会上选中了辛辛那提大学的明星后卫、未来 NBA 的三双之王：奥斯卡·罗宾逊。"大 O" 几乎在新秀赛季就完成了场均三双的壮举。作为当年的年度最佳新秀，他的场均得分 30.5 分排名联盟第三，篮板高达 10.1，同时他还以场均 9.7 次助攻领先全联盟。那年他 690 次助攻总数刷新了联盟纪录。罗宾逊仅在他的第一个赛季就使自己成为了联盟最全面的球员。但遗憾的是国王还是以一场之差和季后赛失之交臂。1962 年国王赛季竟然只有 2 场比赛得分未过百，赛季场均 123.1 分，篮板数更是有 70.8 个之多。罗宾逊的数据依旧是满堂喝彩：30.8 分 12.5 个篮板 11.4 次助攻，正所谓前无古人，后无来者。

进入 1960 年代，国王在 1962 年又得到了名人堂成员杰里·卢卡斯，两个超级内外线开始联手，一个连续 5 个赛季得分不下 30，助攻不低于 10，一个在新秀赛季拿到 17.4 个篮板后，篮板就像疯了似的超过了 20。不过在面对凯尔特人笼罩天空的情况下，留给国王的依旧是阴霾，重攻轻守的国王还很难突破张大帅统领的费城。1967—1968 年国王曾连续十三场得分超过 130 分。1969 年国王请来了库西当教练，库西开始按自己的意图对球队进行了重建。他把卢卡斯送到圣弗朗西斯科换来了两个废物，库西甚至想把"大 O"也送到巴尔的摩，但"大 O"拒绝了这个交易。1969—1970 赛季是"大 O"罗宾逊在辛辛那提度过的最后一个赛季，他在 4 月 21 日被球队交换到密尔沃基。在这十年里，"大 O"创造了一系列伟大的纪录，他在皇家队的平均数据为：29.3 分、10.3 次助攻、8.5 个篮板。

1970 年代，国王完成了转型，称为一支快速年轻的球队。1971 年国王得到名人堂后卫阿奇巴尔德，但国王总被季后赛拒之门外。1972 年国王从辛辛那提到了堪萨斯，球队的战绩也随着球队的变迁变得极不稳定，经常换个与季后赛失之交臂的结果。直到 1980 年代球队依旧平庸到碌碌无为。1983—1984 赛季国王迁到了萨克拉门托。1984 年球队得到了索普。这个后来和奥克利齐名的匪徒蓝领。

索普 1984 年入行时，前头排着大梦、乔丹、帕金斯、巴克利，而身后则是威利斯和斯托克顿。那年索普在堪萨斯国王队——那支后来因为里奇蒙德而闻名的队伍——并且像一个高贵的高位新秀一样打球。在面对那一年最火热又最易伤的得分手伯纳德·金时，索普拿到了 31 分。他那时想必不知道这支球队背后的城市会在十年之后视他为眼中钉肉中刺。索普每场拿到接近 13 分，抓接近七个篮板，命中率 60% 列联盟第三。他的形象很典型：擅长内线者应该擅长的，缺失内线者必然缺失的。索普在最佳新人票选中排第六位……考虑到前方的大神们，这个位置不丢人。

索普很快就进入了"20+10"俱乐部，可惜当时国王的成绩很不起眼。就是 1986 年国王请来拉塞尔当主教练，国王的成绩仍旧一塌糊涂。作为球员出色的拉塞尔没有想到在国王他会遇到这么惨不忍睹的战绩。直到 1990 年代国王得到了里奇蒙德，国王成绩逐渐好转。不过 1993 年和 1996 年球队遭到了严重的伤病，季后赛对国王来说仍旧有心无力。1998 年，国王得到了克里斯·韦伯、杰森·威廉姆斯和迪瓦茨，并签下了斯托克亚维奇，国王的战绩开始飙升。2000 赛季国王再次进入季后赛，却在和冠军湖人的较量五场后败下阵来。2001 年球队再进一步，打出了华丽的 55 胜 27 负，但淘汰了太阳后他们还是被湖人横扫出局。2002 国王更是震撼，61 场胜利让他们坐上了联盟第一的宝座，但在和湖人的西部冠军之争中，国王却在关键的第七战中败下阵来。2003 年败给了小牛，之后国王送走了韦伯，从步行者得到了刺头阿泰斯特。随后毕比离开加盟了老鹰，阿泰斯特也离开加盟了火箭，山谷之城进入了漫长的重建期。

球员篇 迈克·毕比：
沉默杀手

　　国王队是全 NBA 公认的球风最华丽流畅、球员技术最纯熟、集体配合最上乘的球队。而那位身材最不起眼的组织后卫迈克·毕比，就是这支球队中起着发动机作用的球员。2001—2002 赛季季后赛西部赛区决赛时，面对强大的湖人队，身高仅 1.85 米的迈克·毕比在比赛中"戏耍"了布莱恩特、"搞疯"了费舍尔，甚至面对巨无霸奥尼尔的防守，也敢跳投，而且频频得手，几乎以一己之力掀翻了湖人全队。从那时候开始，众人发现毕比真的是专打大场面比赛的球员，他不贪攻，出手时机拿捏准确，而且心理承受力特强，越是到紧要关头越是能沉着应战。

　　迈克·毕比的父亲亨利·毕比 1973 年作为替补控球后卫为纽约尼克斯队拿下总冠军。他在纽约邂逅了美丽的维吉尼亚，两人一见钟情，成为亲密好友，最后结为连理，并陆续有了四个可爱的孩子，排行老三的名唤迈克，就是现在的迈克·毕比。

　　虎父无犬子，小毕比 6 岁时就能把篮球耍得有模有样，整天就跟两个哥哥一起"斗牛"。他的运动基因遗传来自家族，除了父亲是 NBA 球员外，叔叔吉姆·毕比更是职棒大联盟中小有名气的先发投手，曾两度单季投出 19 胜及一场无安打比赛，职业生涯破百胜。在高中时期，毕比的篮球天赋得到了充分展现，平均每场得分达 34 分，其所在的高中也顺利拿下州冠军。毕比三度成为亚利桑那州的最佳高中球员，入选麦当劳高中全明星队，成为全国知名的高中球员。

　　毕比高中毕业后，父亲执教的南加州大学首先向他招手，他想都没想就拒绝了，而是加入了与南加大同在 Pac10 分区的亚利桑那大学，因为父亲故意遗弃他们母子，他对父亲的行为一直愤恨难消。加入亚利桑那大学的头一年，毕比很快就成为校队的先发控球后卫，表现得异常沉稳，不仅自己能够适时得分，同时还能组织攻势让队友们轮番狂轰滥炸。这年亚利桑那大学一路打进 NCAA 决赛阶段比赛。在与篮球名校肯塔基大学的比赛中，毕比奋力攻下 20 分 9 个篮板球，终于率队经过延长赛以 84：79 辛苦获胜。毕比以大一球员的身份表现优异，震惊全美，一时声名大噪。毕比升上大二后，表现依然出色，以平均 17.2 分和 5.7 次助攻当选 Pac10 分区年度最佳球员，球队也打进 NCAA 决赛圈的十六强。

由于毕比与女友达西在大学期间就已经有了爱的结晶，为了让家庭能有更安定的生活，他在母亲和教练的陪同下召开记者会，宣布弃学参加 NBA 选秀，寻求更高层次的挑战。

在 1998 年 NBA 选秀会上，急缺控球后卫的温哥华棕熊队在第一轮第二顺位选中了毕比。在棕熊队的头一年，恰好碰上 NBA 停罢事件，那个赛季只打了 50 场比赛。当时国王队的控球后卫新秀贾森·威廉姆斯以其极富娱乐性的球技风靡了这个赛季，而一向稳健踏实的毕比，虽然助攻表现高居所有新秀球员之冠，得分表现也不差，却因为温哥华远离美国，更因为球队糟糕的战绩，而被球迷及媒体忽视了。

尽管棕熊队的战绩始终垫底，毕比的表现却是一年比一年进步。入行的第三个赛季便以场均 8.4 次助攻排名全联盟第四，跻身联盟顶级控卫之林。在这期间，毕比加强了急停跳投以及三分线外远投的训练，他的得分数据逐年上升。有趣的是，当初抢尽风头的贾森·威廉姆斯却因为球技遭遇瓶颈，在国王队中的地位下滑。在经纪人大卫·法尔克的运作下，毕比通过和贾森·威廉姆斯的互换，来到了声势日隆的萨克拉门托国王队，要在更加广阔的舞台上大展身手了。

在国王毕比很快成为了球队的灵魂，虽然账面上的助攻数据不算很多，但他的传球功力并没有退化。如果他能专注于为别人传球，那么他的实力足够角逐年度助攻王。在攻击上，毕比往往只需要一个挡拆，就可以抓到出手的空当，并利用变换节奏、滑溜的换手运球和第二步大跨步切入突破，寻找对方防守上的漏洞与错位。他拿手的跳投成功率极高，几乎没有死角，而且在日夜苦练下，他的三分远投水平也达到了顶尖射手的水准。不过 2008 年 2 月 17 日，毕比离开了国王，加盟了老鹰，但球迷不会忘记毕比在国王的时刻，不会忘记他在季后赛对阵湖人的惊艳，不会忘记这个传奇般的榜眼后卫。

洛杉矶湖人队

消逝的紫衣王朝
不断上演的奇迹

洛杉矶湖人（Los Angeles Lakers）
主场：斯台普斯中心（Staples Center）
主教练：菲尔·杰克逊（Phil Jackson）
赛区：太平洋赛区

"鲨鱼"平安否？便离去，平生万事，哪堪回首。前路苍茫谁慰藉，乔治米姆难与。记不起，从前杯酒。江湖争斗总见惯，总输"他"覆雨翻云手。冰与雪，周旋久。泪痕空啼紫衣透。数天涯，英雄携手，几家能够？比似周瑜叹诸葛，更不知今还有。叹分手，连败难受，昔日三冠求一诺，盼科比巴斯能挽留。遭遗弃，悔难救。

科比亦飘零。数年来，深恩负尽，昔日师友。宿昔齐名有何怨，试看今日消瘦。恨去年，内心蒙垢，季后赛远知已别，问人生，到此凄凉否？千万恨，与君剖。总忆当年共携手。谁知今，冰霜催折，早衰蒲柳。老大虚名须少作，留取心魂相守，但愿得，众人相助，明年急寻类"鲨"者，把老大虚名抛身后，言不尽，观顿首。

摧毁一个王朝要比建立一个王朝容易得多。追溯紫金王朝消逝的原因我们不能不反复提到内乱这个词，谁是老大之争导致内乱最终让湖人王朝解体让我们看来欷歔不止。没有人怀疑"OK组合"同心协力所能创造的奇迹，湖人队也是继凯尔特人八连冠和公牛六连冠（非连续性的）后再也没有球队能够达到的三连冠球队。

也许只要"OK组合"愿意，一切都能够延续，只要能够延续，其他的一切球队都很难改观，但这一切都因为湖人队的内乱而宣告瓦解。江湖中由于经年战斗留下的血的教训很多，但科比从来都不去关注。一个天才后卫和一个超级中锋的分崩所带来的灾难已经屡见不鲜。

1996 年"魔术双雄"奥尼尔和"便士"哈达威两人初入江湖便将东部搅得鸡飞狗跳，东区决赛更是与乔丹率领的公牛华山论剑，锐气十足。但魔术队不肯在奥尼尔合同期满后对他重金挽留，而是放"鲨"归"湖"。那一年哈达威孤军奋战，艰难打入季后赛却在第一轮惨遭清洗，从此"便士"便星途黯淡。

2000 年尤因被尼克斯抛弃，阿兰·休斯敦也从天堂到地狱，麦迪逊花园开始从篮球圣地变成名胜古迹。

1995 年，黄蜂用当家中锋莫宁去换热队大前锋格兰特·莱斯的买卖与湖人用奥尼尔去换热队大前锋奥多姆的交易最为类似。那年的黄蜂最终名列第九名，泪别季后赛。而今年的湖人仰视，在第九的位置上还坐着同样失意的森林狼。这些教训科比也许懂，但他还是要去试一试，他失败了。

失去了奥尼尔，湖人便失去了一个在球场上可以征服所有对手、可以让联盟格局为之改变的巨无霸。而现在的米姆咋看也是个不入流的烂中锋。失去了卡尔·马龙和佩顿，科比就失去了史上无双的大前锋和一个最佳防守球员所能给球队传授的经验。

重温一下湖人的历史吧。1948 年湖人队加入 NBA，当时球队所在地是明尼阿波利斯。乔治·迈肯是湖人得到的第一个球星，他是被公认的篮球史上的第一位超级巨星，是篮球运动前半个世纪的主宰，是湖人"第一王朝"的奠基人。

迈肯在篮下无人能敌，尽管 2.08 米的他并不是当时的第一长人。因为他，联盟特意将三秒区由以前的 6 英尺扩大为 12 英尺，但这还是削弱不了迈肯的威力。1949—1952 年，迈肯 3 次成为 NBA 最佳得分王，1952—1953 年两次成为篮板王。在他的率领下，湖人在六年里 5 夺 NBA 总冠军，1951—1954 年湖人夺得 NBA 历史上第一个三连冠。

迈肯退役后，湖人于 1958 年选中状元秀——埃尔金·贝勒。1.95 米的贝勒是篮球史上最让人赏心悦目的神投手之一，在湖人队 14 年间，贝勒场均 27.4 分，总得分为 23,149 分。贝勒在 1961—1962 赛季平均得分高达 38.3 分，如今的飞人乔丹在他的常规赛中也没有达到这样的纪录。贝勒还保持着总决赛单场 61 分的个人得分最高纪录，那是 1962 年和波士顿比赛时创造的。更让人不可思议的是，身材并不高大的贝勒至今还保持着湖人队抢篮板球的最高纪录，即使后来也在湖人队效力十四年的著名中锋"天勾"贾巴尔也没能突破这一纪录。贝勒的加盟使当时又慢又老的湖人队发生了明显的变化。

1960 年，湖人又得到了另一位巨星杰里·韦斯特，他是湖人队在第一轮选中的榜眼。湖人也在当年因飞机失事原因迁至洛杉矶。韦斯特是历史上最伟大的后卫之一，致命的跳投和牛皮糖一样的防守使他名垂青史，他总能在关键时刻投中制胜一球。韦斯特和贝勒让湖人队成为西部强队，他们连续九年杀入总决赛，但八次失败告终，因为当时的天下还找不到可以和凯尔特人相抗衡的球队。1959—1966 年，凯尔特人在"红衣主教"奥尔巴赫的率领下，以比尔·沙尔曼、鲍勃·库西、拉塞尔为三角核心，取得了史无前例、后无来者的八连冠。

1970 年湖人队和纽约尼克斯队相遇总决赛，湖人遇上了尼克斯队那个 NBA 历史上最激动人心的得分手之一——里德。第三场总决赛，韦斯特后场长达 60 次的投篮将双方比分扳平，但加时赛中湖人仍输给尼克斯。前四场里德分别得到 37 分、29 分、38 分和 23 分，并且每场抢到 15 个篮板。第五场，里德脚部严重受伤，但尼克斯还时赢得了比赛。第六场湖人大胜尼克斯，将比分扳为 3∶3 平。关键的第七场，里德一瘸一拐地走进球场，但身高仅 2.07 米的他跳球时竟跳过了身高 2.16 米的湖人中锋张伯伦，然后里德在弧顶投中第一球，又在六米开外投中第二球。那场比赛这个尼克斯队长仅得 4 分，但这 4 分已足够了，他让尼克斯大受鼓舞，最终赢得球队有史以来的第一个总冠军。

1971 年贝勒因膝盖严重受伤不得不宣告退役，十四年时间他数次接近总冠军，但始终无缘。韦斯特也因病和连续止步冠军决定退役，但所幸的是 33 岁的他最终收回成命。

那一年张伯伦和古德瑞奇的进攻犀利无比，加上前凯尔特人名宿比尔·沙尔曼当主教练，湖人取得了惊人的 33 连胜。常规赛结束，他们 69 胜 13 负，这一纪录直到二十五年后才被乔丹的公牛队以 72 胜 10 负的战绩打破。那年的湖人虽然第一场输给尼克斯，但接下来他们连下四场，轻松淘汰尼克斯，加上季后赛他们那年的总战绩为 81 胜 16 负。

20 世纪 70 年代的 NBA 比较混乱，凯尔特人、勇士、尼克斯、奇才、超音速年年交替成为总冠军。1976 年，湖人得到"天勾"贾巴尔，1979 年湖人选中后来名扬天下的"魔术师"约翰逊，湖人的 SHOW TIME 开始到来。约翰逊当年就为湖人带来总冠军，在总决赛第六场比赛中，当家中锋贾巴尔受伤，20 岁的约翰逊挺身而出，从后卫改打中锋，并且拿下 42 分、15 个篮板、7 次助攻和 3 次抢断，他一人带领湖人击败 76 人队。

1980 年"魔术师"受伤，湖人队让人失望。1981 年，湖人迎来帕特·莱利当主教练，湖人第二王朝应运而生。整个 1980 年代他们于 1980 年、1980 年、1985 年、1987 年、1988 年五夺总冠军，成为 1980 年代夺冠最多的球队，剩下的冠军被"大鸟"伯德率领的凯尔特人夺了三次，被底特律的"坏孩子军团"夺了两次。

1990 年莱利挂冠而去，湖人开始走下坡路。历史进入乔丹的公牛时代和奥拉朱旺的火箭时刻。1996 年湖人用亿万巨资迎来了奥尼尔，不久又得到 17 岁的科比·布莱恩特，请来"禅师"杰克逊，打造出第三个湖人王朝。

1999—2000 年湖人经过七场大战淘汰开拓者进入决赛，面对米勒率领的步行者，湖人 4：2 晋级总冠军。2000—2001 年湖人在季后赛中所向无敌，西部碰到他们的球队都被他们 4：0 剃了光头，仅在与 76 人队的总决赛交锋中输了一场。2001—2002 年，湖人与国王酣斗七场后，侥幸进入总决赛，然后 4：0 淘汰网队，取得了三连冠。

湖人的夺冠美梦就此终结，2002—2003 年他们不敌马刺，2003—2004 年他们苦心经营的四大天王阵容被活塞出人意料地击溃。2007 年的湖人将奥尼尔送到迈阿密，四大天王各奔前程，湖人也最终未能进入季后赛。

一切都慢慢远去，当紫金王朝零落成泥之后，我们只剩下几声遥远的叹息。不过 2008 年在加索尔加盟后，洛杉矶再次组建了科比、加索尔和拜纳姆的三巨头。2007—2008 赛季湖人夺得了常规赛西部第一，并一路杀入总觉是，只是最终遗憾地负于凯尔特人，不过当时拜纳姆却因伤缺阵，如今小鲨鱼回归，湖人的目标也只有一个，那就是总冠军。

球员篇 　科比·布莱恩特：
　　　　　骄傲的独行侠

对于科比来说，你很难用任何一个词语来形容他。他可以在场上超越任何人，哪怕是湖人的贝勒、韦斯特等任何一个球星，甚至是乔丹。但他也会因为强奸案而声名狼藉，因嫉贤妒能而让最得力的助手奥尼尔远走他乡，让卡尔·马龙、佩顿等期盼继续的 F4 烟消云散。任何的评价对于他来说都会掺杂过多的个人情感因素。如果说武则天用无字碑来让自己的荣誉和得失供后人评说，那么对于科比，我也只能用罗列的数据来证明他的伟大和孤独。

科比的荣誉：

1996 年被 *USA Today* 评选为年度最佳高中生球员，被 *Today and Parade* 评选为年度最佳高中生球员，荣获 1996 年奈—史密斯年度最佳球员，Gatorade Circle Of Champions 年度最佳球员。入选麦当劳全美第一队，是 1996 年阿迪达斯 ABCD 训练营 MVP。

1997 年科比荣获 NBA 全明星赛扣篮大赛冠军，入选 NBA 年度最佳新秀第二队。1998 年以主力身份首次入选西部全明星赛，成为 NBA 历史上最年轻的全明星赛主力球员。1999 年 NBA 年度最佳阵容第三队。

2000 年 NBA 年度最佳阵容第二队，2000 年 NBA 年度最佳防守阵容第一队。2000—2005 年均以主力身份入选西部全明星赛。2000 年湖人总冠军主力成员，成为湖人历史上第三个赛季平均得分过 30 的球员。2000 年 NBA 最佳接受采访阵容第二队。

2001 年 NBA 年度最佳阵容第二队，年度最佳防守阵容第二队。是 2001 年湖人总冠军主力成员，成就仅在巅峰时刻的奥尼尔一人之下。

2002 年 NBA 年度最佳阵容第一队，NBA 年度最佳防守阵容第二队，2002 年以主力身份入选西部全明星赛，并获得 MVP。2002 年湖人总冠军主力成员。2003 年 12 月 19 日，常规赛湖人 VS 掘金。在这场比赛之前，科比飞到掘金队所在的科罗拉多州出席听证会，然后立即飞回洛杉矶。当他回到斯坦普斯中心的时候，比赛已经开始了，但他在第二节中途"插班"，正值湖人与掘金激战中。本场比赛是听证会后的神奇表演之一，科比在这场比赛中告诉你，他可以不统治整场比赛，但他可以在最后时刻解决你……哨声响起之时投中最后一球，无论是队友还是球迷，都是多么美好的时刻。当比分牌上显示 101∶99 的时候，科比无数次的绝杀时刻让人心头震颤。

2003 年 1 月 7 日 VS 超音速：科比全场攻下 12 个打破了 1996 年活塞丹尼斯·斯科特单场 12 个的纪录，同时连续 9 次出手命中也打破了爵士后卫霍纳塞克连续 8 次的纪录。2003 年，在 2002—2003 赛季有 19 场比赛得分超过 40 分，打破了球队单赛季十四次的历史纪录。

2007 年 3 月，科比在连续 4 场比赛中分别拿下了 65 分、50 分、60 分和 50

分，4 场比赛均过 50 分。科比再次创造了联盟历史上仅次于张伯伦的纪录，而他在第五场对勇士的比赛中，也拿下 43 分，离他连续五场 50 分纪录仅有 7 分之差。如今科比拥有加索尔和拜纳姆作为左膀右臂，2007—2008 赛季已经再次杀入了季后赛，"小飞侠"将证明自己离开了奥尼尔之后，同样能站立在联盟巅峰。

2003 年 3 月 5 日 VS 步行者：科比 NBA 职业生涯总得分超过 10,000 分，成为 NBA 历史上达到这一高度的最年轻球员。这一天，他 24 岁又 193 天。

2003 年 3 月 28 日 VS 奇才：科比在上半场就投进 8 个，打平了半场命中纪录。以前纪录保持者都是雄鹿队球员：蒂姆·托马斯、里德、雷·阿伦。

2004 年总决赛第二场，常规时间最后时刻湖人落后 3 分，科比在还有 2.1 秒钟时投进一个超远距离的，把比赛拖进加时。

2005 年 12 月 20 日：主场 VS 达拉斯小牛队，科比前三节（33 分钟）拿下 62 分，而小牛全队前三节只得 61 分；前三节 62 分，此纪录为 NBA 历史上第三，排在前面的是张伯伦三节 69 分和"冰人"三节 63 分。本场比赛科比第四节未上场。科比第三节拿下 30 分，打破了埃尔金·贝勒单节 24 分的湖人队历史纪录。

2006 年 1 月 9 日：主场 VS 印第安纳步行者队，科比拿下 45 分，连续 4 场比赛得分 45 分，创下了近四十一年来的 NBA 纪录。"飞人"乔丹、"大鸟"伯德和"天勾"贾巴尔等人都未能有如此神勇的表现。上一次 NBA 有人连续四场得分在 45 分以上还要追溯到 1964 年的张伯伦。而在前一场 VS 费城 76 人队的比赛中，科比总得分超过 15,000 分，成为 NBA 历史上达到这一高度的最年轻球员：27 岁零 136 天；同时 7 投 7 中，刷新了湖人队的纪录。

2006 年 1 月 23 日：主场 VS 多伦多猛龙队，科比拿下职业生涯最高的 81 分，此纪录在 NBA 历史上排第二位，纪录为张伯伦的 100 分。81 分也打破了湖人队 1960 年由贝勒保持至今的单场 71 分纪录。科比在下半场拿下 55 分，刷新了湖人队由他本人保持的半场 42 分历史纪录。此场比赛科比的以下数据也打破了湖人队的历史纪录：半场（下半场）投篮命中数 18；单节投篮命中数 11。与此同时，科比连续 62 次罚球命中也刷新了湖人队的历史纪录！

2007 年 3 月，科比在连续 4 场比赛中分别拿下了 65 分、50 分、60 分和 50 分，4 场比赛均过 50 分。科比再次成为联盟历史上仅次于张伯伦的纪录，而他在第五场对勇士的比赛中，也拿下 43 分，离他连续五场 50 分纪录仅有 7 分之差。而本赛季的得分王桂冠，也将注定是科比所属。

228

菲尼克斯太阳队

暗夜精灵的崛起
凤凰的涅槃

菲尼克斯太阳 (Phoenix Suns)
主场：美国空中走廊中心 (US Airways Center)
主教练：迈克·迪安东尼 (Mike D'Antoni)
赛区：太平洋赛区

　　人类与兽族首次碰撞的 1000 年前，艾泽拉斯世界只孕育着一片叫卡利姆多的大陆，大陆的中央有闪烁着能量的神秘湖水——永恒之泉，是世界魔力和自然力量的心脏。不可思议的泉水从黑暗世界汲取无尽的潜在能量来为生命提供营养，一个原始的人形生物部落被泉水的魔力吸引，在泉水曲折的海岸线上建造了自己原始的家。

　　亚利桑那州从不缺少关注的目光，因为这里阳光普照的热带气候，亚利桑那州吸引了众多的投资者。于是布洛奇来了，尽管当地最热门的运动是美式足球，但他还是支持成立一支 NBA 球队，终于菲尼克斯太阳队于 1968 年在人们惊诧的目光中走上历史的舞台。

　　暗夜精灵的早期先知怀着巨大的好奇研究着泉水，探测它的奥秘，并在泉水湖畔建造了宏伟的建筑和神庙。当他们的文明、领土在这黑暗的大陆上扩展时，他们遇到了许多其他的危险物种。争斗是在所难免的。早期的暗夜精灵并无所向披靡的霸气，但凭借着他们对魔法的研究和使用，他们还是取得了不俗的战绩。

　　太阳队在经历了一个很不成功的赛季之后也开始发展，尽管在选秀时与雄鹿因硬币决赛错过了名垂 NBA 的"天勾"贾巴尔，但他们也选中后来名人堂的成员——科涅·霍金斯。后者与 1978 年率太阳以 23 胜 9 负的战绩开局，虽然在接下来的 22 场比赛中只赢了四场，但全明星周末后的 24 胜 13 负仍让他们六年来首次跻身季后赛。在这次季后赛中，太阳队发挥出色，连超音速和上届冠军勇士。在与凯尔特人队的总决赛中，太阳先输两场，但回到主场后连胜两场。第五场比赛历经 3 个加时，被称为 NBA 历史上"最伟大的比赛"。尽管赫德在最后一秒的不可思议的高抛跳投将太阳队带入第三个加时，但太阳仍以 126：128 失利，进而输了总冠军。不过太阳从此一战成名，成为西部强队之一。

暗夜精灵并不满足既得的战绩和领土，女王阿兹莎拉和贵族们忘情地投入到魔法研究当中，一刻也没有停止过。没多久，他们就有了控制泉水巨大能量的能力，随着经验的丰富，他们竟然发现自己也可以创造和毁灭。贵族们越发投入其中，想要精通这种能力。而太阳自上次杀进总决赛后再也难续昔日的辉煌。时光到了 1992 年，太阳队用霍纳塞克、朗和佩里从 76 人队交换来了查尔斯·巴克利，再加上控球后卫安吉，新教头韦斯法尔，一个梦幻般的阵容构建完毕。太阳队摇起了手中的大旗，高呼"革命了，革命了"，其目标不言而喻，直指 NBA 总冠军宝座。

一切的摧残都是具体的，一切的委屈都是难以表述的，无法改变的是结果。美西球场记载了一个无言的痛，直到多年后的今天，褪去了色彩的"重型坦克"巴克利仍念念不忘帕克森终场前 3.9 秒的三分神射，然后手抚腰伤处潸然泪下。的确，那个赛季巴克利已达到职业生涯的最高峰，他率太阳取得 62 胜 20 负的球队最佳成绩。在季后赛中，太阳连下三城，淘汰了湖人队，又将马刺队和超音速斩落马下，进入决赛。那一刻，幸福离他是那么的近，巴克利似乎已看到总冠军戒指在太阳的照耀下熠熠生辉。

暗夜精灵对永恒之泉魔法的滥用泛起了泉水，泉水的能量向着黑暗的宇宙波动，这个能量流恰好被可怕的异族精神所感应。萨格拉斯，一切生命最可怕的敌人、世界的终结者感受到这股能量并决定毁灭它。他指挥起庞大的燃烧军团，对艾泽拉斯发起了灾难性的入侵，军团席卷了卡利姆多，所到之处只有废墟和痛苦。而那时的乔丹正如这强大的黑暗空虚之神，"一剑曾挡百万世，天下英雄谁敌手"。当太阳遇到了充血的牛角，一切都有了预料中的令人神伤的结局。阿波罗神殿外侧，塔列斯的铭言仍在巴克利身边回响："人啊，认识你自己。"但巴克利不轻言退却，尽管他面对的是神，是篮球场上的上帝本人。太阳虽在主场连输两场，但到客场连扳两场，公牛又胜一场，在关键的第六场决赛中，终场前 3.9 秒，公牛队帕克森三分线外射出了绝杀一箭，"翻身向天仰射云，一箭正坠双飞翼"。那一箭的空灵与飘逸，那一箭的清丽与脱俗，那一箭所激发的寒气，让巴克利的年度"NBA 最有价值球员"化作一个泣血的标点。

在暗夜精灵与燃烧军团的圣战中，永恒之泉受到污染，自我扭曲，并坍塌了。而精灵内部也分裂成两支，一支在玛法里奥带领下到了海加尔山峰，一支高等精灵到了洛丹伦。精灵族衰败了，踏上了漫长的重建之路，太阳队也从此难续辉煌，变化不断。1996年将已是"风月无情人暗换，旧游如梦空肠断"的巴克利交换到火箭队，从小牛迎来基德，1999年又将基德送走，换来马布里，并选中新秀马里昂，但太阳仍未有起色。紧接着太阳送走马布里，并于2003年选中高中生榜眼斯塔德迈尔。2004年又从快船队和小牛队换来昆廷·理查德森和纳什，球队重建工程已颇具规模。

作为一个以机动性为主的种族，暗夜精灵的战术并不在于与对手正面冲突，而在于充分利用其机动和灵活性，给对手以措手不及的致命一击。而本赛季的太阳队也是如此，纳什就如同尤迪安（也是曾经离开过而重返菲尼克斯太阳队），即使把眼蒙着也能凭感觉——鬼眼迅速分出友军和不死军团。纳什总能在最恰当的时候将球传到最恰当的位置，当内线的斯塔德迈尔拥有57.2%的命中率，外线的"阿Q"理查德森被称为"笑面杀手"，约翰逊以47.3%的三分命中率让所有球队胆寒，马里昂以超人的臂展将对手牢牢盯死时，太阳队无论快攻还是阵地战都能不拘一格，笑傲江湖。

当我们还在津津乐道状元秀姚明和榜眼威廉姆斯谁更让人期待时，不受媒体关注的斯塔德迈尔已洞彻了"人若无名，便可专心练剑"的至理。于是在姚明还在被人反复质疑，威廉姆斯因酒后驾车而黄鹤一去不复返时，斯塔德迈尔已一枝独秀，揽下了"新人王"和场均26.2分的佳绩。

如今的暗夜精灵让人胆寒，韩国暗夜顶尖高手让2004年WCG总冠军兽王GRUBBY无所适从，而女猎手加树妖加利爪德鲁伊，弓箭手加山岭巨人，战争古树的RUSH，精灵龙海等战术纷呈、百家争鸣的场面更让许多魔兽玩家惧怕。守望者的毒镖和丛林守户者的缠绕成了其他种族英雄心中永远的痛。当昔日的凯尔特人中了绿衫魔咒，一蹶不振；当赤红的公牛时代已经不再，各个角落再难寻觅那些充血的牛角；当洛杉矶泛滥的黄色已是青山遮不住，毕竟东流去，我们终于发现那个被侮辱和被损害了一辈子的太阳，在列强林立的西部，发出了万丈光芒。

球员篇 斯塔德迈尔：
尘埃中开出的花朵

2006 年伤后复出的斯塔德迈尔把自己的号码从 32 号改为 1 号，他说："我希望这个赛季是一个新的开始。"这个在网络界被誉为姚明一生的敌人，他的人生经历不需要任何修饰和改编就可以成为一个很好的启迪美国青少年的剧本。斯塔德迈尔在父亲去世、母亲又屡次因犯罪而入狱的生活中，早早地成熟了。艰难困苦，玉汝于成，小斯成为尘埃中开出的花朵。

12 岁时那年，斯塔德迈尔的父亲去世了，母亲开始因贩毒、偷窃、伪造证据等各种不同的罪行在狱中徘徊。因为这，斯塔德迈尔和他的兄弟马尔万经常辍学。在高中时，斯塔德迈尔由于母亲犯罪不得不转学 7 次。

斯塔德迈尔 14 岁才开始打篮球，他用篮球来逃避家庭带来的烦恼。他所在的塞普雷斯克里克高中的名气并不是太大，但是他的篮球天赋让他受到不少球探的青睐。在选秀之前，因为他家庭的因素，太阳队对斯塔德迈尔存有戒心。球队总经理布赖恩·特兰格勒说："我们当时对斯塔德迈尔的情况了解不多，而且信息提供也不全面，这使我们不得不提高警惕。"为了确保斯塔德迈尔不出事，太阳队还特意对斯塔德迈尔进行了一次心理测验。测验他个人发展的可能性，测验结果证明斯塔德迈尔一切正常。最终，太阳队才拍板决定收购斯塔德迈尔。在 2002 年，太阳用 9 号秀选到了小斯，他成为前十名新秀中唯一的高中生。

斯塔德迈尔第一年的表现，就超过了太阳队头脑们的预测。他第一赛季就代表太阳出战了全部 82 场常规赛，其中 71 次作为先发主力，平均每场得到 13.5 分、8.8 个篮板、1.1 次盖帽和 1 次助攻，投篮命中率为 47.2%，罚球命中率则为 66.1%。他在新秀赛季就拿下 25 次两双，在全联盟两双次数排在第十八位。在 2002 年 12 月 30 日对垒森林狼时，斯塔德迈尔拿下他赛季最高的 38 分和 14 个篮板。他在和姚明的竞争中，得到了最佳新秀的称号，成为第一个刚进入NBA 就获得"最佳新秀"称号的高中球员。

在 2004—2005 赛季，斯塔德迈尔在纳什的带领下，帮助太阳取得了 62 胜20 负的联盟最好战绩。太阳也进入了那一年的西部总决赛，虽然 1：4 不敌马刺，但是小斯在西部总决赛取得平均每场 37 分的骄人成绩，让自己成为 NBA 的巨星之一。

可是，戏剧又在他身上发生了。2005—2006 赛季，他因为膝盖受伤做了手术，缺席了几乎所有的比赛。太阳在没有他的情况下，依然杀入了西部决赛，但是再一次被挡在了总决赛的大门之外。

2006—2007 年，是斯塔德迈尔重生的一年。他在赛季初，大部分时间都坐在板凳上，而且表现也没有以往的耀眼。正当别人开始怀疑他的能力时，他开始爆发了。虽然持球进攻能力暂时还不如以前，但是性格沉稳很多的他在防守端有了进步，以前不愿干的一些脏活累活现在也有意干了。这让他再一次入选全明星，代表西部出战。近期斯塔德迈尔最令人称道的一场比赛就是 2007 年 2 月 2 日在凤凰城和马刺的一场大战，他在邓肯面前拿到了 24 分 23 个篮板，帮助太阳战胜了自己的对手。

六年的 NBA 经历，斯塔德迈尔比别人经历了更多的大起大落，他也不再是那个不知天高地厚的青涩少年。少了年少轻狂的意气风发，少了初经人事的毛毛躁躁，这样的小斯，也许更让对手觉得可怕。

金州勇士队

黑八的创造者
毛头小伙的革命

金州勇士（Golden State Warriors）
主场：甲骨文球馆（Oracle Arena）
主教练：唐·尼尔森（Don Nelson）
赛区：太平洋赛区

现在谁是 NBA 最火的球队，相信许多人都会提到金州勇士。在以 127：119 主场战胜太阳后，勇士已取得了自 1994 年后的最佳战绩——八连胜。

在最近的 12 场比赛中，勇士更是取得了 11 场胜利，包括两胜太阳，两胜国王，连克火箭、超音速等西部强队。八连胜中，勇士平均每场得分 112.8 分，攻击力之强大，让人仰视。在对火箭的比赛中，尽管麦迪拿下了 44 分 7 次助攻，姚明也得到 23 分 11 个篮板，但面对拜伦·戴维斯的个人生涯新高 40 分都没有用。在对太阳的比赛中，斯塔德迈尔更是狂抢 44 分 16 个篮板，纳什也送出 12 次助攻，约翰逊也得到 24 分。但面对勇士的三名队员的 28 分，全场比赛的 18 个三分的次全联盟纪录也显得无济于事，再次拿下太阳的勇士让所有人赞叹的同时又不禁扼腕叹息。他们早干吗去了呢？

如今的勇士拥有一群得分能力非常出色的球员，拜伦·戴维斯的加盟更是让勇士如虎添翼。太阳队主帅迈克·迪安东尼说："现在他们的阵容已经足以昂首阔步。"勇士队的理查德森说："我们向对手展示了下个赛季我们完全有能力打入季后赛。"让球队焕发了青春的拜伦·戴维斯也说："自从我们被挤出季后赛后，大家打得很有信心，彼此信任并且表现出色，这个赛季还有几周就结束了，我们只是想震撼一下全联盟。"

一切都不是巧合，也不再是运气偶然。现在的勇士有了拜伦·戴维斯这样的全明星控球后卫的穿针引线，皮特卢斯、卡巴卡帕、小邓立维、费舍尔的外线得分变得轻而易举。加上福耶尔和墨菲的篮板支持，勇士想做得不好都难。八连胜就像球队说的那样，是一个新起点，勇士将在来年重新收拾旧山河，向西部诸侯发起强有力的挑战。

其实勇士也并非人们心中的超级烂队，相比于那些多年在 NBA 沉浮却从没有拿过总冠军的球队来说，勇士还是不错的。历史上曾三夺总冠军，NBA 的第一支总冠军得主就是勇士队，那时的 NBA 还叫 BAA。

福尔克斯是勇士队得到的第一个球星，1946—1947 赛季，福尔克斯在以23.2 分夺得联盟得分王的同时，也率勇士以 4∶1 击败芝加哥雄鹿队夺冠。接下来的赛季勇士再次杀入总决赛，但输给了巴尔的摩子弹队。两个联盟合并后，勇士在沉寂了三年后得到了"原始版"的"飞人乔丹"——保罗·阿里金。在所有球员仍在两脚原地站立、双手胸前投篮时，保罗就掌握了原地跳投的新式武器。他自如的控球，一定的滞空时间，压迫式的防守，让他得到了"能干的保罗"的称号。在当时联盟得分普遍比较低的情况下，他连续 9 个赛季的平均分都在 20分以上。

1955—1956 年勇士任命乔治·塞纳斯基为主教练，球队的两个球星保罗·阿里金和约翰斯顿竟以场均 24.2 分和 22.1 分分列联盟得分榜的第 2 第 3 名，所向无敌的勇士也以东部第一的身份杀入季后赛，并最后 4∶1 击败韦恩堡活塞队再次捧杯。

1959—1960 年，勇士队得到了身高 2.16 米的"篮球皇帝"张伯伦，实力大增。张伯伦的新秀赛季就平均每场拿下 37.6 分 27 个篮板，成为最佳新秀和MVP。勇士队在张伯伦的带领下取得 49 胜 26 负的联盟第二佳成绩，在首轮击败了锡拉丘兹民族队之后被凯尔特人 4∶2 淘汰。1961—1963 年张伯伦更是所向披靡，平均每场拿下 50.4 分 25.7 个篮板，并在 1962 年 3 月 2 日对尼克斯的比赛中 63 投 36 中，罚球 32 罚 28 中拿下了 NBA 历史上创纪录的 100 分。虽然张伯伦的得分和篮板神勇无比，但勇士此时的功力还不足以和凯尔特人相比。鲍勃·库西、比尔·沙尔曼和拉塞尔在"红衣主教"奥尔巴赫的率领下此时正在向史无前例的八连冠伟业迈进，东部决赛中勇士 3∶4 不敌凯尔特人，第七场决赛也让人们记住了萨姆·琼斯最后 2 秒钟的制胜一投。

1962 年球队搬到了加利福尼亚州奥克兰市，1963 年他们得到了奈特·瑟蒙德，他是 NBA 最为凶悍的中锋之一，连张伯伦和卡里姆·阿卜杜勒·贾巴尔对他也要避让三分。他是 NBA 历史上第一个达到四双的球星，也是将篮球的进攻和防守

技术结合得最完美的中锋。他的防守要比"进攻之王"张伯伦好，他的进攻要比防守之王拉塞尔强得多。有了他，勇士放心地将张伯伦换到了费城，虽然没能再次问鼎，但勇士整个 1960 年代的战绩都不错，并从 1970 年代开始连续八年杀入季后赛。

1965 年在送走张伯伦的同时，球队又得到了一部篮球场上的得分机器——里克·巴里，就是今天马刺队布伦特·巴里和火箭队琼·巴里的父亲。他是唯一一个在大学联赛 NCAA、NBA、BAA 都拿过得分王的篮球明星。里克·巴里的新秀赛季便以每场 25.7 分当选 NBA 最佳新人，并在 4 个赛季的每场平均得分都超过了 30 分。

1975 年，里克·巴里平均每场得分 30.6 分，并荣登抢断王宝座，同时率勇士取得 48 胜 34 负的常规赛战绩和勇士相遇总决赛。那时的子弹队被人们普遍看好，子弹队在常规赛中取得了 60 胜 22 负的联盟最佳战绩，并且拥有昔日火箭队的名将"大 E"埃尔文·海耶斯。第一场比赛子弹队输了，大家都觉得是个意外，第二、第三场输了，大家仍然认为子弹队会教训勇士队的。在关键的第四场生死战中，勇士以 96∶95 一分击败了子弹队，完成了对子弹队的横扫。立下汗马功劳的得分机器里克·巴里的端尿盆式罚篮依然丑陋，但 90% 以上的命中率却让子弹队饮恨出局。里克·巴里说："我们在不被看好的情况下战胜超强队手，肯定会在历史上留下辉煌的一页。"

从 1980 年代开始，勇士队的成绩时好时坏。1987 年只取得 20 胜 62 负的战绩、1990 年代在穆林的率领下虽进了季后赛但第一轮就惨遭淘汰。1993 年球队在新秀韦伯的率领下再次杀入季后赛还是难过首轮关，而在 1999—2000 赛季仅取得 19 场胜利。在 2000—2001 赛季更是创造了球队的最差战绩 17 胜 65 负，人们开始把勇士向超级烂队看齐。

勇士在得到了主教练老尼尔森之后起色不少，在老尼尔森的带领下球队 2006-2007 赛季季后赛还成为联盟第三支创造黑八奇迹的球队，他们 4∶2 淘汰了排名联盟榜首的小牛。如今的勇士变化巨大，球队核心戴维斯远赴快船，如今勇士只能在马盖蒂、斯蒂芬·杰克逊和图例亚夫的带领下疲于挣命。

球员篇 拜伦·戴维斯：
敢于直面惨淡人生的真勇士

"真正的勇士，敢于直面惨淡的人生，敢于正视淋漓的鲜血。"在加盟勇士的那一刻起，拜伦·戴维斯就成了这句话的最好注解者。2004—2005赛季末，谁才是NBA最恐怖的球队，不是小牛，不是马刺，也不是太阳，而是勇士。在加盟勇士的那个赛季末端，大卫斯取得了勇士自1994年后的最佳战绩——八连胜。并在其中的12场比赛中，取得了惊人的11场胜利，包括两胜太阳，两胜国王，连克火箭、超音速等西部强队。八连胜中，勇士平均每场得分112.8分，攻击力之强大，让人仰视。

也许我们不能拿过去的陈年旧账来为现在的勇士振振有词地辩解，但是自从拜伦·戴维斯加盟后，这个队伍在这两年已经发生不小的化学效应。现在已经不是联盟第一个得分王勇士福尔克斯的时代，也不是张伯伦和奈特·瑟蒙德所掌控内线的变态时代，甚至和里克·巴里的时代更是相去甚远。但现在勇士主教练老尼尔森可以自豪地评价拜伦·戴维斯说："他深信自己能干任何事，他支撑起了整支球队。"

拜伦·戴维斯似乎是小号的查尔斯·巴克利，身材和体重看起来不像是灌篮高手，却常常上演惊世骇俗的扣篮。作为曾经蜂王和现在勇士队当家核心的他曾是1999年NBA选秀的探花郎，他可以说是NBA速度最快的球员，连艾弗森和科比等人在他面前也自叹弗如。同时大卫斯拥有扎实且出众的运球能力、犀利的突破、优秀的弹跳及开阔的视野，当然还有远高于通常控卫的吨位。他经常完成不可思议的突破、急停跳投和传球。大卫斯三分有准头，但空位机会的把握能力并不出众。一对一防守很不错，但很大程度上依靠自己的速度和吨位。抢断极其出色，尤其擅长从对方手中盗球，曾是2003—2004赛季抢断王。

拜伦·戴维斯在黄蜂的5个赛季中都带领黄蜂杀入了季后赛。转投勇士后，个人数据也呈现上升的趋势，2006—2007赛季在老尼尔森的率领下，戴维斯不愁再面对战绩的惨淡，他们以西部第八的身份杀入季后赛后，甚至创造黑八奇迹拿下了西部第一的小牛。不过如今戴维斯已经身在洛杉矶快船，取代布兰德成为新的船长。

洛杉矶快船队

千年鱼腩的翻身
新世纪的舵手

洛杉矶快船 (Los Angeles Clippers)
主场：斯台普斯中心 (Staples Center)
主教练：迈克·邓利维 (Mike Dunleavy)
赛区：太平洋赛区

　　如果不是麦卡杜曾经得过一次联盟 MVP，如果不是 2006 年季后赛布兰德掌舵的快船差点掀翻太阳，从 1970 年加入联盟到现在，人们都几乎遗忘了这支和洛杉矶湖人共用一个主场——斯台普斯中心的球队。所幸风水轮流转，在和布兰德、马盖蒂签下长约后，又招来了老将"外星人"卡塞尔，快船终于步入了西部的中上流行列。

　　洛杉矶快船队 1970 年初入 NBA 时落户在布法罗，叫做布法罗勇敢者队 (Buffalo Braves)。勇敢者队是当年 NBA 为了和美国篮球协会竞争而扩充的三支新军之一（另外两支是波特兰开拓者队和克利夫兰骑士队）。在勇敢者队的首个赛季，这支联盟的新军没有明星球员的加入，进攻乏术，首个赛季的最终战绩仅仅为 15 胜 67 负。而之后连续的三年勇敢者的各项数据都排在联行的倒数行列，战绩甚至都没有突破 22 胜。1972—1973 赛季，勇敢者队拥有了 NBA 最好的新秀鲍勃·麦卡杜。麦卡杜在勇敢者队的新秀年打出相当出色的成绩，场均 18 分 9.1 个篮板。然而，麦卡杜也无法凭借一己之力来拯救球队。在新教头的带领下，勇敢者队的成绩甚至比去年还下滑了一场，仅仅赢得了 21 场胜利。只有创下联盟最差纪录 9 胜 73 负的费城 76 人队让勇敢者队避免了垫底的尴尬，勇敢者队的胜利中有 7 场来自不幸的 76 人队。

　　最初期的惊喜改变是 1973—1974 赛季，快船队用史密斯从湖人换来了麦克米兰。这个结实的小前锋在勇敢者队连续两个赛季的得分都突破了 18 分。布法罗勇敢者队取得了 42 胜 40 负的成绩，球队历史上首次挺进季后赛。麦卡杜在得分榜上以场均 30.6 分领先全联盟，并且每场抓下 15.1 个篮板，列联盟第三。季后赛勇敢者队遇到更为老到的凯尔特人，最终 2：4 遭到淘汰。

1974—1975 赛季，伤病困扰着勇敢者队，队内的三大主力都分别缺阵了相当长的一段时间，不过此时麦卡杜却达到了自己的巅峰，场均拿下 34.5 分以及自己唯一的一座 MVP 奖杯。勇敢者队以 49 胜 33 负的成绩杀入了季后赛，在东区半决赛中，勇敢者和华盛顿奇才队鏖战 7 场，最终遗憾地没有能再前进一步。1975—1976 年，麦卡杜场均 31.1 分拿下自己连续第三个得分王，勇敢者队以 46 胜 36 负的战绩杀入季后赛，在淘汰了费城 76 人队后面对凯尔特人以 2：4 败北。

这次失败，开始让快船队陷入长期的挣扎中，球队再也没有一丝强者英武的神气。1976—1977 年，球队被连续倒卖，麦卡杜也被卖到了纽约尼克斯，球队战绩下滑到仅取得 30 胜。新老板布朗修改了租约，打算为球队寻找新的城市。1977—1978 赛季之后，布朗和凯尔特人队老板达成了协议，布朗得到了波特兰开拓者这支球队，而开拓者的老板则把布法罗勇敢者队迁到了圣地亚哥。由于圣地亚哥熙熙攘攘的海港和临海的地理位置，Levin 得到球队后立即将其命名为快船队。

这次复杂的互换还涉及了七人的球队大交换，无疑这次互换对凯尔特人非常有利。凯尔特人得到了快船刚得到的球星奈特·阿奇博尔德以及马温·巴内斯，更重要的是凯尔特人得到了一个当年的首轮选秀权，选中的这个人就是后来名震天下的拉里·伯德。而快船仅仅得到了威廉姆斯以及后来一拳打碎汤姆·贾诺维奇鼻梁的大前锋科密特·华盛顿，还有一个替补中锋。1979 年球队得到了弗里，连续两个赛季他在得分榜上都仅仅落后联盟第一的马刺队。但这都不能让快船杀进季后赛，此时晕头的快船却换来了开拓者的球星，"玻璃人"比尔·沃顿。沃顿来到快船继续受伤，四年里仅为快船出战 14 场比赛，这个赛季之后更是连续两个赛季彻底报销。

连续三年没能进入季后赛之后，球队所有权再次发生变动。斯特灵在 1981 年购买了快船队。尽管有了球星的加盟，圣地亚哥快船队仍然在接下去的几个赛季中痛苦地挣扎。伤病持续困扰球队，票房收入骤减。在连续 3 个赛季场均观众低于 4,500 人之后，1984 年斯特灵将球队搬到了圣地亚哥以北的洛杉矶。1984 年 11 月 1 日，洛杉矶快船队在洛杉矶体育馆初次亮相，以 107：105 击败来访的纽约尼克斯队。在接下来的 15 个赛季中这里一直是球队的主场，在此期间球队

进入了季后赛，聘请 NBA 传奇人物埃尔金·贝勒担任篮球运作副总裁，并且在 10 年内获得了两次状元签。1985 年球队终于把沃顿送到了凯尔特人，让人大跌眼镜的是，沃顿到了凯尔特人竟然立刻健健康康地打了 80 场比赛，并帮助凯尔特人获得了总冠军。

1988 年 5 月 21 日，他们历史上首次获得状元签，五周之后快船队用状元签选中了堪萨斯大学的全能前锋——丹尼·曼宁，但丹尼在 1988—1989 赛季因为膝伤只打了 26 场比赛。在 1989 年的乐透抽签上，快艇队再次走运，他们获得了榜眼签。快船队选中了杜克大学的丹尼·弗里，可惜弗里嫌弃球队的成绩拒绝和球队签约，为此甚至不惜远走意大利，没有办法的快船只有把弗里打包送到了骑士。1998—1999 赛季是快船队在洛杉矶体育馆的最后一个赛季，球队的主场又一次变动。在 1999—2000 赛季快船队搬到了洛杉矶市区的斯台普斯体育馆。迁址到斯台普斯体育馆使得观众人数激增，他们在 2004—2005 赛季开始前将租用场馆的合约延长了十年。

1993—1994 赛季，球队得到了"人类电影精华"多米尼克·威尔金斯，但球队没有期望中的进步。1995 年快船队获得了选秀的榜眼签，他们选中了阿拉巴马大学的二年级生麦克戴斯。不过当天，快船队就把麦克戴斯交易到丹佛掘金队。1995—1996 年让快船激动的是里克·巴里的儿子布伦特·巴里加盟。在当年的扣篮大赛上，布伦特·巴里模仿乔丹的罚球线起跳扣篮，向人们展示了白人的弹跳，并获得了扣篮大赛的冠军。1998—1999 赛季快船选中了水货状元奥拉沃坎迪。1999—2000 赛季球队选中了全能大前锋奥多姆。2000—2001 赛季球队又得到了马盖蒂，用探花签挑中了达柳斯·迈尔斯，用首轮第十八顺位签选中了昆廷·理查德森。2001 年选秀日，快船队做出了球队历史上最重要的交易之一 ——从芝加哥公牛队换来 1999—2000 赛季的状元秀，大前锋艾尔顿·布兰德。

看看快船选中和签下的一批天才球员，如果没有再次被交换走，磨合到今天将是多么可怕的阵容。不过快船战绩仍旧很不理想。在 2003 年夏，快船队同前锋布兰德和马盖蒂签下长约，并且招来了曾经获得年度最佳教练的迈克·邓利维。他们的领袖才能，以及当年选入的新秀如肖恩·利文斯顿和克里斯·卡曼，帮助快船队在接下来的赛季中取得了显著的进步。2005 年夏，随着后卫卡塞尔和莫布里的加盟，球队实力得到了进一步提升。不过 2008 年夏天快船进行了大换血，球队当家核心布兰德合同到期选择加盟费城 76 人，但球队却得到了勇士的核心戴维斯和掘金的坎比以及尼克斯的兰多夫，明星汇集，只要磨合得当，快船的目标也将是联盟总冠军。

球员篇　艾尔顿·布兰德：
快船的大块头

谈起历史上每年的选秀，1984年飞人横空出世的那一年和1996年科比出道的那一年同样星光璀璨。但不要忘记了1999年的选秀，虽然那年的选秀没有出现惊天动地的人物，但为联盟送出的确实是一个个球队的顶梁柱。后卫中如汉密尔顿、吉诺比利、弗朗西斯、拜伦·戴维斯、贾森·特里，大前锋中的"三大怪物"基里连科、奥多姆、马里昂，小前锋的阿泰斯特、斯泽比亚克等都非等闲之辈。虽然如此，那年的选秀公牛还是把状元的头衔戴在了艾尔顿·布兰德的头上。

后来的事实证明，克劳斯的眼光依旧如十多年前那样的犀利。新秀赛季，布兰德场均20.1分、10个篮板，4次当选月最佳新秀，赛季结束和弗朗西斯一起拿下了当赛季的最佳新秀头衔。第二年，布兰德依然场均贡献20+10的稳定数据，可惜公牛成绩竟然从去年的17胜65负下降到15胜67负。2001年夏天，公牛将这位埋头苦干的厚重大前锋送到了洛杉矶。

2001—2002赛季，布兰德、奥多姆、马盖蒂、理查德森、迈尔斯和状元奥洛沃坎迪组成了相当豪华的阵容。快船一度杀入西部前六，但在收官的时候突然崩溃，才最终名列第九错过了季后赛。随后3年，同样的状况在快船一次次上演，虽然如此，布兰德已经越来越接近超级大前锋的数据，场均20分，10个篮板，50%的命中率，外加2次封盖。

2005年夏天，快船用贾里奇从森林狼换来了36岁高龄的"外星人"卡塞尔，随后签下了"老猫"莫布里。这一举动让布兰德如虎添翼，快船虽然因上赛季进步最快球员西蒙斯的离去受到影响，但在卡塞尔的组织下、在布兰德的领导下快船依旧能向联盟的强队看齐，甚至一度有和马刺争夺西部领导的架势。这年布兰德终于实至名归地进入全明星，不是再因奥尼尔受伤的垂顾。24.7分、10个篮板、2.54次封盖，带领快船杀入季后赛。可以连续三周霸占西部的周最佳位置，此时的布兰德在西部已经和加内特、邓肯比肩。

　　2008 年 7 月 10 日，布兰德选择跳出合同加盟了费城 76 人，五年合同大概为 8200 万美元。布兰德，加上安德烈·米勒、安德烈·伊格达拉以及路易斯·威廉姆斯和塔杜斯·杨这两位顶级年轻球员，还有萨·尔·戴勒姆波特组成的核心阵容将使得 76 人队在东部大展拳脚。

第 **4**章　NBA名人堂

　　1996年11月，NBA总部邀请50名资深篮球专家会聚一堂，投票选出他们心目中的NBA历史上最伟大的50名球员。NBA事前不设任何标准，也对球员的角色没有任何限制，只要求他们每人写出各自认为的最伟大的50个人，然后根据他们提供的名单，选举出得票最多的50人。这50名球员共获得了107个NBA总冠军，入选过400多次NBA最佳阵容，得分近100万分。

　　再也没有什么比"指环王"更适合形容拉塞尔了，就像除了用"篮球皇帝"外我们无法用其他词汇来表达对张伯伦的瞻仰，而乔治·麦肯的独霸，贾巴尔的优雅勾手，奥拉朱旺的迷踪舞步，尤因的后仰中投，罗宾逊的低位跟进和奥尼尔的必杀绝扣亦将历经岁月漫漫而不磨灭，尤其是迈克尔·乔丹，他所统领着的"J博士"、冰人等飞天神魔，用垂天的双翼，非人的英姿，让无数球迷五体投地，顶礼膜拜。50位巨星，61年的场均精准数据，起伏跌宕的星路历程，引领你领略巨星的前传，传奇的倒影……

1 比尔·拉塞尔（Bill Russell）

出生日期：1934年2月12日
身高：2.06米
场上位置：中锋
NBA生涯：1956—1969年

主要荣誉：5 次 MVP 称号，3 次入选 NBA 最佳阵容一队，8 次入选 NBA 最佳阵容二队，1969 年获最佳防守球员，十一枚总冠军戒指。

八连冠、11 枚总冠军戒指、5 次当选 NBA 最有价值球员、1956 年获奥运会篮球金牌，在个人荣誉上，拉塞尔创造了前无古人后也不可能有来者的辉煌。在和张伯伦对抗的岁月里，拉塞尔用他那神奇无比的防守，牢牢地占据着总冠军的宝座，"指环王"没有什么称呼比这个再合适不过的了。拉塞尔 1967 年成为 NBA 历史上第一位黑人主教练，并在奥尔巴赫退役后两次带领球队夺冠，1974 年进入美国篮球名人堂。

拉塞尔，1934 年 2 月 12 日出生在路易斯安那州的门罗。当他随家人迁居到旧金山的湾区后，拉塞尔进了奥克兰的高中。在高中校队当中，他不过是个笨拙而毫不起眼的中锋而已，但在那个巨人匮乏的年代，他 2.06 米的身高、2.09 米的跳高成绩和 100 米成绩 10.06 秒、400 米成绩 49 秒的速度注定让他被赏识。他获得了旧金山大学的奖学金，并且他的篮球技术开始突飞猛进。在和明星后卫 K.C. 琼斯大学联手时，率领旧金山大学取得惊人的 56 连胜，连续获得了 1955 年和 1956 年美国大学生篮球冠军。拉塞尔因此被评为 1955 年 NCAA MVP。1956 年，为了参加墨尔本奥运会，拉塞尔推迟一年加入 NBA，带领美国男篮在奥运会上八战全胜，平均每场净胜对手 53 分。

　　因为弹跳出色，并且拉塞尔更注重防守，拉塞尔职业生涯总计拿下 21,620 个篮板，平均每场 22.5 个，四次获得"篮板王"称号。他曾经一场比赛抢下 51 个篮板，有两次一场比赛抢到 49 个篮板，就是 1959 年他和"篮球皇帝"张伯伦在两人平生的第一次交锋中他也抢得 35 个篮板球。拉塞尔连续 12 个赛季获得 1,000 个以上的篮板球。拉塞尔用他那神话般的防守才能和盖帽技巧改变了篮球运动一个基本观念：出色的防守照样可以赢得总冠军。1967 年，拉塞尔被凯尔特人队任命为队员兼教练，成为 NBA 历史上第一位黑人主教练。在目睹了张伯伦的一次登顶后，随后两年是拉塞尔成功地带领凯尔特人完成了复辟。

比尔·拉塞尔职业生涯数据：

Season	Tm	G	MP	FG	FGA	3P	3PA	FT	FTA	ORB	DRB	TRB	AST	STL	BLK	TO	PF	PTS
56-57	BOS	48	35.3	5.8	13.5			3.2	6.4			19.6	1.8				3.0	14.7
57-58	BOS	69	38.3	6.6	15.0			3.3	6.4			22.7	2.9				2.6	16.6
58-59	BOS	70	42.6	6.5	14.2			3.7	6.1			23.0	3.2				2.3	16.7
59-60	BOS	74	42.5	7.5	16.1			3.2	5.3			24.0	3.7				2.8	18.2
60-61	BOS	78	44.3	6.8	16.0			3.3	6.0			23.9	3.4				2.0	16.9
61-62	BOS	76	45.2	7.6	16.6			3.8	6.3			23.6	4.5				2.7	18.9
62-63	BOS	78	44.9	6.6	15.2			3.7	6.6			23.6	4.5				2.4	16.8
63-64	BOS	78	44.6	6.0	13.8			3.0	5.5			24.7	4.7				2.4	15.0
64-65	BOS	78	44.4	5.5	12.6			3.1	5.5			24.1	5.3				2.6	14.1
65-66	BOS	78	43.4	5.0	12.1			2.9	5.2			22.8	4.8				2.8	12.9
66-67	BOS	81	40.7	4.9	10.7			3.5	5.8			21.0	5.8				3.2	13.3
67-68	BOS	78	37.9	4.7	11.0			3.2	5.9			18.6	4.6				3.1	12.5
68-69	BOS	77	42.7	3.6	8.4			2.6	5.0			19.3	4.9				3.0	9.9
13 赛季		963	42.3	5.9	13.4			3.3	5.8			22.5	4.3				2.7	15.1

2 比尔·沃顿（Bill Walton）

出生日期：1952年11月5日
身高：2.10米
场上位置：中锋
NBA生涯：1974—1987年

主要荣誉：两次 NBA 总冠军；1978 年获 MVP 奖，入选 NBA 最佳阵容和最佳防守阵容。

一头偏红鬈发外加一下巴卷茸茸的红色络腮胡子，比尔·沃顿的形象一直是 NBA 中最独特的，也远远比罗德曼头发的人造颜色来得自然和顺眼。因为这种长相过于野蛮，所以沃顿在 NBA 的绰号也比较独特，人们都称呼他"野人"或"山里人"(The Mountain Man)。

比尔·沃顿，生于 1952 年 11 月 5 日，身高 2.1 米，体重 235 磅，来自加州大学洛杉矶分校，是"天勾"贾巴尔的学弟。沃顿以 1974 年状元身份加盟波特兰开拓者，前 7 场比赛他平均每场得 16 分，夺得 19 个篮板球、4.4 次助攻和 4 次盖帽，被当时誉为巨人选手中的"完美主义者"。1977 年他率领开拓者拿下总冠军戒指，他的职业生涯还有另一枚戒指，那是 1986 年混迹在波士顿凯尔特人的板凳上得到的戒指，不过当时的他已经只能作为帕里什或者麦克海尔的替补出场 14 分钟了。1977 年以 4：2 击溃费城 76 人时，沃顿也被评为总决赛最有价值球员，同时还创造了总决赛 1 场比赛抢二十个防守篮板球的纪录。1978 年他个人获得 NBA "最有价值球员"荣誉。同时还入选了当年的 NBA 最佳阵容和最佳防守阵容，1977 年还曾入选最佳防守阵容。1986—1987 赛季结束后，沃顿选择退役，他的职业生涯场均技术统计为 13.3 分、10.5 个篮板、3.4 次助攻、2.2 次封盖；1993 年，比尔·沃顿入选奈尔·史密斯篮球名人堂。

沃顿是 NBA 典型的病秧子，后人甚至经常把他和巨人症患者等同起来。在 NBA 奋斗的 13 个赛季中只有 10 个赛季出场比赛，累计出场 468 场比赛，按照 13 个赛季全勤 1,066 场比赛作为基数，沃顿的出勤率才 44%。自从 1974 年进入 NBA 之后，1975—1976 赛季、1976—1977 赛季、1977—1978 赛季三年间，沃顿状态迅速冲击到巅峰。表现最佳的 1976—1977 赛季场均贡献 18.6 分、13.4 个篮板、3.8 次助攻、3.2 次封盖，过了这三年后，沃顿的伤势把他迅速送进低谷。一直在伤病名单与球员名单之间转来转去，状态迅速下滑，职业生涯后期受伤病影响才是导致他技术统计下落的原因。沃顿发挥最好的时期，是 20 世纪 70 年代中期在波特兰开拓者队的三年时间，人们将这时候的沃顿和历史上最伟大的中锋张伯伦和拉塞尔相提并论。当时开拓者主帅拉姆齐甚至说："比尔·拉塞尔是伟大的火锅专家，张伯伦是伟大的进攻专家，而比尔·沃顿则两者兼容。"

比尔·沃顿职业生涯数据：

Season	tm	G	MP	FG	FGA	3P	3PA	FT	FTA	ORB	DRB	TRB	AST	STL	BLK	TO	PF	PTS
74-75	POR	35	32.9	5.1	9.9			2.7	3.9	2.6	10.0	12.6	4.8	0.8	2.7		3.3	12.8
75-76	POR	51	33.1	6.8	14.4			2.6	4.5	2.6	10.8	13.4	4.3	1.0	1.6		2.8	16.1
76-77	POR	65	34.8	7.6	14.3			3.5	5.0	3.2	11.1	14.4	3.8	1.0	3.2		2.7	18.6
77-78	POR	58	33.3	7.9	15.2			3.1	4.2	2.0	11.2	13.2	5.0	1.0	2.5	3.6	2.5	18.9
79-80	SDC	14	24.1	5.8	11.5	0.0	0.0	2.3	3.9	2.0	7.0	9.0	2.4	0.6	2.7	2.6	2.6	13.9
82-83	SDC	33	33.3	6.1	11.5	0.0	0.0	2.0	3.5	2.3	7.5	9.8	3.6	1.0	3.6	3.2	3.4	14.1
83-84	SDC	55	26.8	5.2	9.4	0.0	0.0	1.7	2.8	2.4	6.3	8.7	3.3	0.8	1.6	3.2	2.8	12.1
84-85	LAC	67	24.6	4.0	7.7	0.0	0.0	2.1	3.0	2.5	6.4	9.0	2.3	0.7	2.1	2.6	2.7	10.1
85-86	BOS	80	19.3	2.9	5.1	0.0	0.0	1.8	2.5	1.7	5.1	6.8	2.1	0.5	1.3	1.9	2.6	7.6
86-87	BOS	10	11.2	1.0	2.6	0.0	0.0	0.8	1.5	1.1	2.0	3.1	0.9	0.1	1.0	1.5	2.3	2.8
10Seasons		468	28.3	5.5	10.5	0.0	0.0	2.4	3.6	2.4	8.2	10.5	3.4	0.8	2.2	2.7	2.8	13.3

3 戴夫·考恩斯（Dave Cowens）

出生日期：1948年10月25日
身高：2.08米
场上位置：中锋
NBA生涯：1972—1983年

主要荣誉：两次获得 NBA 总冠军，1973 年获 NBA 年度 MVP，1976 年和选 NBA 最佳阵容。

1970 年代的 NBA 是一个混乱的时代，尼克斯、勇士、奇才、超音速、凯尔特人、湖人纷纷登顶。35 岁的贾巴尔依旧能拿下"篮板王"，而贾巴尔、里德、卢卡斯、海耶斯、威尔肯斯和沃顿都纷纷登上舞台。因此戴夫·考恩斯面对的是一个前所未有的挑战，他必须冲出这些超级明星笼罩着的帷幕。而考恩斯也通过努力，证明了自己也是这些巨星中的一个，他不比任何人差。

考恩斯是一个顾全大局、毫无私心、工作刻苦而且技术全面的中锋。他是 NBA 近代史上一个非常出色并且功夫扎实的中锋。在 NBA 的 11 个赛季中，他有 10 个赛季是在凯尔特人队度过的。他的身体素质一般，但是在这项需要体能、更需要头脑和技术的运动中，终于成就了人们认为不应该属于他的荣誉。考恩斯相信自己能打好篮球，并且全力以赴地在比赛中和对手竞争。这种自信和奋争使他在凯尔特人的传奇中锋比尔·拉塞尔退役之后，成功地接过了拉塞尔留下的重担，使得凯尔特人队的战绩在 1970 年代依然十分辉煌。1990 年他被选入美国篮球名人堂。

考恩斯出生在肯塔基州的纽波特市。他 8 岁的时候就表现出良好的篮球素质。但是，当他上高中二年级的时候，因为和校队的教练发生争执，一气之下退出篮球队，改练游泳和田径。身高只有 1.85 米的考恩斯可能从此永远离开了篮球。但是在随后一年中，他竟然奇迹般地长高了 15 厘米。当他重新回到篮球场时已是一个两米的大个少年了。考恩斯在大学一帆风顺，但是在他即将毕业的那一年，佛罗里达州立大学因为违纪被 NCAA 停赛一年，以至于 NBA 和 ABA 中的许多专业球探都没有事先注意他。但是善于发现人才的凯尔特人队还是在 1974 年的选秀中，用第一轮第四顺位的身份将考恩斯选来。

考恩斯在 1974 年和 1976 年两次帮助凯尔特人队夺得总冠军，他本人也在 1973 年被评为"NBA 最有价值球员"，1976 年入选 NBA 最佳防守阵容。

考恩斯职业生涯数据：

Season	Tm	G	MP	FG	FGA	3P	3PA	FT	FTA	ORB	DRB	TRB	AST	STL	BLK	TO	PF	PTS
70-71	BOS	81	38.0	6.8	16.1			3.4	4.6			15.0	2.8				4.3	17.0
71-72	BOS	79	40.3	8.3	17.2			2.2	3.1			15.2	3.1				4.0	18.8
72-73	BOS	82	41.8	9.0	20.0			2.5	3.2			16.2	4.1				3.8	20.5
73-74	BOS	80	41.9	8.1	18.4			2.9	3.4	3.3	12.4	15.7	4.4	1.2	1.3		3.7	19.0
74-75	BOS	65	40.5	8.8	18.4			2.9	3.8	3.5	11.2	14.7	4.6	1.3	1.1		3.7	20.4
75-76	BOS	78	39.8	7.8	16.7			3.3	4.4	4.3	11.7	16.0	4.2	1.2	0.9		4.0	19.0
76-77	BOS	50	37.8	6.6	15.1			3.2	4.0	2.9	11.0	13.9	5.0	0.9	1.0		3.6	16.4
77-78	BOS	77	41.8	7.8	15.8			3.1	3.7	3.2	10.8	14.0	4.6	1.3	0.9	2.8	3.9	18.6
78-79	BOS	68	37.0	7.2	14.9			2.2	2.8	2.2	7.4	9.6	3.6	1.1	0.8	2.6	3.9	16.6
79-80	BOS	66	32.7	6.4	14.1	0.0	0.2	1.4	1.8	1.9	6.2	8.1	3.1	1.0	0.9	1.6	3.3	14.2
82-83	MIL	40	25.4	3.4	7.7	0.0	0.1	1.3	1.6	1.8	5.0	6.9	2.1	0.8	0.4	1.1	3.4	8.1
11Seasons		766	38.6	7.5	16.3	0.0	0.1	2.6	3.4	3.0	9.8	13.6	3.8	1.1	0.9	2.2	3.8	17.6

4　大卫·罗宾逊（David Robinson）

出生日期：1965年8月6日
身高：2.16米
场上位置：中锋
NBA生涯：1990—2003年

主要荣誉：二枚总冠军戒指，一次常规赛 MVP，二次最佳防守球员称号，一次篮板王，一次盖帽王，一次得分王，六次入选 NBA 第一阵容，五次入选 NBA 第一防守阵容，十次全明星阵容。

大卫·罗宾逊被认为是当代篮球中锋里的奇才。无论从历史上还是在现实中，这位身材干练、肌肉结实的高大中锋都能算得上是速度最快、爆发力最强和身手最为灵活的篮球巨人之一。

罗宾逊身高 2.16 米，是一位左手投篮的中锋。他不仅可以在篮下强攻，而且可以在外围远投，特别是他参加快攻时的跟进扣篮或是空中补篮更是让对手防不胜防。总之，他是一位技术和身体能力都十分全面的超级中锋。

罗宾逊 1965 年出生于佛罗里达州的基韦斯特，从小受到良好的家庭和学校教育。高中毕业后他参加了海军，在海军学院的数学专业学习。在海军学院期间，他的身高增加了 18 厘米，并被评为 1987 年的"全美大学最佳球员"。1987年大学毕业后，他被圣安东尼奥马刺队在 NBA 选秀大会上以第一顺位选中，但是他坚持服完两年兵役后才到马刺队报到，为此他得到了自己的绰号"海军中尉"。但随着以后他在马刺队的地位和作用越来越重要，现在球迷已经将他的官衔"晋升"到"海军上将"。

罗宾逊的到来使得马刺队迅速成为一支西部劲旅，罗宾逊本人也随着马刺队一起成熟。1990年，在他开始NBA生涯的第一年，他被评为"NBA最佳新人"。1990年到1996年，他五次当选"对全队贡献最大的运动员"的称号；1991年、1992年、1995年和1996年四年中，他入选了NBA最佳阵容和NBA最佳防守阵容。1992年，他被评为"NBA最佳防守队员"，1995年他带领马刺队取得62胜20负的西部最佳成绩，并于同年当选"NBA最有价值球员"。

1996—1997赛季，由于罗宾逊有背伤和脚伤，他整个赛季出赛不到10场。这严重地影响了马刺队的总成绩，使得马刺队未能进入西部的八强复赛。这足以说明罗宾逊在全队的重要地位和作用。

1992年和1996年，罗宾逊被选入美国男篮梦之队和梦之三队，两次在奥运会上夺得金牌。

大卫·罗宾逊职业生涯数据：

Season	Tm	G	MP	FG	FGA	3P	3PA	FT	FTA	ORB	DRB	TRB	AST	STL	BLK	TO	PF	PTS
89-90	SAS	82	36.6	8.4	15.9	0.0	0.0	7.5	10.2	3.7	8.3	12.0	2.0	1.7	3.9	3.1	3.2	24.3
90-91	SAS	82	37.7	9.2	16.7	0.0	0.1	7.2	9.5	4.1	8.9	13.0	2.5	1.5	3.9	3.3	3.2	25.6
91-92	SAS	68	37.7	8.7	15.8	0.0	0.1	5.8	8.3	3.8	8.4	12.2	2.7	2.3	4.5	2.7	3.2	23.2
92-93	SAS	82	39.2	8.2	16.4	0.0	0.2	6.8	9.3	2.8	8.9	11.7	3.7	1.5	3.2	2.9	2.9	23.4
93-94	SAS	80	40.5	10.5	20.7	0.1	0.4	8.7	11.6	3.0	7.7	10.7	4.8	1.7	3.3	3.2	2.9	29.8
94-95	SAS	81	38.0	9.7	18.4	0.1	0.2	8.1	10.5	2.9	7.9	10.8	2.9	1.7	3.2	2.9	2.8	27.6
95-96	SAS	82	36.8	8.7	16.8	0.0	0.1	7.6	10.0	3.9	8.3	12.2	3.0	1.4	3.3	2.3	3.2	25.0
96-97	SAS	6	24.5	6.0	12.0	0.0	0.0	5.7	8.7	3.2	5.3	8.5	1.3	1.0	1.0	1.3	1.5	17.7
97-98	SAS	73	33.7	7.5	14.6	0.0	0.1	6.6	9.0	3.3	7.3	10.6	2.7	0.9	2.6	2.8	2.8	21.6
98-99	SAS	49	31.7	5.5	10.8	0.0	0.0	4.9	7.4	3.0	7.0	10.0	2.1	1.4	2.4	2.2	2.9	15.8
99-00	SAS	80	32.0	6.6	12.9	0.0	0.0	4.6	6.4	2.4	7.2	9.6	1.8	1.2	2.3	2.1	3.1	17.8
00-01	SAS	80	29.6	5.0	10.3	0.0	0.0	4.4	5.9	2.6	6.0	8.6	1.5	1.0	2.5	1.5	2.7	14.4
01-02	SAS	78	29.5	4.4	8.6	0.0	0.0	3.4	5.1	2.4	5.8	8.3	1.2	1.1	1.8	1.3	2.5	12.2
02-03	SAS	64	26.2	3.1	6.6	0.0	0.0	2.4	3.3	2.5	5.4	7.9	1.0	0.8	1.7	1.3	2.0	8.5
14 Seasons		987	34.7	7.5	14.4	0.0	0.1	6.1	8.3	3.1	7.5	10.6	2.5	1.4	3.0	2.4	2.9	21.1

5 乔治·迈肯（George Mikan）

出生日期：1924年6月18日
身高：2.08米
场上位置：中锋
NBA生涯：1946—1956年

主要荣誉：4次总冠军，1次BAA冠军，2次NBL冠军。

3次获"全美大学最佳球员称号"，6次获NBA总冠军，3次成为NBA最佳得分王，2次成为NBA篮板王，是NBA50年历史上第一位真正的"超级巨星"。1959年，入选美国篮球名人堂。

乔治·迈肯在高中时期曾被教练开除出篮球队，因为他动作笨拙，又是高度近视，实在是"朽木不可雕也"。这却激发了这位白人小伙子的斗志，他发奋苦练，终于一鸣惊人。他在对罗德岛大学的1场比赛中，一人独得53分，超过对方全队的得分。在大学决赛阶段比赛中，他在3场比赛中拿下120分，带领芝加哥德波罗学院夺得当年的联赛冠军。当时的大学比赛中，因他可轻而易举地盖掉对手的投球，所以特设下一条规则：不许干扰投篮。大学时代，由于他的突出表现，于1944—1946年，三次荣获全美大学最佳球员的称号。大学毕业后，迈肯加入国家篮球联盟的芝加哥齿轮队。当年就率队获NBA的冠军。此后，因齿轮队解散，加入了明尼阿波利斯湖人队，后又随湖人队加盟NBA的前身BAA。迈肯无论走到哪里，他的光辉就照耀到哪里。他凭着自己的身高和全面的篮球技术，以及对比赛兢兢业业的精神，使湖人队夺得从1948年到1954年除1950年外的其余六年NBA总冠军。迈肯也充分发挥了他在得分、抢篮板球和助攻方面的杰出才能。当时 NBA 为了限制他在篮上的巨大威力，特意又将三秒区的宽度由 6 英尺扩大为 12 英尺，但这仍然无法削弱迈肯的威力。他在 1949—1952 年三次成为 "NBA 的最佳得分王"，1952 年和 1953 年两次成为 NBA 的篮板王。

1940 年代后期和 1950 年代初期，乔治·迈肯享誉篮坛，几乎成为篮球的代名词。那时观众人数最多的纽约尼克斯队主场麦迪逊花园体育馆，常常打出这样的广告——今晚篮球激战：乔治·迈肯对尼克斯。正是因为他的威力，所以对手们只能通过让他受伤的办法阻止他进攻得分，为此迈肯的左、右腿都骨折过。1954 年伤痕累累的迈肯在事业的巅峰期宣布退休，结束了他的球员生涯。

迈肯职业生涯数据：

Season	Tm	G	MP	FG	FGA	3P	3PA	FT	FTA	ORB	DRB	TRB	AST	STL	BLK	TO	PF	PTS
48-49	MNL	60		9.7	23.4			8.9	11.5				3.6				4.3	28.3
49-50	MNL	68		9.5	23.5			8.3	10.7				2.9				4.4	27.4
50-51	MNL	68		10.0	23.3			8.5	10.5			14.1	3.1				4.5	28.4
51-52	MNL	64	40.2	8.5	22.1			6.8	8.7			13.5	3.0				4.5	23.8
52-53	MNL	70	37.9	7.1	17.9			6.3	8.1			14.4	2.9				4.1	20.6
53-54	MNL	72	32.8	6.1	16.1			5.9	7.6			14.3	2.4				3.7	18.1
55-56	MNL	37	20.7	4.0	10.1			2.5	3.3			8.3	1.4				4.1	10.5
7 Seasons		439	34.4	8.1	20.0			7.0	8.9			13.4	2.8				4.2	23.1

6 哈基姆·奥拉朱旺（Hakeem Olajuwon）

出生日期：1963年1月21日
身高：2.14米
场上位置：中锋
NBA生涯：1984—2002年

主要荣誉：2枚总冠军戒指，NBA 历史盖帽最多球员，6 次入选最佳阵容一队，5 次入选最佳防守阵容一队，12 次入选全明星，1993—1994 赛季成历史第一位在一个赛季中获常规赛 MVP，总决赛 MVP 和最佳防守于一身的球员。

如果没有篮球，邓肯可能是个游泳健将，奥尼尔可能是个演员，阿泰斯特可能是个音乐家，穆托姆博可能是个牙医，而他们的前辈奥拉朱旺呢，很多史料都证明他可能是个不错的守门员或者手球运动员。带领火箭夺得两年总冠军的奥拉朱旺，1963 年出生在尼日利亚的首都拉格斯，从小喜欢踢足球，并且曾一度入选过尼日利亚少年足球队担任守门员。后来由于身高超过 2 米，于是在他进入穆斯林师范学校的时候便改打手球。直到 1978 年，奥拉朱旺的学校参加了尼日利亚全国教师体育节，当时学校篮球队的队员安金·奥林马罗尼是奥拉朱旺的朋友。他对教练说学校手球队有一个身高 2 米多的队员，是不是可以借来一用。结果奥拉朱旺入选参加了他生平第一次正式的篮球联赛。两年之后，17 岁的奥拉朱旺入选国家队，代表尼日利亚参加了全非运动会的篮球比赛。在 1 场比赛中，奥拉朱旺一人夺得 60 分和 15 个篮板球。他出色的身体素质和良好的篮球技术被美国球探庞德发现，1980 年，他被推荐给休斯敦大学的著名教练刘易斯。17 岁的奥拉朱旺只身来到美国，开始他的 NBA 闯荡之旅。

因为有足球和手球运动打下的良好运动基础，奥拉朱旺在刘易斯教练严格的训练之下，篮球技术飞速提高，特别是他的脚步动作灵活敏捷，假动作逼真多变。因此他很快得到了一个优雅的绰号"大梦"。他加盟大学之后，该校连续四年打入全美大学联赛 NCAA 的四强之列，其中两次打进最后的决赛。但是冠军与这位才华横溢的非洲篮球天才擦肩而过。

1984 年，奥拉朱旺以每场 13.4 个篮板、67.5% 的投篮命中率和 5.6 次盖帽在这三项指标中处于全美大学联赛之首，同年他被选为全美大学生最佳阵容。在 1984 年夏天的"新人状元"身份被休斯敦火箭队选中。在他之后排名第三位和第五位加盟 NBA 球队的还有日后称雄一方的迈克尔·乔丹和查尔斯·巴克利。

从加入 NBA 的 1984 年到 1996—1997 赛季，奥拉朱旺在已经打过的 13 个赛季中，每个赛季的平均得分都超过了 20 分，篮板平均每场都超过了 10 个。其中 1989 年和 1990 年，奥拉朱旺以每场平均 14.0 个和 13.8 个篮板的纪录蝉联 NBA 篮板王。1986 年，奥拉朱旺和另一中锋桑普森组成了火箭队著名的双中锋，人称"双塔"战术，结果火箭队一举冲进了总决赛。最后只是经验不足，以 2∶4 的总分输给了"大鸟"伯德的波士顿凯尔特人队。

此时的奥拉朱旺年轻气盛，常常在场上故意伤人，四处打架。在家中，他的未婚妻因为无法忍受他暴烈的脾气，带着他们 6 岁的女儿离他而去。这时候的奥拉朱旺是一个情绪容易失控，脾气十分暴躁的勇夫。他在比赛中常常威风八面，却很少将队友放在眼里。直到有一次，奥拉朱旺因为眼部严重受伤，有 25 场比赛没有上场，缺少了这位主力中锋的火箭队反而越打越好，坐在场边的奥拉朱旺也认识到集体的重要。伤好后，他的球风和脾气都发生了巨大的变化。

1991 年 3 月 9 日，在和金州勇士队比赛之后，奥拉朱旺决定在他的名字阿肯之前加上一个"H"，以表示他对真主的忠诚。因为在此之前，奥拉朱旺前往伊斯兰圣地麦加进行朝圣，回来之后他觉得听到了真主的召唤，加上养伤期间对自己的重新认识，从此他变了一个人，收敛了其拳头和脾气。按照伊斯兰教的规定，每天虔诚地进行五次祈祷，即使在 1994 年和 1995 年两次夺得总冠军的总决赛期间也不例外。火箭队为此还专门为他设立了一个祈祷室。每年的伊斯兰斋月期间，他也严格按照教义白天不进食，只在太阳落山后才开始吃东西，为此他曾在 1995 年间患过贫血。在 1997 年还三次因为阵发性心率不齐而住进医院。但是这些疾病都被他很快克服，继续在比赛中扮演中流砥柱的角色。

　　1994 年的总决赛中，奥拉朱旺带领火箭队和东部联盟的冠军纽约尼克斯队大战了 7 个回合，最终以 4：3 击败了由帕特里克·尤因为主力中锋的尼克斯队，为火箭队夺得历史上第一个总冠军。特别是在最后 1 场比赛结束前的 3 秒钟，奥拉朱旺跑到三分线外出手盖掉尼克斯神射手斯塔克斯投出的，成为火箭首次夺冠中第一功臣。在这个赛季中，奥拉朱旺以其杰出的表现，同时获得"NBA 最有价值球员"、"NBA 最佳防守队员"和"NBA 总决赛最有价值球员"三项大奖。这是 NBA 历史上的第一次。

　　1995 年，由于伤病困扰，奥拉朱旺所在的火箭队在 1994—1995 赛季中以西部联盟第六名的位置进入赛季后的八强复赛。结果一路过关斩将，最后竟然以 4：0 的比分击败了年轻力壮的魔术队。那次总决赛进的最后一个球就是奥拉朱旺投出的，而且是 1 个。这一球，为奥拉朱旺的运动巅峰画上了一个圆满的句号。这一年，他第二次被评为"NBA 总决赛最有价值球员"。1996 年，已经加入美国国籍的奥拉朱旺入选美国男篮梦之三队，参加了亚特兰大奥运会并夺得自己第一面奥运会金牌。另外奥拉朱旺从 1985—1997 年中还十二次入选西部全明星联队。他的成就和刻苦，他的正直和坚韧，成为世界篮坛的一笔重要财富。

奥拉朱旺职业生涯数据：

Season	Tm	G	MP	FG	FGA	3P	3PA	FT	FTA	ORB	DRB	TRB	AST	STL	BLK	TO	PF	PTS
84-85	HOU	82	35.5	8.3	15.3	0.0	0.0	4.1	6.7	5.4	6.5	11.9	1.4	1.2	2.7	2.9	4.2	20.6
85-86	HOU	68	36.3	9.2	17.5	0.0	0.0	5.1	7.9	4.9	6.6	11.5	2.0	2.0	3.4	2.9	4.0	23.5
86-87	HOU	75	36.8	9.0	17.8	0.0	0.1	5.3	7.6	4.2	7.2	11.4	2.9	1.9	3.4	3.0	3.9	23.4
87-88	HOU	79	35.8	9.0	17.5	0.0	0.1	4.8	6.9	3.8	8.3	12.1	2.1	2.1	2.7	3.1	4.1	22.8
88-89	HOU	82	36.9	9.6	19.0	0.0	0.1	5.5	8.0	4.1	9.4	13.5	1.8	2.6	3.4	3.4	4.0	24.8
89-90	HOU	82	38.1	9.8	19.6	0.0	0.1	4.7	6.5	3.6	10.4	14.0	2.9	2.1	4.6	3.9	3.8	24.3
90-91	HOU	56	36.8	8.7	17.1	0.0	0.1	3.8	4.9	3.9	9.8	13.8	2.3	2.2	3.9	3.1	3.9	21.2
91-92	HOU	70	37.7	8.4	16.8	0.0	0.0	4.7	6.1	3.5	8.6	12.1	2.2	1.8	4.3	2.7	3.8	21.6
92-93	HOU	82	39.5	10.3	19.5	0.0	0.1	5.4	7.0	3.5	9.6	13.0	3.5	1.8	4.2	3.2	3.7	26.1
93-94	HOU	80	41.0	11.2	21.2	0.1	0.2	4.9	6.8	2.9	9.1	11.9	3.6	1.6	3.7	3.4	3.6	27.3
94-95	HOU	72	39.6	11.1	21.5	0.0	0.2	5.6	7.5	2.4	8.4	10.8	3.5	1.8	3.4	3.3	3.5	27.8
95-96	HOU	72	38.8	10.7	20.8	0.0	0.2	5.6	7.5	2.6	8.4	10.9	3.6	1.6	2.9	3.3	3.3	26.9
96-97	HOU	78	36.6	9.3	18.3	0.0	0.1	4.6	5.7	2.2	7.0	9.2	3.0	1.5	2.2	3.6	3.2	23.2
97-98	HOU	47	34.7	6.5	13.5	0.0	0.1	3.4	4.5	2.5	7.3	9.8	3.0	1.8	2.0	2.7	3.2	16.4
98-99	HOU	50	35.7	7.5	14.5	0.1	0.3	3.9	5.4	2.1	7.4	9.6	1.8	1.6	2.5	2.8	3.2	18.9
99-00	HOU	44	23.8	4.4	9.6	0.0	0.0	1.6	2.5	1.5	4.8	6.2	1.4	0.9	1.6	1.7	2.0	10.3
00-01	HOU	58	26.6	4.9	9.8	0.0	0.0	2.1	3.1	2.1	5.3	7.4	1.2	1.2	1.5	1.4	2.4	11.9
01-02	TOR	61	22.6	3.2	6.9	0.0	0.0	0.8	1.4	1.6	4.4	6.0	1.1	1.2	1.5	1.6	2.4	7.1
18 Seasons		1238	35.7	8.7	17.0	0.0	0.1	4.4	6.2	3.3	7.8	11.1	2.5	1.7	3.1	3.0	3.5	21.8

7 卡里姆·阿卜杜·贾巴尔（Kareem Abdul—Jabbar）

出生日期：1947年4月16日
身高：2.18米
场上位置：中锋
NBA生涯：1973—1989年

主要荣誉：最佳新人奖、6 次 NBA 总冠军、6 次 NBA MVP 奖、2 次 NBA 总决赛 MVP 奖、19 次参加 NBA 全明星赛、2 次得分王、8 项 NBA 季后赛纪录、7 项全明星纪录，在他 1989 年退役时，贾巴尔有 9 项主要的统计数据名列 NBA 第一，总得分 38,387 分，比排在第二的张伯伦高了 7,000 多分；共打了 20 个赛季；5,762 分的季后赛得分；6 次"最有价值球员"称号；57,446 分钟的上场时间；参赛 1,560 场；28,307 次出手投篮；15,837 次命中；3,189 次盖帽。

这就是贾巴尔，一个开创了中锋新时代的巨人，他的优雅、他的致命的勾手成为那个时代让人震颤的绝迹，迄今为止也没有人能够在勾手投篮这项优雅又实用的投篮技术上超过他。2.18 米，贾巴尔除了继承传统中锋的强健之外，又显示了以前中锋少有的灵敏、优雅和多才多艺。在篮球历史上还没有一个人可以像他一样，如此长时间和如此广泛地统治着篮球赛场。

卡里姆·阿卜杜·贾巴尔出生于纽约市，原名刘易斯·奥辛道尔。小时候，他因为鹤立鸡群而被孩子们视为怪物。上初中时，他为了掌握勾手投篮的技术常常在体育馆内摸黑练习，至今 NBA 没有人在这项技术上超过他。高中时，他带领校队夺得全国冠军，后一帆风顺地进入全美篮球名校加州大学洛杉矶分校（NCLA），投在了著名教练任登门下。结果在 1967 年、1968 年和 1969 年连续三年 NCLA 都轻松夺得美国大学篮球比赛冠军。而贾巴尔本身获得三次"全美大学最佳球员"称号。

1969 年夏，雄鹿和太阳掷硬币决定状元的归属，雄鹿幸运拿到状元签，毫无疑问，贾巴尔被刚刚加入 NBA 第二年的密尔沃基雄鹿队在第一轮首位选中。当年贾巴尔就使雄鹿队的战绩由第一年的 27 胜 55 负提升为 56 胜 26 负。贾巴尔刚出道就成为 NBA 中最有实力的新一代中锋。他的平均每场 28.8 分的得分和平均每场 14.5 个篮板球分别排在全联盟的第二和第三位。1971 年，他和 31 岁的老将罗伯特逊一起带领雄鹿队以 4：0 横扫洛杉矶湖人队，夺得他本人和雄鹿队的第一个 NBA 冠军。在雄鹿队的六年，他四次当选"NBA 最有价值球员"，形成他篮球生涯中的第一个高峰。

1976 年 6 月 16 日，贾巴尔转会到湖人队，在此效力 14 个赛季。1980 年，这名天才中锋和天才后卫"魔术师"约翰逊结合，此后为湖人队建立了近十年的霸主地位，并在 1980 年、1982 年、1985 年、1987 年和 1988 年五夺 NBA 总冠军。贾巴尔又两次当选"NBA 最有价值球员"，开创了他篮球生涯的第二个高峰。1971 年，贾巴尔因为由天主教改信奉伊斯兰教而改了自己的名字。卡里姆·阿卜杜·贾巴尔的含义——"强大的英雄"，而事实证明，他无愧于自己的这个称号。1980 年，贾巴尔被选为 NBA35 周年纪念最佳选手之一。

贾巴尔职业生涯数据：

Season	Tm	G	MP	FG	FGA	3P	3PA	FT	FTA	ORB	DRB	TRB	AST	STL	BLK	TO	PF	PTS
69-70	MIL	82	43.1	11.4	22.1			5.9	9.1			14.5	4.1				3.5	28.8
70-71	MIL	82	40.1	13.0	22.5			5.7	8.3			16.0	3.3				3.2	31.7
71-72	MIL	81	44.2	14.3	24.9			6.2	9.0			16.6	4.6				2.9	34.8
72-73	MIL	76	42.8	12.9	23.3			4.3	6.1			16.1	5.0				2.7	30.2
73-74	MIL	81	43.8	11.7	21.7			3.6	5.2	3.5	11.0	14.5	4.8	1.4	3.5		2.9	27.0
74-75	MIL	65	42.3	12.5	24.4			5.0	6.6	3.0	11.0	14.0	4.1	1.0	3.3		3.2	30.0
75-76	LAL	82	41.2	11.1	21.1			5.5	7.8	3.3	13.5	16.9	5.0	1.5	4.1		3.6	27.7
76-77	LAL	82	36.8	10.8	18.7			4.6	6.5	3.2	10.0	13.3	3.9	1.2	3.2		3.2	26.2
77-78	LAL	62	36.5	10.7	19.4			4.4	5.6	3.0	9.9	12.9	4.3	1.7	3.0	3.4	2.9	25.8
78-79	LAL	80	39.5	9.7	16.8			4.4	5.9	2.6	10.2	12.8	5.4	1.0	4.0	3.5	2.9	23.8
79-80	LAL	82	38.3	10.2	16.9	0.0	0.0	4.4	5.8	2.3	8.5	10.8	4.5	1.0	3.4	3.6	2.6	24.8
80-81	LAL	80	37.2	10.5	18.2	0.0	0.0	5.3	6.9	2.5	7.0	10.3	3.4	0.7	2.9	3.1	3.1	26.2
81-82	LAL	76	35.2	9.9	17.1	0.0	0.0	4.1	5.8	2.3	6.4	8.7	3.0	0.8	2.7	3.0	2.9	23.9
82-83	LAL	79	32.3	9.1	15.5	0.0	0.0	3.5	4.7	2.1	5.4	7.5	2.5	0.8	2.2	2.5	2.8	21.8
83-84	LAL	80	32.8	9.0	15.5	0.0	0.0	3.6	4.9	2.1	5.2	7.3	2.6	0.7	1.8	2.8	2.6	21.5
84-85	LAL	79	33.3	9.2	15.3	0.0	0.0	3.7	5.0	2.1	5.8	7.9	3.2	0.8	2.1	2.5	3.0	22.0
85-86	LAL	79	33.3	9.6	16.9	0.0	0.0	4.3	5.6	1.7	4.4	6.1	3.5	0.8	1.6	2.6	3.1	23.4
86-87	LAL	78	31.3	7.2	12.7	0.0	0.0	3.1	4.4	1.9	4.8	6.7	2.6	0.6	1.2	2.4	3.1	17.5
87-88	LAL	80	28.9	6.0	11.3	0.0	0.0	2.6	3.4	1.5	4.5	6.0	1.7	0.6	1.2	2.0	2.7	14.6
88-89	LAL	74	22.9	4.2	8.9	0.0	0.0	1.6	2.2	1.4	3.1	4.5	1.0	0.5	1.1	1.3	2.6	10.1
20 赛季		1560	36.8	10.2	18.1	0.0	0.0	4.3	6.0	2.4	7.6	11.2	3.6	0.9	2.6	2.7	3.0	24.6

8 摩西·马龙（Moses Malone）

出生日期：1955年3月23日
身高：2.08米
场上位置：中锋
NBA生涯：1976—1995年

主要荣誉：一次 NBA 冠军，三次常规赛 MVP，四次入选 NBA 最佳阵容，一次获 NBA 总决赛 MVP。

摩西·马龙是高中球员进入 NBA 获得成功的典范。1974 年他被 ABA 的犹他明星队在新秀选拔第三轮中挑中。在他二十一年的职业篮球生涯中，在 ABA 打了两个赛季，1976 年 ABA 被 NBA 兼并后，他又在 NBA 中度过了 19 个赛季，并由此成为 NBA 中第一位高中选手。

摩西·马龙在二十一年的职业篮球生涯中总共出战 1,455 场比赛。其中在 NBA 中出赛 1329 场，成为 NBA 中出战场次排名第三的老将。排在马龙之前只有罗伯特·帕里什和卡里姆·阿卜杜勒·贾巴尔。

在 NBA 的各种纪录中几乎都有马龙的名字。在篮球运动最常统计的九项技术指标中，马龙有七项名列前茅。作为中锋他在 21 个赛季中共投中 27,409 分，在贾巴尔和威尔特·张伯伦之后名列第三。摩西·马龙的罚球命中总数排名 NBA 第一，为 8,531 个。然而马龙最辉煌的纪录还不是这些，他最与众不同之处是抢进攻篮板球，也就是抢前场篮板球方面。

摩西·马龙的抢篮板球总数为 16,212 个，仅排名第五。但是他抢的前场篮板球却有 6,731 个，几乎是他抢篮板球总数的一半，比排名第二的选手整整高出两千多个，这是 NBA 各项技术指标中第一名和第二名之间差距最大的一个。况且他还保持着另外两项 NBA 抢进攻篮板球的纪录：一个赛季 587 个前场篮板球和 1 场比赛 21 个前场篮板球。

　　马龙在高中时期就已经展现了出众的身体素质和篮球才华，1974年，19岁的马龙便和 ABA 的犹他明星队签约。

　　他在 ABA 的第一年平均每场得 18.8 分并抢得 14.6 个篮板球。ABA1976年被 NBA 兼并之后，马龙被布法罗火箭队选中，此后又改名为休斯敦火箭队。1982—1983 赛季，马龙转会到费城 76 人队，四年之后又转到华盛顿子弹队打了两个赛季。1988—1989 年来到亚特兰大鹰队，1991—1992 赛季转到密尔沃基雄鹿队，1993—1994 赛季二进费城 76 人队，1994—1995 赛季在圣安东尼奥马刺队打完了他最后一年的 NBA 赛季。实际上，这一年已经 40 岁的马龙仅打了 17 场比赛，就在 1995 年 1 月 12 日因为右腿肌腱撕裂而被列入伤员名单。

　　摩西·马龙在 1979 年、1982 年、1983 年被评为"NBA 最有价值球员"。1983 年，在他来到费城 76 人队的第一个赛季，帮助 76 人队夺得 NBA 的总冠军。这也是马龙职业篮球生涯中唯一一次总冠军。这一年，他还分别入选了 NBA 最佳防守阵容和"NBA 总决赛最有价值球员"。1979 年、1982 年、1983 年和 1985 年他被选入 NBA 的最佳阵容。

摩西·马龙职业生涯数据：

Season	Tm	G	MP	FG	FGA	3P	3PA	FT	FTA	ORB	DRB	TRB	AST	STL	BLK	TO	PF	PTS
74-75	UTS	83	38.6	7.1	12.5	0.0	0.0	4.5	7.1	5.5	9.1	14.6	1.0	1.0	1.5	3.9	3.5	18.8
75-76	SSL	43	27.2	5.8	11.4	0.0	0.0	2.6	4.3	4.6	5.0	9.6	1.3	0.6	0.7	3.3	2.6	14.3
76-77	BUF	2	3.0	0.0	0.0			0.0	0.0	0.0	0.5	0.5	0.0	0.0	0.0		0.5	0.0
	HOU	80	31.3	4.9	10.1			3.8	5.5	5.5	7.9	13.4	1.1	0.8	2.3		3.4	13.5
	TOT	82	30.6	4.7	9.9			3.7	5.3	5.3	7.7	13.1	1.1	0.8	2.2		3.4	13.2
77-78	HOU	59	35.7	7.0	14.0			5.4	7.5	6.4	8.6	15.0	0.5	0.8	1.3	3.7	3.0	19.4
78-79	HOU	82	41.3	8.7	16.2			7.3	9.9	7.2	10.5	17.6	1.8	1.0	1.5	4.0	2.7	24.8
79-80	HOU	82	38.3	9.5	18.9	0.0	0.1	6.9	9.5	7.0	7.5	14.5	1.8	1.0	1.3	3.7	2.6	25.8
80-81	HOU	82	40.6	10.1	19.3	0.0	0.0	7.6	10.1	5.9	8.8	14.8	1.9	1.0	1.3	3.9	2.8	27.8
81-82	HOU	81	42.0	11.7	22.5	0.0	0.1	7.8	10.2	6.9	7.8	14.7	1.8	0.9	1.5	3.6	2.6	31.1
82-83	PHI	78	37.5	8.4	16.7	0.0	0.0	7.7	10.1	5.7	9.6	15.3	1.3	1.1	2.0	3.4	2.6	24.5
83-84	PHI	71	36.8	7.5	15.5	0.0	0.1	7.7	10.2	5.0	8.4	13.4	1.4	1.0	1.5	3.5	2.6	22.7
84-85	PHI	79	37.4	7.6	16.3	0.0	0.0	9.3	11.4	4.9	8.2	13.1	1.6	0.8	1.6	3.6	2.7	24.6
85-86	PHI	74	36.6	7.7	16.8	0.0	0.0	8.3	10.8	4.6	7.2	11.8	1.2	0.9	1.0	3.5	2.8	23.8
86-87	WSB	73	34.1	8.2	18.0	0.0	0.2	7.8	9.5	4.7	6.6	11.3	1.6	0.8	1.3	2.8	1.9	24.1
87-88	WSB	79	34.1	6.7	13.8	0.0	0.1	6.9	8.7	4.7	6.5	11.2	1.4	0.7	0.9	3.2	2.0	20.3
88-89	ATL	81	35.5	6.6	13.5	0.0	0.1	6.9	8.8	4.8	7.0	11.8	1.4	1.0	1.2	3.0	1.9	20.2
89-90	ATL	81	33.8	6.4	13.3	0.0	0.1	6.1	7.8	4.5	5.5	10.0	1.6	0.6	1.0	2.9	2.0	18.9
90-91	ATL	82	23.3	3.4	7.3	0.0	0.1	3.8	4.5	3.3	4.8	8.1	0.8	0.4	0.9	1.7	1.6	10.6
91-92	MIL	82	28.9	6.0	12.4	0.0	0.1	4.8	6.1	3.9	5.2	9.1	1.1	0.9	0.8	1.8	1.7	15.6
92-93	MIL	11	9.5	1.2	3.8	0.0	0.0	2.2	2.8	2.0	2.2	4.2	0.6	0.1	0.7	0.9	0.5	4.5
93-94	PHI	55	11.2	1.9	4.2	0.0	0.0	1.6	2.1	1.9	2.2	4.1	0.6	0.2	0.3	1.1	1.0	5.3
94-95	SAS	17	8.8	0.8	2.1	0.1	0.1	1.3	1.9	1.2	1.5	2.7	0.4	0.1	0.2	0.6	0.9	2.9
21 Seasons		1455	34.0	7.1	14.3	0.0	0.1	6.2	8.2	5.1	7.2	12.3	1.3	0.8	1.3	3.1	2.4	20.3

9 奈特·瑟蒙德（Nate Thumond）

出生日期：1941年7月25日
身高：2.11米
场上位置：中锋
NBA生涯：1963—1973年

主要荣誉：一次总冠军，二次入选 NBA 最佳防守一队，三次入选 NBA 最佳防守二队，1964 年最佳新季。

许多篮球专家认为，瑟蒙德是 NBA 历史上将篮球的进攻和防守技术结合得最完美的中锋。他的防守比"进攻之王"威尔特·张伯伦强，他的进攻又优于"防守之王"比尔·拉塞尔。在他十四年的征战中，平均每场得 15 分和抢 15 个篮板球，是整个 NBA 历史上得分和篮板球之间平均比例最高的球星。奈特·瑟蒙德至今保持着两项 NBA 纪录，1965 年 2 月 28 日在和子弹的比赛中，他一节抓了 18 个篮板，破了张伯伦和拉塞尔十七个的纪录。1974 年 10 月 18 日在公牛面对亚特兰大鹰队的比赛中，瑟蒙德拿下了 NBA 历史上的第一个四双纪录：22分 14 个篮板 13 次助攻 12 个盖帽。

奈特·瑟蒙德，出生在俄州的阿克伦，被 NBA 旧金山武士队（今天的金州勇士队）在第一轮第三顺位中选中。由于他的到来，旧金山武士队在张伯伦、格瑞尔和瑟蒙德的带领下拿下一次总冠军。但正是因为瑟蒙德的出色表现，让武士觉得张伯伦也同样可有可无，于是张伯伦被卖到了湖人，虽然后来证明这是一个相当愚蠢的决定。瑟蒙德手臂奇长，速度极快，不但可以面对面在别人头上扣篮，而且外围投篮手感极佳，抢篮板球和封盖极为流畅，简直是中锋这一位置上

十全十美的典范。瑟蒙德七次入选 NBA 全明星队，二次入选 NBA 最佳防守阵
容一队和三次入选 NBA 第二防守阵容。1984 年入选美国篮球名人堂。

奈特·瑟蒙德职业生涯数据：

Season	Tm	G	MP	FG	FGA	3P	3PA	FT	FTA	ORB	DRB	TRB	AST	STL	BLK	TO	PF	PTS
63-64	SFW	76	25.9	2.9	7.3			1.3	2.3			10.4	1.1				2.4	7.0
64-65	SFW	77	41.2	6.7	16.1			3.1	4.6			18.1	2.0				3.0	16.5
65-66	SFW	73	39.6	6.2	15.3			3.8	5.9			18.0	1.5				3.1	16.3
66-67	SFW	65	42.4	7.2	16.4			4.3	6.8			21.3	2.6				2.8	18.7
67-68	SFW	51	43.6	7.5	18.2			5.5	8.6			22.0	4.2				2.7	20.5
68-69	SFW	71	45.2	8.0	19.6			5.4	8.7			19.7	3.6				2.4	21.5
69-70	SFW	43	44.6	7.9	19.2			6.1	8.0			17.7	3.5				2.6	21.9
70-71	SFW	82	40.9	7.6	17.1			4.8	6.6			13.8	3.1				2.3	20.0
71-72	GSW	78	43.1	8.1	18.6			5.3	7.2			16.1	2.9				2.7	21.4
72-73	GSW	79	43.3	6.5	14.7			4.0	5.6			17.1	3.5				3.0	17.1
73-74	GSW	62	39.7	5.0	11.2			3.1	4.6	4.0	10.1	14.2	2.7	0.7	2.9		2.9	13.0
74-75	CHI	80	34.5	3.1	8.6			1.7	2.8	3.2	8.1	11.3	4.1	0.6	2.4		3.4	7.9
75-76	CHI	13	20.0	1.5	3.5			0.6	1.4	1.1	4.4	5.5	2.0	0.3	0.9		1.2	3.7
	CLE	65	17.4	1.9	4.5			0.8	1.6	1.6	3.7	5.3	1.0	0.3	1.3		2.2	4.6
	TOT	78	17.9	1.8	4.3			0.8	1.6	1.5	3.8	5.3	1.2	0.3	1.3		2.1	4.4
76-77	CLE	49	20.3	2.0	5.0			1.4	2.2	2.5	5.2	7.6	1.7	0.3	1.7		2.6	5.5
14 Seasons		964	37.2	5.7	13.6			3.5	5.3	2.8	6.8	15.0	2.7	0.5	2.1		2.7	15.0

10　帕特里克·尤因（Patrick Ewing）

出生日期：1962年8月5日
身高：2.14米
场上位置：中锋
NBA生涯：1984—2002年

主要荣誉：十一次入选全明星，一次 NBA 第一阵容，两枚奥运金牌。

帕特里克·尤因是 NBA 中一位十分敬业的球星，虽然他在 NBA 中已经苦战了 14 个赛季，但是至今没有得到一枚总冠军戒指。尤因是现代中锋的典型代表——2.14 米的身高，110 公斤的体重，全面的技术，出色的弹跳力，当然还有中锋所必不可少的勇猛和沉着。

在过去的十年中，NBA 英雄辈出，但是尤因绝对是英雄中必不可少的一位。特别是他的投篮技术，和 NBA 历代优秀中锋相比而毫不逊色。他实际上是中锋里面投篮技术最好的球员之一。不但投篮技术好，尤因还是一个誓不罢休的防守者和抢篮板球高手。

在历史悠久的纽约尼克斯队的纪录册中，尤因在得分、抢篮板球、封盖、抢断、参赛场次和上场时间等六项指标中名列前茅。在 1996 年 11 月 19 日对奥兰多魔术队的比赛中，尤因总得分超过了 20,000 分大关，目前他的抢篮板球也接近了 10,000 个的大关。在 1994 年 NBA 总决赛中，他 7 场比赛共盖了休斯敦火箭队 30 次大帽，这也是 NBA 的最高纪录。

尤因曾十一次入选东部明星队，并有出色表现。五次入选 NBA 第二阵容，1990 年入选 NBA 最佳阵容。另外在进入 NBA 之前，尤因和乔丹等优秀队员代

表美国参加了洛杉矶奥运会篮球比赛并夺得金牌。后来尤因又作为梦之队的主力出场，取得了在巴塞罗那的胜利。

尤因出生在牙买加首都金斯敦，11岁那年随全家移居美国。在美国上完高中之后，升学进入美国篮球名校乔治敦大学深造，终于由不会打球成长为篮球巨星。

尤因职业生涯数据：

Season	Tm	G	MP	FG	FGA	3P	3PA	FT	FTA	ORB	DRB	TRB	AST	STL	BLK	TO	PF	PTS
85-86	NYK	50	35.4	7.7	16.3	0.0	0.1	4.5	6.1	2.5	6.5	9.0	2.0	1.1	2.1	3.4	3.8	20.0
86-87	NYK	63	35.0	8.4	16.7	0.0	0.1	4.7	6.6	2.5	6.3	8.8	1.7	1.4	2.3	3.6	3.9	21.5
87-88	NYK	82	31.0	8.0	14.4	0.0	0.0	4.2	5.8	3.0	5.3	8.2	1.5	1.3	3.0	3.5	4.0	20.2
88-89	NYK	80	36.2	9.1	16.0	0.0	0.1	4.5	6.1	2.7	6.6	9.3	2.4	1.5	3.5	3.3	3.9	22.7
89-90	NYK	82	38.6	11.2	20.4	0.0	0.0	6.1	7.9	2.9	8.0	10.9	2.2	1.0	4.0	3.4	4.0	28.6
90-91	NYK	81	38.3	10.4	20.3	0.0	0.1	5.7	7.7	2.4	8.8	11.2	3.0	1.0	3.2	3.6	3.5	26.6
91-92	NYK	82	38.4	9.7	18.6	0.0	0.1	4.6	6.2	2.8	8.5	11.2	1.9	1.1	3.0	2.5	3.4	24.0
92-93	NYK	81	37.1	9.6	19.1	0.0	0.1	4.9	6.9	2.4	9.7	12.1	1.9	0.9	2.0	3.3	3.5	24.2
93-94	NYK	79	37.6	9.4	19.0	0.1	.2	5.6	7.4	2.8	8.4	11.2	2.3	1.1	2.7	3.3	3.5	24.5
94-95	NYK	79	37.0	9.2	18.4	0.1	0.3	5.3	7.1	2.0	9.0	11.0	2.7	0.9	2.0	3.2	3.4	23.9
95-96	NYK	76	36.6	8.9	19.2	0.1	0.4	4.6	6.1	2.1	8.5	10.6	2.1	0.9	2.4	2.9	3.3	22.5
96-97	NYK	78	37.0	8.4	17.2	0.0	0.1	5.6	7.5	2.2	8.4	10.7	2.0	0.9	2.4	3.4	3.2	22.4
97-98	NYK	26	32.6	7.8	15.5	0.0	0.1	5.2	7.2	2.3	7.9	10.2	1.1	0.6	2.3	3.0	2.8	20.8
98-99	NYK	38	34.2	6.5	14.9	0.0	0.1	4.3	6.1	1.9	8.0	9.9	1.1	0.8	2.6	2.6	2.8	17.3
99-00	NYK	62	32.8	5.8	12.5	0.0	0.0	3.3	4.6	2.3	7.5	9.7	0.9	0.6	1.4	2.3	3.2	15.0
00-01	SEA	79	26.7	3.7	8.7	0.0	0.0	2.2	3.2	1.6	5.8	7.4	1.2	0.7	1.2	1.9	2.9	9.6
01-02	ORL	65	13.9	2.3	5.1	0.0	0.0	1.4	2.1	0.9	3.1	4.0	0.5	0.3	0.7	1.0	2.0	6.0
17Seasons		1183	34.3	8.2	16.3	0.0	0.1	4.6	6.2	2.3	7.5	9.8	1.9	1.0	2.4	3.0	3.4	21.0

11 沙克·奥尼尔（Shaquille O'Neal）

出生日期：1972年3月6日
身高：2.16米
场上位置：中锋
NBA生涯：1992年至今

奥尼尔在 1992 年 NBA 选秀第一轮作为还未毕业的大学生被奥兰多魔术队选中，1996 年 7 月 18 日作为自由球员与洛杉矶湖人签约。2004 年被湖人送到热火。

奥尼尔曾三次获得"NBA 总决赛最有价值球员"称号（2000 年、2001 年、2002 年），1999—2000 赛季，荣获常规赛"最有价值球员"称号，四次入选 NBA 最佳阵容 (1997—1998 赛季、1999—2000 赛季、2000—2001 赛季、2001—2002 赛季)，九次入选全明星阵容，荣获 2000 年 NBA 全明星赛"最有价值球员"称号，得到 22 分，9 个篮板；两次常规赛"得分王"——1994—1995 赛季（平均得分 29.3），1999—2000 赛季（平均得分 29.7），5 个赛季，投篮命中率列 NBA 第一位。他还荣获 1992—1993 赛季"最佳新秀"称号，入选最佳新秀阵容，荣获 1996 年奥运会篮球比赛冠军；1994 年世界男篮锦标赛冠军。

奥尼尔拥有令人羡慕的身高和体重，是篮下的巨无霸，而且技术动作一点也不笨拙，相反往往以灵活的转身绕过对方中锋，或大力扣篮或小抛射，并且拥有出色的篮板及盖帽优势。

在 1996 年入选 NBA 历史上五十位最佳球员。

奥尼尔职业生涯数据：

Season	Tm	G	MP	FG	FGA	3P	3PA	FT	FTA	ORB	DRB	TRB	AST	STL	BLK	TO	PF	PTS
92-93	ORL	81	37.9	9.0	16.1	0.0	0.0	5.3	8.9	4.2	9.6	13.9	1.9	0.7	3.5	3.8	4.0	23.4
93-94	ORL	81	39.8	11.8	19.6	0.0	0.0	5.8	10.5	4.7	8.5	13.2	2.4	0.9	2.9	2.7	3.5	29.3
94-95	ORL	79	37.0	11.8	20.2	0.0	0.1	5.8	10.8	4.2	7.3	11.4	2.7	0.9	2.4	2.6	3.3	29.3
95-96	ORL	54	36.0	1 .0	19	0.0	.0	4.6	9.5	3.4	7.7	11.0	2.9	0.6	2.1	2.9	3.6	26.6
96-97	LAL	51	38.1	10.8	19.4	0.0	0.1	4.5	9.4	3.8	8.7	12.5	3.1	0.9	2.9	2.9	3.5	26.2
97-98	LAL	60	36.3	11.2	19.1	0.0	0.0	6.0	11.4	3.5	7.9	11.4	2.4	0.7	2.4	2.9	3.2	28.3
98-99	LAL	49	34.8	10.4	18.1	0.0	0.0	5.5	10.2	3.8	6.9	10.7	2.3	0.7	1.7	2.5	3.2	26.3
99-00	LAL	79	40.0	12.1	21.1	0.0	0.0	5.5	10.4	4.3	9.4	13.6	3.8	0.5	3.0	2.8	3.2	29.7
00-01	LAL	74	39.5	1 .0	19.2	0.0	.0	6.7	13.1	3.9	8.8	12.7	3.7	0.6	2.8	2.9	3.5	28.7
01-02	LAL	67	36.2	10.6	18.3	0.0	0.0	5.9	10.7	3.5	7.2	10.7	3.0	0.6	2.0	2.6	3.0	27.2
02-03	LAL	67	37.8	10.4	18.1	0.0	0.0	6.7	10.8	3.9	7.2	11.1	3.1	0.6	2.4	2.9	3.4	27.5
03-04	LAL	67	36.8	8.3	14.1	0.0	0.0	4.9	10.1	3.7	7.8	11.5	2.9	0.5	2.5	2.9	3.4	21.5
04-05	MIA	73	34.1	9.0	15.0	0.0	0.0	4.8	10.5	3.5	6.9	10.4	2.7	0.5	2.3	2.8	3.6	22.9
05-06	MIA	59	30.6	8.1	13.6	0.0	.0	3.7	8.0	2.9	6.3	9.2	1.9	0.4	1.8	2.8	3.9	20.0
06-07	MIA	40	28.4	7.1	12.0	0.0	0.0	3.1	7.4	2.4	5.0	7.4	2.0	0.2	1.4	2.4	3.5	17.3
15 Seasons		981	36.6	10.3	17.7	0.0	0.0	5.4	10.2	3.8	7.8	11.6	2.8	0.6	2.5	2.9	3.4	25.9

12 罗伯特·帕里什（Robert Parish）

出生日期：1953年8月30日
身高：2.17米
场上位置：中锋
NBA生涯：1976—1997年

主要荣誉：三次夺得NBA总冠军；九次入选NBA全明星阵容。

罗伯特·帕里什在1996—1997赛季以43岁的高龄和芝加哥公牛队签约两年时，他已经在NBA中征战了21个赛季。1976年夏天，金州勇士队在NBA选秀大会上第一轮第八顺位选中了他。帕里什出生于路易斯安那州的什里夫波特。这位身高2.17米的中锋不但体力过人，坚持不懈，而且一生硕果累累，成绩斐然。在NBA所有的技术统计中，帕里什的名字几乎都名列前茅。

帕里什在大学时期的成绩为平均每场21.6分和16.9个篮板球。1976年他加入金州勇士队后，在第一年NBA赛季中，平均每场得9.1分，但是第二年，他的得分能力上升到每场12.5分，从此以后的19个赛季中，他的得分都保持在两位数字以上。1980年，勇士队将帕里什转会到了波士顿凯尔特人队，从此帕里什在这个著名球队立足14个赛季，在这里和后来同时入选NBA50巨星行列的拉里·伯德以及凯文·麦克海尔一起组成了凯尔特人队著名的"铁三角"，并在1981年、1984年和1986年四次夺得NBA的总冠军。从1981—1991年的十年间，帕里什九次入选NBA全明星阵容。目前他还保持着10,170个以上的NBA抢防守篮板球的纪录以及季后赛580个以上的抢进攻篮板球的纪录。

帕里什虽然只有一次入选过 NBA 第二阵容，也从来没有当选过最有价值球员，但是他的精神和极少失常的稳定发挥使他成为 NBA 中最受人尊敬的队员之一。他有一个响亮的绰号叫做"殿长"。

帕里什职业生涯数据：

Season	Tm	G	MP	FG	FGA	3P	3PA	FT	FTA	ORB	DRB	TRB	AST	STL	BLK	TO	PF	PTS
76-77	GSW	77	18.0	3.7	7.4			1.6	2.2	2.6	4.4	7.1	1.0	0.7	1.2		2.9	9.1
77-78	GSW	82	24.0	5.2	11.1			2.0	3.2	2.6	5.7	8.3	1.2	1.0	1.5	2.5	3.5	12.5
78-79	GSW	76	31.7	7.3	14.6			2.6	3.7	3.5	8.6	12.1	1.5	1.3	2.9	3.1	4.0	17.2
79-80	GSW	72	29.4	7.1	14.0	0.0	0.0	2.8	3.9	3.4	7.4	10.9	1.7	0.8	1.6	3.1	3.4	17.0
80-81	BOS	82	28.0	7.7	14.2	0.0	0.0	3.4	4.8	3.0	6.5	9.5	1.8	1.0	2.6	2.3	3.8	18.9
81-82	BOS	80	31.7	8.4	15.4	0.0	0.0	3.2	4.4	3.6	7.2	10.8	1.8	0.9	2.4	2.8	3.3	19.9
82-83	BOS	78	31.5	7.9	14.4	0.0	0.0	3.5	5.0	3.3	7.3	10.6	1.8	1.0	1.9	2.4	2.8	19.3
83-84	BOS	80	35.8	7.8	14.3	0.0	0.0	3.4	4.6	3.0	7.7	10.7	1.7	0.7	1.5	2.3	3.3	19.0
84-85	BOS	79	36.1	7.0	12.9	0.0	0.0	3.7	5.0	3.3	7.3	10.6	1.6	0.7	1.3	2.4	2.8	17.6
85-86	BOS	81	31.7	6.5	11.9	0.0	0.0	3.0	4.1	3.0	6.5	9.5	1.8	0.8	1.4	2.3	2.7	16.1
86-87	BOS	80	37.4	7.4	13.2	0.0	0.0	2.8	3.9	3.2	7.5	10.6	2.2	0.8	1.8	2.4	3.3	17.5
87-88	BOS	74	31.2	6.0	10.1	0.0	0.0	2.4	3.3	2.3	6.1	8.5	1.6	0.7	1.1	2.1	2.7	14.3
88-89	BOS	80	35.5	7.5	13.1	0.0	0.0	3.7	5.1	4.3	8.2	12.5	2.2	1.0	1.5	2.5	2.6	18.6
89-90	BOS	79	30.3	6.4	11.0	0.0	0.0	2.9	3.9	3.3	6.8	10.1	1.3	0.5	0.9	2.1	2.4	15.7
90-91	BOS	81	30.1	6.0	10.0	0.0	0.0	2.9	3.8	3.3	7.2	10.6	0.8	0.8	1.3	1.9	2.4	14.9
91-92	BOS	79	28.9	5.9	11.1	0.0	0.0	2.3	2.9	2.8	6.2	8.9	0.9	0.9	1.2	1.7	2.2	14.1
92-93	BOS	79	27.2	5.3	9.8	0.0	0.0	2.1	3.0	3.1	6.3	9.4	0.8	0.7	1.3	1.5	2.5	12.6
93-94	BOS	74	26.9	4.8	9.8	0.0	0.0	2.1	2.8	1.9	5.4	7.3	1.1	0.6	1.3	1.5	2.6	11.7
94-95	CHH	81	16.7	2.0	4.6	0.0	0.0	0.9	1.2	1.1	3.2	4.3	0.5	0.3	0.4	0.8	1.6	4.8
95-96	CHH	74	14.7	1.6	3.3	0.0	0.0	0.7	1.0	1.2	2.9	4.1	0.4	0.3	0.7	0.7	1.1	3.9
96-97	CHI	43	9.4	1.6	3.3	0.0	0.0	.5	0.7	1.0	1.1	2.	0.5	0.1	0.4	0.7	0.9	3.7
21 Seasons		1611	28.4	6.0	11.1	0.0	0.0	2.5	3.5	2.9	6.3	9.1	1.4	0.8	1.5	2.1	2.8	14.5

13 韦斯·昂塞尔德（Wes Unseld）

出生日期：1946年3月14日
身高：2.01米
场上位置：中锋
NBA生涯：1968—1981年

主要荣誉：五次入选 NBA 全明星队，1978 年夺得 NBA 总冠军，1969 年获 MVP 奖和年度最佳新人奖，人称"碎骨机"中锋，1987 年入选美国篮球名人堂。

韦斯·昂塞尔德生活在路易斯维尔，高中时期二次夺得全州篮球冠军。大学期间当选取全美最佳阵容成员。1968 年，在 NBA 选秀中第一轮第二顺位被当时的巴尔的摩子弹队选中。自从昂塞尔德加入子弹队后，他就带领子弹队走出了从来没有胜率超过 50% 的低潮，并在 10 个赛季中，胜率都超过了 50%，另外连续 12 个赛季打进 NBA 的季后复赛圈。昂塞尔德体壮如牛，虽然身高仅 2.01 米，体重却达 113 公斤，而且连续弹跳的能力极强。当他在篮下抢篮板球时，可以和任何高大的对手进行摔跤式的对抗，将对手最终挤出有利位置。他默默无闻地干那些篮下的苦活累活，而且抢到球后总能以激光闪电般的速度将球传给队友。埋头苦干的昂塞尔德没有被篮球专家和记者们忽视，在他加入 NBA 的第一个赛季中，就被评为 1968—1969 赛季"最佳球员"和"年度最佳新人"。昂塞尔德十三年的 NBA 生涯全在子弹队中度过，作为子弹队的队长，他五次被评为全明星队员。1970 年代中，四次带队进入总决赛，并获 1977—

1978 赛季总冠军。他本人得分和抢篮板球都超过了 10,000 大关，另外他留下出战了 840 场比赛和抢篮板球 13,769 个以及助攻 3,822 次的子弹队最高纪录。

昂塞尔德职业生涯数据：

Season	Tm	G	MP	FG	FGA	3P	3PA	FT	FTA	ORB	DRB	TRB	AST	STL	BLK	TO	PF	PTS
68-69	BAL	82	36.2	5.2	10.9			3.4	5.6			18.2	2.6				3.4	13.8
69-70	BAL	82	39.4	6.4	12.4			3.3	5.2			16.7	3.5				3.0	16.2
70-71	BAL	74	39.2	5.7	11.4			2.7	4.1			16.9	4.0				3.2	14.1
71-72	BAL	76	41.7	5.4	10.8			2.3	3.6			17.6	3.7				2.9	13.0
72-73	BAL	79	39.1	5.3	10.8			1.9	2.7			15.9	4.4				2.1	12.5
73-74	CAP	56	30.8	2.6	5.9			0.6	1.0	2.7	6.5	9.2	2.8	1.0	0.3		2.2	5.9
74-75	WSB	73	39.8	3.7	7.5			1.7	2.5	4.4	10.4	14.8	4.1	1.6	0.9		2.5	9.2
75-76	WSB	78	37.5	4.1	7.3			1.5	2.5	3.5	9.8	13.3	5.2	1.1	0.8		2.6	9.6
76-77	WSB	82	34.9	3.3	6.7			1.2	2.0	3.0	7.7	10.7	4.4	1.1	0.5		3.1	7.8
77-78	WSB	80	33.1	3.2	6.1			1.2	2.2	3.6	8.4	11.9	4.1	1.2	0.6	2.2	2.9	7.6
78-79	WSB	77	31.2	4.5	7.8			2.0	3.1	3.6	7.2	10.8	4.1	0.9	0.5	2.0	2.6	10.9
79-80	WSB	82	36.3	4.0	7.8	0.0	0.0	1.7	2.5	4.1	9.3	13.3	4.5	0.8	0.7	1.9	3.0	9.7
80-81	WSB	63	32.3	3.6	6.8	0.0	0.1	0.9	1.4	3.3	7.4	10.7	2.7	0.8	0.6	1.5	2.7	8.0
13 Seasons		984	36.4	4.4	8.7	0.0	0.0	1.9	3.0	3.5	8.4	14.0	3.9	1.1	0.6	1.9	2.8	10.8

14 威利斯·里德（Willis Reed）

出生日期：1942年6月25日
身高：2.07米
场上位置：中锋、前锋
NBA生涯：1964—1973年

主要荣誉：七次入选NBA全明星队；1964年获NBA最佳新人称号；两次夺得NBA总冠军。

2.07米的威利斯·里德是NBA历史上最激动人心的得分手之一。1970年，纽约尼克斯和西部劲旅洛杉矶湖人队激战七场，夺得本队有史以来第一个NBA总冠军。里德在前4场比赛中，他分别得到37分、29分、38分和23分，并且平均每场抢到篮板球15个。在第五场比赛中他的脚部严重受伤，虽然尼克斯那场比赛取胜，总成绩以3：2领先，但是在第六场比赛中湖人队大胜尼克斯队，将总比分扳成3：3平。在第七场比赛刚开始，受伤的里德上场，他跳球时候跳过了张伯伦，随后又命中了4分，虽然整场就得到4分，却鼓舞了全队的斗志，最终尼克斯队113：99大胜对手14分，终于夺得尼克斯队历史上第一个总冠军。里德1973年又帮助球队夺冠，他为尼克斯队征战了十年，七次入选全明星赛。在他的第一个NBA赛季他是最佳新人。1969—1970年，他当选了常规赛和总决赛的"双料最有价值球员"。1973年，他又得到了"NBA总决赛最有价值球员"称号。

里德生于美国路易斯安那州的海口镇，在中学和大学都是篮球队的主力选手。他在大学期间每场有 26.6 分的进账，并且带领队友夺得全美大学生篮球联赛的冠军。里德不仅进攻犀利，而且还是一个防守大师。他在 1970 年入选 NBA 最佳阵容，同年还入选 NBA 最佳防守阵容。由他率领的尼克斯队当时以防守见长著称，里德就是这个顽强的防守体系的中坚人物。

里德受到腿部肌腱伤痛的影响，于 1973 年宣布退休。退休前的一个赛季，他仅打了 19 场比赛。1976 年，尼克斯队为了表彰里德的特殊贡献，为他举行了退休仪式。挂靴后，他先后在尼克斯、亚特兰大鹰、新泽西网等队担任过主教练和助理教练，之后还曾在大学担任教练。1981 年，里德入选美国篮球名人堂。

里德职业生涯数据：

Season	Tm	G	MP	FG	FGA	3P	3PA	FT	FTA	ORB	DRB	TRB	AST	STL	BLK	TO	PF	PTS
64-65	NYK	80	38.0	7.9	18.2			3.8	5.1			14.7	1.7				4.2	19.5
65-66	NYK	76	33.4	5.8	13.3			4.0	5.3			11.6	1.2				4.3	15.5
66-67	NYK	78	36.2	8.1	16.6			4.6	6.2			14.6	1.6				3.8	20.9
67-68	NYK	81	35.5	8.1	16.6			4.5	6.3			13.2	2.0				4.2	20.8
68-69	NYK	82	37.9	8.6	16.5			4.0	5.3			14.5	2.3				3.8	21.1
69-70	NYK	81	38.1	8.7	17.1			4.3	5.7			13.9	2.0				3.5	21.7
70-71	NYK	73	39.1	8.4	18.2			4.1	5.2			13.7	2.0				3.1	20.9
71-72	NYK	11	33.0	5.5	12.5			2.5	3.5			8.7	2.0				2.7	13.4
72-73	NYK	69	27.2	4.8	10.2			1.3	1.8			8.6	1.8				3.0	11.0
73-74	NYK	19	26.3	4.4	9.7			2.2	2.8	2.5	4.9	7.4	1.6	0.6	1.1		2.6	11.1
10 Seasons		650	35.5	7.5	15.7			3.8	5.1	2.5	4.9	12.9	1.8	0.6	1.1		3.7	18.7

15 威尔特 · 张伯伦 (Wilt Chamberlain)

出生日期：1936年8月21日
身高：2.16米
场上位置：中锋
NBA生涯：1959—1973年

　　主要荣誉：1967年、1969年两次夺得 NBA 总冠军；七次成为 NBA 得分王；十一次成为篮板王；1963 年 3 月 2 日，创下一场独得 100 分的 NBA 纪录。

　　篮球历史上第一位全才是威尔特·张伯伦。这位身高 2.16 米的黑色巨人是上帝为了向人们展示篮球魅力而降生在篮球场上的一位天神。他有着和拉塞尔一样出色的跑跳能力，100 米跑 10.90 秒，400 米跑 47 秒，跳高 2.02 米。他集速度、高度、力量和技术为一体。

　　在堪萨斯大学期间，因为张伯伦的水平远远超过任何对手，美国大学篮球不得不为他改变了几条规则。将三秒区扩大，进一步严格控制对投篮的干扰，修改发边线球和罚球等多项内容。进入 NBA 后，为了限制他在篮下的威力，NBA 再次将三秒区加宽为 16 英尺，这就是我们现在看到的三秒区外侧的两块长条。

　　大学时，张伯伦常常被对方三人防守，而且防守手段无所不用，但仍无法阻挡张伯伦不断得分和抢篮板球。后来许多学校不得不用尽量控制球的战术不让张伯伦有进攻和抢篮板的机会。当时的规定不允许大学未毕业的张伯伦直接进入职业队。为此这位火暴汉子一气之下愤然离开大学篮坛，加盟哈莱姆环球

篮球队作了一年杂技篮球表演。

1959 年，张伯伦加盟 NBA 的费城武士队（后转会至湖人队），从此开始了他那传奇般的职业篮球生涯。虽然张伯伦只有 1967 年和 1972 年两次夺得 NBA 总冠军，但是他展现的全面才能却是很少有人能够接近。比如他七次成为 NBA 得分王，十一次成为 NBA 篮板王，1968 年甚至还当了一回 NBA 助攻王。在 1961—1962 赛季，他创下单季 4,029 分的得分纪录，在 82 场比赛中平均每场得 50.4 分。在 1962 年 3 月 2 日，张伯伦在和纽约尼克斯队比赛中一人得了 100 分，此后再也没有人能够接近这个纪录。他目前还以 23,924 个篮板球高居 NBA 排名榜之首。他也是第一个突破总得分 30000 万分大关的 NBA 球员。他在 14 个赛季中共得了 31,419 分，后来贾巴尔用了 16 个赛季才打破。

张伯伦职业生涯数据：

Season	Tm	G	MP	FG	FGA	3P	3PA	FT	FTA	ORB	DRB	TRB	AST	STL	BLK	TO	PF	PTS
59-60	PHW	72	46.4	14.8	32.1			8.0	13.8			27.0	2.3				2.1	37.6
60-61	PHW	79	47.8	15.8	31.1			6.7	13.3			27.2	1.9				1.6	38.4
61-62	PHW	80	48.5	20.0	39.5			10.4	17.0			25.7	2.4				1.5	50.4
62-63	SFW	80	47.6	18.3	34.6			8.3	13.9			24.3	3.4				1.7	44.8
63-64	SFW	80	46.1	15.1	28.7			6.8	12.7			22.3	5.0				2.3	36.9
64-65	SFW	38	45.9	16.7	33.6			5.5	13.2			23.5	3.1				2.0	38.9
	PHI	35	44.5	12.2	23.1			5.7	10.9			22.3	3.8				2.0	30.1
	TOT	73	45.2	14.6	28.5			5.6	12.1			22.9	3.4				2.0	34.7
65-66	PHI	79	47.3	13.6	25.2			6.3	12.4			24.6	5.2				2.2	33.5
66-67	PHI	81	45.5	9.7	14.2			4.8	10.8			24.2	7.8				1.8	24.1
67-68	PHI	82	46.8	10.0	16.8			4.3	11.4			23.8	8.6				2.0	24.3
68-69	LAL	81	45.3	7.9	13.6			4.7	10.6			21.1	4.5				1.8	20.5
69-70	LAL	12	42.1	10.8	19.9			5.8	13.1			18.4	4.1				2.6	27.3
70-71	LAL	82	44.3	8.1	15.0			4.4	8.2			18.2	4.3				2	20.7
71-72	LAL	82	42.3	6.0	9.3			2.7	6.4			19.2	4.0				2.4	14.8
72-73	LAL	82	43.2	5.2	7.1			2.8	5.5			18.6	4.5				2.3	13.2
14 Seasons		1045	45.8	12.1	22.5			5.8	11.4			22.9	4.4				2.0	30.1

16 鲍勃·佩蒂特（Bob Pettit）

出生日期：1932年11月12日
身高：2.06米
场上位置：前锋
NBA生涯：1954—1965年

主要荣誉：十一年都被选入 NBA 全明星队；1956年、1959年两次获 MVP；1958年夺得 NBA 总冠军。

当鲍勃·佩蒂特1954年从路易斯安那大学毕业的时候，没人认为他当时的身体条件和技术水平能够成为一名职业篮球队员。当时身高2.06米的佩蒂特体重只有91公斤，这是一个偏瘦的选手，但是经过在 NBA 十一年的征战，在1956年从圣路易斯鹰队退役的时候，他被誉为 NBA50 年代最伟大的大前锋，并且成为 NBA 历史上第一个得分达到20,000分大关的得分手。

佩蒂特在他十一年的 NBA 生涯中，每年都被选入全明星队，并且得分排名从来没有低于第七位。1956年和1959年两次获得"NBA 最有价值球员称号"；他连续十年赛季入选 NBA 第一阵容，1964—1965赛季是他退休前的最后一个赛季，33岁的佩蒂特还入选了 NBA 第二阵容。1958年，他得到自己唯一一个 NBA 总冠军。当年总决赛的第六场，佩蒂特夺得个人生平最高的50分，带领鹰队阻断了波士顿凯尔特人十连冠的美梦。

33 岁时，佩蒂特萌生退意。在他 11 个赛季的 NBA 生涯中，他的赛季平均
得分从来没有低于 20 分，篮板球平均数量也从来没有低于十个。事实上的 11
个赛季中平均篮板为每场 16.2 个，最高为 1960—1961 赛季的 20.1 个。他退
休时所得的 20,880 分成为 NBA 前 20 年中最高的总得分纪录。1970 年，佩蒂
特入选美国篮球名人堂。

佩蒂特职业生涯数据：

Season Tm	G	MP	FG	FGA	3P	3PA	FT	FTA	ORB	DRB	TRB	AST	STL	BLK	TO	PF	PTS
54-55 MLH	72	36.9	7.2	17.8			5.9	7.9			13.8	3.2				3.6	20.4
55-56 STL	72	38.8	9.0	20.9			7.7	10.5			16.2	2.6				2.8	25.7
56-57 STL	71	35.1	8.6	20 8			7.5	9.6			14.6	1.9				2.5	24.7
57-58 STL	70	36.1	8.3	20 3			8.0	10.6			17.4	2.2				3.2	24.6
58-59 STL	72	39.9	10.0	22.8			9.3	12.2			16.4	3.1				2.8	29.2
59-60 STL	72	40.2	9.3	21.2			7.6	10.0			17.0	3.6				2.8	26.1
60-61 STL	76	39.8	10.1	22.6			7.7	10.6			20.3	3.4				2.9	27.9
61-62 STL	78	42.1	11.1	24.7			8.9	11.6			18.7	3.7				3.8	31.1
62-63 STL	79	39.1	9.8	22.1			8.7	11.2			15.1	3.1				3.6	28.4
63-64 STL	80	41.2	9.9	21.4			7.6	9.6			15.3	3.2				3.8	27.4
64-65 STL	50	35.1	7.9	18.5			6.6	8.1			12.4	2.6				3.3	22.5
11Seasons	792	38.8	9.3	21.3			7.8	10.3			16.2	3.0				3.2	26.4

17 查尔斯·巴克利（Charles Barkley）

出生日期：1963年2月22日
身高：1.98米
场上位置：前锋
NBA生涯：1984—1999年

主要荣誉：一次 NBA 最优价值球员奖，三次获 IBM 球队贡献奖；一次获全明星赛 MVP；十一次入选全明星队；入选梦之队获巴塞罗那奥运会冠军；五次入选 NBA 最佳阵容。

查尔斯·巴克利说他实际上只有 1.98 米，这不啻是个巨大的讽刺。这个阿拉巴马史上最有名的胖子羞辱了联盟绝大多数比他高一个头的壮汉。无论过去多少年，无论在他前面有过或者在他身后又涌现出多少的大前锋，但巴克利总有能力去竞争联盟历史上的最佳阵容。

巴克利外号是"球场飞猪"，15 岁之前常常和学校的小伙伴四处游荡，过着惹是生非的日子。15 岁他开始一心一意地练篮球，虽然他训练十分刻苦，但是巴克利到上高中二年级的时候身高也只有1.70米。到三年级后他长到了1.85米，但还是学校的替补队员。在这个时候，巴克利想出了独特的训练方法，他为了培养自己的弹跳力和继续长高，每天开始去练习 110 厘米的跨栏。很快，他的弹跳有了显著的增进，同时他依靠力量逐渐站稳了校队的主力的位置。1984 年美国奥运会男篮选拔训练中，巴克利因为身高只有 1.98 米而被主教练忽略。而就在那一年他被费城 76 人队以第五顺位选中，排在他前面的两个大神就是奥拉朱旺和乔丹。对于费城第五位拿下巴克利，费城的老板表示：他是冲着巴克利"球场飞猪"的绰号去看他打球并了解他的。

巴克利在 76 人队中一待就是八年，在那个"大鸟"和"魔术师"争霸的年代，被打压的不仅仅是他一人，奥拉朱旺和乔丹同样过着暗无天日的生活。随

后活塞的坏孩子军团又是两年中兴,76人眼看欧文和摩西·马龙老去,夺冠无望。于是1992年巴克利被卖到了太阳队,太阳则送给76人队三名队员作为交换。在太阳队的第一年,巴克利就迎来了他的巅峰,在和公牛队的总决赛中,巴克利无奈腰伤最后发作,于是看着帕克森第六场的神射4:2把太阳淘汰,但这一年的"NBA最有价值球员"荣誉则授给了巴克利。随后巴克利夺冠梦想一次次遭到打击,四年后他来到了奥拉朱旺统领的两夺冠军的火箭队。但此时的奥拉朱旺统治力严重下降,直到1999年他最后一场6分钟为火箭拿下2分后,他始终没有为自己赢得一枚他心仪的戒指。

除了1993年的"最有价值球员奖"外,巴克利在76人队以全面的攻守能力获得过1986年、1987年和1988年IBM奖,这是一个专门奖给那些队所在球队贡献最全面的球员的奖项。在1988年、1989年、1990年、1991年和1993年的五年之间,巴克利被选入NBA最佳阵容。另外从1987年开始直到1997年,巴克利连续十一次入选NBA全明星队,并在1991年被评为"NBA全明星赛最有价值球员"。在NBA夺得20,000分和10,000个篮板球的前十名队员中,只有巴克利的身高不足2米。

巴克利职业生涯数据:

Season	Tm	G	MP	FG	FGA	3P	3PA	FT	FTA	ORB	DRB	TRB	AST	STL	BLK	TO	PF	PTS
84-85	PHI	82	28.6	5.2	9.5	0.0	0.1	3.6	4.9	3.2	5.3	8.6	1.9	1.2	1.0	2.5	3.7	14.0
85-86	PHI	80	36.9	7.4	13.0	0.2	0.9	5.0	7.2	4.4	8.4	12.8	3.9	2.2	1.6	4.4	4.2	20.0
86-87	PHI	68	40.3	8.2	13.8	0.3	1.5	6.3	8.3	5.7	8.9	14.6	4.9	1.8	1.5	4.7	3.7	23.0
87-88	PHI	80	39.6	9.4	16.0	0.6	2.0	8.9	11.9	4.8	7.1	11.9	3.2	1.3	1.3	3.8	3.5	28.3
88-89	PHI	79	39.1	8.9	15.3	0.4	2.1	7.6	10.1	5.1	7.4	12.5	4.1	1.6	0.8	3.2	3.3	25.8
89-90	PHI	79	39.1	8.9	14.9	0.3	1.2	7.1	9.4	4.6	6.9	11.5	3.9	1.9	0.6	3.1	3.2	25.2
90-91	PHI	67	37.3	9.9	17.4	0.7	2.3	7.1	9.8	3.9	6.3	10.1	4.2	1.6	0.5	3.1	2.6	27.6
91-92	PHI	75	38.4	8.3	15.0	0.4	1.8	6.1	8.7	3.6	7.5	11.1	4.1	1.8	0.6	3.1	2.6	23.1
92-93	PHO	76	37.6	9.4	18.1	0.9	2.9	5.9	7.7	3.1	9.1	12.2	5.1	1.6	1.0	3.1	2.6	25.6
93-94	PHO	65	35.4	8.0	16.1	0.7	2.7	4.9	7.	3.0	8.1	11.2	4.6	1.6	0.6	3.2	2.5	21.6
94-95	PHO	68	35.0	8.1	16.8	1.1	3.2	5.6	7.5	3.0	8.1	11.1	4.1	1.6	0.7	2.2	3.0	23.0
95-96	PHO	71	37.1	8.2	16.3	0.7	2.5	6.2	8.0	3.4	8.1	11.6	3.7	1.6	0.8	3.1	2.9	23.2
96-97	HOU	53	37.9	6.3	13.1	1.1	3.9	5.4	7.8	4.0	9.5	13.5	4.7	1.3	0.5	2.8	2.9	19.2
97-98	HOU	68	33.0	5.3	10.9	0.3	1.2	4.4	5.8	3.8	8.1	11.7	3.2	1.0	0.4	2.2	2.8	15.2
98-99	HOU	42	36.3	5.7	12.0	0.1	0.6	4.6	6.4	4.0	8.3	12.3	4.6	1.		0.3	2.4	2.1	16.1
99-00	HOU	20	31.0	5.3	11.1	0.3	1.3	3.6	5.5	3.6	6.9	10.5	3.2	0.7	0.2	2.2	2.4	14.5
16Seasons		1073	36.7	7.9	14.5	0.5	1.9	5.9	8.1	4.0	7.7	11.7	3.9	1.5	0.8	3.1	3.1	22.1

18 戴夫·德布斯切尔（Dave Debusschere）

出生日期：1940年10月16日
身高：2米
场上位置：后卫／前锋
NBA生涯：1962—1973年

主要荣誉：1970年、1973年两获NBA总冠军；1975年任ABA联盟总裁。

德布斯切尔的绰号是"Big D"（大D），这是用来形容他在场上的防守功力。德布斯切尔是早期的篮球场上的蓝领巨星，在NBA最佳防守阵容设立的前6年中，他每年都入选这一NBA最重要的防守组合之中。

德布斯切尔是篮球和棒球的双栖明星，1962年他和芝加哥白袜棒球队签了一份75,000美元的合同，又和底特律活塞篮球队签了一份15,000美元的合同，开始了他棒球和篮球的双重职业生涯。

精力过人的德布斯切尔在职业棒球联赛打了4个赛季，并且一直是白袜队的主力投手。他的NBA生涯也十分成功，在职业篮坛的第一年，便入选了NBA新人最佳阵容，平均每场比赛拿下12.7分。

德布斯切尔加入NBA第一年便带领球队打入季后赛，但是此后球队境况不太好。这位24岁的前锋在1964年便兼任了底特律活塞队的主教练职务，成为NBA最年轻的主教练，同时他还是活塞队的主力队员之一。当时的活塞队除了主教练之外没有什么天才队员，当他以主教练的身份询问别的球队愿意和

底特律交换哪位队员的时候，他得到的回答多数时候只有一个字："你！"

1969 年，底特律活塞队将德布斯切尔交换到了纽约尼克斯队。1970 年和 1973 年，德布斯切尔带领纽约队连续两次夺得 NBA 的总冠军。第二次夺得冠军之后他便正式退役。1974 年，他担任了新泽西网队的副主席和经理。第二年，他被雇佣为 ABA 的总裁。在任期间，德布斯切尔完成了 ABA 和 NBA 的合并，为 NBA 有今天的繁荣景象奠定了基础。

德布斯切尔职业生涯数据：

Season	Tm	G	MP	FG	FGA	3P	3PA	FT	FTA	ORB	DRB	TRB	AST	STL	BLK	TO	PF	PTS
62-63	DET	80	29.4	5.1	11.8			2.6	3.6			8.7	2.6				3.1	12.7
63-64	DET	15	20.3	3.5	8.9			1.7	2.9			7.0	1.5				2.1	8.6
64-65	DET	79	35.1	6.4	15.1			3.9	5.5			11.1	3.2				3.1	5.7
65-66	DET	79	34.1	6.6	16.3			3.2	4.8			11.6	2.6				3.2	16.4
66-67	DET	78	37.1	6.8	16.4			4.6	6.6			11.8	2.8				3.8	18.2
67-68	DET	80	39.1	7.2	16.2			3.6	5.4			13.5	2.3				3.8	17.9
68-69	DET	29	37.7	6.5	14.6			3.2	4.5			12.2	2.2				3.8	16.3
	NYK	47	39.4	6.7	15.3			2.9	4.2			11.4	2.7				3.8	16.4
	TOT	76	38.7	6.7	15.0			3.0	4.3			11.7	2.5				3.8	16.3
69-70	NYK	79	33.3	6.2	13.7			2.2	3.2			10.0	2.5				3.1	14.6
70-71	NYK	81	35.7	6.5	15.3			2.7	3.9			11.1	2.7				2.9	15.6
71-72	NYK	80	38.4	6.5	15.2			2.4	3.3			11.3	3.6				2.7	15.4
72-73	NYK	77	36.7	6.9	15.9			2.5	3.4			10.2	3.4				2.8	16.3
73-74	NYK	71	38.0	7.9	17.1			2.3	3.1	1.9	8.8	10.7	3.6	0.9	0.5		3.1	18 1
12 Seasons		875	35.7	6.5	15 1			3 0	4.3	1.9	8.8	11.0	2.9	0.9	0.5		3.2	16.1

19　多尔夫·谢伊斯（Dolph Schayes）

出生日期：1928年4月19日
身高：2.03米
场上位置：前锋／中锋
NBA生涯：1949—1964年

主要荣誉：六次入选 NBA 最佳阵容；一次夺得 NBA 总冠军；十三次出战 NBA 全明星赛。

多尔夫·谢伊斯是职业篮球运动早期的球星之一。他作为一个投手和凶狠的篮板球手，在 NBA 的初创岁月到篮球成为一项人们喜闻乐见的体育赛事的过程中，起到了举足轻重的作用。他还是篮球运动由老式的技术风格向现代技术风格过渡时期的球星之一。比如在先进的单手投篮动作已经发明了之后，他还是坚持双手投篮，他的双手投篮动作使他所在的锡拉丘兹民族队名扬天下。

谢伊斯是 BAA（NBA 的前身）锡拉丘兹民族队有史以来最著名的得分手。在为该队打球的十五年中，谢伊斯有十三年是该队的得分王。这位身高 2.03 米的前锋当时还经常兼任中锋，他从 1952 年到 1958 年，六次入选 NBA 最佳阵容。1955 年，他带领民族队以 3：1 的总比分击败韦恩堡活塞队夺得 NBA 总冠军，这也是民族队夺得的唯一一个 NBA 总冠军。

谢伊斯在他十五年的职业篮球生涯中，只在一支球队中效过力，但是各种纪录上却至少有四支职业球队和他的名字有关。在 1948 年选秀中，他同时被 BAA 的纽约尼克斯队和另一职业篮球组织——国家篮球联盟 NBL 的三城黑鹰队选中。但是黑鹰队在选中谢伊斯之后宣布破产，于是新秀权被 NBL 的锡拉丘兹民族队获得。一年之后，NBL 中包括民族队在内的四支球队和 BAA 合并，改名为 NBA。1963—1964 赛季，民族队由锡拉丘兹搬迁到费城，并将球队改名为 76 人队。

　　谢伊斯出生在纽约，从小就是一个出色的篮球手。在纽约大学读书期间，谢伊斯便已经名扬四方，于是才有了1948年他毕业时被两个对立的职业篮球联盟的两支球队同时选中的"撞车"事件。由于NBL的黑鹰队出价比纽约尼克斯队高出50%，所以谢伊斯选择了黑鹰队，直到后来两个联盟在1949年合并，谢伊斯才成为NBA的球星。

　　1951年，NBA的第一次全明星赛创办时，谢伊斯就是首批明星之一。他在那场划时代的比赛中投中15分，抢到全场最多的14个篮板球，可谓名噪一时。此后的岁月里他又连续出战了十二场全明星赛。

　　1954—1955赛季，NBA接受了谢伊斯的老板、民族队的东家丹尼·彼亚松的建议，实行24秒投篮限制时，谢伊斯很快就适应了这种快节奏的打法。那个赛季他得分平均18.5分（联盟第六）、罚球命中率83.3%（联盟第三）、篮板球平均12.3个（联盟第四）。

　　谢伊斯退休后被任命为76人队的主教练，后来又在法罗勇敢者队短期任教。1972年，谢伊斯入选美国篮球名人堂。

谢伊斯职业生涯数据：

Season	Tm	G	MP	FG	FGA	3P	3PA	FT	FTA	ORB	DRB	TRB	AST	STL	BLK	TO	PF	PTS
49-50	SYR	64		5.4	14.1			5.9	7.6			4.0					3.5	16.8
50-51	SYR	66		5.0	14.1			6.9	9.2			16.4	3.8				4.1	17.0
51-52	SYR	63	31.8	4.2	11.7			5.4	6.7			12.3	2.9				3.4	13.8
52-53	SYR	71	37.6	5.3	14.4			7.2	8.7			13.0	3.2				3.8	17.8
53-54	SYR	72	36.9	5.1	13.5			6.8	8.2			12.1	3.0				3.2	17.1
54-55	SYR	72	35 1	5.9	15.3			.8	8.2			12.3	3.0				3.4	18.5
55-56	SYR	72	35.0	6.5	16.7			7.5	8.8			12.4	2.8				3.5	20.4
56-57	SYR	72	39.6	6.9	18.2			8.7	9.6			14.0	3.2				3.0	22.5
57-58	SYR	72	40.5	8.1	20.3			8.7	9.7			14.2	3.1				3.4	24.9
58-59	SYR	72	36.7	7.0	18.1			7.3	8.5			13.4	2.5				3.9	21.3
59-60	SYR	75	36.5	7.7	19.2			7.1	8.0			2.8	3.4				3.5	22.5
60-61	SYR	79	38.1	7.5	20.2			8.6	9.9			12.2	3.7				3.7	23.6
61-62	SYR	56	26.4	4.8	13.4			5.1	5.7			7.8	2.1				3.0	14.7
62-63	SYR	66	21.8	3.4	8.7			2.7	3.1			5.7	2.7				2.7	9.5
63-64	PHI	24	14.6	1.8	6.0			1.9	2.4			4.6	2.0				3.2	5.6
15 Seasons		996	34.4	5.9	15.5			6.7	7.9			12.1	3.1				3.4	18.5

20 埃尔金·贝勒（Elgin Baylor）

出生：1934年9月16日
身高日期：1.95米
场上位置：前锋
NBA生涯：1958—1972年

主要荣誉：十次入选 NBA 最佳阵容；1959 年获全明星赛 MVP。

埃尔金·贝勒出生于华盛顿，从 1958 年到 1972 年，贝勒共在 NBA 出战 846 场比赛，总得分 23,149 分，每场平均 27.4 分。值得一提的是他十年的 NBA 生涯都是在湖人队度过的。1985 年湖人队在 NBA 选秀中第一轮第一位选中贝勒，当时他还是西雅图大学的学生。

身高 1.95 米的贝勒在 1961—1962 赛季的平均得分高达每场 38.3 分，如今的"飞人"乔丹在他的常规赛季中也没有达到过这样多的得分。更令人不可思议的是，个子并不是太高的贝勒至今保持着湖人队抢篮板球的最高纪录：14 个赛季中他抢了 11,463 个篮板球。后来也在湖人队打了 14 个赛季的著名中锋"天勾"贾巴尔，也没能在湖人队突破这一神奇的纪录。

贝勒身体十分结实，但是他在篮球场上既体现了力量，也表现了优雅。从 1960—1961 赛季到 1962—1963 赛季，他在常规赛中的平均每场得分分别为 34.8 分、38.3 分和 34 分。他八次带领湖人队打进总决赛；十次入 NBA 最佳阵容；十一次入选 NBA 全明星赛名单。其中 1959 年获得"NBA 全明星赛最有价值球员"称号。另外还保持着 NBA 总决赛中 1 场比赛 61 分的个人得分最高纪录，那是 1962 年和波士顿比赛时创造的。1962—1963 赛季，他成为 NBA 历史上第一个在常规赛中四项技术指标都进入前五名的球星。这四项指标分

别为得分 34 分、抢篮板球 14.3 个、助攻 4.8 次和罚球命中率 83.7%。

　　贝勒已经展现了后来被"飞人"乔丹和"魔术师"约翰逊推向极致的一些现代篮球的精华动作。比如他有很强的滞空能力，可以在跳起来之后做出两三个动作。贝勒加入湖人队的第一年，就让这个当时又慢又老的球队发生了明显的变化。后来又一巨星韦斯特的加盟使得湖人队成为西部强队之一。但是在贝勒十四年的 NBA 生涯中总冠军总是和他擦肩而过。在 1971—1972 赛季中，37 岁的贝勒先后两次因为膝盖严重扭伤不得不宣布退休。但是令人哭笑不得的是，就在这位一生追求冠军的老将退体后的第一年，湖人队就夺得了他们搬到洛杉矶后的第一个总冠军。这成为贝勒篮球生涯中最大的遗憾。

　　1976 年，贝勒入选美国篮球名人堂。1980 年，贝勒入选 NBA35 周年最佳球星行列。

贝勒职业生涯数据：

Season	Tm	G	MP	FG	FGA	3P	3PA	FT	FTA	ORB	DRB	TRB	AST	STL	BLK	TO	PF	PTS
58-59	MNL	70	40.8	8.6	21.2			7.6	9.8			15.0	4.1				3.9	24.9
59-60	MNL	70	41.0	10.8	25.4			8.1	11.0			16.4	3.5				3.3	29.6
60-61	LAL	73	42.9	12.8	29.7			9.3	11.8			19.8	5.1				3.8	34.8
61-62	LAL	48	44.4	14.2	33.1			9.9	13.1			18.6	4.6				3.2	38.3
62-63	LAL	80	42.1	12.9	28.4			8.3	9.9			14.3	4.8				2.8	34.0
63-64	LAL	78	40.6	9.7	22.8			6.0	7.5			12.0	4.4				3.0	25.4
64-65	LAL	74	41.3	10.3	25.7			6.5	8.2			12.8	3.8				3.2	27.1
65-66	LAL	65	30.4	6.4	15.9			3.8	5.2			9.6	3.4				2.4	16.6
66-67	LAL	70	38.7	10.2	23.7			6.3	7.7			12.8	3.1				3.0	26.6
67-68	LAL	77	39.3	9.8	22.2			6.3	8.1			12.2	4.6				3.0	26.0
68-69	LAL	76	40.3	9.6	21.5			5.5	7.5			10.6	5.4				2.7	24.8
69-70	LAL	54	41.0	9.5	19.5			5.1	6.6			10.4	5.4				2.4	24.0
70-71	LAL	2	28.5	4.0	9.5			2.0	3.0			5.5	1.0				3.0	10.0
71-72	LAL	9	26.6	4.7	10.8			2.4	3.0			6.3	2.0				2.2	11.8
14 Seasons		846	40.0	10.3	23.8			6.8	8.7			13.5	4.3				3.1	27.4

21 埃尔文·海耶斯（Elvin Hayes）

出生日期：1945年11月17日
身高：2.06米
场上位置：前锋
NBA生涯：1968—1984年

主要荣誉：1978年夺得NBA总冠军。

海耶斯身高2.06米，是NBA历史上最有天赋的大前锋之一。他以篮球下的各种转身跳投闻名，同时他的攻击性防守让对手大伤脑筋。在NBA的各种纪录中，他的名字随处可见。他的篮下假动作和转身有点像当今的NBA火箭队著名中锋奥拉朱旺和爵士队大前锋卡尔·马龙的结合体。在他十六年的NBA生涯中，他打了1,303场比赛，累计50,000分钟。仅有9场比赛没有出场，堪称整个1970年代的NBA"铁人"。

海耶斯身体强壮，但并不是死打硬拼。他的转身跳投及转身后撤步过人令对手防不胜防。他的总得分为27,313分，排在整个NBA得分史上的第四位。他抢的篮板总数为16,279个，也排在总排名的第四位。1968—1969赛季，他被圣地亚哥火箭队在第一轮第一顺位选中，三年以后火箭队将他转会到巴尔的摩子弹队，就是如今华盛顿子弹队的前身。1981—1982赛季，他又转会来到休斯敦火箭队，并于1984年从火箭队退休。

1978年，海耶斯带领子弹队夺得NBA的总冠军，这也是他一生中唯一的总冠军。海耶斯出生在路易斯安那州的一个只有5,000人的小镇瑞维勒。海耶斯从小文静内向，直到上八年级的时候，才开始学打篮球。但开始他总是遭到嘲笑，于是他刻苦训练，终于在高中三年级的时候平均每场得35分，带领校队闯进全州锦标赛的决赛。决赛中他独得 45 分，抢到 20 个篮板球。

1968 年，当休斯敦和排名第一的加州大学洛杉矶分校相遇时，竟然吸引了 52,693 名观众到场观战，比赛也进行了全国电视转播。当时加大分校的主力是全国闻名的奥辛道尔（后来的"天勾"贾巴尔），结果双方的比赛还有 28 秒的时候打成 69 平！海耶斯两次准确的罚球使得加大分校连胜四十七场的辉煌战绩成为历史。海耶斯得了 35 分和 15 个篮板球，而 2.18 米的奥辛道尔只得到 15 分和 12 个篮板球。海耶斯这一年平均每场 36.8 分的攻击力被评为"全国最佳大学球员"。

1968 年秋，海耶斯以新人状元的身份加入圣地亚哥火箭队。当年他便以 28.4 分的平均得分成为 NBA 得分王，同时他还创造了 3,695 分钟、平均每场 45.1 分钟的 NBA 新人上场时间最高纪录，并且以东部主力中锋的身份参加了 1969 年的 NBA 全明星赛。1989 年，海耶斯入选美国篮球名人堂。

海耶斯职业生涯数据：

Season	Tm	G	MP	FG	FGA	3P	3PA	FT	FTA	ORB	DRB	TRB	AST	STL	BLK	TO	PF	PTS
68-69	SDR	82	45.1	11.3	25.4			5.7	9.1			17.1	1.4				3.2	28.4
69-70	SDR	82	44.7	11.1	24.6			5.2	7.6			16.9	2.0				3.3	27.5
70-71	SDR	82	44.3	11.6	27.0			5.5	8.2			16.6	2.3				2.7	28.7
71-72	HOU	82	42.2	10.1	23.4			4.9	7.5			14.6	3.3				2.8	25.2
72-73	BAL	81	41.3	8.8	19.8			3.6	5.4			14.5	1.6				2.9	21.2
73-74	CAP	81	44.5	8.5	20.1			4.4	6.1	4.4	13.7	18.1	2.0	1.1	3.0		3.1	21.4
74-75	WSB	82	42.3	9.0	20.3			5.0	6.5	2.7	9.5	12.2	2.5	1.9	2.3		2.9	23.0
75-76	WSB	80	37.2	8.1	17.3			3.6	5.7	2.6	8.4	11.0	1.5	1.3	2.5		3.7	19.8
76-77	WSB	82	41.0	9.3	18.5			5.1	7.5	3.5	9.0	12.5	1.9	1.1	2.7		3.8	23.7
77-78	WSB	81	40.1	7.9	17.4			4.0	6.3	4.1	9.1	13.3	1.8	1.2	2.0	2.8	3.9	19.7
78-79	WSB	82	37.9	8.8	18.0			4.3	6.5	3.8	8.3	12.1	1.7	0.9	2.3	2.9	3.8	21.8
79-80	WSB	81	39.3	9.4	20.7	0.0	0.2	4.1	5.9	3.3	7.7	11.1	1.6	0.8	2.3	2.7	3.8	23.0
80-81	WSB	81	36.2	7.2	16.0	0.0	0.1	3.3	4.2	2.9	6.8	9.7	1.2	0.8	2.1	2.3	3.7	17.8
81-82	HOU	82	37.0	6.3	13.4	0.0	0.1	3.4	5.1	3.3	5.9	9.1	1.8	0.8	1.3	2.5	3.5	16.1
82-83	HOU	81	28.4	5.2	11.0	0.0	0.0	2.4	3.5	2.5	5.1	7.6	2.0	0.6	1.0	2.5	2.9	12.9
83-84	HOU	81	12.3	2.0	4.8	0.0	0.0	1.1	1.6	1.1	2.1	3.2	0.9	0.2	0.3	1.0	1.5	5.0
16 Seasons		1303	38.4	8.4	18.6	0.0	0.0	1	4.1	6.1	3.1	7.8	12.5	1.8	1.0	2.0	2.4	3.2	21.0

22　詹姆斯·沃西（James Worthy）

出生日期：1961年2月27日
身高：2.06米
场上位置：前锋
NBA生涯：1982—1994年

主要荣誉：三次获 NBA 总冠军；1988 年获 NBA 总决赛 MVP。

在"大鸟"伯德和"魔术师"约翰逊双雄对峙的时代，永远都不要忘记詹姆斯·沃西的存在，其实从某种意义上来说，和伯德对位的是沃西，这个绰号"大场面詹姆斯"的前锋每到季后赛便有惊人表现。常规赛中他平均只能得17.6 分和5.1 个篮板，但到了季后赛他的平均得分和篮板就飙至21.1 分、5.2个篮板，他为湖人队在 1985 年、1987 年和 1988 年三次夺得总冠军作出了不可磨灭的贡献，并在 1988 年荣膺了总决赛的 MVP。

沃西出生在北卡罗来纳州的加斯托尼亚，在当地的格利尔高中打球时已经成名，随后被有"篮球教父"之称的迪恩·史密斯看中，加盟埃什布鲁克高中。在高中的最后一个赛季中，沃西凭借 21.5 分和 12.5 个篮板入选了全美高中最佳阵容。1979 年沃西进入篮球名校北卡罗来纳大学，而恩师迪恩·史密斯则也被聘为该校篮球队的主教练。有一个细节不能忘记，沃西就是乔丹时期的北卡校友，1981—1982 赛季，沃西、萨姆·帕金斯和一年级的乔丹携手率领北卡杀入 NCAA 总决赛，面对尤因的乔治城大学的强力挑战，如果你记住了乔丹最后压哨的一投，但请不要忘记沃西的 17 投 13 中的 28 分，NCAA 四强赛最终的 MVP 属于沃西。

1979—1980 赛季，湖人将丹·福特和 1980 年的首轮选秀权交换给了骑士，从对方手中得到布彻·李和 1982 年的首轮选秀权。因骑士战绩摆烂名列倒数第三，湖人顺利拿到状元签并选中沃西。沃西新秀时期的命中率就创造湖人纪录达到 57.9%。由于近视，沃西得到了个绰号叫"眼镜蛇"。一个 2.06 米的前锋，他拥有超人的速度和完美的技术，人们当时这样评价沃西：视力是比较低的，速度是非常快的，转身是防不住的。

沃西和"魔术师"、贾巴尔、斯科特和迈克尔·库伯组成了湖人 1980 年代最强悍的阵容，他们因球风华丽极具观赏性被誉为"SHOW TIME"。五年三次夺冠，沃西的"20+5"纪录贡献良多，1988 年在和底特律活塞队争夺总冠军关键的第七场比赛中，沃西打出了他个人篮球生涯中的第一个"三双"：36 分、16 个篮板、10 次助攻！另外，他至今仍保持着一项 NBA 纪录：1985 年西部决赛对掘金时，他的投篮命中率高达 72.1%，创造了季后赛五场系列战的最高命中率。在季后赛中，沃西投篮命中率高达 54.4%，排在 NBA 所有球员的前10 位。他的教练帕特·莱利这样评价他："在小前锋的位置上，从来没有、也不会再有像沃西这样的天才了。沃西永远是一个沉默的人，在他年轻最好的状态时，我敢保证没有人能防得住他。"沃西经过 12 个赛季的奋斗，于 1994 年11 月 10 日宣布退休。

詹姆斯·沃西职业生涯数据：

Season	Tm	G	MP	FG	FGA	3P	3PA	FT	FTA	ORB	DRB	TRB	AST	STL	BLK	TO	PF	PTS
82-83	LAL	77	25.6	5.8	10.0	0.0	0.1	1.8	2.9	2.0	3.1	5.2	1.7	1.2	0.8	2.3	2.9	13.4
83-84	LAL	82	29.5	6.0	10.9	0.0	0.1	2.4	3.1	1.9	4.4	6.3	2.5	0.9	0.9	2.2	3.0	14.5
84-85	LAL	80	33.7	7.6	13.3	0.0	0.1	2.4	3.1	2.1	4.3	6.4	2.5	1.1	0.8	2.5	2.5	17.6
85-86	LAL	75	32.7	8.4	14.5	0.0	0.2	3.2	4.2	1.8	3.3	5.2	2.7	1.1	1.0	2.0	2.6	20.0
86-87	LAL	82	34.4	7.9	14.7	0.0	0.2	3.6	4.7	1.9	3.8	5.7	2.8	1.3	1.0	2.0	2.5	19.4
87-88	LAL	75	35.4	8.2	15.5	0.0	0.2	3.2	4.1	1.7	3.3	5.0	3.9	1.0	0.7	2.1	2.3	19.7
88-89	LAL	81	36.5	8.7	15.8	0.0	0.3	3.1	4.0	2.1	4.0	6.0	3.1	1.0	0.7	2.2	2.2	20.5
89-90	LAL	80	37.0	8.9	16.2	0.2	0.6	3.1	4.0	2.0	4.0	6.0	3.6	1.2	0.6	2.0	2.4	21.1
90-91	LAL	78	38.6	9.2	18.7	0.3	1.2	2.7	3.4	1.4	3.5	4.6	3.5	1.3	0.4	1.6	1.5	21.4
91-92	LAL	54	39.0	8.3	18.6	0.2	0.8	3.1	3.8	1.8	3.8	5.6	4.7	1.4	0.4	2.4	1.6	19.9
92-93	LAL	82	28.8	6.2	13.9	0.4	1.4	2.1	2.6	0.9	2.1	3.0	3.4	1.1	0.3	1.7	1.1	14.9
93-94	LAL	80	20.0	4.3	10.5	0.4	1.4	1.3	1.7	0.6	1.7	2.3	1.9	0.6	0.2	1.2	1.0	10.2
12Seasons		926	32.4	7.4	14.3	0.1	0.5	2.6	3.4	1.7	3.4	5.1	3.0	1.1	0.7	2.0	2.1	17.6

23 杰里·卢卡斯（Jerry Lucas）

出生日期：1940年3月30日
身高：2.03米
场上位置：前锋
NBA生涯：1962—1974年

主要荣誉：1960 年获奥运会冠军；1973 年获 NBA 总冠军；三次入选 NBA 最佳阵容；七次入选 NBA 全明星队。

杰里·卢卡斯是美国篮球史上仅有的三位在高中、大学、奥运会和职业联赛上均获得冠军称号的选手之一，于 1979 年入选美国篮球名人堂。

杰里·卢卡斯毕业于俄亥俄州州立大学。1960 年，卢卡斯作为大学生代表美国参加了当年的奥运会，并夺得金牌。在 1962 年加入 NBA 的第一个赛季中，就以平均每场得 17.7 个篮板球和 52.7% 的投篮命中率被评为"最佳新人"。卢卡斯并不是那种特别壮实和特别能跳的队员，但是他的名字可以在任何一本有关 NBA 篮板球的统计书中找到，并且都名列前茅。在他的十一个 NBA 赛季中，他先后在辛辛那提皇家队、旧金山武士队和纽约尼克斯队三支球队效力，一共夺得 12,942 个篮板球，平均每场 15.7 个。1964 年，在对著名的费城七十六人队比赛中，一人独抢 40 个篮板球，是 NBA 历史上唯一抢到 40 个篮板球的前锋选手。卢卡斯和篮球皇帝张伯伦是当时仅有的两位抢篮板球巨星，他们在不止一个赛季中，平均抢到 20 个以上的篮板球。

卢卡斯在 NBA 征战了十年后于 1973 年随纽约尼克斯队获得了一枚 NBA

冠军戒指。这是因为他的运动生涯中始终和波士顿凯尔特人队分队在同一赛区，而当时凯尔特人队正如日中天，正处在连续八次夺得 NBA 总冠军的辉煌时期。他的命运，如同今天在乔丹阴影下的尤因和巴克利，否则这位球星的手指上不会只有一个冠军戒指。

卢卡斯职业生涯数据：

Season	Tm	G	MP	FG	FGA	3P	3PA	FT	FTA	ORB	DRB	TRB	AST	STL	BLK	TO	PF	PTS
63-64	CIN	79	41.4	6.9	13.1			3.9	5.0			17.4	2.6				3.8	17.7
64-65	CIN	66	43.4	8.5	17.0			4.5	5.5			20.0	2.4				3.2	21.4
65-66	CIN	79	44.5	8.7	19.3			4.0	5.1			21.1	2.7				3.5	21.5
66-67	CIN	81	43.9	7.1	15.5			3.5	4.4			19.1	3.3				3.5	17.8
67-68	CIN	82	44.1	8.6	16.6			4.2	5.4			19.0	3.1				3.0	21.5
68-69	CIN	74	41.6	7.5	13.6			3.3	4.4			18.4	4.1				2.8	18.3
69-70	CIN	4	29.5	4.5	8.8			1.3	1.8			11.3	2.3				1.3	10.3
	SFW	63	36.5	6.1	12.1			3.1	3.9			14.4	2.6				2.5	15.4
	TOT	67	36.1	6.0	11.9			3.0	3.8			14.2	2.6				2.4	15.1
70-71	SFW	80	40.6	7.8	15.6			3.6	4.6			15.8	3.7				2.5	19.2
71-72	NYK	77	38.0	7.1	13.8			2.6	3.2			13.1	4.1				2.8	16.7
72-73	NYK	71	28.2	4.4	8.6			1.1	1.4			7.2	4.5				2.2	9.9
73-74	NYK	73	22.3	2.7	5.8			0.9	1.3	0.8	4.3	5.1	3.2	0.4	0.3		1.8	6.2
11 Seasons		829	38.8	6.9	13.8			3.2	4.1	0.8	4.3	15.6	3.3	0.4	0.3		2.9	17.0

24 约翰·哈夫利切克（John Havlicek）

出生日期：1940年4月8日
身高：1.96米
场上位置：后卫
NBA生涯：1962—1978年

主要荣誉：八枚总冠军戒指，连续十三年入选全明星，十一次入选NBA第一或第二阵容，八次入选NBA第一或第二防守阵容。

哈夫利切克是凯尔特人的两朝重臣，八连冠的60年代，他是球队的替补精英。而到了1970年代，他又成了当时年轻的凯尔特人队队长，在1974和1976两年再夺冠军。很多人认为哈夫利切克可能是NBA最出色的全能型球员，论体力他肯定是NBA的第一人，更让人可怕的他还是个优秀得分手、智慧型的控球手和聪明的防守球员。

哈夫利切克是捷克斯洛伐克移民的后代，出生在俄州的小镇马丁斯费里。从小他就喜欢用冲刺的速度跑着上学和回家。上高中时候，他同时参加了学校的篮球队、棒球队和橄榄球队，结果在这三项运动中都有被评为全州高中的最佳阵容。其中他在美式橄榄球中的表现水平最高，是一个很具潜力的天才四分位。但哈夫利切克对篮球情有独钟，进入俄州大学后选择了篮球队。大学毕业后，他加入了NBA，在长达十六年的NBA生涯里他共得26,395分，平均每场20.8分，在凯尔特人队队史中排第一，在整个联盟也是居于翘楚。此外他还有8,007个篮板和6,114次助攻，冠军戒指八枚，连续十三年入选全明星，十一次入选NBA第一或第二阵容，八次入选第一或第二防守阵容。库西曾对

哈夫利切克有两个评价：最差的得分手，自己会把自己跑累死，可惜他的两个评价最后都被哈夫利切克证明是错误的。

哈夫利切克篮球生涯中最让人难忘的瞬间发生在 1965 年 4 月 15 日，篮板"守护神"拉塞尔和"篮球皇帝"张伯伦各率领自己的球队打入总决赛，前 6 场比赛双方战成 3：3 平。在生死攸关的第七场比赛中，凯尔特人队在比赛还剩 5 秒钟的时候领先 76 人队 1 分。经验老到的拉塞尔在底线发球，但因用力过大，球没被队友握住，反而落到了对方后卫哈尔·格瑞尔的手里。格瑞尔接球往篮下的张伯伦手中传去，在这千钧一发之际，球在离开格瑞尔手指尖的刹那，哈夫利切克如闪电般将球断掉并迅速运到前场。这记鬼使神差般的断球使凯尔特人队第七次蝉联 NBA 总冠军，而这次抢断成了 NBA 历史上最有名的抢断。1978 年，哈夫利切克退役。1980 年，NBA 将他评为联赛创立三十五年以来最佳球星之一。

哈夫利切克职业生涯数据：

Season	Tm	G	MP	FG	FGA	3P	3PA	FT	FTA	ORB	DRB	TRB	AST	STL	BLK	TO	PF	PTS
62-63	BOS	80	27.5	6.0	13.6			2.2	3.0			6.7	2.2				2.4	14.3
63-64	BOS	80	32.3	8.0	19.2			3.9	5.3			5.4	3.0				2.8	19.9
64-65	BOS	75	28.9	7.6	18.9			3.1	4.2			4.9	2.7				2.7	18.3
65-66	BOS	71	30.6	7.5	18.7			3.9	4.9			6.0	3.0				2.2	18.8
66-67	BOS	81	32.1	8.4	19.0			4.5	5.4			6.6	3.4				2.6	21.4
67-68	BOS	82	35.6	8.1	18.9			4.5	5.5			6.7	4.7				2.9	20.7
68-69	BOS	82	38.7	8.4	20.8			4.7	6.0			7.0	5.4				3.0	21.6
69-70	BOS	81	41.6	9.1	19.6			6.0	7.1			7.8	6.8				2.6	24.2
70-71	BOS	81	45.4	11.0	24.5			6.8	8.4			9.0	7.5				2.5	28.9
71-72	BOS	82	45.1	10.9	23.9			5.6	6.7			8.2	7.5				2.2	27.5
72-73	BOS	80	42.0	9.6	21.3			4.6	5.4			7.1	6.6				2.4	23.8
73-74	BOS	76	40.7	9.0	19.8			4.6	5.5	1.8	4.6	6.4	5.9	1.3	0.4		2.6	22.6
74-75	BOS	82	38.2	7.8	17.2			3.5	4.0	1.9	4.0	5.9	5.3	1.3	0.2		2.8	19.2
75-76	BOS	76	34.2	6.6	14.8			3.7	4.4	1.5	2.6	4.1	3.7	1.3	0.4		2.7	17.0
76-77	BOS	79	36.9	7.3	16.2			3.0	3.6	1.4	3.5	4.8	5.1	1.1	0.2		2.6	17.7
77-78	BOS	82	34.1	6.7	14.8			2.8	3.3	1.1	2.9	4.0	4.0	1.1	0.3	2.5	2.3	16.1
16 Seasons		1270	36.6	8.3	18.8			4.2	5.2	1.5	3.5	6.3	4.8	1.2	0.3	2.5	2.6	20.8

25　朱利叶斯·欧文（Julius Erving）

出生日期：1950年2月22日
身高：2.01米
场上位置：前锋
NBA生涯：1976—1983年

主要荣誉：1983年获总冠军，五次入选最佳阵容，一次获 MVP 将。

能让"魔术师"惊呼叹服的飞人一共也只有两个，乔丹曾无须助跑，从罚球线直接杀奔篮筐，而在乔丹之前的"J 博士"朱利叶斯·欧文则是另外的一个飞人。1980年总决赛"魔术师"还是刚进入联盟一年级的新秀，就在第四场，欧文在湖人两个球员的起跳堵截下，做出了经典的底线滑翔，穿过篮板上篮的表演，成为 NBA 历史上最让人惊叹的动作之一。而就在这个系列赛中，欧文还有在空中闪转躲开贾巴尔的封盖，右手反向上篮的经典表演。但欧文有时候更像一个行为艺术者，很多时候他的扣篮可以让人完全忘记数据、跑动、传切、防守这些东西，甚至已经超越了篮球的胜负。

朱利叶斯·欧文于 1950 年 2 月 22 日生于纽约罗斯福区，他在罗斯福高中时就已星光闪耀，1968 年进入马萨诸塞大学后，两个大学赛季他平均每场有 26.3 分、20.2 个篮板的惊人表现。1971 年欧文被 ABA 联盟的弗吉尼亚队选中，他的新秀年就能贡献 27.3 分，在最佳新秀评比中仅次于吉尔莫。那年决赛他们输给了里克·巴里领军的纽约网队。由于弗吉尼亚无法支付欧文的薪水，1972 年他拿下得分王 31.9 分后被送到了纽约网队，就在这年季后赛他把弗吉尼亚、肯塔基和犹他扫地出门，拿下总冠军。凭 27.4 分欧文拿下最有价值球员，在他的 5 个 ABA 赛季中，他赢得过两次冠军、三次 MVP、三次得分王的头衔。

1976 年 ABA 扣篮大赛，欧文在拉里·肯农、"冰人"乔治·格文、阿迪斯·吉尔莫、大卫·汤普森等人的围追堵截下，做出了罚球线起跳扣篮、45度角切入腾空拉杆漂移到左侧双手反扣和小回环滞空扣的神奇动作拿下冠军。随后 NBA和 ABA 合并，欧文被交易到了费城 76 人队。第一年欧文场均得 21.6 分，杀入总决赛被沃顿的开拓者淘汰。随后欧文就被笼罩在"大鸟"伯德和"魔术师"的阴影下，直到 1983 年他和摩西·马龙带领 76 人一路狂奔，常规赛 65 胜17 负，总决赛 4：0 淘汰湖人。欧文宣布 1986—1987 赛季后退役，那年所有的比赛就成了欧文的告别演出。他在所到的每块球场上都受到尊敬，而全国各地的球迷们对这位史上最伟大的曾经开天辟地的球员，表达了他们的热爱和崇拜。十一个 NBA 赛季里他在 76 人场均得 22.0 分，在五个 ABA 赛季里在弗吉尼亚侍从队和网队，场均得 28.7 分 12.1 个篮板 4.8 次助攻。1993 年，欧文入选名人堂。

欧文职业生涯数据：

Season	Tm	G	MP	FG	FGA	3P	3PA	FT	FTA	ORB	DRB	TRB	AST	STL	BLK	TO	PF	PTS
71-72	VIR	84	41.8	10.8	21.7	0.0	0.2	5.6	7.5	5.7	10.0	15.7	4.0			4.1	3.1	27.3
72-73	VIR	71	42.2	12.6	25.4	0.1	0.3	6.7	8.6	3.7	8.5	12.2	4.2	2.5	1.8	4.6	2.8	31.9
73-74	NYA	84	40.5	10.9	21.3	0.2	0.5	5.4	7.1	3.1	7.6	10.7	5.2	2.3	2.4	4.1	3.2	27.4
74-75	NYA	84	40.5	10.9	21.5	0.3	1.0	5.8	7.2	3.4	7.5	10.9	5.5	2.2	1.9	3.6	3.0	27.9
75-76	NYA	84	38.6	11.3	22.3	0.4	1.2	6.3	7.9	4.0	7.0	11.0	5.0	2.5	1.9	3.7	2.6	29.3
76-77	PHI	82	35.9	8.4	16.7			4.9	6.3	2.3	6.1	8.5	3.7	1.9	1.4		3.1	21.6
77-78	PHI	74	32.8	8.3	16.4			4.1	4.9	2.4	4.1	6.5	3.8	1.8	1.3	3.2	2.8	20.6
78-79	PHI	78	35.9	9.2	18.7			4.8	6.4	2.5	4.7	7.2	4.6	1.7	1.3	4.0	2.7	23.1
79-80	PHI	78	36.1	10.7	20.7	0.1	0.3	5.4	6.8	2.8	4.6	7.4	4.6	2.2	1.8	3.6	2.7	26.9
80-81	PHI	82	35.0	9.7	18.6	0.0	0.2	5.1	6.5	3.0	5.0	8.0	4.4	2.1	1.8	3.2	2.8	24.6
81-82	PHI	81	34.4	9.6	17.6	0.0	0.1	5.1	6.7	2.7	4.2	6.9	3.9	2.0	1.7	2.6	2.8	24.4
82-83	PHI	72	33.6	8.4	16.3	0.0	0.1	4.6	6.0	2.4	4.4	6.8	3.7	1.6	1.8	2.7	2.8	21.4
83-84	PHI	77	34.8	8.8	17.2	0.1	0.3	4.7	6.3	2.4	4.4	6.9	4.0	1.8	1.6	3.0	2.8	22.4
84-85	PHI	78	32.5	7.8	15.8	0.0	0.1	4.5	5.7	2.2	3.1	5.3	3.0	1.7	1.4	2.7	2.6	20.0
85-86	PHI	74	33.4	7.0	14.7	0.1	0.4	3.9	5.0	2.3	2.7	5.0	3.4	1.5	1.1	2.9	2.6	18.1
86-87	PHI	60	32.0	6.7	14.2	0.2	0.9	3.2	3.9	1.9	2.5	4.4	3.2	1.3	1.6	2.6	2.3	16.8
16 Season		1243	36.4	9.5	18.8	0.1	0.4	5.0	6.5	3.0	5.5	8.5	4.2	2.0	1.7	3.4	2.8	24.2

26 卡尔·马龙（Karl Malone）

出生日期：1963年7月24日
身高：2.06米
场上位置：前锋
NBA生涯：1982—2004年

主要荣誉：九次入选 NBA 最佳阵容；1997 年及 1999 获 "最有价值球员"称号；1992 年和 1996 年入选梦之队和梦之三队并两获奥运会金牌；1989 年、1993 年两次当选全明星赛 MVP。

很少有球员能像卡尔·马龙一样在前锋和后卫的位置上都能很有威慑力。除了他的新秀赛季和老迈时在湖人的最后一个赛季，马龙剩下的十七年场均得分从来没有低于 20 分，而有 10 个赛季他的篮板也不低于十个。他的职业生涯十九年场均 25 分 10.1 个篮板，2004 年 41 岁的他在湖人退役时，他职业生涯的总得分为 36,928 分，仅以 1,459 分落后 "天勾"贾巴尔，排在 NBA 得分榜第二位，此外还抢了 14,968 个篮板，排在历史第六位，而他职业生涯参加过 1,476 场比赛，这排在历史第四位。退役前，前芝加哥公牛队的约翰·帕克森评价卡尔·马龙说："没有人能像卡尔·马龙那么强壮，他跑起来像个后卫，盖帽又像个中锋，他还能非常出色地抢篮板，真的没有什么是他不能做的。像他这样块头的人能做到这些，实在太令人吃惊了。"

马龙号称 "邮差"，那是因为从他的新秀赛季开始，直到 2003 年他退役的前一年，卡尔·马龙十八年时间就缺席过 10 场比赛。十八年间他甚至比最准时的邮差还勤奋，还没有误差。马龙毕业于路易斯安那工学院，可惜 NBA 的那些球探并没有给予 "邮差"最切实的估价，也许 1985 年的第十三顺位只是对

他三年大学平均 18.7 分 9.3 个篮板的定位，但卡尔·马龙通过自己的努力，成了联盟历史上最好也是最恐怖的 4 号位球员之一。马龙还在 1997 和 1999 年两次当选联盟最有价值球员。他和他的搭档约翰·斯托克顿至今都是挡拆的代名词。卡尔·马龙曾四次打入 NBA 总决赛，但是遗憾的是前两次都败给了拥有迈克尔·乔丹的芝加哥公牛。第三次是他的最后一年，2004 年的湖人在卡尔·马龙、奥尼尔、科比及佩顿的带领下败给了活塞。"虽然他没有拿到一个总冠军，他仍然拥有杰出的职业生涯。"马龙的主教练斯隆对爱徒评价道。

卡尔·马龙职业生涯数据：

Season	Tm	G	MP	FG	FGA	3P	3PA	FT	FTA	ORB	DRB	TRB	AST	STL	BLK	TO	PF	PTS
85-86	UTA	81	30.6	6.2	12.5	.0	0.0	2.4	5.0	2.1	6.7	8.9	2.9	1.3	0.5	3.4	3.6	14.9
86-87	UTA	82	34.8	8.9	17.3	0.0	0.1	3.9	6.6	3.4	7.0	10.4	1.9	1.3	0.7	2.9	3.9	21.7
87-88	UTA	82	39.0	10.5	20.1	0.0	0.1	6.7	9.6	3.4	8.6	12.0	2.4	1.4	0.6	4.0	3.6	27.7
88-89	UTA	80	39.1	10.1	19.5	0.1	0.2	8.8	11.5	3.2	7.4	10.7	2.7	1.8	0.9	3.6	3.6	29.1
89-90	UTA	82	38.1	11.1	19.8	0.2	0.5	8.5	11.1	2.8	8.3	11.1	2.8	1.5	0.6	3.7	3.2	31.0
90-91	UTA	82	40.3	10.3	19.6	.0	0.2	8.3	10.8	2.9	8.9	11.8	3.3	1.1	1.0	3.0	3.2	29.0
91-92	UTA	81	37.7	9.9	18.7	0.0	0.2	8.3	10.7	2.8	8.4	11.2	3.0	1.3	0.6	3.1	2.8	28.0
92-93	UTA	82	37.8	9.7	17.6	0.0	0.2	7.5	10.2	2.8	8.4	11.2	3.8	1.5	1.0	2.9	3.2	27.0
93-94	UTA	82	40.6	9.4	18.9	0.1	0.4	6.9	9.0	2.9	8.6	11.5	4.0	1.5	1.5	2.9	3.3	25.2
94-95	UTA	82	38.1	10.1	18.9	0.1	0.5	6.3	8.5	1.9	8.7	10.6	3.5	1.6	1.0	2.9	3.3	26.7
95-96	UTA	82	38.0	9.6	18.5	2	0.5	6.2	8.6	2.1	7.7	9.8	4.2	1.7	0.7	2.4	3.0	25.7
96-97	UTA	82	36.6	10.5	19.2	0.0	0.2	6.4	8.4	2.4	7.5	9.9	4.5	1.4	0.6	2.8	2.6	27.4
97-98	UTA	81	37.4	9.6	18.2	0.0	0.1	7.8	10.2	2.3	8.0	10.3	3.9	1.2	0.9	3.0	2.9	27.0
98-99	UTA	49	37.4	8.0	16.3	0.0	0.0	7.7	9.8	2.2	7.3	9.4	4.1	1.3	0.6	3.3	2.7	23.8
99-00	UTA	82	35.9	9.2	18.0	0.0	0.1	7.2	9.0	2.1	7.4	9.5	3.7	1.0	0.9	2.8	2.8	25.5
00-01	UTA	81	35.7	8.3	16.6	.0	0.1	6.6	8.3	1.6	6.9	8.3	4.5	1.1	0.8	3.0	2.7	23.2
01-02	UTA	80	38.0	7.9	17.5	0.1	0.3	6.4	8.0	1.8	6.8	8.6	4.3	1.9	0.7	3.3	2.9	22.4
02-03	UTA	81	36.2	7.3	15.9	0.0	0.2	5.9	7.7	1.4	6.4	7.8	4.7	1.7	0.4	2.6	2.5	20.6
03-04	LAL	42	32.7	4.6	9.5	0.0	0.0	4.0	5.4	1.5	7.3	8.7	3.9	1.2	0.5	2.5	2.8	13.2
19 Seasons		1476	37.2	9.2	17.8	0.1	0.2	6.6	8.9	2.4	7.7	10.1	3.6	1.4	0.8	3.1	3.1	25.0

27 凯文·麦克海尔（Kevin Mchale）

出生日期：1957年12月19日
身高：2.08米
场上位置：前锋
NBA生涯：1980—1993年

主要荣誉：三次 NBA 总冠军，两次获最佳第六人，七次入选全明星。

如果说世界上曾经有过一个人拥有专为篮球比赛而生的理想化身材，那么这个人就是凯文·麦克海尔！纽约尼克斯曾五次调查他的情况，渴望 1980 年 NBA 选秀的十二顺位将他摘下，但奥尔巴赫一次看到麦克海尔拜访明尼苏达后就心动不已。一个惊天交易，波士顿人用 1980 年的状元签和 1980 年的一个首轮非乐透选秀权从勇士队换来了罗伯特·帕里什和 1980 年的探花签。然后，在金州勇士队以状元签摘下乔·卡罗，犹他爵士队用榜眼签摘下达雷尔·格里菲斯之后，奥尔巴赫如愿以偿地摘到了麦克海尔，从而奠定了 1980 年代凯尔特人王朝的基石。

凯文·麦克海尔出生于明尼苏达州，小时候他一直是一个冰球迷。虽然他的父亲身高只有 1.77 米，母亲身高也仅 1.65 米，但上高中的三年间，他的个头猛地从 1.75 米窜到 2.08 米。他的教练埃丁顿便因材施教，常常和他进行一对一的训练，使他练就了过硬的篮下技术。在明尼苏达大学的四年中，麦克海尔继续提高他的篮球技术，虽然他的得分从来没有超过每场 20 分，但是他的投篮命中率却高达 56.7%，并且常在关键时刻力拔头筹。

加入凯尔特人后，麦克海尔首先被当第六人使用，和他的前辈拉姆齐一样，在第六人位置上麦克海尔游刃有余。新秀年 10.0 分、4.4 个篮板并有 1.84 次

盖帽，入选最佳新秀阵容，帮助球队拿下总冠军。1983—1984 赛季他替补出场 31.4 分钟，得到惊人的 18.4 分、7.4 个篮板和 55.6% 的命中率，并获得了 NBA 最佳第六人奖。1984—1985 年他再次荣获最佳第六人，命中率达到了 57.0%，场均得到 19.8 分和 9.0 个篮板，并在对活塞的比赛拿下了 56 分。1985—1986 赛季他成为首发，拿下职业生涯最高的 21.3 分，面对火箭"双塔"之一的桑普森，他丝毫不吃亏，拿下凯尔特人历史上最后一个冠军。1986—1987 赛季是麦克海尔整个职业生涯的最佳赛季，他场均得到 26.1 分和职业生涯最高的 9.9 个篮板和 2.6 个助攻，并成为 NBA 历史上投篮命中率达到 60% 同时罚球超过 80% 的第一人。

在十三个 NBA 赛季中，麦克海尔忠心耿耿，只为凯尔特人一支球队效力过。他一共得到了 17,355 分、7,122 个篮板、1,690 个盖帽和职业生涯 55.4% 的命中率。"他不但有超过常人的长胳膊，而且速度极快，动作多变。特别是那一双大手，总能够到人们意想不到的地方。即使对手比他高，弹跳比他好，也对他毫无办法。"NBA 的教练胡比·布朗这样评价他。

麦克海尔职业生涯数据：

Season	Tm	G	MP	FG	FGA	3P	3PA	FT	FTA	ORB	DRB	TRB	AST	STL	BLK	TO	PF	PTS
80-81	BOS	82	20.1	4.3	8.1	0.0	0.0	1.3	1.9	1.9	2.5	4.4	0.7	0.3	1.8	1.3	3.2	10.0
81-82	BOS	82	28.4	5.7	10.7	0.0	0.0	2.3	3.0	2.3	4.5	6.8	1.1	0.4	2.3	1.7	3.2	13.6
82-83	BOS	82	28.6	5.9	10.9	0.0	0.0	2.4	3.3	2.6	4.1	6.7	1.3	0.4	2.3	1.9	2.9	14.1
83-84	BOS	82	31.4	7.2	12.9	0.0	0.0	4.1	5.4	2.5	4.9	7.4	1.3	0.3	1.5	1.8	3.0	18.4
84-85	BOS	79	33.6	7.7	13.4	0.0	0.1	4.5	5.9	2.9	6.1	9.0	1.8	0.4	1.5	2.0	3.0	19.8
85-86	BOS	68	35.3	8.3	14.4	0.0	0.0	4.8	6.2	2.5	5.6	8.1	2.7	0.4	2.0	2.2	2.8	21.3
86-87	BOS	77	39.7	10.3	17.0	0.0	0.1	5.6	6.6	3.2	6.7	9.9	2.6	0.5	2.2	2.6	3.1	26.1
87-88	BOS	64	37.3	8.6	14.2	0.0	0.0	5.4	6.8	2.5	5.9	8.4	2.7	0.4	1.4	2.2	2.8	22.6
88-89	BOS	78	36.9	8.5	15.5	0.0	0.1	5.6	6.9	2.3	5.3	8.2	2.2	0.3	1.2	2.5	2.6	22.5
89-90	BOS	82	33.2	7.9	14.4	0.3	0.8	4.8	5.4	2.5	5.8	8.3	2.1	0.4	1.9	2.2	3.0	20.9
90-91	BOS	68	30.4	7.4	13.4	0.2	0.5	3.4	4.0	2.1	4.9	7.1	1.9	0.4	2.1	2.1	2.9	18.4
91-92	BOS	56	25.0	5.8	11.3	0.0	0.2	2.4	2.9	2.1	3.8	5.9	1.5	0.2	1.1	1.5	2.0	13.9
92-93	BOS	71	23.3	4.2	9.1	0.0	0.3	2.3	2.7	1.3	3.7	5.0	1.0	0.2	0.8	1.3	1.8	10.7
13 Seasons		971	31.0	7.0	12.7	0.0	0.2	3.7	4.7	2.4	4.9	7.3	1.7	0.4	1.7	1.9	2.8	17.9

28　拉里·伯德（Larry Bird）

出生日期：1956年12月7日
身高：2.06米
场上位置：前锋
NBA生涯：1978—1992年

　　主要荣誉：三次 NBA 总冠军，连续三届常规赛 MVP，十二次入选全明星，两次总决赛 MVP，九次入选 NBA 第一阵容。

　　"再不会有第二个拉里·伯德了。"1992 年当伯德退役时，"魔术师"曾无限感慨地说。确实，无论怎样形容伯德的伟大都不过分。从稚嫩菜鸟的 1979—1980 赛季，到因背伤被迫退役的 1991—1992 年，在漫长的 13 个赛季里，伯德让他的波士顿凯尔特人队始终处在 NBA 联盟的最顶端。他的得分、篮板球、传球、防守、团队意识、最后一击——事实上无论你能想到的篮球的哪个方面，伯德都在这方面有完美的表现。伯德的三次 NBA 总冠军以及十次大西洋分区冠军，是 NBA 有史以来第三位连续三届赢取常规赛 MVP 奖项球员，同时也是获此殊荣的第一位非中锋球员。他十二次入选全明星阵容，两次成为总决赛 MVP，九次入选 NBA 第一阵容，并且还是四届联盟的罚球王。

　　伯德出生于印第安纳州西贝顿春谷，后在该州的弗兰奇利克附近的一个小镇上长大。在高中时期，他就是当地的明星球员，他的出现让电视台切掉了铺天盖地商业广告和肥皂剧来专门放伯德的录像。待加入印第安纳州立大学时，伯德已经有场均得分"30+"和篮板"10+"的惊人表现。大学最后一年，伯德率领无花果队在 NCAA 所向披靡，取得了三十三连胜的骄人战绩，直到在

总决赛中遇到"魔术师"约翰逊率领的密歇根州立大学校篮球队。那是 NCAA 历史上最知名的决赛之一，也是之后二十五年中收视率最高的一场大学篮球比赛。虽然印第安纳州立大学球队最终输了决赛，但伯德还是赢得了年度最佳大学篮球球员的奈·史密斯奖以及约翰·伍登奖，他也是 NCAA 历史上得分第五多的球员。在拥有伯德的几年中，印第安纳州立大学球队创造了 81 胜 13 负的惊人战绩。

1978 年，凯尔特人队在首轮第六顺位挑中了伯德，指望这名 2.06 米的白人投手能帮助球队重温比尔·拉塞尔时代的光荣。但伯德踌躇再三决定留在大学里修完最后一年的课程。那年凯尔特人队取得了 29 胜 53 负的耻辱成绩。但伯德的新秀赛季就让凯尔特人多赢了 32 场比赛，以 61 胜 21 负的佳绩重夺分区冠军。在总共 82 场比赛里，菜鸟伯德在得分（场均 21 分）、篮板（场均 10.4 个）、断球（143 个）、出场时间（2,955 分钟）上都雄踞全队之首，同时在助攻（场均 4.5 个）和 3 分球（58 个）两项数据上列球队次席。尽管同年进入 NBA 的"魔术师"约翰逊也有着惊艳的表现，帮助湖人队赢取了总冠军，但伯德仍然当选为赛季"最佳新秀"并首次入选全明星阵容。

1980—1981 赛季伯德带领帕里什、麦克海尔和马克斯威尔夺得了联盟的总冠军，从 1983—1984 赛季起，伯德连续三年当选为常规赛 MVP，这是 NBA 历史上继拉塞尔和张伯伦之后获此殊荣的第三人。总决赛中伯德和湖人苦战七场再次拿下总冠军。七场总决赛场均 27.4 分 14 个篮板的贡献，让伯德当之无愧成为总决赛 MVP。1984—1985 赛季，伯德对老鹰单场拿下 60 分，在接下去的一个赛季，凯尔特人赢得了其历史上的第十六个总冠军，而伯德也达到其职业生涯的巅峰。这一年里他得到的个人荣誉包括常规赛 MVP、总决赛 MVP、年度体育风云人物、美联社年度最佳男运动员。在总决赛里，伯德以场均 24.0 分 9.7 篮板 9.5 助攻的准三双表现再次帮助球队以 4：2 击败休斯敦火箭，其中关键的第六场比赛中，伯德独得 29 分 11 个篮板 12 次助攻，毫无疑问他第二次成为了总决赛 MVP。1987—1988 赛季，伯德成为凯尔特人历史上第 1 位单场得分"40+"且篮板"20+"的球员，那是在一场和印第安纳步行者队的比赛中，伯德拿到了 42 分 20 个篮板。1991—1992 赛季是伯德的最后一个赛季，受伤病困扰的他还在对开拓者比赛中得到了 49 分 14 个篮板 12 次助攻以及 4 次抢断。在长达 13 个赛季的 897 场比赛中，伯德共得到 21,791 分 8,974 个篮板

5,695 次助攻，场均得分 24.3 篮板 10.0 助攻 6.3。其职业生涯的投篮命中率为 49.6%，罚球命中率为 88.6%。1992 年，伯德还和约翰逊作为联合队长，带领梦之队夺得巴塞罗那奥运会金牌。

伯德速度不快，弹跳一般，甚至有点笨拙，走路带一点八字脚。这样的身体条件在 NBA 中属于比较差的。但是伯德篮球基本功非常扎实，无论是投、切、传、抢、封、远各项技术都实而不华。特别是投篮准确而稳定，视野宽阔，反应机敏。他曾连续三次夺得 NBA 远投大赛的冠军。更难能可贵的是，他篮球意识极为出色，特别善于发现对手的特点和习惯动作，并在与其对抗中扬长避短。他总是能在最关键时刻出现在最关键的地方投进最关键的球，挽狂澜于即倾，临危不乱，果敢善战，是 NBA 当之无愧的超级巨星之一。

在伯德和约翰逊加入 NBA 之前，很多人预言 NBA 将在 1980 年代自行消亡，但是这两位巨星彻底改变了篮球的面貌，使得这项当时排在职业冰球、棒球和橄榄球之后第四位的职业联赛进入了一个辉煌时代。

伯德职业生涯数据：

Season	Tm	G	MP	FG	FGA	3P	3PA	FT	FTA	ORB	DRB	TRP	AST	STL	BLK	TO	PF	PTS
79-80	BOS	82	36.0	8.5	17.8	0.7	1.7	3.7	4.4	2.6	7.8	10.4	4.5	1.7	0.6	3.2	3.4	21.3
80-81	BOS	82	39.5	8.8	18.3	0.2	0.9	3.5	4.0	2.3	8.6	10.9	5.5	2.0	0.8	3.5	2.9	21.2
81-82	BOS	77	38.0	9.2	18.4	0.1	0.7	4.3	4.9	2.6	8.3	10.9	5.8	1.9	0.9	3.3	3.2	22.9
82-83	BOS	79	37.7	9.5	18.7	0.3	1.0	4.4	5.3	2.4	8.6	11.0	5.8	1.9	0.9	3.0	2.5	23.6
83-84	BOS	79	38.3	9.6	19.5	0.2	0.9	4.7	5.3	2.3	7.8	10.1	6.6	1.8	0.9	3.0	2.5	24.2
84-85	BOS	80	39.5	11.5	22.0	0.7	1.6	5.0	5.7	2.1	8.5	10.5	6.6	1.6	1.2	3.1	2.6	28.7
85-86	BOS	82	38.0	9.7	19.6	1.0	2.4	5.4	6.0	2.3	7.5	9.8	6.8	2.0	0.6	3.2	2.2	25.8
86-87	BOS	74	40.6	10.6	20.2	1.2	3.0	5.6	6.1	1.7	7.5	9.2	7.6	1.8	0.9	3.2	2.5	28.1
87-88	BOS	76	39.0	11.6	22.0	1.3	3.1	5.5	6.0	1.4	7.8	9.3	6.1	1.6	0.8	2.8	2.1	29.9
88-89	BOS	6	31.5	8.2	17.3	0.0	0.0	2.8	3.0	0.2	6.0	6.2	4.8	1.0	0.8	1.8	3.0	19.3
89-90	BOS	75	39.3	9.6	20.2	0.9	2.6	4.3	4.6	1.2	8.3	9.5	7.5	1.4	0.8	3.2	2.3	24.3
90-91	BOS	60	38.0	7.7	17.0	1.3	3.3	2.7	3.1	0.9	7.6	8.5	7.2	1.8	1.0	3.1	2.0	19.4
91-92	BOS	45	36.9	7.8	16.8	1.2	3.0	3.3	3.6	1.0	8.6	9.6	6.8	0.9	0.7	2.8	1.8	20.2
13 Seasons		897	38.4	9.6	19.3	0.7	1.9	4.4	5.0	2.0	8.0	10.0	6.3	1.7	0.8	3.1	2.5	24.3

29 保罗·阿里金（Paul Arizin）

出生日期：1928年4月9日
身高：1.94米
场上位置：中锋
NBA生涯：1950—1962年

主要荣誉：三次入选NBA第一阵容，一次入选NBA第二阵容。

在那个篮球远不如棒球和橄榄球受欢迎的年代，在联盟成立的早年，保罗·阿里金，他的名字属于篮球先驱的行列。他最突出的贡献，莫过于他是第一个使用跳投技术的人，江湖人称"跳投之父"。阿里金职业生涯有22.8分8.6个篮板2.3次助攻的技术统计，别小看22.8分，在那个大家双脚原地站立，双手胸前投篮的时代，保罗的40%以上的命中率比其他球员要高出一个百分点左右。

1950—1951赛季，保罗·阿里金加入NBA费城勇士队，他的跳起投篮被誉为篮球场上的"新式武器"。第二年，这位身高1.94米的小伙子便以平均每场得25.4分的战绩夺得"NBA得分王"称号，当年举办的第二届全明星赛上，保罗一展自己跳投的神采，13投9中，全场拿下26分力压迈肯当选为最有价值球员。阿里金的绰号是"能干的保罗"，另有一个称呼是"原始版"的"飞人乔丹"，那是因为在当时，他已经具备了相当不错的滑翔和滞空。

阿里金后来如此解释自己是如何发明跳投的，当时费城打球多是在一些舞厅和礼堂进行，场地很滑，球员非常容易摔倒。"后来我索性就跳起来，让双脚离开地面，这样就不必担心脚下打滑。我跳得次数越多，投篮就越来越准，

后来就在训练的时候，每次投篮都用跳投。"阿里金这样回忆当年的情景。在
NBA25 周年庆典的时候，他被选入 NBA25 周年最佳阵容。

阿里金职业生涯数据：

Season	Tm	G	MP	FG	FGA	3P	3PA	FT	FTA	ORB	DRB	TRB	AST	STL	BLK	TO	PF	PTS
50-51	PHW	65		5.4	13.3			6.4	8.1			'9.8	2.1				4.4	17.2
51-52	PHW	66	44.5	8.3	18.5			8.8	10.7			11.3	2.6				3.8	25.4
54-55	PHW	72	41.0	7.3	18.4			6.3	8.1			9.4	2.9				3.8	21.0
55-56	PHW	72	37.8	8.6	19.1			7.0	8.7			7.5	2.6				3.9	24.2
56-57	PHW	71	39.0	8.6	20.4			8.3	10.0			7.9	2.1				3.9	25.6
57-58	PHW	68	35.0	7.1	18.1			6.5	8.0			7.4	2.0				3.5	20.7
58-59	PHW	70	40.0	9.0	20.9			8.4	10.3			9.1	1.7				3.8	26.4
59-60	PHW	72	36.4	8.2	19.4			5.8	7.3			8.6	2.3				3.7	22.3
60-61	PHW	79	37.2	8.2	19.4			6.7	8.1			8.6	2.4				4.2	23.2
61-62	PHW	78	35.7	7.8	19.1			6.2	7.7			6.8	2.6				3.9	21.9
10 Seasons		713	38.4	7.9	18.7			7.0	8.7			8.6	2.3				3.9	22.8

30 里克·巴里（Rick Barry）

出生日期：1944年3月28日
身高：1.98米
场上位置：前锋
NBA生涯：1965—1980年

　　主要荣誉：1966年最佳新季，一次总冠军，五次入选最佳阵容一队，一次入选最佳阵容二队，十二次入选全明星。

　　提起里克·巴里，你的眼前就展现出一部篮球场的得分机器。他是唯一一名在大学联赛（NCAA）、NBA联赛和ABA联赛都当过得分王的篮球明星。在他的职业篮球生涯中，他的得分超过了25,000分。在4个赛季中，他的每场平均都超过了30分。

　　巴里12次参加全明星赛，其中在1967年以38分的杰作当选"NBA全明星赛最有价值球员"。他5次入选NBA最佳阵容。巴里出生于新泽西的伊丽莎白城。他的父亲是一位当时小有名气的篮球教练，曾经在ABA执教。巴里从小就和篮球为伍，高中毕业后，得到了迈阿密大学的篮球奖学金。在1964—1965赛季，当时上三年级的巴里以每场平均37.4分成为全美大学NCAA联赛甲级队的得分王。1965年，巴里在NBA选秀大会上被旧金山勇士队在第一轮中。他进入NBA的第一个赛季每场平均得25.7分，当选"NBA最佳新人"并入选当年NBA最佳阵容。

　　1975年，他以每场平均30.6分带领金州勇士只落四局击败华盛顿子弹队夺得 NBA 总冠军。这也是勇士队西迁后的第一个总冠军。巴里以他锐利的得分和场上的带头作用被评为"总决赛最有价值球员"。

巴里是一个比较全面的前锋，在 NBA 先后打过 10 个赛季，ABA 打过 4 个赛季。当他 1980 年退役时，他的总得分排名 NBA 第十五位，如果将他在 ABA 中 4 个赛季的得分加上，那么他的总得分在 NBA 中可以排到第六位。他以 1,104 次抢断排名当时 NBA 的第十位。他罚球是用过了时的"端尿盆"式双手投篮，但是命中率高达 90%，为 NBA 当时之最。在 1978—1979 赛季中，他所有 169 次罚球中只有 9 个没进，命中率高达 94.7%。1986 年，巴里被选入美国篮球名人堂。

巴里职业生涯数据：

Season	Tm	G	MP	FG	FGA	3P	3PA	FT	FTA	ORB	DRB	TRB	AST	STL	BLK	TO	PF	PTS
65-66	Pnʃ	80	26.7	5.4	12.6			3.5	5.5			7.5	2.6				3.8	14.3
66-67	Phʃ	81	26.8	6.9	15.0			4.7	6.9			7.3	2.5				3.2	18.5
67-68	PHI	74	28.1	7.0	15.9			5.0	6.9			7.6	2.5				3.5	18.9
68-69	PHI	82	40.8	9.0	21.2			6.8	9.2			12.8	3.5				4.0	24.8
69-70	PHI	81	39 4	9.9	21.1			6.3	8.6			13.6	4.3				4.1	26.1
70-71	PHI	81	38.1	8.7	18.8			5.6	7.7			11.7	4.9				4.0	23.0
71-72	PHI	75	38.7	8.8	19.0			5.7	8.0			12.2	5.9				3.9	23.3
72-73	CAR	84	38.7	9.2	18.8	0.2	0.6	5.6	7.1	2.9	9.2	12 0	6.3	2.6		4.5	3.7	24.1
73-74	CAR	32	37.2	7.9	16.8	0.0	0.3	4.7	5.8	2.7	7.7	10.3	4.7	1.8	0.7	4.0	3.3	20.5
74-75	PHI	80	35.7	7.6	17.8			4.3	5.6	1.6	7.5	9.1	5.5	1 1	0.4		3.4	19.5
75-76	PHI	20	32.0	5.2	12.6			3.4	4.4	1.5	5.9	7.4	5.4	1.2	0.5		2.9	13.7
11 Seasons		770	34.9	8.0	17.6	0.1	0.5	5.2	7.1	2.2	8.0	10.4	4.3	1.8	0.5	4.4	3.7	21.2

31 斯科特·皮蓬（Scottie Pippen）

出生日期：1965年5月29日
身高：2.01米
场上位置：前锋
NBA生涯：1987—2004 年

　　主要荣誉：六次总冠军，两次奥运会冠军，1994 年全明星赛 MVP，三次最佳阵容一队，八次 NBA 最佳防守阵容一队，两次最佳防守阵容二队。

　　斯科特·皮蓬出生于美国阿肯色州一个叫汉堡的小镇。他在高中毕业身高仅 1.85 米，而且篮球技术平平。全国重点大学对于这样的队员根本不屑一顾。于是皮蓬几经奔走才进入阿肯色中央大学，一个非篮球名校。皮蓬在进入大学的第一年每场比赛才得 4.3 分，只是一名替补而已，另外还有为队友准备球衣和管理更衣室等杂务。但是皮蓬的身高和球技在随后三年里同步增长。三年级时，2.01 米的皮蓬已是阿肯色大学队的主力。1987 年毕业的时候，他平均每场比赛得 23.6 分，抢 10 个篮板球。这在当年参加 NBA 选秀大会的大学生中可谓成绩显赫。但是由于阿肯色大学在全国联赛中成绩不佳，所以皮蓬并不是各队争相要得到的第一人选。

　　皮蓬被西雅图超音速队在第一轮第五顺位选中，但是当时真正看出皮蓬巨星素质并决心要得到这块玉的人是芝加哥公牛队的副主席兼总经理杰里·克鲁斯。这位专门负责为公牛队网罗人才的伯乐在选秀大会结束后，立刻和超音速队协商，用公牛队在第一轮第八顺位选择的中锋伯利尼斯加上 1988 年或者 1989 年第二轮选秀权和超音速队交换皮蓬。超音速队对于这位瘦高个还毫无把握，为能得到一位更实用的中锋和第二年多一次选秀机会，超音速队于是欣然同意。因此皮蓬还没有在 NBA 打过 1 场比赛便被交换过一次。

来到公牛队的第一年，皮蓬主要以替补身份出战。在他的第一个 NBA 赛季中，平均每场得 14.4 分 6.1 个篮板球 3.5 次助攻。但是在此后的三年里，皮蓬每年都有长足进步。这主要得力于他在训练中和乔丹的对抗以及在比赛中和乔丹的合作。经过三年的磨炼，皮蓬终于成为和乔丹一起最杰出的一对搭档，加上和皮蓬同年加入公牛队的大前锋格兰特的篮下威力，公牛队终于在 1991 年第一次夺得 NBA 的总冠军，并在随后的两年蝉联这一荣誉。这时的皮蓬平均每场比赛得分已经上升到 21 分 7.7 个篮板球 7 次助攻。1993—1994 年，乔丹的离去让皮蓬成为公牛队的支柱，而他的任务就是延续公牛队的辉煌成绩。那年他场均有 22.6 分 8.3 个篮板 2.93 次抢断的表现。在当年的全明星赛上，他杀下 29 分 11 个篮板 4 次抢断，毫无疑问地当选了 MVP。这是他第一座，也是最后一座。但季后赛东部半决赛对尼克斯第三场，剩下 1.8 秒时"禅师"让库克奇做最后一投，恼羞成怒的皮蓬于是拒绝上场，并最终在第五场用一个犯规葬送了球队。随后乔丹回归，皮蓬退居二线，公牛又完成不可思议的三连冠。

在乔丹第二次退役后，皮蓬曾转战火箭队和开拓者队，目前追随恩师菲尔·杰克逊在湖人队教练组工作。2005 年 12 月 9 日，他的 33 号球衣在公牛队主场对湖人队的比赛中正式退役。

皮蓬职业生涯数据：

Season	Tm	G	MP	FG	FGA	3P	3PA	FT	FTA	ORB	DRB	TRB	AST	STL	BLK	TO	PF	PTS
87-88	CHI	79	20.9	3.3	7.1	0.1	0.3	1.3	2.2	1.5	2.3	3.8	2.1	1.1	0.7	1.7	2.7	7.9
88-89	CHI	73	33.1	5.7	11.9	0.3	1.1	2.8	4.1	1.9	4.2	6.1	3.5	1.9	0.8	2.7	3.6	14.4
89-90	CHI	82	38.4	6.9	14.0	0.3	1.4	2.4	3.6	1.8	4.8	6.7	5.4	2.6	1.2	3.4	3.6	16.5
90-91	CHI	82	36.8	7.3	14.1	0.3	0.8	2.9	4.1	2.0	5.3	7.3	6.2	2.4	1.1	2.8	3.3	17.8
91-92	CHI	82	38.6	8.4	16.6	0.2	1.0	4.	5.3	2.3	5.4	7.7	7.0	1.9	1.1	3.1	3.0	21.0
92-93	CHI	81	38.6	7.8	16.4	0.3	1.1	2.9	4.3	2.5	5.2	7.7	6.3	2.1	0.9	3.0	2.7	18.6
93-94	CHI	72	38.3	8.7	17.8	0.9	2.7	3.8	5.7	2.4	6.3	8.7	5.6	2.9	0.8	3.2	3.2	22.0
94-95	CHI	79	38.2	8.0	16.7	1.4	4.0	4.0	5.6	2.2	5.9	8.1	5.2	2.9	1.1	3.4	3.0	21.4
95-96	CHI	77	36.7	7.3	15.8	1.9	5.2	2.9	4.2	2.0	4.5	6.4	5.9	1.7	0.7	2.7	2.6	19.4
96-97	CHI	82	37 7	7.9	16.7	1.9	5.2	2.5	3.5	2.0	4.5	6.5	5.7	1.9	0.5	2.6	2.6	20.2
97-98	CHI	44	37.5	7.2	16.0	1.4	4.4	3.4	4.4	1.2	4.0	5.2	5.8	1.8	1.0	2.5	2.6	19.1
98-99	HOU	50	40.2	5.2	12.1	1.4	4.2	2.6	3.7	1.3	5.2	6.5	5.9	2.0	0.7	3.2	2.4	14.5
99-00	POR	82	33.5	4.7	10.5	1.0	3.2	2.0	2.7	1.4	4.9	6.3	5.0	1.4	0.5	2.5	2.5	12.5
00-01	POR	64	33.3	4.2	9.3	1.0	2.9	1.9	2.5	1.1	4.1	5.2	4.6	1.5	0.5	2.4	2.5	11.3
01-02	POR	62	32.2	4.0	9.7	1.0	2.9	1.8	2.4	1.2	4.0	5.2	5.9	1.6	0.6	2.8	2.6	10.6
02-03	POR	64	29.9	4.1	9.3	0.6	2.1	1.9	2.3	0.9	3.5	4.3	4.5	1.6	0.4	2.6	2.3	10.8
03-04	CHI	23	17.9	2.3	6.1	0.6	2.1	0.7	1.2	0.9	2.1	3.0	2.2	0.9	0.4	1.3	1.7	5.9
17Seasons		1178	34.9	6.3	13.3	0.8	2.5	2.7	3.8	1.8	4.6	6.4	5.2	2.0	0.8	2.8	2.8	16.1

32 比尔·沙尔曼（Bill Sharman）

出生日期：1926年5月25日
身高：1.86米
场上位置：后卫
NBA生涯：1950—1961年

　　主要荣誉：四次获NBA总冠军，七次入选NBA最佳阵容或第二阵容，八次参加全明星赛。比尔·沙尔曼是NBA首批革命性的后卫之一，是那个时代最好的射手，是NBA历史上第一位将投篮命中率提高到40%以上的后卫队员，他以80%以上的罚球命中率连续7个赛季排联盟第一。1973年，沙尔曼入选美国篮球名人堂。

　　沙尔曼出生在得克萨斯州的阿比林。他是南加利福尼亚大学一个杰出的棒球和篮球选手，大三和大四的时候他还在篮球和棒球项目中游走而不确定选择哪个项目，1950年他与布鲁克林道奇队签了一个低级别棒球联盟的合约。后来华盛顿首都队在NBA选秀第二轮抽中了他，接下来的五年内，他一直都在打两个项目，1955年他终于放弃了自己的棒球生涯。1950—1951赛季首都队解散时，他被韦恩堡活塞选中，不过奥尔巴赫慧眼识英才，立即把他交换到凯尔特人，随后他就在凯尔特人认真地打造他的命中率。

　　新秀赛季沙尔曼场均得10.7分，然后慢慢地上升到21.1分，他和搭档鲍勃·库西相得益彰，组成当时最出色的后卫线。沙尔曼在1957年、1959年和1960年共获四次NBA总冠军，7次入选NBA最佳阵容或第二阵容，八次参加全明星赛。但他篮球生涯中最辉煌的阶段是在1961年退休后当教练时开创的。

1961 年，35 岁的沙尔曼在美国篮球联盟 ABL 的喷气机队担任运动员兼主教练，当年就一举夺魁。1971 年，他又带领球队夺得美国篮球协会 ABA 总冠军。1972 年，他执教 NBA 洛杉矶湖人队，创下当时常规赛季 69 胜 13 负的最好成绩，其中有 33 场连胜，最后在总决赛中 4：1 击败尼克斯队，夺得 NBA 总冠军。沙尔曼本人也被评为 NBA 最佳教练。1976 年，沙尔曼成为湖人队的总经理，在他的经营下湖人队利用新秀的交易权得到了后来开创湖人队新时代的天才后卫"魔术师"约翰逊。1982 年，他被选为湖人队俱乐部主席。1988 年退休，此间湖人队又赢得五个 NBA 总冠军。沙尔曼至今依然是湖人大家庭中最受人尊敬的成员之一。

　　沙尔曼是目前美国篮坛上唯一一位在三个不同的职业篮球组织中指挥球队夺得过总冠军的主教练，这一点足以让他在任何篮球史上占有一席之位。

比尔·沙尔曼职业生涯数据：

Season	Tm	G	MP	FG	FGA	3P	3PA	FT	FTA	ORB	DRB	TRB	AST	STL	BLK	TO	PF	PTS
50-51	WSC	31		4.5	11.6			3.1	3.5			3.1	1.3				2.8	12.2
51-52	BOS	63	22.0	3.9	10.0			2.9	3.4			3.5	2.4				2.9	10.7
52-53	BOS	71	32.9	5.7	13.0			4.8	5.6			4.1	2.7				3.4	16.2
53-54	BOS	72	34.3	5.7	12.7			4.6	5.4			3.5	3.2				2.9	16.0
54-55	BOS	68	36.1	6.7	15.6			5.1	5.7			4.4	4.1				3.1	18.4
55-56	BOS	72	37.5	7.5	17.1			5.0	5.7			3.6	4.7				2.7	19.9
56-57	BOS	67	35.9	7.7	18.5			5.7	6.3			4.3	3.5				2.8	21.1
57-58	BOS	63	35.1	8.7	20.6			4.8	5.4			4.7	2.7				2.5	22.3
58-59	BOS	72	33.1	7.8	19.1			4.8	5.1			4.1	2.5				2.4	20.4
59-60	BOS	71	27.0	7.9	17.3			3.5	4.1			3.7	2.0				2.2	19.3
60-61	BOS	61	25.2	6.3	14.9			3.4	3.7			3.7	2.4				2.1	16.0
11 Seasons		711	32.0	6.7	15.7			4.4	5.0			3.9	3.0				2.7	17.8

33　比利·坎宁安（Billy Cunningham）

出生日期：1943年6月3日
身高：1.98米
场上位置：后卫
NBA生涯：1965—1976 年

　　主要荣誉：一次 NBA 总冠军，一次获 MVP，三次入选 NBA 最佳阵容。

　　比利·坎宁安在 NBA 中当过球星、主教练、评论员和老板，他的 NBA 故事最为离奇和精彩。1990 年，入选篮球名人堂。

　　坎宁安出生在纽约市的布鲁克林区。当 5 岁生日父亲送他一个篮球作为礼物后，他就和篮球结合在了一起。虽然坎宁安个子不矮，篮球技术也十分出众，但是骨瘦如柴。当皮包骨头的他来到南加州大学报到的时候，校队教练史密斯还以为他面前的这个满脸雀斑、四肢瘦得像鸽子腿一样的大孩子连路都不会走。但是，坎宁安马上以自己的实力证明了他不仅能走路，而且还可以跳起来在空中向前滑翔一段距离。大学的四年中，坎宁安平均每场得 24.8 分，两次选为"全美大学最佳球员"。1965 年，费城 76 人队在第一轮选秀中得到了依然瘦骨嶙峋的坎宁安。从此 76 人队里多了一位让对手头痛不已的"排骨仙"。在场上，坎宁安智勇双全，有一种舍生忘死的气势，处理球果敢狡猾。1966 年，他入选 NBA 最佳新人阵容；1967 年，他和张伯伦携手终于做掉了拉塞尔率领的凯尔特人，助 76 人队夺得 NBA 总冠军；1969—1971 年，连续三年入选 NBA 最佳阵容；1973 年成为"最有价值运动员"。1976 年退役后，他靠着自己的成功秘诀：周密组织、刻苦的工作和坚强的信心，同样在商场上获得了成功。作为主教练，他在取得二百场和三百场的胜利所用的时间比任何 NBA 教练都短。他自 1977 年起，执教费城 76 人队长达八年，1980 年和 1982 年二度打入 NBA 总决赛，但均以 2∶4 败给洛杉矶湖人队。后又重新做起，1983 年终以 4∶0 击败湖人队夺得 NBA 总冠军。作为评论员，他是 CBS 电视台最具权威的 NBA 专家。作为老板，他和其他三位投资者一起为佛罗里达西部建立一支名叫"迈阿密热火队"的 NBA 球队，并为热火队"挖"来了 NBA 王牌教练帕特·莱利。莱利经二年苦心经营，率队在 1996—1997 赛季取得该队历史上最好成绩，排名东区第二。

坎宁安职业生涯数据：

Season	Tm	G	MP	FG	FGA	3P	3PA	FT	FTA	ORB	DRB	TRB	AST	STL	BLK	TO	PF	PTS
65-66	PHI	80	26.7	5.4	12.6			3.5	5.5			7.5	2.6				3.8	14.3
66-67	PHI	81	26.8	6.9	15.0			4.7	6.9			7.3	2.5				3.2	18.5
67-68	PHI	74	28.1	7.0	15.9			5.0	6.9			7.6	2.5				3.5	18.9
68-69	PHI	82	40.8	9.0	21.2			6.8	9.2			12.8	3.5				4.0	24.8
69-70	PHI	81	39.4	9.9	21.1			6.3	8.6			13.6	4.3				4.1	26.1
70-71	PHI	81	38.1	8.7	18.8			5.6	7.7			11.7	4.9				4.0	23.0
71-72	PHI	75	38.7	8.8	19.0			5.7	8.0			12.2	5.9				3.9	23.3
72-73	CAR	84	38.7	9.2	18.8	0.2	0.6	5.6	7.1	2.9	9.2	12.0	6.3	2.6			4.5	3.7	24.1
73-74	CAR	32	37.2	7.9	16.8	0.0	0.3	4.7	5.8	2.7	7.7	10.3	4.7	1.8	0.7	4.0	3.3	20.5
74-75	PHI	80	35.7	7.6	17.8			4.3	5.6	1.6	7.5	9.1	5.5	1.1	0.4		3.4	19.5
75-76	PHI	20	32.0	5.2	12.6			3.4	4.4	1.5	5.9	7.4	5.4	1.2	0.5		2.9	13.7
11Seasons		770	34.9	8.0	17.6	0.1	0.5	5.2	7.1	2.2	8.0	10.4	4.3	1.8	0.5	4.4	3.7	21.2

34 鲍勃·库西（Bob Cousy）

出生日期：1928年8月9日
身高：1.85米
场上位置：后卫
NBA生涯：1950—1970年

　　主要荣誉：六次获 NBA 总冠军，一次获 NBA 年度 MVP，两次全明星赛 MVP，十次入选 NBA 最佳阵容。1970 年，入选美国篮球名人堂。

　　库西出生于纽约市，在高中时期就显出与众不同的篮球才华。因出身贫寒，他被中学篮球队除名过两次。13 岁那年他从树上摔下来跌断了右臂，于是用左手来运球、传球和投篮。当他伤愈后竟然可以左右开弓，球艺大增。校队教练格兰姆德一次看到库西打球后，立即将他召回校队。校队缺少一个技术全面的后卫，库西游刃有余地接受了这一位置，从此他便脱颖而出，一个新星诞生了。少年时代的库西用前所未见的技术和动作不断击败对手，一时间成为纽约人们谈论的话题。1946 年，正是篮球运动处于蒙昧时代的后期，库西进入霍利大学，将一股篮球技术革命的清风吹到了大学篮坛。但是大学教练认为库西动作太花哨，限制他的上场时间，即便如此，库西头年就率领霍利大学夺得全国锦标赛的冠军，并被评为全美大学最佳阵容。1950 年，库西参加了 NBA 选秀，可连"红衣主教"奥尔巴赫也对他不屑一顾："我要的队员是能赢球的，而不是哗众取宠的。"库西第一轮被鹰队选中，转手换给了芝加哥牡鹿队，因牡鹿队的倒闭，抽签到了凯尔特人队。当时凯尔特人队的老板沃尔特·布朗想抽得分王扎斯罗夫斯基，可当打开纸条看到了库西的名字："我当时就要晕倒在地板上。"起初，奥尔巴赫仍然限制库西的上场时间，但是金子总要放出光芒，库西很快显示了自己的价值。他的表演使波士顿花园体育馆上座率大大提高。从1952—1961年，他十年作为组织后卫被选入 NBA 最佳阵容,6 夺 NBA 总冠军，1 次获 NBA 年度 MVP 奖，8 个赛季在助攻次数上排名 NBA 第一，10 次入选 NBA 全明星队，两次当选"NBA 全明星赛最有价值球员"。他被公认为凯尔特人队"绿色王朝"中的"心脏和灵魂"。库西的许多动作被拍成了电影，作为篮球训练的教材和示范。库西是第一个为篮球运动加入艺术因素的球员。

库西职业生涯数据：

Season	Tm	G	MP	FG	FGA	3P	3PA	FT	FTA	ORB	DRB	TRB	AST	STL	BLK	TO	PF	PTS
50-51	BOS	69		5.8	16.5			4.0	5.3			6.9	4.9				2.7	15.6
51-52	BOS	66	40.6	7.8	21.0			6.2	7.7			6.4	6.7				2.9	21.7
52-53	BOS	71	41.5	6.5	18.6			6.7	8.3			6.3	7.7				3.2	19.8
53-54	BOS	72	39.7	6.8	17.5			5.7	7.3			5.5	7.2				2.8	19.2
54-55	BOS	71	38.7	7.4	18.5			6.5	8.0			6.0	7.8				2.3	21.2
55-56	BOS	72	38.4	6.1	17.0			6.6	7.8			6.8	8.9				2.9	18.8
56-57	BOS	64	36.9	7.5	19.8			5.7	6.9			4.8	7.5				2.1	20.6
57-58	BOS	65	34.2	6.8	19.4			4.3	5.0			5.0	7.1				2.1	18.0
58-59	BOS	65	37.0	7.4	19.4			5.1	5.9			5.5	8.6				2.1	20.0
59-60	BOS	75	34.5	7.6	19.7			4.3	5.4			4.7	9.5				1.9	19.4
60-61	BOS	76	32.5	6.8	18.2			4.6	5.9			4.4	7.7				2.6	18.1
61-62	BOS	75	28.2	6.2	15.7			3.3	4.4			3.5	7.8				1.8	15.7
62-63	BOS	76	26.0	5.2	13.0			2.9	3.9			2.5	6.8				2.3	13.2
69-70	CIN	7	4.9	0.1	0.4			0.4	0.4			0.7	1.4				1.6	0.7
14 Seasons		924	35.3	6.7	17.8			5.0	6.2			5.2	7.5				2.4	18.4

35 克莱德·德雷克斯勒（Clyde Drexler）

出生日期：1962年6月22日
身高：2.01米
场上位置：后卫
NBA生涯：1983—1998年

主要荣誉：1995年夺得NBA总冠军；1992年入选NBA最佳阵容和梦之队。

德雷克斯勒曾两次杀入总决赛，1989年，开拓者选中了"篮板怪兽"巴克·威廉姆斯，虽然他们杀入总决赛却败给了杜马斯和托马斯领军的坏孩子军团。1992年开拓者再次杀入总决赛，却成全了第一场乔丹上半场就破纪录的6个3分和35分。但那年也是乔丹最危险的总决赛之一，总决赛第六场，开拓者一度领先到79：64。1995年，火箭用索普和穆雷得到了德雷克斯勒，就在那年总决赛，他限制了叫嚣的"便士"，4：0给年轻的魔术剃了光头。

德雷克斯勒出生于美国的新奥尔良，大学期间他和奥拉朱旺就是亲密的校友和队友，他比奥拉朱旺早进入NBA一年。1984年选秀时，开拓者在榜眼选中了萨姆·鲍维，后来人曾一度暗想如果当时开拓者拿下的是乔丹，那两个飞人的联手将带给联盟多大的震撼。德雷克斯勒号称"滑翔机"，一是因为他的名字克莱德和滑翔机发音接近，而是因为他弹跳力非常出众。他曾经轻松地将球扣进了3.60米的篮筐。

德雷克斯勒不仅能跳，而且速度极快，同时他的大局观非常好，他曾是联盟中除伯德和"魔术师"外第三个拿下21分6个篮板6次助攻以上的球员，而同时他在抢断上总是贡献良多。1998年乔丹在最后5.2秒终结爵士的伟大时刻，谁都没有注意到那个时候德雷克斯勒已经悄然退役。德雷克斯勒在他 NBA 生涯的15个赛季里共得22,195分、助攻6,195次、篮板6,697个，他和奥斯卡·罗伯特森、约翰·哈夫利切克是 NBA 历史上仅有的三位球员得分超过 20, 000 万分、助攻和篮板都超过 6, 000 千次的球员。他的 2,207 个抢断也在 NBA 历史上列第四位。

德雷克斯勒职业生涯数据：

Season	Tm	G	MP	FG	FGA	3P	3PA	FT	FTA	ORB	DRB	TRB	AST	STL	BLK	TO	PF	PTS
83-84	POR	82	17.2	3.1	6.8	0.0	0.0	1.5	2.1	1.4	1.5	2.9	1.9	1.3	0.4	1.5	2.5	7.7
84-85	POR	80	31.9	7.2	14.5	0.1	0.5	2.8	3.7	2.7	3.2	6.0	5.5	2.2	0.9	2.8	3.3	17.2
85-86	POR	75	34.3	7.2	15.2	0.2	0.8	3.9	5.1	2.3	3.3	5.6	8.0	2.6	0.6	3.8	3.6	18.5
86-87	POR	82	38.0	8.6	17.2	0.1	0.6	4.4	5.7	2.8	3.5	6.3	6.9	2.5	0.9	3.1	3.4	21.7
87-88	POR	81	37.8	10.5	20.7	0.1	0.6	5.9	7.2	3.2	3.4	6.6	5.8	2.5	0.6	2.9	3.1	27.0
88-89	POR	78	39.3	10.6	21.4	0.3	1.3	5.6	7.0	3.7	4.2	7.9	5.8	2.7	0.7	3.2	3.4	27.2
89-90	POR	73	36.8	9.2	18.6	0.4	1.5	4.6	5.9	2.8	4.1	6.9	5.9	2.0	0.7	2.6	3.0	23.3
90-91	POR	82	34.8	7.9	16.3	0.7	2.3	5.1	6.4	2.6	4.1	6.7	6.0	1.8	0.7	2.8	2.8	21.5
91-92	POR	76	36.2	9.1	19.4	1.5	4.4	5.3	6.6	2.2	4.4	6.6	6.7	1.8	0.9	3.2	3.0	25.0
92-93	POR	49	34.1	7.1	16.7	.6	2.7	5.	6.0	2.6	3.7	6.3	5.7	1.9	0.8	2.3	3.2	19.9
93-94	POR	68	34.3	7.0	16.3	1.0	3.2	4.2	5.4	2.0	4.3	6.5	4.9	1.4	0.5	2.5	3.0	19.2
94-95	POR	41	34.8	7.4	17.4	2.1	5.9	5.0	6.0	2.0	3.7	5.7	5.1	1.8	0.5	2.4	2.9	22.0
	HOU	35	37.1	7.6	15.0	1.7	4.8	4.5	5.5	1.9	5.1	7.0	4.4	1.8	0.7	2.5	2.5	21.4
	TOT	76	35.9	7.5	16.3	1.9	5.4	4.8	5.8	2.0	4.3	6.3	4.8	1.8	0.6	2.4	2.7	21.8
95-96	HOU	52	38.4	6.4	14.7	1.5	4.5	5.1	6.5	1.9	5.3	7.2	5.8	2.0	0.5	2.6	2.9	19.3
96-97	HOU	62	36.6	6.4	14.5	1.9	5.4	3.2	4.3	1.9	4.1	6.0	5.7	1.9	0.6	2.5	2.4	18.0
97-98	HOU	70	35.3	6.5	15.1	1.5	4.8	4.0	4.9	1.5	3.4	4.9	5.5	1.8	0.6	2.7	2.8	18.4
15 Seasons		1086	34.6	7.7	16.3	0.8	2.4	4.3	5.5	2.4	3.7	6.1	5.6	2.0	0.7	2.7	3.0	20.4

36 戴夫·宾（Dave Bing）

出生日期：1943年11月24日
身高：1.92米
场上位置：后卫
NBA生涯：1966—1978年

主要荣誉：两次入选最佳阵容一队，一次入选最佳阵容二队，七次入选全明星阵容，并在1967—1968赛季以场均27.1分成为联盟得分王。

1943年戴夫·宾出生在华盛顿特区东北部的一个黑人家庭，他的父亲是一位砖瓦匠，母亲是一位家政工人。由于家境贫寒，四个孩子睡觉时不得不挤在两张床上。戴夫·宾5岁那年在街上玩骑马游戏时不慎摔倒，一根钉子插入他的左眼。虽然通过手术最终保住了眼睛，但视力却受到严重影响。

戴夫·宾高中时候在棒球和篮球方面都有建树，但他最后还是选择了篮球。1962年戴夫·宾加入了锡拉丘兹大学（主修商业贸易兼修经济），在这里他一年比一年出色，大四那年他以场均28.4分排名全美第五，并在1966年夏天的选秀中以第二名身份加入活塞。

戴夫·宾第一场比赛6投全失，对最终凭借场均20.0分4.5个篮板4.1次助攻的全面表现，他被评为1966—1967赛季的年度最佳新秀。第二年，他更是以场均27.1分超越贝勒和张伯伦等巨星，成为联盟的新科得分王，这是第一次由后卫霸占联盟得分王的宝座。1971—1972季前赛，他的右眼又受到重创，湖人的前锋哈里斯通扬起的手指插入他的右眼，造成了他视网膜脱落，这一次受伤几乎使宾的职业生涯就此夭折。

戴夫·宾后来在底特律、华盛顿和波士顿效力了 12 个赛季中，打了 901 场比赛，总共得到 18,327 分和 5,397 次助攻（场均 20.3 分 6.0 次助攻），他的成就使他成为联盟有史以来最伟大的 50 名巨星之一。1980 年，也就是戴夫·宾退休一年以后，他又回到了底特律，开办了一家以他名字命名的钢铁公司。十年之后，这家钢铁厂年营业额高达 5 亿 5 千万美元，成为美国人在国内拥有的第十大钢铁企业。1991 年，戴夫·宾入选美国篮球名人堂。

戴夫·宾职业生涯数据：

Season	Tm	G	MP	FG	FGA	3P	3PA	FT	FTA	ORB	DRB	TRB	AST	STL	BLK	TO	PF	PTS
66-67	DET	80	34.5	8.3	19.0			3.4	4.6			4.5	4.1				2.7	20.0
67-68	DET	79	40.6	10.6	24.0			6.0	8.5			4.7	6.4				3.2	27.1
68-69	DET	77	39.5	8.8	20.7			5.8	8.1			5.0	7.1				3.3	23.4
69-70	DET	70	33.3	8.2	18.5			6.5	8.3			4.3	6.0				2.8	22.9
70-71	DET	82	37.4	9.7	20.9			7.5	9.4			4.4	5.0				2.8	27.0
71-72	DET	45	43.0	8.2	19.8			6.2	7.9			4.1	7.0				3.1	22.6
72-73	DET	82	41.0	8.4	18.8			5.6	6.8			3.6	7.8				2.8	22.4
73-74	DET	81	38.6	7.2	16.5			4.4	5.4	1.3	2.1	3.5	6.9	1.3	0.2		2.7	18.8
74-75	DET	79	40.8	7.3	16.9			4.3	5.4	1.1	2.5	3.6	7.7	1.5	0.3		2.8	19.0
75-76	WSB	82	35.9	6.1	13.6			4.0	5.1	1.1	1.7	2.9	6.0	1.4	0.3		3.2	16.2
76-77	WSB	64	23.7	4.2	9.3			2.1	2.8	0.8	1.4	2.2	4.3	1.0	0.1		2.3	10.6
77-78	BOS	80	28.2	5.3	11.8			3.1	3.7	1.0	1.7	2.7	3.8	1.0	0.2	2.7	3.1	13.6
12 Seasons		901	36.4	7.7	17.5			4.9	6.3	1.1	1.9	3.8	6.0	1.3	0.2	2.7	2.9	20.3

37 埃尔·门罗（Earl Monroe）

出生日期：1944年11月21日
身高：1.90米
场上位置：后卫
NBA生涯：1967—1980年

主要荣誉：4次入选全明星队；1967年"NBA最佳新人"；1973年获NBA总冠军。

在"魔术师"约翰逊1979年来到NBA之前，NBA中早就有一位被人称为"黑色魔术师"的球星，这就是埃尔·门罗。但是"黑色魔术师"只是门罗众多绰号中的一个，他最有名的绰号叫做"埃尔珍珠"。"埃尔珍珠"门罗是一位出神入化的控制球大师和一对一的专家。他那眼花缭乱的切入，常常让观众看得目瞪口呆。如果对手和他保持距离，他可以用准确的投篮攻击得分。

门罗1967年加入NBA，在十三年的NBA生涯中，他是使得后卫这一传统角色发生革命性变化的重要人物之一。他与同时代的著名攻击后卫大卫·比格和杰里·韦斯特一起，使人们改变了后卫只会传球、不善进攻的传统观念。他们用自己的行为证明了后卫和中锋在进攻中的地位是同等重要。门罗在13年的NBA生涯中平均每场得18.8分，在得分最多的1968—1969赛季平均每场为25.8分。

门罗1944年生于美国南部的费城。从小他最喜欢的体育项目是足球和棒球，直到14岁那年身高长到1.90米，引起了学校篮球队教练的注意。虽然他没有马上从思想上接受篮球运动，却开始在校队中打中锋。由于门罗的身高在中锋中偏矮，所以每次移动和投篮他都要做假动作，跳起后尽量延长自己的空中停留时间，以此躲开对方的防守。高中毕业后，门罗选择了一所北卡罗来纳州以黑人学生为主的小学院。1966—1967赛季，门罗以每场平均41.5分的进账带领云丝顿－沙龙学院夺得全美大学乙级联赛冠军。当地的一位体育记者在文章中说，门罗的得分就像满场的珍珠，于是这位大学球星有了自己的绰号"埃尔珍珠"。

1967年，门罗在NBA选秀中以第二位的身份被巴尔的摩子弹队选中。加入NBA的第一年，门罗每场得24.3分4.3次助攻，在和洛杉矶湖人队的1场比赛中，他一人投中56分。门罗理所当然地当选"NBA最佳新人"。两年之后，他入选1969年的NBA最佳阵容。1971年11月10日，子弹队为了扩大整体实力，忍痛把门罗换到尼克斯，尼克斯队一路过关斩将，包括在季后赛击败老东家子弹队，闯进了NBA的总决赛。尼克斯队最后以4:1击败西区冠军洛杉矶湖人队，在决定胜利的第五场比赛中，门罗夺得23分。这是该队历史上第二个NBA总冠军奖杯。如今的芝加哥公牛队主教练菲尔·杰克逊就是当时尼克斯队的第六人。1979—1980赛季之后，门罗宣布退休。

门罗职业生涯数据：

Season	Tm	G	MP	FG	FGA	3P	3PA	FT	FTA	ORB	DRB	TRB	AST	STL	BLK	TO	PF	PTS
67-68	BAL	82	36.7	9.0	20.0			6.2	7.9			5.7	4.3				3.4	24.3
68-69	BAL	80	38.4	10.1	23.0			5.6	7.3			3.5	4.9				3.3	25.8
69-70	BAL	82	37.2	8.5	19.0			6.5	7.8			3.1	4.9				3.1	23.4
70-71	BAL	81	35.1	8.2	18.5			5.0	6.2			2.6	4.4				2.7	21.4
71-72	BAL	3	34.3	8.7	21.3			4.3	6.0			2.7	3.3				3.0	21.7
	NYK	60	20.6	4.4	10.0			2.7	3.4			1.5	2.2				2.2	11.4
	TOT	63	21.2	4.6	10.5			2.8	3.6			1.6	2.3				2.2	11.9
72-73	NYK	75	31.6	6.6	13.5			2.3	2.8			3.3	3.8				2.6	15.5
73-74	NYK	41	29.1	5.9	12.5			2.3	2.8	0.5	2.4	3.0	2.7	0.8	0.5		2.4	14.0
74-75	NYK	78	36.1	8.6	18.7			3.8	4.6	0.7	3.5	4.2	3.5	1.4	0.4		2.6	20.9
75-76	NYK	76	38.0	8.5	17.8			3.7	4.7	0.6	3.0	3.6	4.0	1.5	0.3		2.8	20.7
76-77	NYK	77	34.5	8.0	15.4			4.0	4.8	0.6	2.3	2.9	4.8	1.2	0.3		2.6	19.9
77-78	NYK	76	31.2	7.3	14.8			3.2	3.8	0.6	1.8	2.4	4.8	0.8	0.3	2.4	2.5	17.8
78-79	NYK	64	21.8	5.1	10.9			2.0	2.4	0.4	0.8	1.2	3.0	0.8	0.1	1.5	1.9	12.3
79-80	NYK	51	12.4	3.2	6.9	0.0	0.0	1.1	1.3	0.3	0.4	0.7	1.3	0.4	0.1	0.5	0.9	7.4
13 Seasons		926	32.0	7.5	16.1	0.0	0.0	3.9	4.9	0.6	2.1	3.0	3.9	1.0	0.3	1.6	2.6	18.8

38 埃尔文·约翰逊（Earvin Johnson）

出生日期： 1959年8月14日
身高：2.06米
场上位置：后卫/前锋/中锋
NBA职业生涯：1979—1992年、1996年

主要荣誉：三次获年度MVP、三次获总决赛MVP、五次获NBA冠军。

"魔术师"身高2.06米，体重100公斤。在1979年以第一轮第一顺位入选NBA洛杉矶湖人队。在他加入湖人队的第一个赛季就帮助球队夺得1980年的NBA总冠军。当时在7战4胜的总决赛中，湖人队和费城76人队打成了3：2后，湖人队主力中锋"天勾"贾巴尔把脚严重地扭伤了，结果在第六场比赛中，20岁的约翰逊接替贾巴尔站到了中锋的位置上。那场激战中，年轻的约翰逊独得42分，夺下15个篮板球，还有7次助攻和3次抢断，整个体育馆成了"魔术师"一人的表演舞台。他带领全队击败了76人队，夺得了他第一个NBA总冠军戒指，约翰逊同时也获得了总决赛最有价值球员称号。

约翰逊出生于1959年8月14日，他的家乡是密歇根州的兰辛市。约翰逊从小就入迷似的苦练篮球，在他上中学的时候，就因为出色的篮球技术被当地报纸的记者称为"魔术师"，以至后人忘了他的真实名字埃尔文，而以"魔术师"代之。"魔术师"约翰逊在NBA生涯中得过3次"最有价值球员奖"(1987年、1989年和1990年)，在1980年、1982年、1985年、1987年和1988年5次为洛杉矶湖人队夺得NBA总冠军。1992年他和拉里·伯德两人作为联合队长，带领NBA第一支"梦之队"横扫巴塞罗那，那是他们两人篮球生涯中第一块也是最后一块奥运会金牌。

约翰逊是 NBA 历史上最高的组织后卫，他技术极为全面，可以胜任场上任何一个位置，是一个全能的球星。他的推进速度极快，传球的技巧变化多端，常常为队友创出十分舒服的进攻机会。特别是他能像下盲棋一样打篮球，在根本不看队友的情况下也能将球传到处于投篮位置上的队友手中。他是一名将激情和理智、表演和实战完美地结合起来的一名具有革命性的组织后卫，他不但能为队友制造进攻机会，而且自己也有犀利的得分能力。

1991 年，"魔术师"不幸感染上艾滋病，不得不告别 NBA。但是他没有在绝症面前屈服，他首先勇敢地面对这一残酷的事实，用自己的真诚和正直换来了人们的理解和尊重，继而继续从事篮球运动的训练和比赛，并且在 1992 年先后参加了东西部全明星赛和巴塞罗那奥运会。1996 年，在天皇巨星乔丹从棒球场回到 NBA 之后，"魔术师"约翰逊也在中断了 4 个赛季之后重返湖人队，为使年轻的湖人队加速成熟尽到了自己的全部力量。1997 年 3 月，经过检查之后，艾滋病毒在他的体内几乎找不到了，他奇迹般地战胜了这一绝症。约翰逊的加入，使得 NBA 出现了一个前所未有的辉煌时期。他的篮球技术和意识、他的成就和刻苦、他的正直和坚韧，成为了世界篮坛的一笔重要财富。

约翰逊职业生涯数据：

Season	Tm	G	MP	FG	FGA	3P	3PA	FT	FTA	ORB	DRB	TRB	AST	STL	BLK	TO	PF	PTS
79-80	LAL	77	36.3	6.5	12.3	0.1	0.4	4.9	6.0	2.2	5.6	7.7	7.3	2.4	0.5	4.0	2.8	18.0
80-81	LAL	37	37.1	8.4	15.9	0.1	0.5	4.6	6.1	2.7	5.9	8.6	8.6	3.4	0.7	3.9	2.7	21.6
81-82	LAL	78	38.3	7.1	13.3	0.1	0.4	4.4	5.6	3.2	6.4	9.6	9.5	2.7	0.4	3.7	2.9	18.6
82-83	LAL	79	36.8	6.5	11.8	0.0	0.3	3.8	4.8	2.7	5.9	8.6	10.5	2.2	0.6	3.8	2.5	16.8
83-84	LAL	67	38.3	6.6	11.6	0.1	.4	4.3	5.3	1.5	5.9	7.3	13.1	2.	0.7	4.6	2.5	17.6
84-85	LAL	77	36.1	6.5	11.7	0.1	0.5	5.1	6.0	1.2	5.0	6.2	12.6	1.5	0.3	4.0	2.0	18.3
85-86	LAL	72	35.8	6.7	12.8	0.1	0.6	5.3	6.0	1.2	4.7	5.9	12.6	1.6	0.2	3.8	1.8	18.8
86-87	LAL	80	36.3	8.5	16.4	0.1	0.5	6.7	7.9	1.5	4.8	6.3	12.2	1.7	0.5	3.8	2.1	23.9
87-88	LAL	72	36.6	6.8	13.8	0.2	0.8	5.8	6.8	1.4	5.0	6.2	11.9	1.5	0.2	3.7	2.0	19.6
88-89	LAL	77	37.5	7.5	14.8	0.8	2.4	6.7	7.3	1.4	6.5	7.9	12.8	1.8	0.3	4.1	2.2	22.5
89-90	LAL	79	37.2	6.9	14.4	1.3	3.5	7.2	8.1	1.6	5.0	6.6	11.5	1.7	0.4	3.7	2.1	22.3
90-91	LAL	79	37.1	5.9	12.4	1.0	3.2	6.6	7.3	1.3	5.6	7.0	12.5	1.3	0.2	4.0	1.9	19.4
95-96	LAL	32	29.9	4.3	9.2	0.7	1.8	5.4	6.3	1.3	4.5	5.7	6.9	0.8	0.4	3.2	1.5	14.6
13 Seasons		906	36.7	6.9	13.2	0.4	1.2	5.5	6.5	1.8	5.5	7.2	11.2	1.9	0.4	3.9	2.3	19.5

39 乔治·格文（George Gervin）

出生日期：1952年4月27日
身高：2.03米
场上位置：后卫
NBA生涯：1976—1986年

主要荣誉：四次获"得分王"称号；一节比赛得33分创NBA纪录；九次入选NBA全明星队；一次获全明星赛MVP奖。

乔治·格文是NBA历史上第一个三次成为"NBA得分王"的后卫队员，于1996年入选美国篮球名人堂。

格文从小就性格内向，甚至有点害羞。因此他在篮球场上表现得温文尔雅，凡事都十分冷静。无论多么激烈的比赛，格文都是不露声色，而且很少失误。即使是在客场，受疯狂球迷的干扰下，他的罚球也丝毫不受影响。他的冷静使球迷送了他一个"冰人"的雅号。

格文的球风类似于现在休斯敦火箭队的"滑翔机"德雷克斯勒。格文毕业于东密歇根的长岛大学，然后进入ABA的弗吉尼亚绅士队，后转会到圣安东尼奥马刺队。从1972年到1976年，他在ABA中打球，1976年ABA被NBA合并后，格文随马刺队来到了NBA，经后在马刺队打了9个赛季。1985—1986赛季，33岁的格文又转会至芝加哥公牛队。由于当时乔丹脚腕严重扭伤，所以老将格文有75场比赛是作为开场主力上阵的，整个赛季中他82场比赛从未缺勤。格文无论在ABA，还是NBA中，都是最杰出的得分后卫之一。他在连续407场比赛中得分超过了两位数字，连续十二年入选全明星阵容，其中包括9次在NBA中入选全明星阵容。在全明星比赛中，他每场至少得21分。在他整个职业篮球生涯中，共得 26,595 分，平均每场得 26.2 分。他在马刺队的 9 个赛季中，带领马刺队五次夺得赛区的冠军，一次当选"NBA 全明星赛最有价值球员"，两次在 NBA MVP 评选中排名第二。从 1978 年到 1982 年，格文连续五次被评为 NBA 最佳阵容。1978 年 4 月 9 日，他创造了一节比赛、12 分钟之内投中 33 分的 NBA 纪录。

格文能在 7 米开外轻松地远投，更能在两名身高 2.10 米的防守者之间雷霆万钧地扣篮。但是弹性极佳的格文并不常常扣篮，他更喜欢切入禁区后潇洒地将球放进篮筐，另外底线切入后任意地左右手投篮也是他的拿手好戏。从 NBA 退休后，格文仍无法割舍对篮球的喜爱，他又到欧洲的意大利打了一年的职业篮球。1989—1990 年，又到 CBA（美国大陆篮球协会）中打球，这时 38 岁的格文依然每场比赛有平均 20.3 分的得分能力。像许多 NBA 著名球星一样，"冰人"格文一生的遗憾是未能够赢得一枚 NBA 总冠军戒指。

格文职业生涯数据：

Season	Tm	G	MF	FG	FGA	3P	3PA	FT	FTA	ORB	DRB	TRB	AST	STL	BLK	TO	PF	PTS
72-73	VIR	30	23.0	5.4	11.4	0.2	0.9	3.2	3.9	1.1	3.1	4.3	1.1				1.8	2.4	14.1
73-74	VIR	49	35.3	9.9	21.0	0.2	1.0	5.3	6.7	2.2	6.3	8.5	2.0	1.5	1.8	3.8	3.4	25.4
	SAA	25	31.3	7.4	15.8	0.0	0.2	4.6	5.4	2.5	5.8	8.2	1.8	1.0	1.4	2.6	3.9	19.4
	TOT	74	33.9	9.1	19.3	0.1	0.8	5.1	6.3	2.3	6.1	8.4	1.9	1.4	1.6	3.4	3.6	23.4
74-75	SAA	84	37.1	9.3	19.7	0.2	0.7	4.5	5.5	2.9	5.4	8.3	2.5	1.6	1.6	3.0	3.5	23.4
75-76	SAA	81	33.9	8.7	17.5	0.2	0.7	4.2	4.9	2.7	4.0	6.7	2.5	1.4	1.5	2.7	3.6	21.8
76-77	SAS	82	33.0	8.9	16.3			5.4	6.5	1.6	3.9	5.5	2.9	1.3	1.3		3.5	23.1
77-78	SAS	82	34.8	10.5	19.6			6.1	7.4	1.4	3.7	5.1	3.7	1.7	1.3	3.7	3.1	27.2
78-79	SAS	80	36.1	11.8	21.9			5.9	7.1	1.8	3.2	5.0	2.7	1.7	1.1	3.6	3.4	29.6
79-80	SAS	78	37.6	13.1	24.9	0.4	1.3	6.5	7.6	2.0	3.6	5.6	2.6	1.4	1.0	3.3	2.7	33.1
80-81	SAS	82	33.7	10.4	21.1	0.1	0.4	6.2	7.6	1.5	3.6	5.1	3.2	1.1	0.7	3.1	2.6	27.1
81-82	SAS	79	35.7	12.6	25.2	0.1	0.5	7.0	8.1	1.7	3.2	5.0	2.4	1.0	0.6	2.7	2.7	32.3
82-83	SAS	78	36.3	9.7	19.9	0.2	0.4	6.6	7.8	1.4	3.2	4.6	3.4	1.1	0.9	3.2	3.1	26.2
83-84	SAS	76	34.0	10.1	20.5	0.1	0.5	5.6	6.7	1.4	2.7	4.1	2.9	1.0	0.6	2.9	2.9	25.9
84-85	SAS	72	29.0	8.3	16.4	0.0	0.1	4.5	5.3	1.1	2.2	3.3	2.5	0.9	0.7	2.8	2.9	21.2
85-86	CHI	82	25.2	6.3	13.4	0.0	0.2	3.5	3.9	1.0	1.7	2.6	1.8	0.6	0.3	2.0	2.6	16.2
14 Seasons		1060	33.6	9.8	19.4	0.1	0.6	5.4	6.4	1.7	3.6	5.3	2.6	1.2	1.0	3.0	3.1	25.1

40　哈尔·格瑞尔（Hal Greer）

出生日期：1936年6月26日
身高：1.88米
场上位置：后卫
NBA生涯：1958—1973年

主要荣誉：1967年获NBA总冠军；连续十年入选NBA全明星队。

自始至终，格瑞尔均只效力于同一支球队——从1958—1973年整整15个赛季，即使这支球队的名字由锡拉丘兹民族队改为费城76人队。格瑞尔曾连续10个赛季当选为全明星球员，七次入选全明星第二阵容。另外，1966—1967赛季，他率领费城76人夺得了NBA总冠军，圆了自己的冠军梦，在这个赛季中，格瑞尔是76人的第二号得分高手。1973年，格瑞尔宣布退役。

1968年，纽约，麦迪逊花园广场，全明星赛上，费城76人队的哈尔·格瑞尔只出场了17分钟，但是对于这名东部联队众明星中最矮的球员来说，17分钟已经足够长了。他百发百中，八次出手没有一次射偏，格瑞尔最后拿到了21分，完美的表现让这名身高只有1.88米的后卫当选为本届全明星赛的MVP。在1968年全明星赛上，东部联队以144∶124战胜西部联队。杰里·维斯特得到17分6篮板6助攻，埃尔金·贝勒砍下22分。

哈尔·格瑞尔1936年6月26日出生在西弗吉尼亚的汉廷顿，身高1.88米，由于在高中时期出色的篮球表现，所以他成为当时马歇尔大学历史上第一个获得奖学金的美国黑人学生。但是直到四年后大学毕业，格瑞尔也没有想到自己能打职业篮球。1958年，锡拉丘兹民族队在选秀第二轮中选中了格瑞尔，身体瘦弱的格瑞尔到民族队参加训练营的时候，连背包和行李都没有带，随时准备被取消资格。但是当第一个赛季打完之后，格瑞尔已初露锋芒。两年之后的 1960—1961 赛季，格瑞尔更是升为开场主力。仅仅过了一年，格瑞尔的得分便跃进到十大得分手的行列，此后他的得分一直稳定地保持在 20 分上下。

格瑞尔能用致命的远投打击对手，也能用娴熟的远球随意过人，更能用咄咄逼人的防守随时将对手手中的篮球变成他的。格瑞尔的说话声音不高，每天打球也不爱吭声。但是当比赛结束后，人们一看技术统计表，便会感觉到他的实力。在十五年中，他共出场 1,122 场，每场比赛平均得 19.2 分，全部得分为 21,568 分，排列 NBA 第十四位。1981 年，格瑞尔入选篮球名人堂。

格瑞尔职业生涯数据：

Season	Tm	G	MP	FG	FGA	3P	3PA	FT	FTA	ORB	DRB	TRB	AST	STL	BLK	TO	PF	PTS
58-59	SYR	68	23.9	4.5	10.0			2.0	2.6			2.9	1.5				2.8	11.1
59-60	SYR	70	28.3	5.5	11.6			2.1	2.7			4.3	2.7				3.0	13.2
60-61	SYR	79	35.0	7.9	17.5			3.9	5.0			5.8	3.8				3.1	19.6
61-62	SYR	71	38.1	9.1	20.3			4.7	5.7			7.4	4.4				3.5	22.8
62-63	SYR	80	32.9	7.5	16.2			4.5	5.4			5 7	3.4				3.6	19.5
63-64	PHI	80	39.5	8.9	20.1			5.4	6.6			6.1	4.7				3.6	23.3
64-65	PHI	70	37.1	7.7	17.8			4.8	5.9			5.1	4.5				3.6	20.2
65-66	PHI	80	41.6	8.8	19.8			5.2	6.4			5.9	4.8				3.9	22.7
66-67	PHI	80	38.6	8.7	19.1			4.6	5.8			5.3	3.8				3.8	22.1
67-68	PHI	82	39.8	9.5	19.8			5.1	6.7			5.4	4.5				3.5	24.1
68-69	PHI	82	40.4	8.9	19.5			5.3	6.6			5.3	5.0				3.6	23.1
69-70	PHI	80	37.8	8.8	19.4			4.4	5.4			4.7	5.1				3.8	22.0
70-71	PHI	81	37.8	7.3	16.9			4.0	5.0			4.5	4.6				3.6	18.6
71-72	PHI	81	29.8	4.8	10.7			2.2	2.9			3.3	3.9				3.3	11 8
72-73	PHI	38	22.3	2.4	6.1			0.8	1.0			2 8	2.9				2.0	5.6
15 Seasons		1122	35.5	7.6	16.8			4.1	5.1			5.0	4.0				3.4	19 2

41 伊赛亚·托马斯（Isiah Thomas）

出生日期：1961年4月30日
身高：1.85米
场上位置：后卫
NBA生涯：1981—1994年

　　主要荣誉：两次夺得NBA总冠军；十二次入选NBA全明星队；1984—1986年三次入选NBA最佳阵容；1990年获总决赛MVP。

　　在80年代的NBA，组织后卫的位置上只有两人可以称得上是一代巨星，西部有著名的"魔术师"约翰逊，东部就是长着一张娃娃脸，嘴角总是带着微笑的托马斯。

　　之所以被誉为"微笑刺客"，是因为伊赛亚·托马斯打球时候，似乎永远挂着笑脸。当然，人人都知道这种笑脸下面就是恐怖的必杀技，他的对手曾经这样评价说："他带着微笑，随后就毫不犹豫把你干掉。"称之为"微笑刺客"并不够贴切，英文中，用于最多称呼托马斯的是"baby-faced assassin"，字面理解该翻译为"娃娃脸的刺客"。

　　"刺客"托马斯球性娴熟无比，也被誉为"控球教科书"。观看过"刺客"运球的球迷都会发现，他和球像一个整体似的粘成一团，不论遭遇任何强度的防守，托马斯的控球流畅程度都不会出现波动。进攻固然犀利，托马斯的防守强度也堪称一流，他能在球风粗野的底特律活塞占据老大位置绝非侥幸，身体接触力度常常打擦边球，试探裁判哨声同时令对手苦不堪言。

托马斯职业生涯数据：

Season	Tm	G	MP	FG	FGA	3P	3PA	FT	FTA	ORB	DRB	TRB	AST	STL	BLK	TO	PF	PTS
81-82	DET	72	33.8	6.3	14.8	0.2	0.8	4.2	6.0	0.8	2.1	2.9	7.8	2.1	0.2	4.2	3.5	17.0
82-83	DET	81	38.2	9.0	19.0	0.4	1.5	4.5	6.4	1.3	2.8	4.0	7.8	2.5	0.4	4.0	3.9	22.9
83-84	DET	82	36.7	8.2	17.7	0.3	0.8	4.7	6.5	1.3	2.7	4.0	11.1	2.5	0.4	3.7	4.0	21.3
84-85	DET	81	38.1	8.0	17.4	0.4	1.4	4.9	6.1	1.4	3.0	4.5	13.9	2.3	0.3	3.7	3.6	21.2
85-86	DET	77	36.2	7.9	16.2	0.3	1.1	4.7	6.0	1.1	2.5	3.6	10.8	2.2	0.3	3.8	3.2	20.9
86-87	DET	81	37.2	7.7	16.7	0.2	1.2	4.9	6.4	1.0	2.9	3.9	10.0	1.9	0.2	4.2	3.1	20.6
87-88	DET	81	36.1	7.7	16.6	0.4	1.2	3.8	4.9	0.8	2.6	3.4	8.4	1.7	0.2	3.4	2.7	19.5
88-89	DET	80	36.6	7.1	15.3	0.4	1.5	3.6	4.4	0.6	2.8	3.4	8.3	1.7	0.3	3.7	2.6	18.2
89-90	DET	81	37.0	7.1	16.3	0.5	1.7	3.6	4.7	0.9	2.9	3.8	9.4	1.7	0.2	4.0	2.5	18.4
90-91	DET	48	34.5	6.0	13.9	0.4	1.4	3.7	4.8	0.7	2.6	3.3	9.3	1.6	0.2	3.9	2.5	16.2
91-92	DET	78	37.4	7.2	16.2	0.3	1.1	3.7	4.8	0.9	2.3	3.2	7.2	1.5	0.2	3.2	2.5	18.5
92-93	DET	79	37.0	6.7	15.9	0.8	2.5	3.5	4.8	0.9	2.0	2.9	8.5	1.6	0.2	3.6	2.8	17.6
93-94	DET	58	30.2	5.5	13.2	0.7	2.2	3.1	4.4	0.8	1.9	2.7	6.9	1.2	0.1	3.5	2.2	14.8
13 Seasons		979	36.3	7.3	16.2	0.4	1.4	4.1	5.4	1.0	2.6	3.6	9.3	1.9	0.3	3.8	3.0	19.2

42　杰里·韦斯特（Jerry West）

出生日期：1938年5月28日
身高：1.88米
场上位置：前锋
NBA生涯：1960—1974年

主要荣誉：一次总冠军，一次奥运会冠军，十次入选NBA第一阵容，四次入选NBA最佳防守第一阵容。

历史上最伟大的后卫之一，致命的跳投以及牛皮糖一般的防守使得这个只有6英尺2英寸的球员名垂青史。作为球员韦斯特在湖人度过了辉煌的14个赛季，他成为NBA历史上继张伯伦和奥斯卡·罗伯特森之后第三位得分达到25,000大关的选手。韦斯特在他职业生涯的每个赛季都入选全明星阵容，并且带领湖人九次杀入总决赛，可惜他们的总决赛有八次以失败告终，其中六次都是被当时最炙手可热的凯尔特人打败。目前韦斯特仍然保持着季后赛得分和平均得分的纪录。

韦斯特的表现赢得了Mr.Clutch（关键先生）的美称。韦斯特最为著名的一次压哨投篮的是1970年的总决赛，湖人和尼克斯的进行第三场比赛，韦斯特后场以及长达60尺的投篮将双方比分扳平，虽然湖人最终在加时赛中输给了尼克斯，但是这一记投篮让后人至今仍然津津乐道。

韦斯特曾经在1场比赛中打出四双——17投16中，12次罚球全部命中；12个篮板12次助攻；10次盖帽！如此出色的表现仍然没有让韦斯特就此满足，他对于自己的表现永远都不感到满足，这种追求完美的精神一直贯穿了他的整个职业生涯，包括后来成为湖人的教练和总裁。

　　虽然没有足够强壮的身体，但是韦斯特在场上的对抗和从来不顾一切的拼劲让对手都对他肃然起敬，韦斯特至少有九次因为这样打断了自己的鼻梁骨。韦斯特赢得了所有随手的尊敬，1969年总决赛湖人被凯尔特人击败，但是赛后约翰·哈夫利切克走到韦斯特跟前说了一句"杰里，我爱你（Jerry，I love you）"，如此场面对于韦斯特来说并不罕见。

　　1971—1972赛季浑身伤病以及连连失手的总冠军让33岁的韦斯特心灰意冷，他甚至准备就此退役。但是最终韦斯特还是决定继续他的篮球生涯，这一次决定对于湖人来说也是一次伟大的决定。就在这一年，韦斯特帮助湖人迎来了球队历史上的第一座总冠军奖杯！这个赛季韦斯特以25.8分成为得分王，并且每场比赛还有9.7次助攻。他们在总决赛第一场被老对手尼克斯击败，但是随后暴风骤雨般的以一个四连胜结束战斗，加上季后赛他们这个赛季总的战绩为81胜16负！

　　1974年总共参加了932场比赛，总得分25,192的韦斯特结束自己的球员生涯，他的职业生涯总得分在张伯伦和奥斯卡·罗伯森之后排名第三。职业生涯的平均得分排名历史第四，前三名分别是乔丹、张伯伦和埃尔金·贝勒。结束球员生涯之后两年，1976—1977赛季韦斯特成为湖人的主教练。韦斯特1979年入选篮球名人堂。

韦斯特职业生涯数据：

Season	Tm	G	MP	FG	FGA	3P	3PA	rf	FTA	ORB	DRB	TRB	AST	STL	BLK	TO	PF	PTS
60-61	LAL	79	35.4	6.7	16.0			4.2	6.3			7.7	4.2				2.7	17.6
61-62	LAL	75	41.2	10.7	23.9			9.5	12.3			7.9	5.4				2.3	30.8
62-63	LAL	55	39.3	10.2	22.1			6.7	8.7			7.0	5.6				2.7	27.1
63-64	LAL	72	40.4	10.3	21.2			8.1	9.8			6.0	5.6				2.8	28.7
64-65	LAL	74	41.4	11.1	22.4			8.8	10.7			6.0	4.9				3.0	31.0
65-66	LAL	79	40.7	10.4	21.9			10.6	12.4			7.1	6.1				3.1	31.3
66-67	LAL	66	40.5	9.8	21.0			9.1	10.4			5.9	6.8				2.4	28.7
67-68	LAL	51	37.6	9.3	18.2			7.7	9.5			5.8	6.1				3.0	26.3
68-69	LAL	61	39.2	8.9	19.0			8.0	9.8			4.3	6.9				2.6	25.9
69-70	LAL	74	42.0	11.2	22.6			8.7	10.6			4.6	7.5				2.2	31.2
70-71	LAL	69	41.2	9.7	19.6			7.6	9.1			4.6	9.5				2.6	26.9
71-72	LAL	77	38.6	9.5	20.0			6.7	8.2			4.2	9.7				2.7	25.8
72-73	LAL	69	35.7	9.0	18.7			4.9	6.1			4.2	8.8				2.0	22.8
73-74	LAL	31	31.2	7.5	16.7			5.3	6.4	1.0	2.8	3.7	6.6	2.6	0.7		2.6	20.3
14Seasons		932	39.2	9.7	20.4			7.7	9.4	1.0	2.8	5.8	6.7	2.6	0.7		2.6	27.0

43　约翰·斯托克顿（John Stockton）

出生日期：1962年3月26日
身高：1.85米
场上位置：后卫
NBA生涯：1984—2003年

主要荣誉：连续九次当选 NBA 助攻王；九次入选 NBA 全明星队；1993年和卡尔·马龙一起获全明星赛 MVP；1992 年、1996 年入选梦之队，梦之三队。

1984 年的选秀注定是 NBA 历史上的一个辉煌，无论时代怎么变迁，其中总会有三个人预定了 NBA 历史上的三个最佳，上帝乔丹不需多说，巴克利的搞笑幽默无人能抵，而斯托克顿则是 NBA 历史上头脑最冷静的人。1.85 米的他依靠敏锐的观察力、无所不能的传球能力、惊人的速度和准确的远投能力，毫无争议地入选名人堂。

斯托克顿目前几乎拥有所有的助攻纪录：11,310 次助攻总数纪录，连续九次当选助攻王，一个赛季最多助攻 1,164 次（1991 年），一个赛季平均每场最高助攻 14.5 次（1990 年），季后赛 1 场比赛最多助攻 24 次。NBA 生涯平均每场最多的助攻 11.6 次，是唯一在两个赛季中助攻超过 1,000 次的选手，事实上他的纪录是 7 个赛季中助攻都超过了 1,000 次。助攻超过 20 次的比赛有 35次（截至 1995—1996 赛季）。另外他还拥有 NBA 抢断总数纪录 2,365 次。

斯托克顿 1962 年出生在华盛顿州的斯波坎。他的祖父是美国历史上最杰出的贡扎伽大学橄榄球队的后卫，斯托克顿的速度和耐力就是从他的祖父那里继承来的。上高中的时候，斯托克顿是学校的棒球和篮球两栖明星。他高中毕业后也选择了祖父和父亲就读的贡扎伽大学。1984 年，他参加了美国奥运会男篮训练营，同年夏天，他在 NBA 第一轮选秀中第十六位被犹他爵士队选中。

斯托克顿属于非常刻苦和认真的选手，打球非常聪明。只要队友有了好的得分机会，他从来不会耽搁，肯定能将球及时传到队友手中。一旦队友特别是卡尔·马龙遭到对手夹击，斯托克顿随时可以用击破对手的防守。如果对手敢对他紧逼，他就用神速的突破切入篮下，或者上篮得分，或者分球助攻。而在防守时，只要对手稍有疏忽，他就像闪电一样将球断掉。正是因为他的攻守兼备，所以在 1992 年和 1996 年两次入选美国男篮梦之队，分别在巴塞罗那奥运会和亚特兰大奥运会上夺得两枚金牌，弥补了他 1984 年未能最后入选美国男篮代表队的遗憾。2003 年斯托克顿在爵士退役。

斯托克顿职业生涯数据：

Season	Tm	G	MP	FG	FGA	3P	3PA	FT	FTA	ORB	DRB	TRB	AST	STL	BLK	TO	PF	PTS
84-85	UTA	82	18.2	1.9	4.1	0.0	0.1	1.7	2.4	0.3	1.0	1.3	5.1	1.3	0.1	1.8	2.5	5.6
85-86	UTA	82	23.6	2.8	5.7	0.0	0.2	2.1	2.5	0.4	1.8	2.2	7.4	1.9	0.1	2.0	2.8	7.7
86-87	UTA	82	22.7	2.8	5.6	0.1	0.5	2.2	2.8	0.4	1.5	1.8	8.2	2.2	0.2	2.0	2.7	7.9
87-88	UTA	82	34.7	5.5	9.6	0.3	0.8	3.3	4.0	0.7	2.2	2.9	13.8	3.0	0.2	3.2	3.0	14.7
88-89	UTA	82	38.7	6.1	11.3	0.2	0.8	4.8	5.5	1.0	2.0	3.0	13.6	3.2	0.2	3.8	2.9	17.1
89-90	UTA	78	37.4	6.1	11.8	0.6	1.4	4.5	5.5	0.7	1.9	2.6	14.5	2.7	0.2	3.5	3.0	17.2
90-91	UTA	82	37.8	6.0	11.9	0.7	2.0	4.4	5.3	0.6	2.3	2.9	14.2	2.9	0.2	3.6	2.8	17.2
91-92	UTA	82	36.6	5.5	11.5	1.0	2.5	3.8	4.5	0.8	2.5	3.3	13.7	3.0	0.3	3.5	2.9	15.8
92-93	UTA	82	34.9	5.3	11.0	0.9	2.3	3.6	4.5	0.8	2.1	2.9	12.0	2.4	0.3	3.2	2.7	15.1
93-94	UTA	82	36.2	5.6	10.6	0.6	1.8	3.3	4.1	0.9	2.3	3.1	12.6	2.4	0.3	3.2	2.9	15.1
94-95	UTA	82	35.0	5.2	9.6	1.2	2.8	3.0	3.7	0.7	2.4	3.1	12.3	2.4	0.3	3.3	2.6	14.7
95-96	UTA	82	35.5	5.4	10.0	1.2	2.7	2.9	3.4	0.7	2.1	2.8	11.2	1.7	0.2	3.0	2.5	14.7
96-97	UTA	82	35.3	5.1	9.3	0.9	2.2	3.4	4.0	0.6	2.2	2.8	10.5	2.0	0.2	3.0	2.4	14.4
97-98	UTA	64	29.0	4.2	8.0	0.6	1.4	3.0	3.6	0.5	2.0	2.6	8.5	1.4	0.2	2.5	2.2	12.0
98-99	UTA	50	28.2	4.0	8.2	0.3	1.0	2.7	3.4	0.6	2.3	2.9	7.5	1.6	0.3	2.2	2.1	11.1
99-00	UTA	82	29.7	4.4	8.8	0.5	1.5	2.7	3.1	0.5	2.1	2.6	8.6	1.7	0.2	2.2	2.3	12.1
00-01	UTA	82	29.2	4.0	7.9	0.7	1.6	3.0	3.4	0.4	2.1	2.5	8.7	1.6	0.3	2.5	2.4	11.5
01-02	UTA	82	31.3	4.9	9.5	0.3	1.0	3.4	3.9	0.7	2.5	3.2	8.2	1.9	0.3	2.5	2.5	13.4
02-03	UTA	82	27.7	3.8	7.8	0.4	1.0	2.9	3.5	0.6	1.8	2.5	7.7	1.7	0.2	2.2	2.2	10.8
19 Seasons		1504	31.8	4.7	9.1	0.6	1.5	3.2	3.9	0.6	2.1	2.7	10.5	2.2	0.2	2.8	2.6	13.1

44 伦尼·威尔肯斯（Lenny Wilkens）

出生日期：1937年10月28日
身高：1.86米
场上位置：后卫
NBA生涯：1960—1975年

　　主要荣誉：九次入选 NBA 全明星队；第一位赢球场次超过 1,000 场的 NBA 教练；1996 年梦之三队主教练。

　　伦尼·威尔肯斯出生在纽约布鲁克林，高中三年级时，在一位好朋友的劝说下参加了高中篮球联赛。此后威尔肯斯成为大学篮坛的一颗新星，他不仅平均每场得 15.7 分，而且他的防守使得许多职业队教练对其刮目相看。1960 年，威尔肯斯在选秀大会上被圣路易斯鹰队挑中，开始其 NBA 生涯。他共在 NBA 征战 15 个赛季，先后在圣路易斯鹰队、西雅图超音速队、克利夫兰骑士队和波特兰开拓者队打过球。至 1975 年退役时，他共得 17,772 分，助攻 211 次，9 次入选全明星队。作为运动员，他唯一感到遗憾的是未夺得 NBA 总冠军，但这在他以后的 NBA 教练生涯中得到了补偿，1979 年作为主教练他率领超音速夺得 NBA 总冠军。威尔肯斯是沿着运动员、运动员兼教练、助理教练、主教练的道路走到今天的高度。无论他当运动员还是做主教练，他的篮球哲学始终都是集体主义。1995 年 1 月 6 日，当他的亚特兰大鹰队以 112：90 击败华盛顿子弹队后，他的执教获胜场次达到 939 场，超过了 NBA 传奇教练"红衣主教"里德·奥尔巴赫的 938 场的 NBA 纪录。年近八旬的奥尔巴赫亲自到场向威尔肯斯祝贺，并为他亲自点燃一支象征胜利的雪茄烟。1995—1996 赛季，亚特兰大鹰队又取得了 46 胜 36 负的战绩，使得威尔肯斯的执教总获胜场次达到 1,014 场。其中在 1996 年 3 月 1 日，当鹰队以 74∶68 击败克利夫兰骑士队的时候，威尔肯斯成为第一位执教获胜 1,000 场的 NBA 主教练，为 NBA 也为自己的篮球生涯又树立了一座里程碑。1989 年，他入选美国篮球名人堂。

伦尼·威尔肯斯职业数据：

SeasonTm	G	MP	FG	FGA	3P	3PA	FT	FTA	ORB	DRB	TRB	AST	STL	BLK	TO	PF	PTS
60-61 STL	75	25.3	4.4	10.4			2.9	4.0			4.5	2.8				2.9	11.7
61-62 STL	20	43.5	7.0	18.2			4.2	5.5			6.6	5.8				3.2	18.2
62-63 STL	75	34.3	4.4	11.1			3.0	4.3			5.4	5.1				3.4	11.8
63-64 STL	78	32.4	4.3	10.4			3.5	4.7			4.3	4.6				3.7	12.0
64-65 STL	78	36.6	5.6	13.4			5.3	7.2			4.7	5.5				3.6	16.5
65-66 STL	69	39.0	6.0	13.8			6.1	7.7			4.7	6.2				3.6	18.0
66-67 STL	78	38.1	5.7	13.3			5.9	7.5			5.3	5.7				3.6	17.4
67-68 STL	82	38.6	6.7	15.2			6.7	8.7			5.3	8.3				3.1	20.0
68-69 SEA	82	42.2	7.9	17.8			6.7	8.7			6.2	8.2				3.6	22.4
69-70 SEA	75	37.4	6.0	14.2			5.8	7.4			5.0	9.1				2.8	17.8
70-71 SEA	71	37.2	6.6	15.8			6.5	8.1			4.5	9.2				2.8	19.8
71-72 SEA	80	37.4	5.0	12.8			6.0	7.8			4.2	9.6				2.6	18.0
72-73 CLE	75	39.6	7.6	17.0			5.3	6.3			4.6	8.4				2.9	20.5
73-74 CLE	74	33.6	6.2	13.4			3.9	4.9	1.1	2.7	3.7	7.1	1.3	0.2		2.2	16.4
74-75 POR	65	17.9	2.1	4.7			2.3	3.0	0.6	1.3	1.8	3.6	1.2	0.1		1.5	6.5
15Seasons	1077	35.3	5.7	13.3			5.0	6.5	0.8	2.0	4.7	6.7	1.3	0.2		3.1	16.5

45 奈特·阿奇博尔德（Nate Archibald）

出生日期：1948年9月2日
身高：1.85米
场上位置：后卫
NBA生涯：1970—1984 年

　　主要荣誉：一次获 NBA 总冠军；六次入选全明星阵容；一次获全明星赛 MVP；NBA 历史上唯一能在一个赛季中得分和助攻均排在联盟第一位的选手；1991 年，入选美国篮球名人堂。

　　阿奇博尔德中学时，虽然篮球技术非常出众，但是因为身材太矮，不到 1.70 米，所以未被校队选中。后来当地社区的一位体育辅导员发现了他的才能，积极向中学校队引荐阿奇博尔德才如愿以偿，并成为纽约最好的中学生后卫。但是，他又因学习成绩不佳而无法得到大学奖学金。于是阿奇博尔德生平第一次离开纽约前往亚利桑那州的社区学院补习功课。一年之后，他终于得到了得克萨斯州大学的奖学金，加入该校校队。他为得州大学打了三年球，平均每场得 20 分。1970 年的高校全明星赛中，他一人竟然得了 51 分。在另外连续五场季后表演赛中，他的平均得分也都超过了 40 分。

　　在 NBA1970 年的选秀大会中，辛辛那提皇家队在第二轮第二顺位选中了阿奇博尔德。当时皇家队的教练是退役巨星鲍勃·库西。1972—1973 赛季皇家队搬迁到了堪萨斯特，更名为国王队。这时的阿奇博尔德已势不可当，他平均每场得 34 分 11.4 个助攻。1973 年，他首次入选全明星队，并在赛季结束后被选为最佳阵容。在 1980—1981 赛季，年逾 30 的阿奇博尔德进入了最辉煌的一年，他不但每场比赛出战 35 分钟，而且帮助凯尔特人队创造了 62 胜 20 负的新纪录。个人得到 NBA 全明星赛 MVP 奖。更重要的是，经过十一年的跌宕起伏，他终于夺得了生平第一个也是最后一个 NBA 总冠军。1981—1982 赛季，阿奇博尔德和凯尔特人队创造了 63 胜 19 负的 NBA 新纪录，但没能进入总决赛。又过一年，35 岁的阿奇博尔德与密尔沃基雄鹿队签约一年，1984 年宣布退役。

阿奇博尔德在 14 年的 NBA 生涯中贡献斐然：投中 16,481 分，6,476 个助攻，六次入选全明星阵容。在阿奇博尔德的年代，人们认为篮球将变成一项纯粹巨人的游戏，但是这位身高只有 1.85 米的小个子证明了一个真理：那些速度快、脑子灵并且充满了创造性的小个子选手，总能在巨人的游戏中找到自己的空间。

阿奇博尔德职业生涯数据：

Season	Tm	G	MP	FG	FGA	3P	3PA	FT	FTA	ORB	DRB	TRB	AST	STL	BLK	TO	PF	PTS
70-71	CIN	82	35.0	5.9	13.4			4.1	5.4			3.	5.5				2.7	16.0
71-72	CIN	76	43.1	9.7	19.9			8.9	10.8			2.9	9.2				2.6	28.2
72-73	KCO	80	46.0	12.9	26.3			8.3	9.8			2.8	11.4				2.6	34.0
73-74	KCO	35	36.3	6.3	14.1			4.9	6.0	0.6	1.8	2.4	7.6	1.6	0.2		2.2	17.6
74-75	KCO	82	39.6	9.3	20.3			8.0	9.1	0.6	2.1	2.7	6.8	1.5	0.1		2.3	26.5
75-76	KCK	78	40.8	9.2	20.3			6.4	8.0	0.9	1.9	2.7	7.9	1.6	0.2		2.2	24.8
76-77	NYN	34	37.6	7.4	16.5			5.8	7.4	0.6	1.7	2.4	7.5	1.7	0.3		2.3	20.5
78-79	BOS	69	24.1	3.8	8.3			3.5	4.4	0.4	1	1.5	4.7	0.8	0.1	2.9	1.9	11 0
79-80	BOS	80	35.8	4.8	9.9	0.1	0.2	4.5	5.4	0.7	1.7	2.5	8.4	1.3	0.1	3.0	2.7	14.1
80-81	BOS	80	35.3	4 8	9.6	0.0	0.1	4.3	5.4	0.5	1.8	2.2	7.7	0.9	0.2	3.3	2.5	13.8
81-82	BOS	68	31.9	4.5	9.6	0.1	0.2	3.4	4.6	0.4	1.3	1.7	8.0	0.8	0.0	2.6	1.9	12.6
82-83	BOS	66	27.4	3.6	8.4	0.1	0.4	3.3	4.5	0.4	1.0	1.4	6.2	0.6	0.1	2.5	1.7	10.5
83-84	MIL	46	22.6	3.0	6.1	0.1	0.4	1.4	2.2	0.3	1.3	1.7	3.5	0.7	0.0	1.7	1.7	7.4
13 Seasons		876	35.6	6.7	14.4	0.1	0.3	5.3	6.6	0.5	1.6	2.3	7.4	1.1	0.1	2.7	2.3	18.8

46　奥斯卡·罗伯特逊（Oscar Robertson）

出生日期：1938年11月24日
身高：1.96米
场上位置：后卫
NBA生涯：1960—1974年

　　主要荣誉：1961年NBA"最佳新人"；12个赛季入选NBA全明星阵容；九次入选NBA最佳阵容；夺得1次NBA年度MVP和全明星赛MVP以及一次NBA总冠军。

　　奥斯卡·罗伯特逊注定要在篮球史上写下重重的一笔，30.8分、12.5个篮板、11.4次助攻，这些数据不是1场比赛的心血来潮，这是1961—1962年奥斯卡·罗伯特逊的第二个赛季常规赛79场比赛的总和的平均值。而这个纪录可能再也不会有人能够做到了。

　　罗伯特逊，1938年出生在印第安纳波利斯一个贫困的家庭。作为一个黑人，他从小就遭受到了非常严重的种族歧视，虽然家乡更注重棒球运动，但罗伯特逊选择了篮球。迫于生活的拮据，罗伯特逊把网球用破布及胶条粘在一起当篮球，一只水果篮挂起来就是篮筐。进入阿图克斯高中后，在教练乔治·克罗韦斯的严格要求下，罗伯特逊基本功训练得非常扎实，他在四年级的时候平均每场得分高达24分，被评为印第安纳州高中的"篮球先生"。阿图克斯校队在1955年的成绩为31胜1负，1956年保持了全胜的纪录，先后两度夺得州冠军，同时创下了本州连续四十五场不败纪录。罗伯特逊进入辛辛那提大学后，平均每场得分33.8分，三次成为全美大学联赛的最佳得分手，入选全美大学生篮球最佳阵容，当选过全美最佳大学联赛队员。他还率领校队两度打入大学联赛的半决赛。他加盟后辛辛那提大学队三年后，成绩上升为79胜9负。他二年级在麦迪逊广场花园体育馆的一次比赛中，一人独得56分。在另外1场比赛中，他还得过 62 分。1960 年，罗伯特逊和杰里·韦斯特入选了美国男篮，并同时被选为队长。他们联手为美国带来了奥运金牌，随后罗伯特逊与辛辛那提皇家队签约，年薪 33,000 美元。

1961 年，初入 NBA 的罗伯特逊便脱颖而出，以平均每场 30.5 分的得分，高居得分排行榜第三，并获得 1960—1961 赛季的最佳新人奖，首次参加了全明星赛。而且有 23 分、14 次助攻的表现，最后赢得"最有价值球员称号"。翌年奥斯卡拿下惊人的赛季三双，第三年，奥斯卡平均每场得 28.3 分、10.4 个篮板球、9.5 次助攻，投篮命率上升到 51.8%。并帮助球队杀入东部决赛，但在那个年代，张伯伦的 76 人队以及拉塞尔凯尔特人队成了皇家队难以突破的障碍。

1970—1971 赛季开始前，皇家队作出了一个令人惊讶的决定：用罗伯特逊与密尔沃基雄鹿队换取了两名队员。就在同一年，1970—1971 赛季，31 岁的罗伯特逊与刚刚加盟 NBA 的"天勾"贾巴尔携手合作，使雄鹿队获得 66 胜 16 负的常规赛成绩，后来在总决赛中以 4：0 击败巴尔的摩子弹队，终于赢得他加入 NBA12 年中的第一个冠军。这个赛季中，罗伯特逊仅缺席一场，以平均每场得 19.4 分、助攻 8.2 次、抢 5.7 个篮板球的表现，成为球队的核心之一。1974 年再次带雄鹿打入总决赛，但 3：4 败在凯尔特人队手下后，罗伯特逊光荣引退。在整个 NBA 生涯中，他一共参加了 1,040 场比赛，得了 26,710 分，助攻 9,887 次，抢篮板球 7,804 个，投篮命中率达到 48.5%。他还 6 次获得助攻王，二次成为投篮命中率最高的选手，十四年中率领球队十次打入了复赛。奥斯卡·罗伯特逊绰号"大 O"，这来自他名字的第一个字母。

奥斯卡·罗伯特逊职业生涯数据：

Season	Tm	G	MP	FG	FGA	3P	3PA	FT	FTA	ORB	DRB	TRB	AST	STL	BLK	TO	PF	PTS
60-61	CIN	71	42.7	10.6	22.5			9.2	11.2			10.1	9.7				3.1	30.5
61-62	CIN	79	44.3	11.0	22.9			8.9	11.0			12.5	11.4				3.3	30.8
62-63	CIN	80	44.0	10.3	19.9			7.7	9.5			10.4	9.5				3.7	28.3
63-64	CIN	79	45.1	10.6	22.0			10.1	11.9			9.9	11.0				3.5	31.4
64-65	CIN	75	45.8	10.8	22.4			8.9	10.6			9.0	11.5				2.7	30.4
65-66	CIN	76	46.0	10.8	22.7			9.8	11.6			7.7	11.1				3.0	31.3
66-67	CIN	79	43.9	10.6	21.5			9.3	10.7			6.2	10.7				2.9	30.5
67-68	CIN	65	42.5	10.2	20.3			8.9	10.2			6.0	9.7				3.1	29.2
68-69	CIN	79	43.8	8.3	17.1			8.1	9.7			6.4	9.8				2.9	24.7
69-70	CIN	69	41.5	9.4	18.4			8.6	8.1			6.1	8.1				2.5	25.3
70-71	MIL	81	39.4	7.3	14.7			4.8	5.6			5.7	8.2				2.5	19.4
71-72	MIL	64	37.3	6.5	13.9			4.3	5.2			5.0	7.7				1.8	17.4
72-73	MIL	73	37.5	6.1	13.5			3.3	3.8			4.9	7.5				2.3	15.5
73-74	MIL	70	35.4	4.8	11.0			3.0	3.6	1.0	3.0	4.0	6.4	1.1	0.1		1.9	12.7
14 Seasons		1040	42.2	9.1	18.9			7.4	8.8	1.0	3.0	7.5	9.5	1.1	0.1		2.8	25.7

47 皮特·马拉维奇（Pete Maravich）

出生日斯：1947年6月22日
身高：1.96米
场上位置：后卫
NBA生涯：1970—1981 年

　　主要荣誉：1970年获"全美大学最佳球员"称号；两次入选NBA最佳阵容；四次当选NBA全明星队员，1986年，马拉维奇入选美国篮球名人堂。

　　"手枪"皮特·马拉维奇的名字是NBA历史上最为响亮的招牌之一，而他最后的遭遇更是离奇，1970年NBA选秀，在第一轮第二顺位被亚特兰大鹰队选中，签下了一纸190万美元的合同，但1981年正值他的巅峰时刻，他宣布退役。马拉维奇说他可不想哪天在球场上心脏病猝发而死，但就在1988年1月5日，马拉维奇在指导加利福尼亚一座体育馆中进行的三对三比赛时，突然心脏病发作，终年40岁。事后医生检查马拉维奇心脏上只有一根冠状动脉，而普通人则是两根。

　　马拉维奇出生在宾西法尼亚州的阿里奎帕上的一个篮球家庭。父亲普莱斯·马拉维奇就是一名职业篮球选手。马拉维奇受父亲的熏陶，在高中时就显示出众的篮球天赋。而他的篮球才华在大学期间更是大放异彩。在大学一年级的比赛中，他平均每场得43.6分。在此后的3个赛季中，他平均每场得分分别为43.8分、44.2分和44.5分。他创造的大学得分纪录至今没有人能够打破。1970年他被选为"全美大学最佳球员"。但是批评也接踵而来，他虽然得分很高，但是他的球队胜率不高，成绩仅为49胜35负。

　　同样的指责在马拉维奇加盟 NBA 后仍然存在，以榜眼的身份加盟老鹰签下了 190 万美元的巨额合同后。马拉维奇虽新秀赛季场均 23.2 分，入选 NBA 最佳新人阵容。但是鹰队的战绩只有 36 胜 36 负，比上赛季少赢了 12 场。1974—1975 年赛季，新组建的爵士队用两名球员换来了马拉维奇，虽然马拉维奇在赛场上不余遗力，但是爵士队的比赛还是只好看不赢球，一直未能打入总决赛。马拉维奇在篮球生涯中所有的得分都是两分球或罚球，这位神射手从来没有在比赛中投过 1 个，这与他的外号"手枪"不谋而合。如今球迷还认为是马拉维奇将背后运球和腿间传球的技术发扬光大并真正地带到实战中来的。

马拉维奇职业生涯数据：

Season	Tm	G	MP	FG	FGA	3P	3PA	FT	FTA	ORB	DRB	TRB	AST	STL	BLK	TO	PF	PTS
70-71	ATL	81	36.1	9.1	19.9			5.0	6.2			3.7	4.4				2.9	23.2
71-72	ATL	66	34.9	7.0	16.3			5.4	6.6			3.9	6.0				3.1	19.3
72-73	ATL	79	39.1	10.0	22.6			6.1	7.7			4.4	6.9				3 1	26.1
73-74	ATL	76	38.2	10.8	23.6			6.2	7.5	1.3	3.6	4.9	5.2	1.5	0.2		3.4	27.7
74-75	NOJ	79	36.1	8.3	19.8			4.9	6.1	1.2	4.2	5.3	6.2	1.5	0.2		2.9	21.5
75-76	NOJ	62	38.3	9.7	21.2			6.4	7.9	0.7	4.1	4.8	5.4	1.4	0.4		3.2	25.9
76-77	NOJ	73	41.7	12.1	28.0			6.9	8.2	1.2	3.9	5.1	5.4	1.2	0.3		2.6	31.1
77-78	NOJ	50	40.8	11.1	25.1			4.8	5.5	1.0	2.6	3.6	6.7	2.0	0.2	5.0	2.3	27.0
78-79	NOJ	49	37.2	8.9	21.1			4.8	5 7	0.7	1.8	2.5	5.0	1.2	0.4	4.1	2.1	22.6
79-80	UTA	17	30.7	7.1	17.3	0.4	0.6	2.4	2.9	0.4	1.9	2.4	3.2	0.9	0.2	2.6	1.8	17.1
	BOS	26	17.0	4.7	9.6	0.1	0.2	1.9	2.1	0.4	1.1	1.5	1.1	0.3	0.1	1.4	1.9	11.5
	TOT	43	22.4	5.7	12.6	0.2	0.3	2.1	2.4	0.4	1.4	1.8	1.9	0.6	0.1	1.9	1.8	13.7
10 Seasons		658	37.0	9.4	21.3	0.2	0.3	5.4	6.6	1.0	3.3	4.2	5.4	1.4	0.3	3.7	2.8	24.2

48 萨姆·琼斯（Sam Jones）

出生日期：1933年6月24日
身高：1.93米
场上位置：后卫
NBA生涯：1957—1969年

主要荣誉：十次总冠军，三次入选第二阵容。

在拥有了鲍勃·库西和比尔·沙尔曼之后，奥尔巴赫作为伯乐依旧孜孜不倦地用自己的慧眼为凯尔特人选择千里马。1957年的NBA选秀大会开始前，奥尔巴赫还没有确定最终要点中的人选，但在听到一位大学教练介绍琼斯的情况之后，奥尔巴赫竟然将这位当时名不见经传的学校的小伙子收归旗下。没有试训，没有观看过他的1场比赛，只是听过教练的描述后，奥尔巴赫就认为萨姆·琼斯将是未来凯尔特人不可或缺的人物。

事实果然如此，萨姆·琼斯到来之后，很快成为后场的中坚力量，在鲍勃·库西退役后仍旧带领着凯尔特人前进。琼斯的作风比库西更低调、内敛，但在危难时刻总会挺身而出。琼斯的绰号是"离合器"，也算是关键先生的老祖宗了。

在琼斯十二年的NBA职业生涯里，琼斯自始至终为凯尔特人队效力，并帮助球队夺得十个总冠军，是凯尔特人王朝的第三号奠基人。1964年库西退役，沙尔曼以 25.9 分成为球队的得分王，继续带领着球队前进。在琼斯最后一年的总决赛上，他们再次和老冤家湖人相对，湖人已经为自己的第七场胜利准备了数以千计的庆祝气球，但最后 7 秒，是琼斯的一次精彩投篮粉碎了湖人夺冠的梦想。这是琼斯的第十个也是最后一个总冠军，随后他和拉塞尔一起退役。

萨姆·琼斯职业生涯数据：

Season	Tm	G	MP	FG	FGA	3P	3PA	FT	FTA	ORB	DRB	TRB	AST	STL	BLK	TO	PF	PTS
57-58	BOS	56	10.6	1.8	4.2			1.1	1.5			2.9	0.7				0.8	4.6
58-59	BOS	71	20.6	4.3	9.9			2.1	2.8			6.0	1.4				1.4	10.7
59-60	BOS	74	20.4	4.8	10.6			2.3	3.0			5.1	1.7				1.4	11.9
60-61	BOS	78	26.0	6.2	13.7			2.7	3.4			5.4	2.8				1.9	15.0
61-62	BOS	78	30.6	7.6	16.5			3.1	3.8			5.9	3.				1.9	18.4
62-63	BOS	76	30.6	8.2	17.2			3.4	4.3			5.2	3.2				2.1	19.7
63-64	BOS	76	31.3	8.1	17.9			3.3	4.2			4.6	2.7				2.5	19.4
64-65	BOS	80	36.1	10.3	22.7			5.4	6.5			5.1	2.8				2.2	25.9
65-66	BOS	68	31.7	9.2	19.6			4.8	6.0			5.1	3.2				2.5	23.2
66-67	BOS	72	32.3	8.9	19.5			4.4	5.2			4.7	3.				2.7	22.1
67-68	BOS	73	33.0	8.5	18.5			4.3	5.2			4.9	3.0				2.5	21.3
68-69	BOS	70	26.0	7.1	15.8			2.1	2.7			3.8	2.6				1.7	16.3
12 Seasons		872	27.8	7.2	15.8			3.3	4.1			4.9	2.5				2.0	17.7

49　沃尔特·弗雷泽（Walter Frazier）

出生日期：1945年3月29日
身高：1.93米
场上位置：后卫
NBA生涯：1967—1980年

　　主要荣誉：1970年、1973年两获NBA总冠军，四次入选NBA最佳阵容，七次入选全明星队，1986年入选名人堂。

　　沃尔特·弗雷泽被誉为NBA历史上的第一架"滑翔机"，在1970年代大卫·汤普森、斯班瑟·海伍德、达里尔·道金斯、吉尔莫，用弹跳和滞空征服球迷眼球的时候，弗雷泽证明了自己也是这样一群异类中的一员，他陪伴在威利斯·里德身边，加上老迈的"埃尔珍珠"门罗，带领尼克斯有了1970年代两夺冠军的荣耀。尤其是1970年，尼克斯队在总决赛中与劲敌洛杉矶湖人队遭遇，前6场比赛双方战成3∶3平，在关键第七场比赛中，弗雷泽一人独得36分，并有9次助攻和5次抢断，终率尼克斯队以113∶99击败湖人队，夺得自己第一个NBA总冠军。1973年，弗雷泽再次助队赢得NBA总冠军。1977—1980年，弗雷泽在为克利夫兰骑士队打了三年球后宣布退役。

　　弗雷泽是休斯敦输送出的篮球明星，作为后卫，他似乎具有与生俱来的领导气质，从小就让同社区孩子俯首帖耳。弗雷泽开始从事的运动并不是篮球，在接触篮球前他已经是个不错的橄榄球明星。在他高中毕业后，许多高校都抢着给他提供橄榄球最高奖学金，但弗雷泽还是选择了篮球。在他的带领下，南伊利诺斯学院成为第一个赢得全国邀请赛的小学院。1967年，他在NBA的选秀大会上以第一轮第五名的身份被纽约尼克斯队选中。此后，他在尼克斯队贡献了十年，为尼克斯贡献了最高的助攻纪录4,791次。弗雷泽一直把为队友输送炮弹放在第一位，剩下的精力他就放在防守上，这也就是他在1968—1975年间连续入选NBA最佳防守阵容的原因。

弗雷泽职业生涯数据：

Season	Tm	G	MP	FG	FGA	3P	3PA	FT	FTA	ORB	DRB	TRB	AST	STL	BLK	TO	PF	PTS
67-68	NYK	74	21.5	3.5	7.7			2.1	3.2			4.2	4.1				2.7	9.0
68-69	NYK	80	36.9	6.6	13.2			4.3	5.7			6.2	7.9				3.1	17.5
69-70	NYK	77	39.5	7.8	15.0			5.3	7.1			6.0	8.2				2.6	20.9
70-71	NYK	80	43.2	8.1	16.5			5.4	7.0			6.8	6.7				3.0	21.7
71-72	NYK	77	40.6	8.7	17.0			5.8	7.2			6.7	5.8				2.4	23.2
72-73	NYK	78	40.8	8.7	17.8			3.7	4.5			7.3	5.9				2.4	21.1
73-74	NYK	80	41.7	8.4	17.9			3.7	4.4	1.5	5.2	6.7	6.9	2.0	0.2		2.7	20.5
74-75	NYK	7o	41.1	8.6	17.8			4.2	5.1	1.2	4.8	6.0	6.1	2.4	0.2		2.6	21.5
75-76	NYK	59	41.1	8.0	16.4			3.2	3.8	1.3	5.4	6.8	5.9	1.8	0.2		2.8	19.1
76-77	NYK	76	35.4	7.0	14.3			3.4	4.4	0.7	3.2	3.9	5.3	1.7	0.1		2.6	17.4
77-78	CLE	51	32.6	6.6	14.0			3.0	3.5	1.1	3.0	4.1	4.1	1.5	0.3	2.2	2.4	16.2
78-79	CLE	12	23.3	4.5	10.2			1.8	2.3	0.6	1.1	1.7	2.7	1.1	0.2	1.8	1.8	10.8
79-80	CLE	3	9.0	1.3	3.7	0.0	0.3	0.7	0.7	0.3	0.7	1.0	2.7	0.7	0.3	1.3	0.7	3.3
13 Seasons		825	37.5	7.4	15.2	0.0	0.3	4.0	5.1	1.1	4.2	5.9	6.1	1.9	0.2	2.1	2.6	18.9

50　迈克尔·乔丹（Michael Jordan）

出生日期：1963年2月17日
身高：1.98米
场上位置：后卫
NBA生涯：1984—2003年

主要荣誉：六次总冠军，两次奥运冠军，五次NBA常规赛最佳球员，六次总决赛MVP，三次全明星MVP，1988年最佳防守球员，1985年最佳新秀，两次获IBM奖，两次扣篮大赛冠军，十二次入选NBA第一阵容，一次入选NBA第二阵容，九次入选NBA最佳防守第一阵容，三次获NBA抢断王（1988、1990、1993年）

迈克尔·乔丹重新定义了NBA超级明星的含义。他是世界上公认的最棒的篮球明星，他是上帝的化身，是整个时代最棒的运动员。乔丹出生在美国纽约布鲁克林区，在北卡罗来纳州威尔明顿兰尼高中度过自己的中学生涯，但在那里作为一个高二学生他却被排除在篮球队之外。随后乔丹进入了北卡罗来纳大学，在北卡大学的大学生涯中，作为一个一年级的新生他效力于一支NCAA的冠军球队而且在冠军赛中投中了一个制胜的球。因此他在1983年和1984年被体育新闻界评为年度大学球员，而且在1984年获得了奈－史密斯奖和伍登奖。

在他大学三年级后的 1984 年他被芝加哥公牛队在 NBA 选秀第三位选中，由此乔丹开始了他颇具冲击和惊人的第一个赛季。在 1984—1985 赛季以平均每场 28.2 分的表现赢得 NBA 年度新秀奖。第二年由于脚伤使他缺席了 64 场比赛，但是在同年的季后赛中他复出并且在第一轮与波士顿凯尔特人的比赛中拿下了 63 分。从 1986—1987 赛季开始，乔丹开始了他漫长的冲击 NBA 纪录的历程，那年他以平均每场 37.1 分开始了他连续 7 个赛季成为赛季得分最高的纪录。当他在 1993 年宣布退役时，他已获得了三次赛季 MVP，一次 NBA 年度防守球员，蝉联两次扣篮大赛冠军，七次 NBA 第一队和六次 NBA 防守第一队，而且三次获得全联盟抢断第一。九次入选全明星阵容，他在 1988 年的一次 40 分的演出后得到了联赛 MVP。除了像一个得分机器一般，乔丹更体现出了一个带领公牛队夺得总冠军的领导者和胜利者的姿态。

作为一个新秀，在公牛队只赢得了 28 场比赛。在 1991 赛季公牛队在常规赛中超过了 60 场的胜绩开始吹响他们的第一次三连冠进军的号角，与此同时乔丹在季后赛的表现同样令人叹止。在他退役前他只有一次季后赛平均得分在 30 分以下（在他的新秀年 29.9 分），在 1985—1986 季后赛中他取得了令人惊愕的平均每场 43.7 分。在 1993 年暂时退役时乔丹已是集三次总决赛 MVP 于一身，而且拥有季后赛 NBA 历史最佳平均得分 34.7 分，并且在他参与的 1984 年与 1992 年奥运会也为美国队夺得两枚奥运金牌立下战功。

乔丹退役后他花了一年的时间在棒球小联盟球队芝加哥白袜联盟下的伯明翰男爵队打球，如果他是一个不引人注意的选手他会做得非常棒。但是乔丹想要进入大联盟的希望显得很黯淡，再加之棒球大联盟在 1995 赛季即将来临之际卷入了关于劳动纠纷的事件，乔丹重新考虑回到能发挥他能力的 NBA。在 1994—1995 赛季后期乔丹重新出山，并试图将公牛队带向另一个总冠军。他在仅参加的十七场常规赛中拿下平均每场 26.9 分，而且在之后的季后赛平均每个系列拿下 31.5 分。虽然当年公牛并未夺冠。

在之后 1995—1996 赛季乔丹以超越张伯伦一次的历史性第八次得分第一

证明了他已完全回复到 NBA 中，并带领公牛队夺得了他们 1990 年代第四次总冠军。直至 1997—1998 赛季乔丹始终保持着他神勇状态，并带领公牛队历史性地夺得 1990 年代的六次总冠军。

乔丹在 2002 年夏天曾再次复出加盟奇才队，但两次都率领奇才和季后赛擦肩而过。虽然如此已经年过 40 的他依旧有场均 20 分 6 个篮板的表现。2003 年乔丹再次退役。

乔丹职业生涯数据：

Season	Tm	G	MP	FG	FGA	3P	3PA	FT	FTA	ORB	DRB	TRB	AST	STL	BLK	TO	PF	PTS
84-85	CHI	82	38.3	10.2	19.8	0.1	0.6	7.7	9.1	2.0	4.5	6.5	5.9	2.4	0.8	3.5	3.5	28.2
85-86	CHI	18	25.1	8.3	18.2	0.2	1.0	5.8	6.9	1.3	2.3	3.6	2.9	2.1	1.2	2.5	2.6	22.7
86-87	CHI	82	40.0	13.4	27.8	0.1	0.8	10.2	11.9	2.0	3.2	5.2	4.6	2.9	1.5	3.3	2.9	37.1
87-88	CHI	82	40.4	13.0	24.4	0.1	0.6	8.8	10.5	1.7	3.8	5.5	5.9	3.2	1.6	3.1	3.3	35.0
88-89	CHI	81	40.2	11.9	22.2	0.3	1.2	8.3	9.8	1.8	6.2	8.0	8.0	2.9	0.8	3.6	3.0	32.5
89-90	CHI	82	39.0	12.6	24.0	1.1	3.0	7.2	8.5	1.7	5.1	6.9	6.3	2.8	0.7	3.0	2.9	33.6
90-91	CHI	82	37.0	12.1	22.4	0.4	1.1	7.0	8.2	1.4	4.6	6.0	5.5	2.7	1.0	2.5	2.8	31.5
91-92	CHI	80	38.8	11.8	22.7	0.3	1.3	6.1	7.4	1.1	5.3	6.4	6.1	2.3	0.9	2.5	2.5	30.1
92-93	CHI	78	39.3	12.7	25.7	1.0	2.9	6.1	7.3	1.7	5.0	6.7	5.5	2.8	0.8	2.7	2.4	32.6
94-95	CHI	17	39.3	9.8	23.8	0.9	1.9	6.4	8.0	1.5	5.4	6.9	5.3	1.8	0.8	2.1	2.8	26.9
95-96	CHI	82	37.7	11.2	22.6	1.4	3.2	6.7	8.0	1.8	4.8	6.6	4.3	2.2	0.5	2.4	2.4	30.4
96-97	CHI	82	37.9	11.2	23.1	1.4	3.6	5.9	7.0	1.4	4.5	5.9	4.3	1.7	0.5	2.0	1.9	29.6
97-98	CHI	82	38.8	10.7	23.1	0.4	1.5	6.9	8.8	1.6	4.2	5.8	3.5	1.7	0.5	2.3	1.8	28.7
01-02	WAS	60	34.9	9.2	22.1	0.2	0.9	4.4	5.6	0.8	4.8	5.7	5.2	1.4	0.4	2.7	2.0	22.9
02-03	WAS	82	37.0	8.3	18.6	0.2	0.7	3.2	4.0	0.9	5.2	6.1	3.8	1.5	0.5	2.1	2.1	20.0
15 Seasons		1072	38.3	11.4	22.9	0.5	1.7	6.8	8.2	1.6	4.7	6.2	5.3	2.3	0.8	2.7	2.6	30.1

第5章　伟大的主帅与王朝

　　洗尽铅华的"禅师"，淡定优雅的莱利，还有点燃一支雪茄的红衣主教，在余烟袅袅中从容地赏着王朝的轨迹，他们或以闻名天下的三角战术，或以华丽的SHOW TIME进攻，或以精确的防守，创造过和创造着一支支王者之师，明尼阿波利斯湖人，波士顿凯尔特人，"魔术师"和"天勾"聚首时的洛城，OK组合开辟的三连冠伟业，以及乔丹统治下的让所有球队望风披靡的公牛王朝，已经成为球迷心中最灿烂、最辉煌的记忆经典，成为NBA61年历史上永不磨灭的传奇……

"红衣主教"

当之无愧历史最佳
王朝建筑师奥尔巴赫

如果说比尔·拉塞尔是凯尔特人王朝的建队基石，那么奥尔巴赫则缔造了凯尔特人的灵魂。作为教练，他在十年内为蚱蜢军赢得了九个总冠军，接任球队总经理一职后，主教的交易才能已经成为一门取胜的艺术。事实上，波士顿花园体育馆顶棚悬挂的十六面总冠军旗帜，每一面都有着奥尔巴赫深深的烙印。"The Guy Can Play"，简而言之，奥尔巴赫是真正理解篮球的人。他知道球队需要什么样的球员，哪些球员可以为球队赢得胜利。

奥尔巴赫的另一个伟大贡献是——他打破了篮球场上种族歧视的坚冰。1964年12月26日，这一天应该被历史永铭于心。当K.C.Jones替换入场，NBA历史上第一次出现一支球队场上五名队员全是黑人的情形，但对于奥尔巴赫这甚至不值得提及。他只是将最好的五名球员放在场上，至于他是黑人还是白人，who cares？

奥尔巴赫是第一个执教获胜场次过千的教练，他所执教的球员有11人先后入选名人堂，而且弗兰克·拉姆塞、K.C.琼斯以及萨姆·琼斯三人职业生涯大部分时期都是替补球员。红头一直都在努力弱化主力替补之间的界限，正因为如此，凯尔特人才能拥有最强悍的整体实力。1969年4月13日，奥尔巴赫入选奈－史密斯篮球名人堂，1980年奥尔巴赫被美国职业篮球作家协会评选为NBA历史最佳教练。1985年1月4日，凯尔特人将二号球衣退役，以表对奥尔巴赫的纪念和尊敬。

2006年10月29日，奥尔巴赫因心脏病复发与世长辞，享年89岁。

油头"神算"

莱利成就进攻篮球
湖人助教成一代名帅

头发永远油光闪闪，穿着永远品位出众，帕特·莱利作为 80 年代湖人王朝的主教练，永远代表着时尚的最前沿，身上散发出一种成熟和沉稳的男性魅力。综观整个 NBA 历史，除"红衣主教"奥尔巴赫以外，恐怕只有"禅师"菲尔·杰克逊在执教水平和个人魅力两方面综合起来能够与莱利相抗衡。

1981—1982 赛季开始 11 场比赛以后，莱利接任洛杉矶湖人队主教练一职，作为一名菜鸟教练的他为湖人队量身打造的"SHOW TIME"战术立刻取得了效果。在他执教前 20 场比赛里湖人队战绩为 17 胜 3 负，最终他们以 57 胜 25 负的成绩结束该赛季并获得了当年的总冠军。

在接下来的两个赛季中湖人队都打入了总决赛，但分别输给了费城 76 人队和波士顿凯尔特人队，不过在接下来的四年中，莱利 3 次率领湖人队取得总冠军。特别是在 1987 年获得总冠军后莱利当即公开表示在来年球队将再夺总冠军，这使当时的湖人队上下备感压力。第二年球队背水一战在总决赛大战七场终于实现莱利愿望，湖人队也成为 1968—1969 赛季以来第一支连续两年夺得总冠军的球队。但这次颁奖典礼上莱利的嘴被堵上，这让他没有机会再去承诺什么了。

在 1989—1990 赛季获得联盟最佳教练奖后，45 岁的莱利决定离开湖人队。在他九年来执教湖人队的教练生涯里，他常规赛战绩为 533 胜 194 负（胜率 73.3%），季后赛战绩 102 胜 47 负（68.5%），当时这两项成绩均在湖人历史上位居首位。九年里湖人平均胜场高达 59 场，他的名字也永远铭刻在湖人队的历史上。

淡定"禅师"

9次冠军名垂青史
杰克逊洗尽人间烟火

有人说 NBA 历史上最伟大的球队是凯尔特人。因为他们有至今都无法超越的八连冠。而事实上更多的球迷认同的是湖人。因为凯尔特人辉煌的时候并没有遇上湖人。而湖人王朝的建立少不了一个人——杰克逊。这位目前手上戴有 9 枚戒指的神奇教练。

"禅师"的称号并非浪得虚名。或许那些挺布朗派的球迷会对此不屑一顾。他们可能会说"他能有那么多戒指就只会靠大牌球星"。而布朗没有！确实布朗与杰克逊都是杰出的。但"禅师"能把如此多的大牌人物聚在一起而产生力量这本身就是一种成功！

何谓"禅"呢？禅即静虑、静修，是一种独特的思考方式和人生态度，是一种清静无为的精神状态，是一种空寂无垠的忘我境界，是产生灵感的发源地，是感悟世界的真理之门。唐代大禅师慧能的说法是：禅，无名无字，无眼无耳，无身无意，无言无示，无头无尾，无内无外，亦无中间，不去不来，非有非无，非因非果。慧能所说的禅，是一种无意向、无希冀、无欲念的超然万象的大境界。这种境界实际上就是人的意识一无所思的沉潜状态——当清静寂定后，脑海里渐渐浩渺虚无。可见国人谓之为"禅师"是一种多么崇高的称谓。

从凯尔特人队八连冠之后再也没有球队夺得三连冠，但"禅师"将在两支球队身上都再次实现了三连冠，公牛王朝的两个和湖人王朝的一个，除了奥尔巴赫外，实在不知道能拿"禅师"和谁比肩了，而 2007 年"禅师"入选名人堂教练也许是对他最大的肯定吧！

巨星迈肯遮天蔽日
第一支王朝球队诞生

其实在 NBA 成立之前，明尼阿波利斯湖人已经是美国篮球界的一支"巨人球队"，1947—1948 赛季湖人参加的联赛是当时的全美篮球联盟（NBL），当时他们先后击败奥什科什全明星、三城黑鹰以及罗切斯特皇家三支球队赢得冠军。

1948—1949 赛季湖人转战美国篮球协会联盟（BAA），季后赛首轮淘汰芝加哥雄鹿队，西区决赛直落两场击败老对手罗切斯特皇家，总决赛湖人 4∶2 击败红衣主教奥尔巴赫执教的华盛顿国会大厦队，赢得冠军。

1948—1949 赛季结束后 NBL 和 BAA 两个联盟合并，NBA 宣告诞生。乔治·迈肯领军的湖人依然无人可挡，NBA 建立后前 3 个赛季湖人两度夺得总冠军，因为迈肯是那个时代唯一的超级中锋，所以很多场次因为迈肯的存在失去了胜负悬念，联盟为了抑制迈肯的得分修改规则扩大三秒区，但是迈肯的篮下统治力并没有因此削弱。

1952—1953 赛季湖人和尼克斯在各自赛区高歌猛进顺利会师总决赛，湖人拥有主场优势，前两场双方战成 1∶1 平，但是湖人在纽约连赢三场，最终 4∶1 击败尼克斯，成为 NBA 历史上第一支成功卫冕的球队。1953—1954 赛季因为膝伤 30 岁的迈肯开始走下坡路，但是新秀克莱德·拉夫莱特脱颖而出，总决赛湖人与雪城民族队苦战七场最终完成三连冠伟业。这样算上 1948—1949 赛季的 BAA 联盟冠军，湖人六年内五夺总冠军，成为职业篮球历史上第一支王朝球队。

"魔术师"、"天勾"聚首洛城
湖人复苏再铸辉煌

　　洛杉矶湖人队现任老板巴斯在 1979 年接手这支球队的时候，不知道他是否预测到了这支紫金色球衣的球队即将开辟下一个王朝。在 1979 年湖人队获得了从爵士队那里拿到的状元签，然后他们选择了"魔术师"约翰逊，毫无疑问，这是一个新时代的诞生。

　　"魔术师"的到来让贾巴尔焕发了职业生涯的最后一春。他在 1979—1980 赛季获得了第六座常规赛 MVP 奖杯，即使主教练肯金尼赛初就因车祸严重受伤，拥有这两位超级巨星的湖人队还是以 4：2 击败了费城 76 人队，拿到了当年的冠军。

　　在 1981—1982 赛季，巴斯解雇了当时的主教练韦斯特海德而改聘帕特·莱利执教，这位风度超凡的教练成为了日后湖人王朝的领路人，在该赛季湖人队击败 76 人队再度夺得冠军。另外在休赛期中，他们选中了又一个状元詹姆斯·沃西，保证了湖人王朝的延续。

　　在经过了两季的失意后，湖人队在 1985 年的总决赛里击败上一年的冠军波士顿凯尔特人队报了之前的一箭之仇，这个冠军的另一个意义是它是湖人队和凯尔特人队在总决赛近交手的 9 次中第一次胜利。

　　在 1986 年输给休斯敦火箭队后，1987 年他们再度杀入总决赛，对手同样是凯尔特人，最终他们又赢得了胜利。而在莱利的保证下，湖人队背水一战 4：3 击败底特律活塞队再度拿下了隔年的总冠军。这是自 1968—1969 年凯尔特人队以后第一支卫冕总冠军成功的球队。

　　随着贾巴尔的退役和莱利的辞职，湖人队的实力渐渐削弱，虽然在之后三年里他们两度杀入总决赛，但再也无缘冠军。1991—1992赛季"魔术师"因感染HIV病毒而退役，湖人王朝彻底宣告结束。

　　在十二年里湖人曾连续九年获分区冠军，九次杀入总决赛，四次夺NBA总冠军，湖人王朝1980年代的辉煌永远铭刻在历史的记忆中。

上帝下凡震撼联盟
乔丹公牛成史上最强

　　在还是菜鸟的乔丹连续 3 个赛季带领芝加哥公牛队杀入季后赛但均在首轮被淘汰之后，公牛队总经理克劳斯在 1987 年的一次完美的交易为日后的王朝打造了坚实的基础。他用第八位选中的奥登·波利尼斯和一个未来的选秀权换来了超音速队在第五顺位选中的皮蓬，"天下第二人"正式落户芝加哥。而球队在第十顺位又选中了格兰特，他们两人日后和乔丹组成了公牛王朝第一个三连霸的"铁三角"。球队在当季即将战绩拉高到 50 胜 32 负，比上个赛季多赢了 10 场比赛。

　　在 1989—1990 赛季，"禅师"杰克逊正式接手公牛队，他将球队助理教练温特的"三角进攻"成功地应用到公牛队身上。在该季东部决赛中再度输给了活塞队以后，1990—1991 赛季球队已经渡过了磨合期，球员的能力和经验也有了更进一步的提高。在该季公牛队取得了 61 胜 21 负的成绩，东部决赛中横扫之前两届的总冠军活塞队杀入决赛，又在先输一局的情况下连续四次击败已经开始走下坡路的"魔术师"约翰逊率领的湖人队，拿下了公牛队历史上第一个总冠军。乔丹当时抱住总冠军奖杯喜极而泣的场面令很多球迷都印象深刻。

　　在 1992 年公牛队取得了当时队史上战绩最好的 67 胜 15 负，在总决赛击败开拓者队卫冕冠军成功。隔年公牛队再度击败巴克利率领的太阳队，完成了三连冠。之后 30 岁的乔丹宣布退役，公牛队进入了为期两年的低潮期。

　　1993—1994 赛季，公牛队在皮蓬的率领下常规赛战绩为 55 胜 27 负，仅比上赛季少胜了两场。但在季后赛第二轮中他们还是与尼克斯队大战七场后败下阵来。在之后的一年里乔丹在常规赛末段正式回归，但队内的大前锋格兰特已经转战魔术队，这支同时还拥有奥尼尔和哈达威的球队在当年的东部半决赛击败了公牛队。

1995—1996 赛季是公牛队历史上最伟大的赛季，他们在吸收了篮板王罗德曼后在该季取得了 72 胜 10 负的历史最佳常规赛战绩，在当年总决赛轻松击败超音速队再度赢得总冠军。接下来的事情球迷们已经耳熟能详，公牛队再获两届总冠军完成三连霸，球队内部矛盾也已经到了不可调和的阶段。

1998 赛季的休赛期，乔丹退役，公牛队其他总冠军主要成员也纷纷离队。被称为 NBA 历史上最伟大的公牛王朝就此告一段落。

乔丹告别联盟
紫金军团开辟三连冠伟业

洛杉矶湖人继上世纪 80 年代后，开创了新纪元，菲尔·杰克逊、沙克·奥尼尔、科比·布莱恩特携手共创了湖人三连冠时期，"湖人三连冠"是公牛时代后 NBA 球队所取得最高高度。

湖人王朝建立也并非一帆风顺，它首先在 1999—2000 赛季就受到当时皮蓬率领的波特兰开拓者极力阻挠。在西部决赛的七场大战中，第七场比赛，湖人第四节还落后 15 分，科比一人第四节狂揽 20 分，帮助球队翻盘进入总决赛。而总决赛中，印第安纳步行者队未能给湖人造成更多麻烦，只是在两个客场负于对手，以 4：2 总比分击败对手，十一年后迎来首个总冠军。

在接下来的 200——2001 赛季，湖人更是势不可当。虽然在常规赛表现不如上赛季，但在季后赛中，湖人显示出其霸气，在强敌林立的西部，横扫了开拓者、萨克拉托门国王、圣安东尼奥马刺。而总决赛中，仅让费城 76 人赢下 1 场比赛，然后连赢四场，酣畅淋漓地拿下 2001—2002 赛季，湖人夺冠之旅上没有上赛季那般轻松。首先第一轮罗伯特·霍里第三场最后时刻，才淘汰了开拓者；而西部决赛中遇到了如日中天的国王，韦伯、迪瓦茨和斯托亚克维奇都处于最佳时期。历经七场大战，第七场落后 20 分时，发生惊天逆转，湖人才进入总决赛。总决赛里新泽西篮网并没有构成多大威胁，湖人轻松 4：0 搞定对手。

13年11冠
凯尔特人再无来者的八连冠

　　十六次获得 NBA 的总冠军，十三年间十一次夺得 NBA 的总冠军，1959—1966 年连续八次获得 NBA 的总冠军……这些纪录不光在 NBA 的历史上没有球队能超过，即使在世界职业体育史上也没有球队能超过。这就是那个绿色的、传奇的凯尔特人王朝。

　　1946 年 6 月 6 日，作为 BAA（NBA 的前身）十一支原创球队之一，波士顿凯尔特人队成立。但最初的几年，凯尔特人队在联盟中苦苦挣扎，成绩一直不理想。1951 年，"红衣主教"奥尔巴赫担任了凯尔特人的主教练，从此，他慢慢地将这支鱼腩部队变成了王者之师。1951 年，奥尔巴赫将后卫神投手比尔·沙尔曼招致麾下，与鲍勃·库西一起组成梦幻后场。之后，他将凯尔特人队调教成一支快如闪电、动如脱兔的进攻球队。美中不足的是，他们的防守还不足以阻挡强大的对手。这一点，奥尔巴赫明镜在心。于是，在 1956 年的 NBA 选秀中，他千方百计地得到了以防守著称的比尔·拉塞尔，组成了一支近乎完美的球队。此时，再也没有球队能阻挡凯尔特人的步伐了。

　　1956—1957 赛季的 NBA 总决赛，凯尔特人力擒圣路易斯鹰，终于登上了冠军的宝座。虽然在随后的赛季里，圣路易斯鹰队复辟成功。但 1959—1966 年的八连冠证明，那只是前进路上的一个小挫折，NBA 历史上最成功的王朝诞生了！那些岁月，绝对是凯尔特人的岁月：奥尔巴赫一次次燃起他"雄壮"的雪茄，拉塞尔一次次扇飞对手的投篮，队友们一次次击掌相庆……掌声、鲜花和香槟酒，凯尔特人的脸上，永远都是胜利者的欢笑。然而，花开花谢、日月轮回，即使这样一支完美的球队，也有失败的时候，因为天下没有不散的宴席，也就没有永恒的胜利。

1962—1963赛季之后，鲍勃·库西退役，凯尔特人王朝遭受第一次考验。不过，在拉塞尔的带领下，凯尔特人继续前进。但是，1968—1969赛季之后，拉塞尔也退役了，萨姆·琼斯也走了，凯尔特人王朝的主要成员终于退出了NBA的舞台，取而代之的是哈夫利切克、怀特、西拉斯、老尼尔森等人。这些球员虽然不失为联盟中的高手，但他们不具备拉塞尔、库西等人对比赛的绝对统治力。特别是随着费城76人、纽约尼克斯、洛杉矶湖人等球队的崛起，凯尔特人王朝逐渐走向没落。可以说，凯尔特人王朝的坍塌，是自然规律的结果，是由上帝左右的，而且，后来发生的事情，也可以印证这一点。

奥尔巴赫在管理凯尔特人队之后，一直希望维护和重建凯尔特人王朝，而且一度几乎成功。1978年，奥尔巴赫在选秀大会上拿下拉里·伯德，随后，他又设法换来了"酋长"帕里什，选到了麦克海尔，并且于1981年、1984年和1986年三次获得NBA总冠军。见此，奥尔巴赫激动万分。1986年，奥尔巴赫用首轮第二顺位拿到被称为"乔丹第二"的前锋雷·巴斯，波士顿全城欢呼。巴斯是马里兰大学的明星，个子高，体格壮，速度快，被星探们称为不可多得的"领军之才"。当时，伯德和麦克海尔一眼就看中了他。然而，两天后，巴斯由于过量服用可卡因猝死。闻之，奥尔巴赫伤心地说："这是我职业生涯中最黑暗的时刻。"

一年后，奥尔巴赫用第一轮选秀权拿下了布莱恩·肖（就是现在的湖人替补后卫）。因薪水问题，肖和俱乐部发生纠纷，并一怒之下出走意大利打球。1993年，凯尔特人队队长、被视为明日巨星的前锋刘易斯又因心肌梗塞而猝死，凯尔特人陷入了空前的灾难之中，至今仍不能恢复元气。所以，有人评价凯尔特人队失落的原因时，用了一个形象的描述："那是上帝诅咒的结果！"